KONTEXT
Kunst
Vermittlung
Kulturelle Bildung

AF222127

KONTEXT Kunst – Vermittlung – Kulturelle Bildung
Band 9

Ästhetische Forschung

Wege durch Alltag, Kunst und Wissenschaft

Zu einem innovativen Konzept ästhetischer Bildung

von

Helga Kämpf-Jansen

4., durchgesehene Auflage

Tectum Verlag

Helga Kämpf-Jansen

Ästhetische Forschung
Wege durch Alltag, Kunst und Wissenschaft
Zu einem innovativen Konzept ästhetischer Bildung
4., durchgesehene Auflage

KONTEXT Kunst – Vermittlung – Kulturelle Bildung. Band 9
ISBN: 978-3-8288-4536-7
ePDF: 978-3-8288-7583-8
ePub: 978-3-8288-7633-0
ISSN: 1868-6060

Umschlagabbildung: Helga Kämpf-Jansen. Installation. Ausstellung Wald.Kunst.Stücke.
Waldinformationszentrum Hammerhof. Foto:Wolfgang Brenner © VG-Bildkunst. 2011
Abdruck mit freundlicher Genehmigung
Zeichnung Titelseite: Porträt Helga Kämpf-Jansen. © Nadja Glorius-Kröger
Abdruck mit freundlicher Genehmigung

Erstveröffentlichung: © 2001 Salon Verlag, Köln, und H. Kämpf-Jansen, www.salon-verlag.de
Satz und Layout: Claudia Steinmeyer und Ulrike Goll
Bildbearbeitung: Marcus Nümann und Ulrike Goll

© Tectum – ein Verlag in der Nomos Verlagsgesellschaft, Baden-Baden 2021

Besuchen Sie uns im Internet
www.tectum-verlag.de

Gesamtverantwortung für Druck und Herstellung
bei der Nomos Verlagsgesellschaft mbH & Co. KG

Bibliografische Informationen der Deutschen Nationalbibliothek
Die Deutsche Nationalbibliothek verzeichnet diese Publikation in der
Deutschen Nationalbibliografie; detaillierte bibliografische Angaben
sind im Internet über http://dnb.d-nb.de abrufbar.

Inhalt

Vorwort zur 4. Auflage

Seit nun mehr 20 Jahren bereichert der Band *Ästhetische Forschung. Wege durch Alltag, Kunst und Wissenschaft. Zu einem innovativen Konzept ästhetischer Bildung* den Fachdiskurs innerhalb der Kunstpädagogik und hat bereits Generationen inspiriert.

Mit dieser Veröffentlichung, ihrem Lebenswerk, legte Prof. Dr. Helga Kämpf-Jansen (1939–2011) im Jahre 2001 nicht nur ein neues, umfassendes kunstpädagogisches Konzept vor, sondern sie fasste damit auch ihre langjährigen Erfahrungen sowie ihr intensives Wirken als Kunstpädagogin, Künstlerin, Wissenschaftlerin und leidenschaftliche Hochschullehrerin zusammen. Ihr Anliegen war es, durch ästhetisches wie forschendes Handeln Alltagserfahrungen, Begegnungen mit Kunst, wissenschaftliche Annäherungen und Reflexionen miteinander zu verbinden. Es ging ihr um die Hinwendung zum Subjekt, zur Wahrnehmung und Öffnung der individuellen Erfahrungen von Heranwachsenden und Studierenden, um die Initiierung eigener, selbstbewusster, kritischer Fragestellungen und künstlerischer Wege. Ebenso war ihr die Auseinandersetzung mit der Zeitgenössischen Kunst, ihren Themen und Aktionsformen ein besonderes Anliegen. Zugleich war sie davon überzeugt, dass sie mit ihrem Werk eine Methode für die Zukunft vorlegte. Ihre Vision war die Einrichtung von künstlerischen Werkstätten an Bildungsinstitutionen, in denen die Medien und die Instrumentarien für Ästhetische Forschungen vorhanden sein sollten.

Seit 1992 wirkte Helga Kämpf-Jansen als Professorin für Kunst und ihre Didaktik an der Universität Paderborn. Durch ihr Konzept fügte sie bisher die in der Lehre getrennten Bereiche der künstlerischen Praxis, Kunstwissenschaft und Didaktik zusammen und schuf damit bisher wenig praktizierte Vernetzungen. Als Kollegin konnte ich in Paderborn die Ausstrahlungskraft und die außergewöhnlichen Erfolge der *Ästhetischen Forschung* auf die Studierenden erleben. Deren Begeisterung für die in dieser Methode enthaltenen Impulse setzte nicht nur immense künstlerische und wissenschaftliche Leistungen frei, sondern sie inspirierte zugleich auch deren Freunde und Familien, regte gemeinschaftliche, Generationen übergreifende Forschungen an. Bei ihren ehemaligen Studierenden sind ihre Seminare unvergessen, aber auch in der Gegenwart bildet die Ästhetische Forschung eine Grundlage nicht nur für den Unterricht, sondern ebenso für Dissertationen und Feldforschungen, für künstlerische Projekte.

Mit dieser Leistung von Helga Kämpf-Jansen strahlt das Konzept der Ästhetischen Forschung in die Gegenwart hinein. Es erscheint bei der Lektüre immer wieder aktuell. Die erneute Auflage erscheint nun im Jahr ihres zehnjährigen Todestages und würdigt damit auch das Wirken einer großen Kunstpädagogin.

Sommer 2021   Jutta Ströter-Bender

Vorwort

Dieses Buch handelt von den Dingen des Alltags und den Objekten der Kunst. Es handelt von den Erfahrungen der Menschen und den Diskursen, die darüber verfasst werden. Ein schwieriges Unterfangen. Muss man doch davon ausgehen, dass die Dinge sich ständig verändern, die Subjekte sich neu entwerfen und die Diskurse – kaum zu einem vorläufigen Ende gebracht – sich augenblicklich neu entfalten. Daraus kann eigentlich kein Buch werden – höchstens eine Text-Endlosschleife oder der Entwurf für ein Stück mit Protagonisten, die sich – kaum erfunden – in performativen Akten sogleich wieder von dannen spielen.

Ich erlaube mir dennoch mit diesem Buch den Lauf der Dinge ein wenig anzuhalten, mich ihnen gelegentlich auf ganz altmodische Weise zu nähern, so als gäbe es sie wie in früheren Zeiten, als sie noch schwer waren und rund, purpurrot oder grasgrün.

Getragen werden die verschiedenen Annäherungen an die Dinge von dem Gedanken, künstlerische, vorwissenschaftliche und wissenschaftlich orientierte Verfahren auf neue Weise miteinander zu verknüpfen.

Vor dem Hintergrund einer breit angelegten Diskussion zum ‚Anderen der Vernunft‘, zu ‚ästhetischem Denken‘ und ‚ästhetischer Rationalität‘ sowie einer ‚ästhetischen, kreativen und emotionalen Intelligenz‘ des Menschen (1), geht es darum, lineare Strukturen, hierarchisch angelegte Denkmuster, polare Systeme und veraltete Ästhetikvorstellungen zu verlassen.

Die Fragestellungen dieses Buches sind eingebunden in bestehende kunstpädagogische Theorien. Das Gebäude der Kunstpädagogik bzw. der ästhetischen Bildung ist in den letzten Jahren durchaus effektiv ausgebaut worden (2), sodass man darin mit persönlichem Gewinn umherwandern kann, sich aber durchaus aufgefordert fühlt, Räume gelegentlich umzuräumen, Dinge neu zu arrangieren und altes Mobiliar auf die Speicher zu bringen. So geht es in diesem Buch also um den Akt des Umbaus einiger Räume.

Es sollte deutlich werden, was es bedeutet, wenn ästhetisches Handeln, vorwissenschaftliche Erfahrung und wissenschaftliches Denken sich auf immer andere Weisen miteinander verbinden und sich so immer neue und andere Zugänge zur Welt, zu sich selbst wie zum anderen Menschen eröffnen.

Wenn daraus dann die Entscheidung für eine kunstpädagogische Verantwortung entsteht, dürfte die traurige Wirklichkeit formalästhetischer Verrichtungen in den Institutionen Hochschule und Schule eines Tages endlich der Vergangenheit angehören.

Zwei Anmerkungen zum Lesen: in diesem Buch kann man an verschiedenen Stellen mit dem Lesen beginnen. Und: für alles, was hier aufgeschrieben ist, gibt es aus dem engeren Fachzusammenhang heraus viele Leselust-machende Texte, sodass manche Textzitate als längere Passagen parallel gesetzt sind. (3)

Annäherungen – die Kunst, die Dinge, die Sprache …

Mit einer Arbeit von Anna Oppermann könnte ich beginnen: ‚das Blaue vom Himmel lügen‘ oder ‚Künstler sein‘. Vor den Augen und in Gedanken würden sich die Ungeheuerlichkeiten monomanischer Anhäufungen entfalten, diese Auftürmungen und Ausbreitungen von Zeichnungen, Texten, Naturdingen und Fundstücken; all die Zettel, Skizzen, gemalten Bilder und unzähligen Fotografien. Man müsste sich in die damit angelegten Ordnungen, Unter-Ordnungen und Un-Ordnungen hineinfinden, in die Papier-Wälder und die Licht-Inseln mit den Spiegelungen, Verriegelungen, Vervielfachungen, und Verwerfungen. Und in allem wären dann die ausgelegten Spuren gedanklicher, literarischer, poetischer und philosophischer Arbeit zu erfahren.

Dieses alles wahrzunehmen, miteinander und mit sich selbst in Beziehung zu setzen, braucht aber Zeit und vielfältigste Formen der Bearbeitung. Und damit wäre ich bereits mitten in einem längerem Text.

Kein Anfang also, aber ein Weg und eine erste Spur.

Abb.: Anna Oppermann: „Künstler sein (…) Über die Methode, seit 1978“. Zustand 1980.

Dieser Text könnte aber auch mit der Betrachtung eines alltäglichen Gegenstandes beginnen – eines ganz einfachen, sehr schlichten und ziemlich banalen. Einer Büroklammer z. B., eines Löffels, einer Reißzwecke oder eines Gummibandes. Über die Schlichtheit der zweckmäßigen Form wäre zu schreiben, über den menschlichen Erfindungsreichtum, der zur Besonderheit seines Materials wie zur Unverwechselbarkeit seiner Funktion geführt hat. Darüber wie Menschen mit diesem einzelnen Ding im Alltag umgehen, welche Bedeutungen sie ihm zumessen, was über dieses Ding gedacht und geschrieben worden ist. Und auch, auf welche Weisen Künstler und Künstlerinnen diesen ganz einfachen, sehr schlichten und ziemlich banalen Dingen begegnet sind, was sie an ihnen fasziniert hat, welche Gedanken der Kunst sich mit ihnen verbunden haben, welch wunderbare Poesien und Sinnangebote z. B. mit einem Pappteller, einem Flaschentrockner und einer Tasse im Pelz für immer in die Geschichte der Kunst eingegangen sind.
Und wieder wäre ich mitten in einem längeren Text und hätte keinen Anfang.

Vom Stottern, vom Stammeln und vom Schweigen

Das Stottern und Stammeln resultiert also aus der Suche nach Worten, die wenigstens etwas von dem, was sich da im Imaginären und Realen des Subjekts abspielt, differenzieren können (vgl. Zizek 1994, S. 64). Dieses Ringen nach Worten findet vor allem in Situationen statt, in denen nicht einfach routiniert symbolisiert werden kann, d.h. in Momenten, in denen etwas Ungewöhnliches, auch Unbekanntes stattfindet. Manfred Schneider hat in seinem Buch über ‚Liebe und Betrug' untersucht, welch eminente Rolle das Stottern als eine der Sprachen der Liebe spielt. Es ist jene Phase im Moment des Sich-Zueinander-Wendens von zwei Körpern, in dem der entscheidende symbolische Anfang gesucht und gesetzt wird, welcher ‚schlagartig einen Kanal zwischen zwei Körpern eröffnet' (Schneider 1992, S. 14). Der Anfang, das erste Wort ist das Schwierigste, doch auch dann wird die Sache nicht viel leichter. Die Literatur-geschichte ist von Stammlern auf der Suche nach dem ersten und den folgenden Wörtern bevölkert. Ließe sich das folgende Beispiel eines Stotterers nicht ohne weiteres auch auf eine leidenschaftliche Begegnung eines Subjekts mit einem Kunstwerk übertragen?:
‚Fanfariner war äußerst geistreich; doch als er die schöne Prinzessin Frühling in ihrem ganzen Reiz und voller Majestät erblickte, da konnte er vor lauter Entzücken nicht mehr sprechen und brachte nur gestotterte Worte hervor; man hätte denken können, er sei betrunken, dabei hatte er gewiß nichts als eine Tasse Schokolade zu sich genommen. Verzweifelt stellte er fest, dass er in einem Augenblick die Ansprache vergessen hatte, die er jeden Tag geübt hatte.'
(Märchen der Madame d'Aulnoy, zit. nach Schneider 1992, S. 15)
Die Situation läßt die Zunge erlahmen und macht den souveränen Sprecher zum stotternden Dichter. Die zuvor zurechtgelegten Worte sind vergessen oder stimmen angesichts der Situa-tion nicht mehr, vor allem dann nicht, wenn sie als fremde-eigene Stimme auftreten. Der Rest erwürgt die Hoffnung auf ein UND.
Womit bewiesen ist, was auch die Wissenschaft über Sprachhemmungen herausfand: Stottern ist ‚keine Schwäche, sondern ein übermäßiger Kontrollmechanismus' (Schneider 1992, S. 49). Der Stotternde kämpft mit der Unmöglichkeit sein Sprechen in einem adäquaten Verhältnis zur Komplexität der Welt einzurichten. Denkt er nur daran, was er sagen müsste, um der Wahrheit das Wort zu erteilen, und vergleicht er den Bedarf an Worten mit dem, was gleich seinem Munde entfahren wird, dann übermannt ihn die Blockade seiner Zunge ...

Aus: Eva S.-Sturm „Im Engpaß der Worte". Berlin 1996. S. 259 ff.

Dies ist eine Tulpe   Dies ist keine Tulpe

Sprache

Mit Überlegungen zur Sprache werde ich beginnen müssen, ist sie es doch, die sich zwischen uns und die sichtbare Wirklichkeit – die des Alltags wie die der Kunst – stellt. Der komplizierte Umgang mit ihr, wie die scheinbar vordergründigen Schwierigkeiten, sind hinreichend bekannt – schleichen sich doch gerade dann Stereotypen ein, wenn man nach differenzierten Begrifflichkeiten sucht und bleibt man genau in dem Moment an den Klippen der Formalisierungen hängen, wenn man zum leichtfüßigen Sprung ansetzt. Ganz zu schweigen vom Stottern am Baum der Erkenntnis …

Für die Beschreibung der sichtbaren Wirklichkeit erscheint sie uns wie in der Geschichte vom Hasen und vom Igel: der sichtbare Acker, die darin gelaufenen Furchen und vor allem die Igel – sie alle sind lange da, bevor der Hase – die Sprache – durch alles Sichtbare hindurch, an allem vorbei und hinter dem Wichtigsten herkommt. Und dann ist dies alles auch noch ein Trugschluss, ein Konstrukt, wie der kundige Leser längst weiß. Denn der Hase sieht ja die ganze Wirklichkeit – und das ist in diesem Fall auch fast die ganze Wahrheit – gar nicht. Und bevor auch nur so etwas wie eine Gewissheit davon aufkommt, stirbt er. Nur die Leser und Leserinnen bleiben mit einer Ahnung zurück – einer Ahnung von den verschiedenen Facetten einer Wahrheit, den Kompliziertheiten der Sachverhalte wie des symbolischen Systems der Sprache. Und auch dies wiederum ist nur eine Gewissheit auf Zeit: denn dass Sprache sozusagen den sichtbaren Dingen hinterherläuft und sie benennt, ist – wie man längst weiß – ebenfalls ein Trugschluss, denn ohne das Vermögen der Sprache, die wahrnehmbaren Dinge zu benennen, gäbe es sie auch nicht. Was nicht in Sprache fassbar und somit in Akte des Bewusstseins überführbar ist, ist nicht existent. Und genau hier funktioniert auch der Umkehrschluss: Sprache ist durchaus – wie die Igel im Märchen – zuerst da. Sie definiert das Sehen (man sieht nur,

Schreiben über Kunst und Pädagogik

Kunst ist das Neue, das Außergewöhnliche, das Abweichende, das Bedeutende, das Schöne und Erhabene, die Arbeit am Noch-Nicht-Darstellbaren, das Provozierende, offene Zeit und unkontrollierte Räume, Schmutz, Unsicherheit, Markt, Wert, Bedeutung, Ruhm ...

Pädagogik ist Lernen, Aneignung, vom Vorhandenen nehmen, das Neue im Alten, Wiederholung, Vermittlung, Weitergeben, Schule, Lehrplan, Unterricht, Vater-Mutter-Kind-Lehrer-Schüler-Verhältnisse, Lernorte, Unterrichtszeiten – die Schule, Institutionen, Aufsicht, Rechtfertigung ...

Auf den ersten Blick: es sind kaum schärfere Gegensätze zu finden als die zwischen Kunst und Pädagogik. Die Kontroversen und das Verhältnis sind also im Eigensinn und der Logik der Bereiche angelegt und nicht an den Haaren herbeigezogen oder bloß Zeichen von Uneinsichtigkeit und Blindheit. Es bleibt uns gar nichts anderes übrig, als über den Eigensinn des Pädagogischen und der Kunst nachzudenken, wenn wir den Sinn und Unsinn von Kunstpädagogik oder ästhetischer Erziehung herausfinden wollen.

Es gibt Erwartungen an das Verhältnis.

Die Erwartung, dass Kunst und Pädagogik auf sinnvolle Weise zusammengebracht werden könnten.

Die Überzeugung, dass beide nicht auf sinnvolle Weise zusammengebracht werden können.

Ich empfehle, mit der zweiten Haltung an das Problem heranzugehen.

Es ist unübersehbar: Alle wollen die Kunst. Aber die Kunst will nicht alle. Schon gar nicht die Pädagogik. Das ist Zeitgeist.

In der Öffentlichkeit ist die Wertschätzung der Pädagogik (und des Sozialen) auf einen Tiefpunkt gesunken, und das Prestige der Kunst ist zu einem historischen Höhepunkt gestiegen. Der Berufswunsch Künstler hat den des Arztes überflügelt (vgl. Kursbuch 121/1995. S. 123 ff). Und die Kunstpädagogen werden/ sollen beide miteinander verbinden. Was wir im Inneren unserer Neigungen und im Äußeren unserer Arbeit zusammenbringen wollen, treibt im Inneren der Begriffe und im Äußeren der Praxis auseinander. Es gibt viele Wege, zu Antworten auf diese Frage zu kommen. Ein Weg wäre die Untersuchung der Geschichte der Beziehung zwischen Kunst und Pädagogik – ein weites Feld. Man muss den Blick vereinfachen und das Material überschaubar machen.

Dass Kunst als Erziehung zur Kunst und Bildung durch Kunst immer wieder in der Pädagogik zum Programm gemacht wird, ist offenkundig. Wo und wann aber wird das Pädagogische in der Kunst zum Programm erhoben? Da müssen wir lange suchen und landen – im Politischen.

Wie jedes Verhältnis leidet auch die Beziehung zwischen Kunst und Pädagogik an der Asymmetrie der Neigung. Woher kommt die?

Sie kommt aus dem Begriff der Kunst selbst und aus den Ausformungen, die er im Zuge der Moderne bekommen hat. Es gibt die Kunst, und es gibt Kunst und Kunstwerke.

Die Kunst, das große K und sein Begriff sperren sich gegen Öffnung, Vermischung, Auflösung und Verbindung mit etwas, das nicht die Kunst ist. Im philosophisch-emphatischen Begriff von der Kunst sammeln sich die Momente der Abgrenzung gegen anderes unter dem Stichwort Selbstreferentialität. Damit ist gemeint, dass Kunst immer und in erster Linie sich selbst, ihre Art, auf sinnliche Weise Sinn zu erzeugen, zum Thema hat. Viele Kunstwerke aber entsprechen diesem Begriff von Kunst nicht und existieren doch – nach einem vagabundierenden, offenen Begriff von Kunst. In den Kunstwerken/Kunstprozessen franst der Kunstbegriff aus, und es verbindet sich Unmögliches miteinander. Im Material: Dreck mit Farbe, Raum mit Bewegung, Elektrizität mit Motoröl, Filz mit Kupfer und Fett, Geometrie mit Abfällen usf.. In den Prozessen: Spiel mit Zwang, Sublimation mit Affirmation, Kommunikationsinteresse mit Isolationswünschen, Erkenntnisinteresse mit Trivialisierungsbedürfnissen... Wer nach Verbindungen von Kunst und (Pädagogik, Politik, Alltag...) fragt, der muss Kunstwerke und Kunstprozesse befragen oder an Kunsttheorien die Frage stellen, ob und wie sie es mit der Übergangszone und jenen gemischten Verhältnissen halten, in denen Kunst auf Nichtkunst, Kultur auf Alltag, Kunstmachen auf Spielen, Spielen auf Kunst usw. hin offen sind. Ohne die Anerkennung einer Übergangszone zwischen Kunst und Nichtkunst kann es keine Vermittlung geben. Die Namen für diese Zone sind: Kultur, das Ästhetische, Kreativität, Experiment, der erweiterte Kunstbegriff ...

Aus: Helmut Hartwig „Über die Kunst, ihren Begriff und was sie mit der Pädagogik zusammen kann und was nicht". In: Bdk-Mitteilungen Heft 1/1996. S.4 ff.

was man weiß), kann sogar blind machen und Sichtbares individuell immer wieder neu konstituieren.(4) Es gibt also keine letzten Wahrheiten und die Frage nach der Priorität von Ding oder Sprache ist so müßig, wie die Frage nach der Henne und dem Ei. Folge ich dieser Spur weiter, werden die Sachverhalte noch komplizierter: es geht ja nicht nur um konkret gegebene Dinge und deren abstrakte Repräsentanten, die Wörter im System der Sprache, sondern auch um die Ab-Bilder der Dinge.

Eva Stattmann-Sturm geht den Fragen nach, die sich hier stellen und greift in ihren Darlegungen u. a. die beiden bekannten Formeln von Gertrude Stein (eine Rose, ist eine Rose, ist ein Rose) und René Magrittes ‚Ceci n'est pas une pipe' auf:

> „Die Pfeife (und auch die Rose) ist längst zur Ikone der Moderne avanciert, denn was sie vorbildhaft zeigt, ist genau dieses Auseinanderfallen des zweifachen Tableaus. Wort und Bild sind nicht imstande, sich gegenseitig zu repräsentieren, weil sie sich auf unterschiedlichen Schauplätzen befinden, von denen jeder seinen eigenen Gesetzen gehorcht."
>
> (S.-Sturm 1996, S. 66)

An dieser Stelle würde eine lange Auseinandersetzung beginnen. Aber auch hier soll nur der Kern eines weitreichenden Gedankens fixiert werden.

Performative Sprachakte

Einen anderen Aspekt gilt es zu erwähnen: die performativen Sprach- bzw. Sprechakte, in denen gerade nichts definiert, nichts festgelegt wird, sich scheinbar gegebene Gewissheiten immer wieder auflösen. Versucht man z. B. ästhetische Sach- und Denkverhalte manch eines Textes oder einer Rede zusammenzufassen, um sie als sicheres Wissen ‚nach Hause zu tragen', so ist es, als bewege man sich auf einem soeben vor den Füßen ausgebreiteten Teppich, der noch im Gehen wieder eingerollt wird. Schaut man zurück, ist da fast nichts – keine Gewissheit, kein Haltepunkt, nur ein irgendwie geartetes Gefühl und eine Atmosphäre.

Vielen fällt es schwer, Sprachprozessen, die im Reden fast gelöscht und im Schreiben wieder ausradiert werden, ohne Ungeduld, ohne Erwartungshaltung an etwas Gesichertes zu folgen. Anders vielleicht jener Student im zweiten Semester, der sich am Ende des Vortrags eines bekannten Autors überaus begeistert äußerte und auf die Frage, was er denn für bedeutsam befunden habe, antwortete, er könne es nicht sagen, da er überhaupt nichts verstanden habe – aber es sei eine wunderbare Rede gewesen …

Doch Unverständliches bzw. nicht Verstandenes ist nicht gleichzusetzen mit dem Performativen als geistigem Prinzip der Sprach- und Sprechakte (siehe dazu S. 43).

Die Sprachen der Kunst und der Pädagogik

Sprache, die erfahrene Wirklichkeit und Kunst entwirft, fügt in der Regel Flüchtiges, Disparates, Widersprüchliches, Ambivalentes, Konträres zusammen – nicht um zu paralysieren oder harmonisch zu glätten, sondern um jedes Benannte in seiner Differenz zum Anderen zu belassen. Diese Sprache ist uns inzwischen vertraut. Sprache, die mit Setzungen, festen

Schreiben über Kunst: Ein Bild Cézannes in der Tübinger Ausstellung

Es dürfte Konsens darüber bestehen, dass Kunst immer auch das Ausdehnen, Überschreiten oder Durchbrechen gängiger und geltender Wahrnehmungsgrenzen ist; dies ist natürlich primär die Leistung der aktuellen Kunst. Doch diese ihre eminent gesellschaftliche Funktion würde zur Vergeblichkeit verdammt sein, wenn die Kunstwahrnehmung selbst die gleiche zu bleiben hätte und nicht ihrerseits zum Ausbrechen angestiftet würde. Natürlich bezieht sich das genauso auf unser Verhältnis zu den erlernten und abgesegneten wissenschaftlichen Systemen. Unsere durch die gesellschaftlichen Zwänge (Medien, Verkehr, Informationssysteme, Bürokratie, aber auch Religion, Moral, Wissenschaft – zum Beispiel kunstwissenschaftliche Methoden!) zugerichtete und domestizierte Wahrnehmung ist auf die Freisetzungsimpulse der Kunst angewiesen. Es wäre daher widersinnig, d.h. alles andere als im Sinne der Kunst, wenn unsere Wahrnehmung sich – angesichts der Kunst! – an die ihr andressierte Funktionalität gebunden fühlte. Wenn die Kunstwahrnehmung nichts von den künstlerischen Destruktionspotentialen abbekäme, hätte sie selbst (oder ihr Gegenstand) versagt. Was natürlich auch heißt: Wenn die Kunstwissenschaft nicht auch in diesem Verständnis etwas von der Kunst zu lernen bereit ist, ,forscht' sie, fürchte ich, an ihrem Gegenstand vorbei.

Ich argwöhne: Alles, was sich über Cézanne in Erfahrung bringen lässt, erlaubt noch keine Schlüsse auf das, was man an seinen Bildern erfahren kann. Das muss man selber besorgen. Denn die Erfahrungen beim Betrachten sind nicht die der Produktion und deren Bedingungen. Sie können auch den Produktionsprozess nicht reproduzieren. Selbst die Dauer des Malens, die mit der Betrachtungszeit nicht übereinstimmen wird, definiert nicht die ,Erfahrungszeit' des Malers; die Erfahrung des Malers reicht weit hinter den konkreten Malvorgang zurück und ist keiner zeitlichen Begrenzung zu subsumieren. – Und die Betrachtung – selbst wenn sie sehr viel Geduld aufbietet und sich um ,Erfahrungszeit' bemüht – bezieht sich auf völlig andere Kontexte, und zwar nicht nur auf diejenigen verschiedener historischer Zeiten; auch die emotionalen und intentionalen Beziehungen sind andere. Denn wo die Produktion vertraute Zusammenhänge auflöst, um an deren Stelle neue zu setzen, ist die Rezeption darum bemüht, ihren Gegenstand, und sei er noch so revolutionär, in die geläufigen und vertrauten Strukturen einzubinden. Produktionserfahrung und Rezeptionserfahrung beschreiben völlig unterschiedliche und zudem meist gegenläufige Prozesse.

Im Moment zielen meine Erfahrungsgelüste darauf ab, heute ,meinen' Cézanne mitnehmen zu können. Das klingt nach Kunstraub und ist auch fast so gemeint.

Kennen Sie das ,Feuerbrunst-Rettungsspiel'? Es geht so: Man nimmt sich ganz plötzlich vor, auf der Stelle zu entscheiden, welches Bild man vor den Flammen bewahren möchte. Die Zeit gilt, der Zeiger läuft; nur wenige Sekunden noch, sonst ist alles zu spät. In größter Anspannung rasch noch mal in die Runde schauen. Nicht mehr überlegen, jetzt!

Ich bin selbst überrascht: Das gerettete Bild ist ,Mme Cézanne auf gelbem Lehnstuhl' aus Chicago.

Zum Zeitpunkt, an dem ich mein Spiel inszeniere, war ich bereits zwei Stunden in der Ausstellung [...] und ich hatte mir sehr wohl schon meine Gedanken gemacht, wie es denn angehen mag, dass selbst so ,ähnliche' in ihrer Qualität (was immer das sei) so hoch angesiedelte Bilder, sich untereinander gleichsam in Konkurrenz begeben, sich gegeneinander hochschaukeln, als ob sie einen imaginären Wettbewerb zu bestreiten hätten.

Es muss offenbar so sein: Ein Bild in der Diaspora verhält sich würdevoll, ist über jeden Vergleich mit seinesgleichen erhaben. Der Tizian in der Villa Borghese zettelt keinen Streit an mit seinen Stallgenossen. Doch sobald der aus Rom für eine Weile zu den anderen Tizians nach Venedig kommt, geht das Gerangel schon los. Während vereinzelte Bilder sich relativ vergleichsneutral verhalten, beginnen ,ähnliche' Bilder, sobald sie beieinander hängen, ihre Standards zu produzieren und gegeneinander auszutarieren. Ein Bild von Tizian ist schwerlich ,besser' als ein Bild von Cézanne (und vice versa). Aber wenn sie unter sich sind, wollen beide von solcher Art Spielregeln nicht mehr viel wissen. ,Von solchem Selbstvernichtungsdrang der Kunstwerke, ihrem innersten Anliegen, das hintreibt ins scheinlose Bild des Schönen, werden immer wieder die angeblich so nutzlosen ästhetischen Streitigkeiten aufgerührt' (Adorno 1970, S. 93) Nicht dass der Betrachter diese Margen schon mitbrächte – nein, die Bilder schaffen sie selbst, ,der Zwang zu jenen Überlegungen ist [...] in den Kunstwerken selber gelegen' (Adorno 1970, S. 92). Vorher sind sie jedenfalls nicht vorhanden.

Aus: H.-K. Ehmer „Über Mme Cézanne in Tübingen und die leidige Frage nach der Kunst-Wahrnehmung". In: Dietrich Grünewald: „Was sind wir Menschen doch…!". Weimar 1995. S. 18.

Behauptungen und ‚Wahrheiten' arbeitet, die zu analytisch formalisierten Akten geronnen ist, kennen wir gleicherweise.

Beide scheinen unvereinbar und doch sind sie unsere kunstpädagogische Realität, denn der Bereich, in dem wir uns bewegen, hat offensichtlich zwei völlig verschiedene Bezugssysteme und so auch zwei völlig verschiedene Diskurse bzw. Sprachen: die der Kunst und die der Pädagogik – und dann fügt sich beides noch zu einem einzigen Wort.

Das Pädagogische hat seine eigenen Orientierungen. In ihm muss es so etwas geben wie Haltepunkte, Gewissheiten auf Abruf. Es muss Formalisierungen geben, Wiederholungen, Dinge, die sich einprägen und lernen lassen. Ein handhabbares Wissen und Regeln, an die man sich halten kann, zumindest auf Widerruf, gehören dazu. Sprache, die Erziehungsakte fasst, ist also notwendigerweise – zumindest bisher – sehr viel statischer, formaler und mit mehr Gewissheiten versehen, als die Sprache aktueller Kunst und alltagsästhetischer Erfahrung.

Vielleicht kann man sogar so weit gehen, im Bereich der Kunst-Pädagogik eine generelle Unvereinbarkeit verschiedener Denk- und Sprachstile zu sehen: die Sprache der Kunst und die Sprache der Pädagogik schließen sich weitgehend aus.

So gibt es wohl auch immer wieder weitreichende Formen der Polarisierungen: da sind die einen, die sich in bewegtem Kunstgelände wie in Bereichen alltagsästhetischer Moden aufhalten und da sind die anderen, die an traditionell Lehr- und Lernbarem festhalten, die weitreichende Regeln und Formalisierungen in pädagogischen Prozessen für unabdingbar erachten, die sich mit ‚gesichertem' Wissen ausstatten, in der Überzeugung, dass Kinder und Jugendliche diese Sicherheiten, diese Regeln und Gewissheiten brauchen.

Jeder Kunstpädagoge also, jede Pädagogin muss somit die verschiedenen Systeme mit den unterschiedlichen Sprach- und Denkstrukturen miteinander in Beziehung setzen und sie für sich immer wieder neu zu vereinbaren suchen. Dass dies auch produktive Formen haben kann, versucht z. B. Bilstein in mehreren Analogien und Parallelen zwischen Kunst und Erziehung aufzuzeigen (bspw. in Begriffen wie Autonomie der Kunst und Autonomie in der Erziehung; dem Besonderen von Kind und Künstler als ‚Genie' usw.). Er kommt zu dem Schluss,

> „… dass Kunst und Erziehung zwei von einander getrennte Welten menschlichen Lebens, Handelns und Denkens, aus der Spannung, aus der gegenseitigen Konturierung und Abgrenzung lernen können, ihre je eigenen Sinne für die je eigenen Probleme zu schärfen und so vielleicht – ein Stück Eigen-Sinn zu bilden." (Bilstein 1997, S. 130)

Ein Versuch also, beides miteinander produktiv zu machen.

Sprache und Werke der Kunst

In der aktuellen Diskussion wird Sprache in ihrer Notwendigkeit der Vermittlung ästhetischer Gegebenheiten und Prozesse zunehmend als bedeutsamer Teil der Kunstpädagogik erachtet.(5) Sie ist nicht voraussetzungslos gegeben und kann nicht unreflektiert benutzt werden.

Und noch ein Gedanke vorab: das Schweigen als das Andere der Sprache ist wichtiger, immanenter Teil des Nachdenkens über sprachliche Akte der Kunst- und Alltagserfahrung. Wie über Sprache im Kontext der Kunsterfahrung gibt es auch über das Schweigen vor den Werken der Kunst kontrovers geführte Diskussionen. Dass man zu schweigen weiß, wenn man das Sprechen gelernt hat, wäre vielleicht einer von vielen möglichen Gedanken dazu.(6)

„Es ist also nicht verwunderlich, wenn das Lob des Schweigens sich oft geradezu überschlägt und das Nichts-Sagen dem viel risikoreicheren Sagen vorgezogen wird. Der Künstler Helmut Federle favorisiert zum Beispiel, was viele, die professionell in einer anderen als der symbolisch-sprachlichen Dimension arbeiten, sehnlichst gerne hätten: Meditation und Ruhe in Anwesenheit der Kunst. ‚Das Höchste, was anzustreben ist, ist die Leere, das Sein.'
(Federle zit. nach Schmitt 1991, S. 72; vgl. auch Grasskamp 1991)
Das Bedürfnis ist nicht unbegründet, denn tatsächlich charakterisieren sich viele Vermittlungs- und Sprechunternehmungen durch eine krampfhafte Vermeidung des Schweigens und einen Mangel an Stille. Und dennoch ist ungewiß, ob Federle nicht ein wenig dem Mythos anheimfällt, die Sache wäre auch bzw. viel besser ohne Sprache zu haben: ganz und gar ungestört. Lacans Lob des Schweigens hingegen nährt sich aus einer anderen Quelle. Es resultiert aus dem Wissen, dass es ohne Sprechen auch kein Schweigen gäbe, denn ‚das Verstummen [ist, E.S.] ... eine Seinsweise der Sprache selbst.' (Lang 1986, S. 81) ‚Wenn ... Lacan eine zentrale Bedeutung des Sprechens gerade im Schweigen s. o. sieht, dann deshalb, weil hier das Subjekt die Leere s. o. seiner Rede vernehmen kann, und weil dieses Schweigen den Anderen ... in einen Bereich der Rede ruft, wo die Sprache ursprünglich spricht: wo sie noch fragt und nicht schon objektivierend antwortet, wo sie an eine Antwort appelliert, die mehr will als das Ausfüllen der Leere mit vorschnellen Worten und mit wohlwollenden Einfühlungen.' (Pagel 1991, S. 119)
Kostbare Worte – kostbares Schweigen.
‚Zweifellos', so Lacan auf dem Weg zum Subjekt, ‚müssen wir unser Ohr dem Nichtgesagten öffnen, das in den Löchern des Diskurses ruht.' (Lacan 1953, S. 152)
Im Kunstgespräch ‚Kostbare Worte' gelten in diesem Sinn das Schweigen und das Nichtgesagte, die Löcher im Diskurs als ebenso kostbar wie das Gesagte."

(S.-Sturm 1996, S. 266 ff)

Die Konstituenten ästhetischer Forschung –
erste Annäherungen und vorläufige Bestimmungen

Ästhetische Forschung lässt sich als Prozess beschreiben, in dem sich unterschiedliche Formen der Herangehensweisen und Bearbeitungen in ästhetischen Bereichen miteinander verknüpfen.

Als Begriff wird ‚Ästhetische Forschung' in der Literatur gelegentlich für entdeckendes Handeln und Lernen benutzt oder synonym für Prozesse im Zusammenhang mit dem ästhetischen Projekt. Er ist bisher also nicht signifikant besetzt bzw. festgelegt, wie z. B. das ‚Ästhetische Projekt', mit dem sich klar beschreibbare Gegebenheiten verbinden und das vor allem über Arbeitsweisen, wie Gert Selle sie initiiert und publiziert hat, bekannt geworden ist. ‚Ästhetische Forschung' also ist frei, um das zu bezeichnen, was ich im Folgenden damit zu fassen versuche.

Die Ausgangssituationen ästhetischer Forschung

Am Anfang steht eine Frage, ein Gedanke, eine Befindlichkeit; ein Gegenstand, eine Pflanze, ein Tier; ein Phänomen, ein Werk, eine Person (fiktiv oder authentisch), eine Gegebenheit oder Situation; ein literarisches Thema, ein Begriff, ein komplexer Inhalt oder etwas anderes.

Ästhetische Forschung hat – wie alle Forschung – nur Sinn, wenn die Forschenden eine Frage haben, an einer Sache arbeiten wollen, die sie interessiert, einer Idee folgen oder ein ihnen wichtiges Vorhaben verwirklichen wollen. Insofern ist ästhetische Forschung immer subjektbezogen, wird selbst verantwortet und eigenständig organisiert. Mit ihrem hohen Motivationsgrad unterscheidet sie sich wesentlich von den meisten Arbeitszusammenhängen in Schule und Hochschule.

Die Herangehensweisen sind in besonderer Weise vernetzt und bedingen einander. Der Prozess ist performativ, d. h. in ständiger Formung und Umformung begriffen, sodass das ganze Gefüge bis zum Schluss in Bewegung bleibt und ständig neuen Entscheidungen unterworfen ist.

Auch die Orte der Erarbeitungen sind – vor allem in Studienzusammenhängen – meist von Bedeutung, sind sie doch häufig sowohl wissenschaftlich-künstlerischer Arbeitsort als auch Ausstellungsort zugleich. Diese Orte muss jeder, muss jede für sich finden, hängen sie doch wesentlich mit den inhaltlichen Fragen zusammen, die manchmal nur in bestimmter Weise und in bestimmten Räumlichkeiten zur An-Schauung kommen können. Außerdem sind sie immer eine Herausforderung an die physischen und psychischen Verfasstheiten der Einzelnen und so für ungewöhnliche und weitgehend ungewohnte Arbeitsprozesse eine gute Voraussetzung. So suchen sich die Studierenden entweder traditionelle Galerieräume, Fabrikräume, ungewöhnliche Orte wie z. B. ein Kloster, einen Bahnhof, das Katasteramt, einen Schweinestall oder den labyrinthischen Keller eines Mietshauses. Dass an diesen Orten während der Arbeitsprozesse vielfältigste und häufig ungewohnte Formen der Kommunikation ablaufen, ist ein weiterer wesentlicher Aspekt für diese Art der Arbeit. (Diese Orte sind eine gute Voraussetzung, aber nicht Bedingung ästhetischer Forschung. Für Schülerinnen und Schüler lassen sich auch Orte traditioneller Arbeitsweisen produktiv machen).

Um eine erste Einschätzung des Konzepts zu geben, trenne ich zum besseren Verständnis das, was verbunden bzw. vernetzt, ist und führe es zunächst gedanklich getrennten Bereichen zu:

Orientierung an Alltagserfahrungen

Im Bereich der Alltagserfahrung geht es um alltägliche Dinge und die damit verknüpften Wahrnehmungen, ästhetischen Verhaltensweisen, Handlungs- und Erkenntnisformen. Sie sind zum einen gegeben im fragenden und entdeckenden Umgang mit Dingen und Phänomenen alltäglicher Erfahrung einerseits – mit dem ‚sich wundern', mit der Neugier und der Fähigkeit zu hinterfragen und zu staunen. Sie sind zum anderen gegeben im handelnden Umgang mit den Dingen, wie z. B. dem Sammeln, dem Ordnen, dem Arrangieren und Präsentieren all der Dinge, die man persönlich für schön oder bedeutsam erachtet. Dann sind im Rahmen von Alltagserfahrung auch alle ästhetischen Praktiken zu nennen, die Kinder und Erwachsene in alltäglichen Handlungen selbstverständlich nutzen – dazu gehören alle handwerklichen und technischen Verfahren wie etwas kleben, collagieren, montieren, ausschneiden, malen, skizzieren, basteln, nähen, usw. Und viertens stellen sich natürlich – wie im Alltag sonst auch – Fragen nach den nächsten Schritten, den Planungen und Organisationsformen.

Künstlerische Strategien und Kunstkonzepte im Bereich aktueller Kunst

Dann ist da der Bereich künstlerischer Arbeit mit Bezug zu den aktuellen Kunstkonzepten und künstlerischen Strategien einzelner Künstlerinnen und Künstler. Die Orientierungen an den Strategien aktueller Kunst sind inzwischen im Rahmen der Kunstdidaktik weitgehend konsensfähig, ist doch konstatiert, dass der irritierende und unorthodoxe Umgang mit den Alltagsdingen, die zu Objekten der Kunst werden, durchaus vielfältige Analogien zu Dingen, Praktiken und ästhetischem Verhalten auch von Kindern und Jugendlichen hat. Konkret heißt dies für die Arbeiten im Rahmen ästhetischer Forschung, dass traditionelle ästhetisch-praktische Verfahren wie das Sammeln und Basteln, das Skizzieren, Modellieren, Malen, Drucken, Fotografieren und Experimentieren, neben dem Entwickeln visueller Konzepte und Modelle stehen, dem Erarbeiten aufwändiger Video-Tapes, dem Arbeiten mit Computer-generierten Bildern, mit Verfahren der Konservierung und der Restaurierung. Es geht zudem um Objektarrangements und Gegenstandsverfremdungen. Am Ende entstehen in der Regel multimediale Installationen, in denen sich die AusstellungsbesucherInnen bewegen. Auch Klangelemente oder gesprochene Sprache gehören zur ästhetischen Praxis. Wichtig ist, dass die aktuelle Kunst in hohem Maße rezipiert wurde, um die Vielfalt künstlerischer Strategien und Verfahren heute zu kennen und die ästhetischen Sprachen produktiv zu nutzen. Die eigene künstlerisch-ästhetische Praxis ist dann nicht als Nachvollzug zu verstehen, in dem ein künstlerisches Werk angeeignet wird, wie Kunstdidaktik oft missverständlich lehrt, sondern alles, was je wahrgenommen wurde, bildet ein großes Reservoir ästhetischer Möglichkeiten, aus dem jeweils die ausgewählt, variiert oder modifiziert wird, die den eigenen Intentionen oder auch einem experimentellen Interesse entspricht bzw. nahe kommt.

Die wissenschaftlichen Methoden

In diesem Bereich geht es um das Befragen, Erforschen und Recherchieren, um das Analysieren, Kategorisieren, Dokumentieren, Archivieren, Präsentieren und Kommentieren einerseits, wie um das Einordnen, Vergleichen, in Beziehung setzen sowohl von Gegebenheiten und Erfahrungen der Alltagswelt als auch Erfahrungen von Kunst, ihren Kontexten und den gegebenen Theorien.

Konkret heißt dies, dass es gilt, die engeren Kontexte der Vorhaben zu erarbeiten. Das sind z. B. kunstgeschichtliche und kunstwissenschaftliche Aspekte, die die Arbeit fundieren, wie auch kulturgeschichtliche oder designtheoretische Exkurse zu den Dingen über die und an denen jemand arbeitet. Die Bezüge zu ausgewählten Werken der Kunst, wie auch zu übergreifenden Kunsttheorien sind immer Teil der Erarbeitungen. Daneben gibt es Auseinandersetzungen mit philosophischen, psychoanalytischen, anthropologischen oder religiösen Fragen. Die Konstitution des Subjekts, Identitätstheorien und Geschlechterkonstruktion sind in der Regel ebenfalls Teil der Auseinandersetzung, wie auch zeittypische Fragen, wie die nach Erinnern und Vergessen, nach ästhetischem Denken, etc. Und nicht zuletzt ist immer auch eine Auseinandersetzung mit den gewählten Methoden gegeben, wie z. B. die Reflexion der Differenz von künstlerischen und wissenschaftlichen Herangehensweisen.

Selbstreflexion und Ich-Erfahrung

In der Selbstreflexion bündeln sich z. B. alle Vorgehensweisen, indem sie nochmals subjektiv bedacht, emotional begleitet, auf vielfache Weise fixiert werden – von verbalen und visuellen Skizzen, Bildern bzw. kleinen Collagen bis zu Gedichten und literarischen Texten. In der Selbstreflexion geht es somit auch um das Ausloten eigener Zugänge und Positionierungen.

Im Rahmen ästhetischer Forschung sind die Einzelnen oft Grenzerfahrungen ausgesetzt, die ihre Erfahrungsräume erweitern, Gratwanderungen vollziehen und ‚Selbst-Versuche‘ einschließen. Ästhetische Forschung verlangt zudem von den Individuen neue Organisationsstrukturen bei den Herangehensweisen, da sowohl künstlerische Verfahren wie wissenschaftliche Methoden und selbstreflexive Prozesse die Arbeit tragen. Darin gilt es, die optimalen persönlichen Arbeitsweisen und Zeitstrukturen zu finden. Da es kaum Vorerfahrungen gibt, entwickelt jede/jeder im Arbeitsprozess ein eigenes System – sei es, dass

Zeiteinheiten gebildet und strikt eingehalten werden, sei es, dass man sich von den Ereignissen und Prozessen tragen lässt und je nach Situation und Befindlichkeit künstlerisch oder wissenschaftlich arbeitet. Wesentlicher Bezugspunkt der Reflexionen ist das Tagebuch, in dem alle Stränge zusammenlaufen und neue entworfen werden.

Fazit

Ästhetische Forschung bezieht sich also auf alle real gegebenen wie fiktiv entworfenen Dinge, Objekte, Menschen und Situationen. Sie bedient sich aller zur Verfügung stehenden Verfahren, Handlungsweisen und Erkenntnismöglichkeiten aus den Bereichen der Alltagserfahrung, der Kunst und der Wissenschaft. Sie ist prozessorientiert und hat doch Ziele. Sie ist weitgehend frei in den Organisations- und Entscheidungsformen und wird somit in hohem Maße individuell bestimmt und verantwortet. Sie knüpft an Bekanntes an und führt zu individuell Neuem, sie ist intensiv und erreicht in gelungenen Formen Momente des Glücks. Ästhetische Forschung führt zu Erkenntnisformen, die sowohl rational sind als auch vorrational, sowohl subjektiv als auch allgemein, sowohl über ästhetisch-künstlerische Sichtweisen als auch über den dokumentarisch-fotografischen Blick geprägt, sowohl über nachvollziehbare verbal-diskursive Akte strukturiert als auch von diffusen Formen des Denkens begleitet.

Die sich darüber ausbildenden Fähigkeiten, Erkenntnis- und Verhaltensmöglichkeiten sind vielfältig. Sie schließen – notwendigerweise – Grenzerfahrungen ein, führen dazu, Offenheiten und Unsicherheiten auszuhalten, erfordern ein ständiges Verwerfen, Sich-neu-entscheiden, Annehmen von Situationen, auf die man sich unter anderen Bedingungen nie eingelassen hätte. Sie verändern alte Denkgewohnheiten und Handlungsmuster, vergrößern das Repertoire der Zugänge ins z. T. vorher Unvorstellbare. Sie machen das möglich, was sich in der aktuellen Literatur als Gewissheit verkündet, zu der es aber bisher so wenig nachvollziehbare Erfahrungsansätze gibt: sie führen zu Erfahrungen und Erkenntnisformen, die in der Tat auch das Andere der Vernunft neben die Vernunft stellen, die ästhetisches Denken als eine Fähigkeit des Menschen ausbilden, sich der Welt in ästhetisch-künstlerischen Akten zu nähern. Wem diese Möglichkeiten gegeben sind, wird sein Leben anders leben – vielfältiger, interessierter, mit größerem persönlichen Gewinn und er/sie wird – in kunstpädagogischer Verantwortung – Kindern und Jugendlichen vom ersten Tag an ganz andere Erfahrungsräume erschließen. Die erschreckende kunstpädagogische Wirklichkeit unserer Zeit könnte dann endlich der Vergangenheit angehören. (7)

Die alltäglichen Dinge und die Erfahrungen der Menschen

Unsere Alltagserfahrung enthält bereits alle wesentlichen Handlungsformen und Bewusstseinsprozesse, die für künstlerische wie für wissenschaftliche Auseinandersetzungen auch im Rahmen kunstpädagogischer Fragestellungen bedeutsam sind. Mit meinen Ausführungen verbindet sich somit die Forderung, die Bedeutung der Alltagserfahrung, die wesentlich auch an die Dinge gebunden ist, für kunstpädagogische Prozesse wie für pädagogische Prozesse generell immer wieder produktiv zu machen. Es geht darum, Erfahrungen in der Vielfalt sehr heterogener Aspekte zu verorten und sie gelegentlich ein Stück weit zurückzuverfolgen, hin zu all den Fragen, die wir einmal hatten, als die Dinge begannen, ihren Platz in unserem Bewusstsein einzunehmen.

Die folgenden Ausführungen sind kurze Gedankenbündelungen, kleine Passagen, die nicht auf Vollständigkeit hin angelegt sind und hier lediglich auf größere Zusammenhänge verweisen. An teilweise Bekanntes anknüpfend, geht es um neue Verbindungen und andere Sichtweisen. (1)

Ode an die Dinge

Ich liebe die Dinge über alles,
alles.
Ich mag die Zangen,
die Scheren,
ich schwärme
für Tassen,
Serviettenringe,
Suppenschüsseln –
vom Hut
ganz zu schweigen.

Ich liebe
alle Dinge,
nicht nur
die höherstehenden,
sondern
auch
die un-
end-
lich
kleinen,
den Fingerhut,
Sporen,
Teller,
Vasen.

Bei meiner Seele,
ist der Planet
schön,
voller Pfeifen, die
von Händen
durch den Rauch
geführt werden,
voller Schlüssel,
voller Salzfässer,
voll von
allem,
was von Menschenhand erschaffen,
           allen Dingen:
die Rundungen am Schuh,
den Geweben,
der zweiten
diesmal unblutigen
Geburt des Goldes,
den Brillen,

den Nägeln,
den Besen,
den Uhren, den Kompassen,
dem Kleingeld, der weichen
Weichheit der Stühle.

Ah, soviel
reine
Dinge
hat der Mensch
entworfen,
aus Wolle,
aus Holz,
aus Glas,
aus Stricken –
Tische,
wunderbare Tische,
Schiffe, Leitern.

Ich liebe
alle
Dinge,
nicht weil sie
brennen
oder
duften,
sondern
ich weiß nicht warum,
weil
dieser Ozean dir gehört,
mir gehört:
Die Knöpfe,
die Räder,
die kleinen
vergessenen
Schätze,
die Fächer,
in deren Federn
die Liebe ihre
Orangenblüten
wehte,
Gläser, Messer,
Scheren –
auf allem

am Griff, am Rand,
eine Fingerspur,
die Spur einer entrückten,
ins vergessenste Vergessen
versunkenen Hand.

Ich gehe durch Häuser,
Straßen,
Fahrstühle
und berühre dabei Dinge,
erkenne Gegenstände,
die ich insgeheim begehre:
mal weil sie läuten,
mal weil sie
so weich sind
wie die Weichheit einer Hüfte,
dann wieder, weil sie wie tiefes Wasser
gefärbt oder dick wie Samt sind.
O unumkehrbarer
Strom
der Dinge,
keiner kann sagen,
ich hätte nur
die Fische
geliebt
oder die Gewächse des Urwalds und
            der Wiesen,
ich hätte
nur geliebt,
was hüpft, klettert, überlebt und seufzt.
Falsch:
Mir sagten viele Dinge
vieles.

Nicht nur sie rührten mich
oder meine Hand rührte sie an,
sondern so dicht
liefen sie
neben meinem Dasein her,
daß sie mit mir da waren
und so sehr da für mich waren,
daß sie ein halbes Leben mit mir lebten
und dereinst auch einen halben Tod
mit mir sterben.

Aus: Pablo Neruda „Seefahrt und Rückkehr. Das lyrische Werk III". a. a. O.

Von der Verlässlichkeit der Dinge

In einer Zeit, in der kaum etwas ist, was es zu sein scheint, in der Gewissheiten und Grenzen sich verändern und die Diskurse des Verschwindens, der Konstruktion und Dekonstruktion gleich bündelweise über den Dingen wie ihren symbolischen Repräsentanten lagern, scheint eine Behauptung über ihre Verlässlichkeit ziemlich unangemessen. Nicht dass auf einer einfachen Erfahrungsebene vielleicht doch so etwas gegeben wäre wie die Gewissheit, dass Dinge rund sind oder schwer, bunt oder zerbrechlich, sondern dass man gerade darauf seine Aufmerksamkeit richtet. Diese wahrnehmbaren Gegebenheiten aber sind es, die Dinge überhaupt als ein Gegenüber, als etwas von uns Getrenntes und zu uns Verschiedenem erfahrbar machen, sie zu Gegenständen von Kommunikation und Interaktion werden lassen.

Die Tatsache, dass auf der Erscheinungsebene die Dinge in unserer Wahrnehmung weitgehend die Gleichen bleiben, aber in verschiedensten Kontexten zu jeweils etwas ganz anderem werden können, macht die Bedeutsamkeit gegebener Gewissheiten, bzw. die Verlässlichkeit ihrer Existenz aus. Genau hier liegen viele unserer Fragen, liegt unsere Neugier und unser Erstaunen, denn wie muss Wirklichkeit beschaffen sein, in der eine alltägliche Tasse sowohl Trinkgefäß als auch Kunstwerk sein kann. (2)

Sicher, schon die Grundgewissheiten über die Dinge sind komplizierter geworden: Glas zerspringt, wenn es zu Boden fällt, doch Flaschen, Becher und Gefäße, die genauso ausschauen, zerspringen nicht. Für ein Kind, so meinen Erwachsene, ein ziemlich schwieriger Erfahrungsprozess. Dennoch lernen Kinder ohne große Mühe die Differenz zwischen Glas und Kunststoff wahrzunehmen – anfangs noch mithilfe der Tast-, Geruchs- und Geschmackssinne, später übernehmen die Augen diese Wahrnehmungen mit. Und sie lernen ebenfalls, dass Dinge nicht nur in einer einzigen, eindeutig festgelegten Weise zu nutzen sind. Auf Getränkekisten kann man auch sitzen, Senfgläser eignen sich als Blumenvase und mit dem Löffel lässt sich Spinat durchaus lustvoll an den Wänden verteilen.

Diese ‚Irritationen' der Dinge, die Tatsache, dass sie etwas anderes sein können als sie zu sein scheinen oder vorgeblich zu sein haben, werden häufig benannt, um Gewissheiten und Verlässlichkeiten ihrer wahrnehmbaren Existenz in Frage zu stellen. Auf dieser Ebene werden unsere Wahrnehmungen zwar immer wieder aufs Neue aus dem Lot gebracht, pendeln sich aber ebenso wieder ein. Dieses ‚Einpendeln' auf ein immer anders geartetes Erfahrungswissen gehört in die heutige Zeit. Kinder und Jugendliche wachsen anders damit auf als noch die Generation vor ihnen.

Wie sehr uns ein Wiederfinden und Wiedererkennen vertrauter Dinge im Alltag trägt, machen uns all die vielen Gegenstände deutlich, die immer schon da sind, wenn wir an bekannte, geliebte und vertraute Orte zurückkommen.

Ding-Irritationen: Künstliches und Täuschendes

Einen oben angeführten Gedanken greife ich nochmals auf: Ding-Täuschungen und Fälschungen gehören zur alltäglichen Wahrnehmung. Eine Liste all der Alltagsdinge, die nicht das sind, was sie zu sein scheinen, ist inzwischen wohl kaum mehr zu erstellen, denn letztlich gibt es fast jedes der gewohnten Dinge des Alltags auch als ein anderes: die Papiertüte als Blumenvase, die Cola-Dose als Bleistiftanspitzer, das Gummibärchen als Radiergummi, u. s. w.

Eine andere Ebene ist die der künstlichen Substituierung natürlicher Dinge – Topfpflanzen z.B., Rosensträuße und Früchte. Vor etwa zwanzig Jahren noch relativ grob aus Kunststoffmasse gezogen und für das Auge auch als Un-Natürliches wahrnehmbar, sind sie heute meist aufgrund verbesserter Materialien und verfeinerter Produktionsweisen so ‚echt‘, dass nur die genaue Beobachtung oder der prüfende Griff Klarheit bringen.

Dann gibt es Artefakte, die offensichtlich nicht als Substitutionen gedacht sind, sondern als eigenständige Kunst- bzw. Deko-Stücke fungieren, wie z.B. all die Kakteen, die Äpfel und Tulpen in den Geschenkartikelläden. (3)

Im Bereich der gezielten Fälschungen geht es um einen nicht unwesentlichen Teil produzierter Waren, die sich für etwas ausgeben, was sie nicht sind: hochwertige Markenartikel. Auch an deren Existenz hat sich unsere Wahrnehmung inzwischen gewöhnt. Auf der Erscheinungsebene sind die Differenzen oft nur schwer auszumachen, aber das ausgeprägte Preisbewusstsein vieler Menschen weiß um den Unterschied.

Diese kurzen Hinweise auf drei Bereiche alltäglicher Dingwahrnehmungen mögen genügen, um auf die damit verbundenen Fragestellungen aufmerksam zu machen. Die Rede vom ‚Verschwinden der Dinge‘, die eigentlich eher ihre Auflösungen und Übergänge in die virtuellen Welten der Bilder wie in die Diskurse meint, ist durchaus auch auf die konkreten Dinge selbst zu beziehen. Denn wenn jedes Ding zugleich es selbst und ein anderes sein kann, sind sie ständigen Veränderungen, Metamorphosen, Übergangsformen unterworfen, die die ehemals fest fixierten dinglichen Gegebenheiten und ihre Funktionen immer wieder neu in Frage stellen. Sie sind sozusagen flüchtig, in flagranti, tauchen an immer anderen neuen Stellen im System der Waren-Dinge auf. Simulation, Spiel, Witz und Ironie verbinden sich mit ihnen. Doch so sehr die Dinge sich auch tarnen, uns zu täuschen versuchen, so sehr ist auch unsere Wahrnehmung darauf eingestellt. Und dass sich ein ‚Enttarnen‘ oft durchaus mit Vergnügen verbindet, ist nur möglich vor dem Hintergrund gegebener Grunderfahrungen mit den Dingen.

Dinge wahrnehmen: vom flüchtigen Sehen und dem angehaltenen Blick

Es gibt ein pragmatisches Sehen der Dinge – gekennzeichnet als Alltagswahrnehmung. Ein Sehen, das in aller Flüchtigkeit und Routine die Eigenschaften der Dinge, den Ort, an dem sie sich befinden und die Situation, in der sie in bestimmter Weise zu nutzen sind, konstatiert. Über diese Alltagswahrnehmung geben uns die Dinge Orientierung und Halt. (4) Dann gibt es den Blick über das konstatierende Sehen hinaus: wir sehen, ob

Vom Gebrauch der Dinge

Überall entdecken wir, wie Leute sich auf eine zeitgemäße und zugleich persönliche Art an Gegenständen festhalten, sich durch sie mitteilen, Festigkeit an ihnen gewinnen. Der Alltag steckt voller Bezugnahmen und Gesten, die zunächst gar nicht auffallen. Es ist mehr zwischen den Dingen und uns, als wir träumen lassen, mehr, als man gewöhnlich zuzugeben bereit ist. Man kann aus der besonderen Art des Umgangs mit ihnen auf die psychische Situation und den Charakter der Gebraucher schließen, man kann auf die Gesellschaft schließen, in der die Regeln des Gebrauchs definiert werden. Man kann noch weiter gehen und den Dingen Eigenschaften zusprechen, die über die Momente der persönlichen Berührung und des sozialen Handelns hinausgehen. Denn im Be-Greifen der Dinge meldet sich der Stand der gesellschaftlichen Produktionsweise zu Wort, auf deren Grundlage sich die historischen Bedürfnisse prozesshaft entwickeln und verändern. Gegenstände zum Gebrauch sind daher ein anthropologischer Entwurf, nicht bloß funktionale, ästhetische, soziale und persönliche Bedeutungsträger, sondern Instrumente in einem langfristigen Formungsprozess, bei denen sich die Produktionsgeschichte der inneren und äußeren Natur des Menschen bemächtigt. Der Begriff der ,ästhetischen Sozialisation' meint unter anderem einen Vorgang, der als sinnliche Überformung durch die produzierten Dinge und die Bedingungen ihrer Produktion alle Menschen körperlich und in ihrem inneren Gerichtetsein des Wahrnehmens und Ausdrückens erfasst. Das Bild der Dinge, das Bild ihres Gebrauchs und ein Menschenbild sind einander – historisch fixiert oder im Wandel – zugewandt. Die Geschichtlichkeit des Menschen kommt nicht zuletzt vom Stand der Dinge um ihn herum, so wie sie produziert und gebraucht werden und ihm einen Platz darin zuweisen. (...)

So helfen die Dinge mit, uns im Einklang mit Geschichte und Gesellschaft zu formen, indem sie eine Form durch ihren Gebrauch vorgeben oder überliefern. Darin liegt das tiefere Geheimnis jener Verbindung von Form und Funktion, die lange als Ideal des industriellen Design propagiert worden ist. Die Form, die uns die Dinge aufprägen, ist nicht identisch mit deren Erscheinungsbild – das ist der Irrtum –, sondern mit dem Bild, das unser Körper in sinnlicher Funktion, in der Auseinandersetzung mit den produzierten und gebrauchten Gegenständen empfängt, in sich aufnimmt, verarbeitet. Form heißt hier Erinnerung, Erfahrungsbestand, Verhalten und Vollziehen; Form heißt auch Selbstbildung, Selbstaneignung im Gebrauch der Dinge. In diesem Sinne ist sie ein tiefreichendes ästhetisches Ereignis, dem man sich nicht entziehen kann. Form heißt hier Beziehungsdichte zwischen Mensch und Gegenstand unter einem Funktionsbegriff, der über beide hinausgreift. Über diesen Formprozess wird Geschichte ,dingfest' und in uns über die Nähe zu den Dingen gegenwärtig – real. Wir verleiben sie uns: „Der Gegenstand wird somit grundsätzlich anthropomorph. Der Mensch ist (...) mit den ihn umgebenden Gegenständen auf die gleiche innige und intime Weise verbunden wie mit den Organen seines eigenen Körpers, und das Inbesitznehmen des Gegenstandes zielt virtuell immer auf die Wiedergewinnung dieser Substanz durch orale Einverleibung und durch ,Assimilation'. (Baudrillard 1977, S. 39)

Aus: Gert Selle und Jutta Boehe „Leben mit den schönen Dingen". Hamburg 1996. S. 15 und 23.

die Dinge schön sind oder hässlich, ob sie kitschig sind oder banal, nehmen wahr, ob sie uns gefallen oder nicht. (5)

Auch dieser Blick ist weitgehend routiniert, funktioniert oftmals im Sinne eines Vor-Urteils, da wir uns über die Hintergründe und Beweggründe unserer Urteile nicht bewusst werden müssen. Für unsere Alltagsorientierung ist es weitgehend unerheblich, ob Dinge schön sind oder hässlich. Doch für die Besonderheit unserer Wahrnehmungen, unserer Empfindungen und Befindlichkeiten ist es wesentlich, dass wir die Dinge auch als schön begreifen, als abstoßend oder angenehm. Mit dem besonderen Blick, im Innehalten und Anhalten der Zeit, im genauen Hinschauen und Beobachten, verbunden mit einem Erstaunen, einer Neugier, einem besonderen Interesse und einem Moment der Intensität haben wir Dinge von klein auf wahrgenommen und an Situationen geglückter Wahrnehmungen erinnern wir uns zeitlebens. Es sind diese beglückenden Wahrnehmungen, die uns im Leben auf eine andere Welterfahrung vorbereitet haben: der schöne Fotoband, der nur an Sonntagen aus der Glasvitrine geholt wurde und den man nur anschauen durfte, wenn man sich die Hände ordentlich gewaschen hatte, ebenso die kleinen Glastiere, für die es gleicherweise das besondere Ritual der gewaschenen Hände samt einer gelben Stoffunterlage auf dem Tisch gab.

So besteht das Besondere des angehaltenen Blicks u. a. auch in den kleinen Ritualen, und im Verlangsamen der Zeit. (6)

Über Dinge sprechen

Auf der Ebene des Sehens scheinen Dinge also zunächst einmal einigermaßen verlässlich, da man sich im Akt des Wahrnehmens ihrer Erscheinung immer wieder vergewissern kann. Schwieriger ist es, über Dinge zu sprechen, vor allem in ihrer Abwesenheit. Da ist eine blaue Hose nicht gleich eine blaue Hose. Das Kind, das Jeans trägt, hat eine ganz andere Vorstellung von einer blauen Hose als das, das marineblaue Strickhosen anzieht. Genau genommen gibt es gar keine blauen Hosen, sondern mittelblaue, dunkelblaue, himmelblaue Tuch-, Woll- und Leinenhosen. Doch der Abstraktions- und Generalisierungsprozess der Sprache eliminiert die Konkretheit der Dinge und führt diese Vereinfachungen der Alltagssprache zu. (7)

Das Pragmatische der Dinge ist es auch, was menschliche Kommunikations- und Interaktionsformen bestimmt. Sie stellen auf einer einfachen Ebene Konsensformen und ein weitgehend harmonisches Miteinander her, das für ein gesellschaftliches Zusammenleben unabdingbar ist und sich über Sprache konstituiert: dass man mit dem Auto in den Urlaub fährt, dass es regnen müsste, weil der Garten vertrocknet, dass man sich die neueste Swatch-Uhr kaufen wird, weil gerade sie besonders schön ist. Gespräche über Dinge auf dieser Ebene sind in hohem Maße immer auch Gespräche über Waren. Unter dieser Vorgabe sind die mit den Waren ausgebildeten Wahrnehmungsmuster und Redeweisen, sind unsere Empfindungen, Sehnsüchte, Bedürfnisse, Wünsche in hohem Maße allgemein und öffentlich.

Mit jedem Waren-Ding wird ein ganzes Setting immaterieller Mehr-Werte mitgeliefert – vom aktuellen Lifestyle-Gefühl bis zum romantischen Liebeszauber. So sind mit den Dingen, mit denen sich jemand umgibt also eine Vielzahl offizieller Lesarten und geläufiger Sprechakte verbunden. Diese Gegebenheiten sind einerseits sicher entlastend und für die Selbstdarstellung hilfreich, da jeder einen ‚Text' benutzt, der öffentlich ist und nicht persönlich gesprochen werden muss – vor allem Jugendliche kennen diese Texte sehr genau – andererseits stellen sie aber auch eine Reduktion individueller Möglichkeiten dar. Der Sprache der Poesie, der Literatur und der Wissenschaft bleibt es vorbehalten, die Besonderheiten der Dinge in differenzierte Wahrnehmungen zu überführen, Gegebenheiten genau zu benennen, angemessen zu befragen oder poetisch zu transformieren.

Mit dem Sprechen über die Dinge fangen die Schwierigkeiten also an. Nicht so sehr im Bereich der pragmatischen Gewissheiten, da wo Sprache deskriptiv vorgeht. Wenn ein Kind befindet, dass sein Ball rund ist, wird niemand widersprechen. Unser Bewusstsein über die Dinge haben wir über die Akte des Sprechens erworben und die Begriffe wirken auf die Wahrnehmung zurück. Auf dieser primären Ebene ist das Wort ‚schwer' z. B. noch identisch mit einer körperlich spürbaren Schwere. Auch die Differenzierungen von sehr schwer und leicht sind uns in dem, was sie meinen weitgehend klar, wie die von hellblau und dunkelblau.

Manchmal aber haben wir uns als Kind besorgt gefragt, ob ein anderer das Himmelsblau ähnlich wahrnimmt wie man selbst – vielleicht sieht er ja ein Himmelsrot. Doch dann haben wir befunden, dass dieses Nachdenken müßig ist, da der andere ja gelernt hat, für sein möglicherweise wahrgenommenes Rot ‚blau' zu sagen. Geblieben aber ist ein ungewisser Rest, wir werden wohl kaum ergründen, was ein anderer Mensch wirklich wahrnimmt.

In wieder anderer Situation entstehen im Sprechen über die Dinge oft große Unvereinbarkeiten: wenn wir z. B. über die Schönheit, Hässlichkeit, Kitschigkeit oder Banalität der Dinge sprechen, oder über die Bedeutungen, die sie für uns ganz persönlich haben. Dann geschieht es, dass wir im kommunikativen Austausch oft nicht mehr wissen, ob wir noch über die gleichen Gegenstände reden. Wir müssen unsere Wahrnehmungen und Erfahrungen, unsere Empfindungen und Urteile in Akte des Sprechens überführen, die in Prozessen des sich gemeinsamen Annäherns und Zurücknehmens angelegt sind. Uns sozusagen gemeinsam sprachlich heranzutasten versuchen, um Differenzen zu verstehen. So bewegen wir uns zwischen sprachlichen Konventionen und individuellen Redeweisen, zwischen Konsens und Dissens, wenn wir die Schönheit unserer Dinge verteidigen und das Triviale in den Dingen der anderen zu entdecken glauben. (8)

Und dennoch: Es geschieht keineswegs selten, dass die Dinge, die wir als schön oder banal erachten, die uns einmal etwas bedeutet haben oder uns gleichgültig waren, auch von anderen in ähnlicher Weise gesehen werden. Die Ähnlichkeit der Wahrnehmungen konstituiert sich vor dem Hintergrund ähnlicher Erfahrungen in einer gemeinsamen Kultur mit einer gemeinsamen Sprache.

Dinge gebrauchen

Es sind hier vor allem drei Aspekte von Bedeutung, die ich lediglich benennen möchte: zum einen ist es ein kulturhistorisches Interesse an den Dingen, an ihren materialen und formalen Ausprägungen wie an der Art und Weise ihrer aktuellen und historischen Gebrauchsmuster. Zum anderen sind es Fragen zur Aneignung der Dinge im je individuellen Sozialisationsprozess.

Und drittens sind es Fragen im Zusammenhang mit einem unorthodoxen Gebrauch der Dinge, den Phänomenen des Umformens und Umordnens alltäglicher Dinge.

Gerade die nicht ‚angemessenen' Umgehensweisen bzw. die Umnutzungen der Dinge haben weitreichende Bezüge, sind sie doch u. a. auch mit Fragen verbunden, was Menschen dazu bringt, Dinge nicht in einer vorbedachten Weise zu benutzen. Genau genommen steckt hier ein ästhetisches Verhalten, wie es im künstlerischen Akt auch gegeben ist. Die privaten Umformungsakte, die sozusagen für den Hausgebrauch gemeint sind, werden häufig wieder in offizielles Design überführt, wenn z. B. Keksdosen, Exportkisten u. a. extra hergestellt werden mit der Vorgabe z. B. ‚Vase' oder Gefäß zu sein. So finden also private, kreative Akte ihren Weg in die offizielle Warenproduktion, die mit ständig neuen Entwürfen gefüttert werden muss. (9)

Vom handelnden Umgang mit den alltäglichen Dingen

Im täglichen Hantieren haben wir also alles gelernt, was wir auch für ästhetische Aktivitäten benötigen und nutzen: Wir haben Dinge benutzt – auch ‚gegen den Strich', haben sie bewegt, gesammelt, geordnet und arrangiert. Haben zerstörte Dinge repariert und gelernt mit Werkzeugen und Materialien umzugehen. Wir wissen um die Eigenschaften der Materialien und Dinge, wissen, wie Holz zu Spänen, Porzellan zu Scherben, Papier zu Schnipseln oder zu Asche wird. In langen Prozessen haben wir von klein auf die Materialien und die Dinge erforscht und die notwendigen Verfahren, vor allem auch die damit verbundenen handwerklichen Techniken für uns nutzbar gemacht. Diese Fähigkeiten und dieses spezifische Wissen haben wir für unsere Basteleien und Malereien genutzt und verfügen so letztlich über die gesamte Bandbreite traditioneller künstlerischer Verfahren. Kinder und Jugendliche sind also in dieser Kultur gut gerüstet für alle Arten und Weisen ästhetischer Aktivitäten. Sie sind darüber hinaus auch gut gerüstet, sich über ihre persönlichen Möglichkeiten im Handeln und Erkennen, ihrer Lust und ihrer Abneigungen, ihrer Fähigkeiten und Fertigkeiten bewusst zu werden. Maximen wie ‚Handle stets so, dass die Anzahl deiner Wahlmöglichkeiten größer wird' (Maturana/Valera 1990, S. 60) und ‚Jedes Tun ist Erkennen und jedes Erkennen ist Tun' (Förster 1990, S. 41) machen deutlich, dass mit jedem Schritt forschenden, handelnden Umgangs mit den Dingen neue subjektive Erfahrungsräume erschlossen werden. (10)

Dinge befragen

Warum sind Dachziegel rot und Häuser viereckig? Wie kommt das Salz ins Meer und wohin geht der Schatten, wenn es dunkel wird?

Fragen wie diese machen deutlich, dass sich über gezieltes Wissenwollen die alltäglichen Dinge aus der scheinbaren Gewissheit ihrer Existenz wieder zurückführen lassen in die Prozesse ihres Werdens und in die Offenheit ihrer Möglichkeiten. Sie führen hinter unsere Wahrnehmungen wie hinter die Begriffe zurück, machen die Dinge wieder fremd. Fragen heißt lernen und so ziehen sich die Linien des Fragens und Befragens durch die Geschichte der Pädagogik. Horst Rumpf z. B. hat wie vor ihm John Dewey den Bezug zu den lebensweltlichen Dingen und zur Konkretheit der Erfahrungen immer wieder in einer Weise thematisiert, die deutlich macht, dass wir sie gerade heute in einer medial vermittelten und virtuell verstellten Welt dringend brauchen.

Kitschige Dinge

Für die Empfindung, dass Dinge hässlich sind oder kitschig, sind spezifische Wahrnehmungsmuster, kollektive Normen und Konventionen verantwortlich. Oft werden die Anmutungsqualitäten intersubjektiv ähnlich erlebt, können aber auch konträr sein. Die größten Differenzen gibt es meinen Erfahrungen zufolge im Bereich dessen, was man individuell als schön begreift, kollidiert es doch oft mit dem, was ein anderer als kitschig bezeichnen würde. Größere Übereinstimmungen gibt es in der Einschätzung dessen, was man als hässlich erachtet, und fast deckungsgleich sind die Einschätzungen des Banalen. Die kitschigen Dinge gibt es noch immer, nur die Diskussion hat sich verändert: Der Kitsch ist kunstfähig geworden. Kitsch-Dinge und die damit verbundenen Empfindungen und trivialen Anmutungen sind in den neunziger Jahren in die Kunst eingegangen. Kitsch hat somit seine wesentliche, historische Existenzform – die Antithese der Kunst zu sein – verloren. Die polaren bzw. dichotomischen Denksysteme von Kitsch und Kunst sind obsolet. Damit ist eine Tabu-Grenze gefallen und die letzten Bastionen eines potenziell Anderen und Unvereinbaren mit Kunst gibt es nicht mehr. Die Abwehr von Kitsch scheint sich verändert zu haben. Die ästhetischen Verführungen der fünfziger und sechziger Jahre haben nun mit ihrer Kunstwürdigkeit ihren Schrecken verloren. Einst das gemeinhin Böse und moralisch Verwerfliche, das schlechte Andere der wahren, guten Kunst, ist es nun Teil von ihr.

Heute sind Häkeldeckchen und Strickteile (z. B. Trockel/Messager), Plüschtiere (Kelley), Gartenzwerge (Roth) nobilitiert und in aller Selbstverständlichkeit auch Objekte der Kunst. Damit haben sich ganze Argumentationsstränge der Kitschdiskussion verändert.

Dennoch: Für die Wahrnehmung des alltäglichen trivialen Gegenstandes scheint vieles unverändert. Vom Glanz der Kunst ist fast nichts auf die trivialen Dinge gefallen. Im Kontext alltäglicher Wahrnehmung bleibt die umhäkelte Klorolle das, was sie schon immer war: Kitsch.

Aus heutiger Sicht wäre eine Kitsch-Diskussion wesentlich als Kulturgeschichte des ästhetischen Geschmacks zu führen. Sie bedarf dringend einer Bearbeitung im Zusammenhang kunstpädagogischer Fragestellungen in Hochschule und Schule, wird doch kaum etwas heftiger ausgetragen als die ‚Richtigkeit‘ der persönlichen ästhetischen Standards. Nach wie vor gilt, dass der individuelle Geschmack zum Maßstab erhoben wird und dass der davon abweichende Geschmack auf Unverständnis stößt.

Der Weg einer kollektiven Geschichte des Geschmacks, von den fünfziger Jahren an mit den vehement geführten Diskussionen moralischer Ausgrenzung bis hin zum Ernstnehmen persönlicher Geschmacksmuster und ihrer Einbindung in regionale, familiäre, soziale, gruppenorientierte ästhetische Normen wäre notwendig nachzuzeichnen.

Auch wenn heutige Diskussionen die Drastik der frühen Jahre nicht mehr haben, ist doch vielfach noch immer eine unheilvolle Verknüpfung ästhetischer Urteile mit ethischen Normen (das Schöne ist gleich das Gute/ das Hässliche das Schlechte) unterschwellig gegeben. (11)

Und noch ein anderer Aspekt ist heute stärker in den Mittelpunkt zu stellen: das Kitschige ist oft auch das Kultige. Als Kultobjekte erhalten Kitschdinge einen anderen Status, wie z.B. der Wackeldackel – ehemals präsentiert auf der hinteren Autoablage und in den siebziger Jahren Inbegriff spießbürgerlicher Mentalität, avanciert er fast dreißig Jahre später – medial neu aufgeladen – für eine bestimmte Zeit zu einem überaus begehrten Kultobjekt.

Der Sprachgebrauch ‚Kitsch‘, ‚kitschig‘ hat sich ebenfalls verändert. In den siebziger Jahren – auch von Jugendlichen verwendet (‚das ist echt kitschig‘) hatte er einen durchaus negativen Ton der Ausgrenzung. Zu Beginn der neunziger Jahre ist ‚super-kitschig‘ fast so etwas wie ‚echt geil‘. Die Formulierung ‚das ist so kitschig, dass es schon wieder schön ist‘, wird oft benutzt. Vielfach wird Kitsch auch mit ironischer Attitüde rezipiert.

Mit der Entschärfung und Normalisierung geschmacklicher Urteile hat ein ehemals hierarchisch geordnetes Wertesystem begonnen, sich in ein demokratisches System der Differenz zu verwandeln. Die Wahrnehmung der Phänomene ist darüber nicht aufgelöst. Sie verschwimmen auch nicht alle gleicherweise in einem großen Brei, wie es noch in den achtziger Jahren mit Aussagen wie ‚all is pretty‘, und ‚anything goes‘ scheinbar gegeben war. Das eine ist verschieden vom anderen und das Wahrnehmen genau dieser jeweiligen Differenz macht es heute unabdingbar, sich mit ästhetischen Urteilen im Zusammenhang mit den Alltagsdingen zu befassen. Auch die Fähigkeit zur Toleranz bleibt weiterhin wesentlicher Kern solcher Auseinandersetzungen. Ohne die Fähigkeit, historische, soziale, psychologische Kontexte zu kennen und in die eigenen Urteile mit aufzunehmen, bleiben Empfindungen vorbewusst und Urteile Vor-Urteile. Zwischenmenschliche Kommunikation könnte im Bereich des Alltags- bzw. Trivial-Ästhetischen um einiges einfacher sein, wenn Hochschulen und Schulen hier ihren kunstpädagogischen Auftrag ernst nehmen.

Gendered objects – das Geschlecht der Dinge oder Dinge und Geschlecht

Dass Dinge männlich konnotiert sind oder weiblich, ist nicht erst Gegenstand einer feministischen Diskussion der letzten dreißig Jahre. (12) Die Literatur hat zu allen Zeiten die Besonderheiten ihrer männlichen und weiblichen Protagonisten über attributive Dinge darzustellen versucht. Die mit Perlen bestickten Handtäschchen der Damen, die rubinroten Halsketten auf schimmernder Haut, die feinen Pantöffelchen, der güldene Ring an ihrer Hand, aber: – auf seiner Schulter das Gewehr, in der Hand den Spaten, das Messer in der Tasche und das Kontor-Buch auf dem Schreibtisch. Stereotypen und Klischees, sicherlich – wichtig aber ist, auf welche Weise man sie befragt. Die feministische Diskussion der letzten Jahre hat die scheinbare Naturwüchsigkeit der Dinge, ihre fraglose Gegebenheit aufgebrochen und in historisch-gesellschaftliche Kontexte gestellt. Der Blick auf die Welt, die spezifischen Formen der Wahrnehmung, die über die Dinge ausgebildet werden, die Zuschreibungen und Reduktionen, die mit den Dingen vorgenommen werden, die damit verbundenen Verhaltensmuster und vor allem die Fragen der gesellschaftlich erachteten Werte, die sich mit Dingen und Verhaltensweisen verknüpfen, sind bis heute wesentlicher Teil dieser Diskussion. Dazu gehört, dass auch die Dinge in den ästhetischen Umwelten von Mädchen und Jungen immer wieder aufs Neue zu befragen sind, da gerade sie ästhetisches Verhalten, Sichtweisen und Wertvorstellungen präformieren.

Die Dinge der Kindheit –
individuelle Formen des Erlebens und kollektive Erfahrungsmuster

Noch immer sind sie irgendwo aufbewahrt, die Dinge der Kindheit: auf dem Dachboden im Haus der Eltern, verteilt in den eigenen vier Wänden oder verortet im weitläufigen Haus der Erinnerung. Sie stehen für eine bestimmte Zeit und sind doch fast zeitlos, sie sind Teil individueller Geschichte und sind doch allgemein, sie sind präsent und abwesend zugleich. Manchmal muss man den Lauf der Dinge anhalten, muss aus der Alltagserfahrung ein Stück weit heraustreten, um wieder einzutauchen in Erlebnisse und Erfahrungen der Kindheit und sich so der Dinge und der damit gelebten Situationen bewusst zu werden. Im Aufspüren der Kindheits-Dinge tauchen vergessene Anteile des Ich wieder auf, werden die gewohnten und gewöhnlich gewordenen Dinge der Welt neu gesehen und begriffen.

Kindheitsdinge sind Dokumente einer bestimmten Zeit. Wir bemessen individuell erlebte Zeit durchaus auch als Zeit der Monchichis, der Meckis, als Zeit der Schlümpfe und der Überraschungseier.

Kindheitsdinge sind eingebunden in die individuelle ästhetische Biografie: In ihr gab es z. B. den rosafarbenen Hund Lumpi, der überall dabei sein musste, die rote Kindergartentasche, die verloren ging und deren Verlust so schmerzte, das himmelblaue Schmusekissen mit den kleinen Bären, das noch heute im Bett liegt.

Kindheitsdinge sind über ihre Individualität hinaus aber auch allgemein: Die individuellen Erlebnisse mit ihnen, unsere vielfältigen Erfahrungen finden sich auf einer kollektiven Ebene wieder. Die verlorene Kindergartentasche, das mitgeschleppte Plüschtier, das Schmusekissen, das nur unter großem Geschrei gewaschen werden konnte, kommt im Leben anderer auf fast die gleiche Weise vor wie im eigenen. Auch andere haben heimlich geheult, wenn statt des heiß ersehnten echten Monchichi nur die Billigversion auf dem Geburtstagstisch lag. Auch sie waren verzweifelt, weil das begonnene Sammelbilder-Album niemals vollständig wurde. Auch sie haben die Puppenkinder verwahrlosen lassen.

Dinge und Ding-Erfahrungen sind somit individuell und kollektiv zugleich. Das, was man als ganz privates, ja fast intimes Erleben in der Erinnerung aufbewahrt hat, wird in der Auseinandersetzung mit anderen öffentlich und allgemein und es werden eine Vielzahl von Sichtweisen, Erlebensformen und Erkenntnissen deutlich, die einander verbinden oder auch voneinander trennen. Mit Kindheitsdingen haben wir Lebensentwürfe geprobt, sind mit und über die Dinge in gesellschaftliche Anpassungsprozesse hineinerzogen worden, haben moralische und ethische Normen – manchmal durchaus im wörtlichen Sinne begreifen müssen, lernten, was böse ist und was gut, was man mit den Dingen tun darf und was nicht, wurden über die Dinge bzw. mit ihnen bestraft und belohnt. (13)

Wir haben die Dinge emotional besetzt, haben sie geliebt und gehasst, haben sie in unseren Vorstellungen animiert und anthropomorphisiert, sie konnten fortgehen und wiederkommen, im Zwielicht unheimliche Schatten werfen oder uns auf geheimnisvolle

Weise anlächeln. Wir haben Dinge zu Stellvertreterobjekten gemacht wie unser Schmusekissen, haben mit ihnen unsere Trauer ausgelebt, unsere Wut und Ohnmacht, unsere Ängste, Hoffnungen und Begehrlichkeiten. Unsere Eifersucht, unser Neid, die Habgier und die Zerstörungswut hat sich an den Dingen der Kindheit entzündet. Wir wollten uns mit den Dingen vor anderen wichtig machen, hätten gerne das schönste, das größte, das teuerste, das meiste gehabt, doch fast immer hatten es andere schon. Wir waren über die Dinge omnipotent und ohnmächtig zugleich. Doch irgendwann haben wir uns von einzelnen Dingen lösen können, haben sie losgelassen und konnten so innerlich wachsen. Auch dass Dinge als Spuren zu lesen sind, ist uns von Kindheit an vertraut. Wir umgaben die Dinge oft mit etwas Geheimnisvollem, haben sie mit Geschichte und Geschichten versehen. Die gefundenen Scherben in einer Höhle waren ohne Frage Reste eines Geschirrs, das ein vor Jahren entflohener Gefangener benutzt hat, die gefundene Münze einer fremden Währung war zweifelsohne Teil eines alten Schatzes, usw.

Kaum eine Kindersammlung, die nicht einen größeren Fundus explizit ausgewiesener Spuren-Dinge aufzuweisen hätte: der Stein, der einmal ein Faustkeil war, der Knochen von einem Tier, das mindestens schon tausend Jahre tot ist. Die so gehorteten und interpretierten Dinge sind auf der Ebene der Bedeutungen Allgemeingut und das gesamte Repertoire ist nicht sonderlich umfangreich: Steine und Knochen aus ‚vorhistorischer‘ Zeit, Scherben, Löffel und ein Stück Möbelholz als kulturhistorisches Gut vergangener Zeiten. Kinder fügen sich so mit ihren Spuren-Dingen in eine Kulturgeschichte ein, die ihnen aus Heimatmuseen, aus archäologischen Sammlungen, aus kirchlichen Reliquien oder aus der kriminalistischen Spurensuche und Spurensicherung bekannt sind. Sie ahmen nach, entwerfen für ihre Dinge fiktive Kontexte, um so an einer übergeordneten Bedeutsamkeit der Dinge teilzuhaben. Die Faszination entsteht, weil Dinge Zeugen sind für etwas, was schon vergangen, was tot ist. Dieses Zurückgebliebene versuchen wir projektiv zu besetzen, mystifizieren es – und darüber verändert sich unser Blick auf die Dinge. Die Perlen, die Knöpfe, die Ketten der Mutter, mit denen man als Kind zu ihren Lebzeiten gespielt hat, verändern sich nach ihrem Tod – sie werden fremd und sind vertraut zugleich.

Mit all den Bedeutungen, die die Dinge in der Kindheit haben, mit ihren Festlegungen und ihren erzieherischen ‚Zusatznutzen‘ waren sie aber immer auch eines: Sie waren ästhetisch präsent. Schön und hässlich, weich und glatt, rund und schwer, winzig und groß, kratzig und schmusig, leuchtend gelb, quietschgrün, himmelblau und schrillrosa – so haben sie sich in unsere sinnliche Wahrnehmung eingeschrieben. Sie waren aus Holz, aus Blech, aus Plüsch und Kunststoff. Sie rochen gut oder stanken, schmeckten nach Gummi, nach Packpapier, nach Erde oder Pfefferminz.

Erinnerungs-Dinge

Die Annäherungsweisen, z. B. an Kindheitsdinge bzw. an die Kindheit, über die Dinge sind schwierig, denn unsere Erinnerungen sind lückenhaft und schwankend. Zwischen positiven Anmutungserlebnissen, dem Glauben an die Authentizität des Erlebten und der Ahnung, möglicherweise einer Projektion zu erliegen, zwischen beglückender Vertrautheit mit den Dingen und eigenartiger Fremdheit, zwischen Wiedererkennen, Abwehr und Zweifel, liegt das ganze Spektrum der Wahrnehmungen, Empfindungen und Reflexionen über Dinge der Vergangenheit. Denn eines ist auffallend: die Tendenz, die Dinge positiv zu sehen, gute Gefühle zu haben und die mit den Dingen verbundenen Erlebnisse und Erfahrungen harmonisch zu glätten. Wir rekonstruieren über Erinnerung zumeist nur glückliche Situationen. Doch bei genauerem Nachforschen wird deutlich, dass wir oft lediglich über so etwas wie die „Erinnerung an die Erinnerung" verfügen. Wir haben z. B. die Geschichte vom verlorenen Plüschhund so oft erzählt bekommen, bis wir sie – unbewusst – zu einer authentischen Erfahrung rekonstruiert haben.

Erst in intensiven Prozessen der Recherche gelingt es, den ‚Dingen auf die Spur' zu kommen. Daneben gibt es aber durchaus das ureigenste Erinnern an die Beschaffenheiten konkreter Dinge. Von den Rissen im roten Lack des Balles, von seiner eigentümlichen Delle und seinem unverwechselbaren Geruch kann niemand erzählt haben. Irgendwann hat es den einen Augenblick gegeben, in dem sich die Dinge in unser Gedächtnis eingeschrieben haben, manche sehr tief und unauslöschlich. Sie sind sozusagen eingegraben in den ‚Kern' unseres (dinglichen) Gedächtnisses. An dem Ort in unserem Gehirn, an dem sehr frühe Spuren unseres Lebens fixiert sind. (14) Vor allem Dinge, die angstbesetzt sind, bedrohlich oder im Zusammenhang mit tiefgreifenden Verlusten stehen, begleiten uns ein Leben lang. Jeder ähnlich aussehende Gegenstand, jede ähnliche soziale Situation, in die er einbezogen war – jede damit verknüpfte Sinneswahrnehmung – Dunkelheit, gleißendes Licht, eine bestimmte Melodie, ein bestimmter Geruch – sie alle transportieren ohne Vorwarnung die Dinge und die Situationen der Vergangenheit in unser Gedächtnis zurück.

Und dann gibt es die tausend Dinge, an die wir uns scheinbar nicht mehr erinnern, die aber durchaus wieder auftauchen, wenn man bereit ist, sich z. B. auf therapeutische, oder pädagogische Prozesse einzulassen, die sich auf Erinnerungsarbeit beziehen.

Wie tiefgreifend solche Spurensuche über das Erinnern an Dinge sein kann, weiß jeder, der Menschen bei solchen Prozessen des Erinnerns begleitet hat. Wochen und Monate können vergehen, bis anhand konkreter Dinge ein psychisches Sortieren und Umsortieren, ein Festhalten an kleinen Gewissheiten stattfindet. Oft haben Menschen das Gefühl, dass man ihnen über diese Erinnerungsakte einen wichtigen Teil ihrer Kindheit oder einer anderen Lebensphase zurückgegeben hat.

In einer Gruppensituation kommen wesentliche Aspekte der Erinnerungsarbeit hinzu: Die eigenen Dinge werden mit den gleichen oder mit ähnlichen Dingen anderer konfrontiert, mit ihren Erlebnissen und Erfahrungen, die anders sind oder fast identisch. In dieser

Wenn die Dinge der Kinder zu Zeichen des Gedenkens werden

Das Grabrelief eines griechischen Mädchens mit Namen ‚Plangon' aus dem 4. Jahrhundert schien für mein Vorhaben besonders geeignet, denn es liefert eine große Anzahl von Informationen zum Leben von Kindern in dieser Zeit. Bei diesem Grabmal der ‚Plangon' – den Namen findet man als griechische Inschrift auf dem oberen Rahmen ... steht das kleine Mädchen mit hochgegürtetem Chicon (leichtes in Falten liegendes Gewand aus Leinen oder Seide) vor einem eingetieften Bildfeld auf der rechten Seite. In der linken Hand hält es einen kleinen Vogel, in der erhobenen Rechten eine Puppe. Das Mädchen wendet sich einer Gans zu, die ihm zutraulich den Kopf und ein Bein entgegenhebt. An der Wand hängen ein größerer Knöchelbeutel – er enthielt kleine Knöchelchen zum Spielen – und vielleicht ein Puppenkleid. ‚Das Bild erzählt in ausführlicher Weise, was diesem Kind im Leben lieb war, welche Spiele sein Kinderglück ausgemacht hatten.' (H. Rühfel. Das Kind in der griechischen Kunst, Mainz 1984, S. 174)

Stolz zeigt das Mädchen seine Puppe und führt mit der Gans quasi ein Zwiegespräch. Das Mädchen wird nicht mehr als Verstorbene dargestellt, sondern so, wie es im Leben war. Dennoch handelt es sich nicht um eine Alltagsszene, denn das Kind ist festlich gekleidet, ein diademartiger Kopfschmuck hält die Haare zusammen. Diese Festtagstracht kann durchaus zu einer Kulthandlung gehören bzw. das Mädchen idealisieren. Mit dem im Verhältnis zur Figur zu großen Kopf will der Bildhauer ausdrücken, daß das Kind in frühen Jahren gestorben ist: auch die Kinderhände und -arme machen dies deutlich. Die Puppe mit Arm- und Beinstümpfen gehört zu einem bestimmten Typus. Daneben findet man auch Puppen mit vollständigen Armen und Beinen, die dann beweglich waren. Alle diese Puppen zeigen vollausgebildete Jungmädchenkörper – als Abbild einer bräutlichen Gottheit. Sie wurden von den Mädchen verehrt, geliebt, gepflegt und in Kleider gehüllt. Vor der Hochzeit wurden sie zusammen mit anderen Spielsachen der Göttin Artemis geweiht. Manche Mädchen erscheinen auf Grabreliefs in den Anblick der Puppe versunken zu sein: Vielleicht ein Hinweis darauf, daß der frühe Tod diese Weihung und damit das Frauwerden verhindert hat.

Die Angabe des Namens hatte schon damals – wie heute – eine wichtige Funktion, denn sie sicherte die Identität des Mädchens und garantierte, daß es von den Lebenden nicht vergessen wurde.

Aus: Hermann Hinkel „Ein Grabstein für Plangon. Erfahrungsbericht über ein Unterrichtsprojekt". In: Geschichte lernen. Heft 16/1990. S. 23 ff.

Konfrontation wird ein Weg durch Verschüttungen hindurch, durch die Glättungen und Harmonisierungen von Erinnerungen beschritten. (15) Dieser Weg führt zu anderen, punktuell ganz neuen Erfahrungen und Sichtweisen. Am Ende dieses Prozesses sind die Dinge nicht mehr die gleichen. Die Erfahrungsanteile der Kindheit sind in ihnen ein Stück weit aufgehoben. Nicht geronnen oder eingefroren, sondern lebendig aus der aktuellen Sicht und Erlebensfähigkeit des Erwachsenen von heute. Kindheitsdinge sind so im guten Sinne Objekte der Erinnerung, Andenken oder vielleicht auch „übrig gebliebene Reste einer vergangenen und symbolischen Ordnung".

> „[…] Sie sind ein Entfliehen vor dem Alltag und keine Flucht ist so radikal, wie die aus der Zeit und keine so gründlich, wie die zurück in die Kindheit – vielleicht ist in jedem ästhetischen Gefühl ein Stück dieser metaphorischen Evasion enthalten."
>
> (Baudrillard 1991, S. 10)

Und letztlich liegt die Faszination im Erinnern an Dinge und im Nachspüren ihrer Vergangenheit vielleicht auch darin, dass wir mit den zurückgelassenen Dingen, mit den verbliebenen materiellen Resten etwas verbinden, was sich nicht schließen lässt – eine Lücke, ein Loch, das sich mit dem Phänomen des Verschwindens und Vergessens verbindet. Damit verbindet sich ein grundlegendes Moment, das den Dingen inhärent ist: Die Menschen gibt es nicht mehr (auch das Kind, dem bestimmte Dinge einmal gehört haben, ist verschwunden, weil Kindheit generell vergangen ist) – aber die Dinge sind geblieben. Und wir blicken auf sie und suchen nach einer Erklärung, einem Verständnis für etwas, das wir Verschwinden, aber auch Tod nennen können. (16) Im Blick auf die fremden Dinge, die im Leben eines anderen eine Rolle gespielt haben, versuchen wir etwas über uns selbst herauszufinden – vielleicht hat jener Mensch, dem der Gegenstand einmal gehörte, ähnlich empfunden wie man selbst, vielleicht hat er das für sich gefunden, wonach man noch immer sucht. Und so halten wir immer wieder inne, suchen in den Dingen die von einem Leben übrig geblieben sind, etwas, ohne letztlich sagen zu können, was dies eigentlich ist.

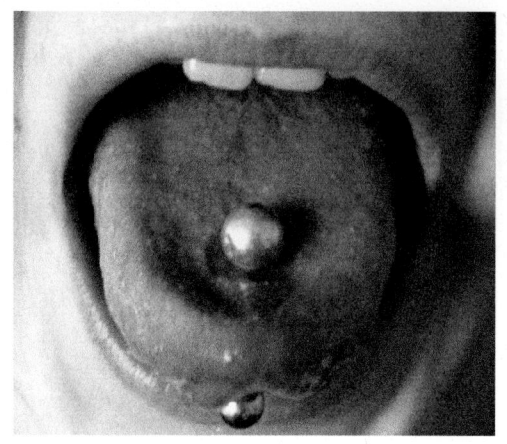

Dinge, die unter die Haut gehen

Die Zeit, als dieser Satz nur metaphorische Bedeutung hatte, ist vorbei. Dinge werden uns immer mehr unter die Haut gehen – dinglich-konkret wie auch metaphorisch-abstrakt. Was uns unter die Haut kommt, ins Fleisch rückt, am Körper klebt und uns vielleicht um den Verstand bringt, wird mit unserem Nachdenken über eine dekorative, schmuckvolle Schönheit der Dinge oder Hässlichkeit wohl kaum mehr etwas zu tun haben. Diese Dinge folgen allein der Idee höchstmöglicher Effizienz bei kleinstmöglicher Ausdehnung. Nanogröße, Chipgröße, Mikrostrukturen – sie werden so selbstverständlich in uns sein wie Tasse, Teller und Löffel außerhalb von uns. Sie werden unser Leben wie unser Sterben verändern, unser Denken und Handeln. Die Szenarien der Zukunft sind über die jetzt bereits existierenden Gegebenheiten im Bereich der Bio-Elektronik und Computer-Technologie antizipierbar.

Im Bereich der Kunst hat der Performance-Künstler Stelarc als einer der ersten diese Zukunftswelten ‚ins Spiel‘ gebracht. (17) Die in seinen Performances vorgeführten Prothesen, sowie die digitalen Implantate bzw. Microprozessoren – Roboter in Nanogröße – sollen deutlich machen, wie die Handlungs-, Erkenntnis- und Kommunikationsmöglichkeiten des Menschen in bisher unvorstellbare Dimensionen zu erweitern sind. Für Stelarc lediglich Notwendigkeiten, um den Erfordernissen der Zeit nachzukommen, damit Menschen sich in den digitalen Welten des 21. Jahrhunderts nicht wie Dinosaurier bewegen müssen. Die mit diesen ‚Umrüstungen‘ verbundenen Existenzformen sind für unser Denken und Empfinden eine absolute Herausforderung, münden sie doch letztlich in der Frage, ob eines Tages der Tod überwunden sein wird. Denkt man Stelarcs Konzepte konsequent zu Ende, wird es in der Tat so etwas wie Unsterblichkeit geben. Die Körperhülle, die Haut wird zu einer Art Panzer gestählt werden, um alle denkbaren digitalen Implantate, alle Prothesen aufzunehmen – von einem dritten Auge bis hin zu Speichersystemen, die alles, was ein Mensch je gelebt, gedacht und empfunden hat, für immer fixieren. Aus dieser Panzerung oder der ‚technologischen Hülle‘ fällt zum Zeitpunkt des organischen Todes lediglich ein feuchtes Häufchen Fleisch heraus. Zurück bleibt ein Körpermantel, mit dem sich andere umgeben können und jeder hätte auf diese Weise ein bzw. mehrere weitere, andere, neue Leben neben seinem. Die verbleibenden Knochen und Muskeln lassen sich für alle ‚Ewigkeit‘ präparieren, so wie es der Plastinator von Hagens mit seinen Ausstellungen menschlicher Präparate einer überaus interessierten und faszinierten Öffentlichkeit vorgeführt hat. (18) Zukünftige Ahnengalerien könnten dann Orte privater

Ambientes sein, wo alle nach ihrem biologischen Tod – sozusagen in einem posthumanen Zustand zusammenkommen – schön aufbereitet, um auf verschiedene Weisen weiter zu existieren und zu kommunizieren.

Noch aber ist die Körperflüssigkeit, die Feuchtigkeit und die Verletzbarkeit der Haut hinderlich für ein ewiges virtuelles Leben. Dafür muss der Körper entwässert, erhärtet, gestählt und auch partiell ausgehöhlt werden, um digitale Implantate in größerem Umfang aufzunehmen. (Der Weg dahin wird z. Z. über die ‚Wearables‘ begangen, Kleiderhüllen, die alles an elektronischen Medien aufzunehmen vermögen, was z. Z. auf dem Markt existiert.) (19)

Doch genau die Feuchtigkeit, die Körperflüssigkeit, die Fleischlichkeit erweist sich als widerständiger Rest – obwohl der Weg zu ihrer potenziellen ‚Vernichtung‘ längst auch in Alltagshandlungen und Alltagsnormen vorbereitet wird. Fleisch, Dickleibigkeit, Körperausdünstungen, Ausscheidungen unterliegen immer stärker werdenden Empfindungen des Ekels und der Abwehr, vor allem in den USA. (20)

Die Spuren zwischen den Dingen oder das Performative

Der Blick lässt sich umkehren: Nicht die Dinge sind dann die markanten Gewissheiten im Akt des Sehens, sondern das Dazwischen, das, was noch nicht da oder schon wieder fort ist, das Flüchtige, sich in Bewegung Befindliche, das, dessen Bedeutung ständig wechselt, das nicht Fixierbare, in ständigen Veränderungen und Auflösungsprozessen Erscheinende. Die Spur von hier und jetzt bis dort und gleich – Gedankenlinien – ausgestattet mit ganz anderen Aufmerksamkeiten und Haltepunkten. Dieser andere Blick zwischen die Dinge ist es, der zunehmend an Bedeutung gewinnt; Erfahrungsweisen des Alltags wie der Kunst sind mit ihm verknüpft. Und doch ist er schwer zu fassen, begrifflich begreifbar zu machen, denn die Konstellationen, in denen dieser Blick sich bewegt, lassen sich nicht wie ein nachvollziehbares Setting beschreiben. Man kann sich nur annähern. (Da auch diese Passage nur ein Kern für weitere Nachforschungen sein kann, gebe ich lediglich ein paar Richtungen an, in die man gedanklich gehen müsste.)

Da ist zum einen der Aspekt der Wahrnehmung. Ein Satz aus Kindertagen findet hier seinen Bezug. Es ist die Erklärung für drei Vögel, die hintereinander fliegen. ‚Damit ich sehe, wie ich sehe, wie ich hinter mir her fliege‘ pflegen die Kinder zu sagen. Wissenschaftlich gewendet würde es heute heißen: die ‚Wahrnehmung wahrnehmen‘. (21) Ein wesentlicher Akt der Bewusstheit also.

Ein anderes Moment liegt für mich in den wechselnden und sich auflösenden Semantiken. Dies bedeutet, in den Bildimaginationen wie im Denken umzukehren und ganz woanders anzukommen. Sich mit Formen des Dissoziierens vertraut machen. Diese Prozesse der Auflösungen nicht als bedrohlich empfinden, sondern als mögliche Spiel- und Denkarten sowie als mögliche Metamorphosen von Wahrgenommenem begreifen.

Dann gibt es für performative Akte den Begriff des Atmosphärischen. Alltagssprachlich gewendet bedeutet dies, dass ein Ort mit seinen Dingen für die subjektive Wahrnehmung

z. B. Performance

Mit Performance geraten wir nicht nur in die Zeit, wir sind ganz offenbar auch auf der Höhe der Zeit. Das Wort ist en vogue – im Alltag, in der Kunst, in den Wissenschaften. Mal meint der Begriff eine neue Disziplin, dann ist er ein analytisches Werkzeug zur Erfassung inter- und transkultureller, auch physikalischer Zusammenhänge; er wird als Metapher zur Beschreibung menschlicher Verkehrsformen benutzt und eignet sich offenbar auch als werbewirksame Produktstrategie. Die einen behandeln Performance und Theater wie Synonyme, die anderen sehen das herkömmliche Theater gerade durch Performance in Frage gestellt. Manche gehen davon aus, daß Menschen grundsätzlich wie Schauspieler handeln, ihre Konfliktlösungen gar einer dramatischen Aufführung gleichen, ja, der gesamte gesellschaftliche Alltag durch Inszenierung und Theatralisierung bestimmt ist. Wenn sich gegenwärtig nicht nur Menschen, sondern auch Dinge, gar die immaterielle Welt des Geldverkehrs durch performative Kompetenz behaupten, dann liegt vielleicht der Schluß nahe, daß die Welt nicht nur performativ hergestellt, sondern diese tatsächlich nichts als Theater, also buchstäblich Schein ist. Solcherart Denunziation wäre zu widersprechen, gäbe es nicht die Vermutung, daß die Fähigkeit zum Falschspiel durchaus bemerkenswert ist. Wenn es so ist, daß Menschen gar nicht anders können, als sich auf performative Weise der Welt zu stellen, bleibt zu fragen, was eigentlich keine Performance ist. Der unterschiedliche Gebrauch läßt das Wort fast unbrauchbar werden – insbesondere, wenn sogar der Versuch, es zu definieren, nichts als eine Performance ist, der Begriff nicht nur ausführen im engeren Sinne meint, sondern Wahrnehmung selbst ein performativer Akt ist.

Aus: Hanne Seitz „here be dragons. Zum performativen Verfahren". In: dies. (Hrsg.) „Schreiben auf Wasser. Performative Verfahren in Kunst, Wissenschaft und Bildung". Bonn 1999. S. 225.

eine spezifische Atmosphäre hat. Die atmosphärische Wahrnehmung ist weder ganz und gar an die Empfindungen und Emotionen des Subjekts gebunden, noch wird sie allein vom Ort und den Dingen ausgelöst. (22) Beides wirkt zusammen und verbindet sich nachhaltig. Gerade wenn alles flüchtig ist, wenn kaum Vorstellungsbilder von etwas bleiben, ist es das Atmosphärische, was noch eine Weile nachklingt. Wollte man einen zusammenfassenden Gedanken formulieren, könnte er etwa so lauten, wie ihn Marie-Luise Lange in ihrer Schrift 'Grenzüberschreitungen – Wege zur Performance' formuliert hat:

> „Die Fülle an ästhetischem Material konstituiert im Betrachtenden ein komplexes Netz von Empfindungen, Emotionen, Gedanken, Imaginationen, das zu keiner fest fixierbaren Semantik verschmelzen kann, sondern sowohl an der Peripherie, wie im Zentrum immer wieder Leerstellen und Risse und damit oft einen kaum zu erfassenden, sich immer wieder verflüchtigenden Sinn aufweist." (Lange 1999, S. 327)

Das Performative ist wesentlich verknüpft mit der Kunstform 'Performance'. In ihr kommt all das zur Wahrnehmung, was punktuell hier angesprochen wurde:

> „Unterbrechungen, Überschneidungen, Augenblickhaftes, Zeitverschiebungen usw. partikularisieren und dezentralisieren die Wahrnehmung der ZuschauerInnen und versetzen diese in ein konflikthaftes Hin und Her zwischen den werkkonstituierenden Elementen. Blick, Ohr und mimetisches Gedächtnis erfahren eine multizentrische Fokussierung, durch welche sich jegliche sinnliche Wahrnehmung, jeder Gedanke nie zu einer 'ganzen' Vorstellung vollenden kann, sondern zu Vergänglichkeit und ewiger Fragmentarisierung verdammt ist." (Lange 1999, S. 327)

Die (fotografischen) Bilder der Dinge

Diesen Aspekt der Dinge – ihre Bildhaftigkeit – gilt es an dieser Stelle der Einschätzung der Alltagserfahrung wenigstens anzumerken. Eine angemessene Auseinandersetzung würde einen zweiten Buchtext erfordern.

Wesentlich in diesem Zusammenhang ist der Gedanke, dass die Wahrnehmung der Bilder die Wahrnehmung der konkreten Dinge und Situationen beeinflusst. Mit den Dingen sehen wir immer auch die Bilder von ihnen, die uns begegneten, mit. Da heute niemand mehr davon ausgehen kann, dass fotografische Bilder uneingeschränkt 'echte', d. h. authentische Abbilder von Dingen sind, Dokumente also von etwas, das so auf diese Weise einmalig und unverwechselbar irgendwo gegeben ist oder gegeben war, entsteht insgesamt eine Instabilität im Bewusstsein, die den Blick auf die Dinge begleitet.

In den frühen Abhandlungen zur Tourismusfotografie z. B. wird immer wieder der Aspekt benannt, dass Menschen von den Sehenswürdigkeiten anderer Länder enttäuscht sind bzw. sie oft nicht einmal wahrnehmen, obwohl sie genau vor Notre Dame stehen, weil das Bild im Kopf – geprägt von fotografischen Abbildern – und das real Gegebene nicht zusammenkommen.

z. B. ... von der dinglichen Präsenz der Bilder

Er ist ‚draußen geblieben', sagte man. Gerade aber sein Wegbleiben ließ ihn auf seinem Bild in der elterlichen Wohnstube in einer Weise gegenwärtig werden, unangefochten anwesend, wie er wohl kaum je hätte sein können, wäre er zurückgekehrt. Sein Bild fand nach seinem Tode in beträchtlicher Vergrößerung an ausgezeichneter Stelle in der Wohnstube seinen Platz. Kein Foto eines anderen Menschen hat in diesem 150jährigen Bauernhaus je diesen Status gewonnen. Nur ein Bild übertraf ihn im Format: Jesus im Kornfeld, aus einer Bilderfabrik. Aber nicht dieses wurde zur Ikone, sondern das Bild des Obergefreiten. Ich erinnere mich an eine bemerkenswerte Formulierung über das Bild bzw. den Abgebildeten. Statt zu sagen, das Bild hänge dort, sagte man, er hänge dort. So lebendig war die Auffassung des Fotos des Gefallenen. Dieser Mensch in Wehrmachtuniform auf dem Foto – vermutlich in so einer Art Ausgehuniform, ich verstehe nichts davon und will es auch nicht lernen – hat als Soldatenbildnis fortgelebt. Und das Bildnis hat die Erinnerung an den Menschen ohne Uniform wachgehalten bei denen, die mit ihm lebten. Diese sind nun fast alle tot wie er. Ein vergleichbar großes Bild ist nicht an ihre Statt getreten. Das Bild des Gefallenen ist ein Sonderfall. Es ist eines der wenigen, die gerahmt waren. Während die kleineren Fotos in Standrahmen nur ein Weilchen überdauerten und zudem in einem wenig benutzten Raum auf dem Vertiko verstaubten, blieb dieses bis heute an seinem angestammten Ort in der Wohnstube. Der Stammhalter, den ein Granatsplitter nahe der Halsschlagader getroffen hatte, hielt seine Stellung im Bild an der Wand in der Wohnstube, wo jeder Eintretende noch mit der Tür in der Hand sein Bild an der gegenüberliegenden Wand sehen musste, bevor er etwas anderes im Raum wahrnehmen konnte. So zeichnete der Ort schon das Bild aus, und das Bild prägte den Raum.

Das Bild hielt diese Stellung gegen die verschiedensten Wellen des Angriffs, widerstand Renovierungen, Veränderungen des Mobiliars, den Generationswechsel. Ein weiteres Mal wird der Held seinen Platz nicht verteidigen können. Dieser Artikel ist, so fürchte ich, der ungewollte Beginn seines taktischen Rückzugs in die Unauffälligkeit des Bauernhofes, dessen Erbe er werden sollte, der seinen Namen seit über 200 Jahren trug. Immer waren Söhne des Hofes in den Krieg gezogen. Den ersten Weltkrieg haben drei überlebt, 1870/71 ebenfalls. Auch die Bauernbefreiung hatte die Familie hoch verschuldet überstanden. (Der Abtrag der mit der ‚Befreiung' anfallenden Verschuldung währte bis ins 20. Jh.)

Ich trage – eher zufällig – seinen Namen. Er war mein Cousin, 15 Jahre älter als ich. Die geringe Anzahl der männlichen Vornamen, die sich das Dorf zwischen dem 1. und 2. Weltkrieg gestattete, führte zur Duplizität. Zweimal Johannes Eucker. Doch war das seinerzeit nichts besonderes, das gab es bei anderen Nachnamen noch häufiger. Nur jetzt fällt es auf. Mir und dem Leser.

Aus: Johannes Eucker „Bilder schaffen Bewußtsein. Rekonstruktionsversuch über Kinderzeit/Nazizeit in einem hessischen Dorf". In: Psychosozial Heft 5/1986. S. 63 ff.

Was es nun bedeutet, in einer Zeit zu leben, in der die fotografischen Abbilder immer weniger Dokument und immer mehr Konstruktion sind, bei gleichzeitigem Anwachsen einer unübersehbaren Fülle von Dingen, die ihrerseits wiederum weder echt noch ‚authentisch' sind, lässt sich weitgehend nur vermuten. Aber auch in diesem Zusammenhang ist das Gegenteil ebenfalls durchaus richtig: Neben Irritation, Miss-Trauen und Instabilität einerseits bilden sich Wahrnehmungsfähigkeiten, Differenzierungen aus, die vermögen, den ‚Dingen auf die Spur' zu kommen, sie als das einzuschätzen, als was sie erscheinen, aber nicht sind. Mit der Lust und Faszination am Spiel, an der Täuschung, der Ironie der Inszenierung in den Bildern, erhalten die konkret wahrnehmbaren Dinge durchaus die Möglichkeit eines Seiten-Blicks, der den primären Blick nicht außer Kraft setzt, sondern erweitert. (23)

Die Bilder als Dinge

Die Fotografien an den Wänden, in den Glasvitrinen und auf den Regalen der Wohnungen, in denen wir aufgewachsen sind, waren meist lange vor uns da und als wir gingen, gab es sie noch immer: das Bild mit den Großeltern im dunkelbraunen gefassten Glasrahmen, die Kommunionbilder in kleinen Aufstellrahmen, die Gruppenfotos mit all den Verwandten anlässlich eines Hochzeitstages. Die Bilder waren da, so wie die Lampe, der Tisch und der Stuhl. Nur unser Blick auf sie war ein anderer – mit wechselnden Projektionen, Identifikationen, Emotionen, Assoziationen und Gleichgültigkeiten, denn über lange Phasen haben wir die Bilder überhaupt nicht mehr gesehen, trotz umherschweifenden Blicks. Erst beim Tod der Eltern, im Augenblick vielleicht, in dem wir die Bilder von den Wänden und aus den Vitrinen nahmen, gab es sie plötzlich wieder auf eine ganz und gar andere, neue Weise, mit neuen Fragen und Emotionen. (24)

Alltagsästhetische Erkundungen

Ich wähle diesen Begriff hier als einen der ästhetischen Forschung zugeordneten, aber gleichzeitig auch abzugrenzenden, weil Erkundungen nicht immer die ganze Bandbreite ästhetischer Handlungen oder ästhetischer Erfahrungen beinhalten, wie es für die ästhetische Forschung gilt. Erkundungen sind die Spaziergänge im ästhetischen Feld, ästhetische Forschungen die groß angelegten Wanderungen mit Rucksack und angemessener Ausrüstung.

Erkundungen und Forschungen gehören eng zusammen, so wie ein Wanderer auch seine ausgedehnten Spaziergänge braucht. (Dass die Übergänge hier natürlich fließend sind, sei nur angemerkt).

Um alltagsästhetisches Terrain pädagogisch mit anderen zu erkunden, muss man vorbereitet sein. Man sollte in den Ausbildungssituationen Erkundungen so oft vorgenommen haben, bis sie zu selbstverständlichen Anteilen im kunstpädagogischen Handeln werden. Aus der Vielfalt der Erfahrungen entfalte ich im Folgenden skizzenhaft einige Überlegungen, die sich an die Ausführungen zu den alltagsästhetischen Erfahrungen mit den Dingen anschließen. Ähnlich wie bei der ,ästhetischen Forschung' auch, sind die einzelnen Zugänge miteinander verknüpft. Eine Reihenfolge gibt es nicht, gleichwohl aber die Notwendigkeit, vielerlei Zugänge zu erproben.

Mit Dingen und Materialien hantieren oder – ,ein Ding der hundert Möglichkeiten'
Was fällt einem zu sieben Büroklammern, einem Blatt Papier, einem Gummihandschuh, einer Löwenzahnblume, einem Schnürsenkel, zwei Papiertaschentüchern oder einem Kaffeemilchglas mit Deckelverschluss ein? Einem Einzelnen, der die Dinge in die Hand nimmt, zunächst nicht übermäßig viel, doch Erstaunliches wird sichtbar, wenn viele Menschen damit hantieren, denn jeder/jede entwirft eine Möglichkeit für die Dinge, die sich von einer anderen unterscheidet. Wenn also hundert Menschen ein Blatt Papier in die Hand bekommen, entstehen hundert verschiedene Möglichkeiten aus Papier. Damit verbunden sind so viele Aspekte der Alltagserfahrung, der Erinnerung, der Emotionalität, der Gefühle und des Wissens, die selbst eine banale Büroklammer noch zu einem assoziativ reich ausgestatteten Gegenstand machen. Es gibt offensichtlich neben den großen Geschichten der Dinge viele kleine Geschichten und Erlebensweisen.

Es gibt automatisch ablaufende Handlungen, so als hätten die Hände Erinnerungen an den Umgang mit den Dingen gespeichert. Im Anfassen, noch im Berühren eines Blattes Papier werden dem Material sofort alle Knickfalten eingefügt, um ein Hütchen, ein Schiff oder ,Himmel-und-Hölle' daraus entstehen zu lassen. Aus dem Schnürsenkel wird das Kinder-Handspiel vom sich vernetzenden Faden, der Gummihandschuh wird aufgepustet oder mit Wasser gefüllt, die Büroklammern zur Kette, usw.

Ein ganz anderer Zugang findet sich unter einem eher gefühlsmäßigen und emotional aufgeladenen Hantieren mit den Dingen im Sinne eines Erprobens, Benutzens aber auch

Abreagierens am Widerstand eines Materials: Papier wird in Streifen gerissen, zu Schnipseln gerupft, Büroklammern werden gebogen, Gummihandschuhe zerfetzt, Glas zerschlagen, Löwenzahn geköpft und die Blüten entblättert. Auch hier spielen Rückbindungen an gemachte Erfahrungen eine wichtige Rolle.

Ein dritter Zugang ist weitgehend vom Nachdenken begleitet: Was lässt sich Neues aus einem altbekannten Ding machen, sozusagen als kreative Neu-Schöpfung als ‚Nid' entwickeln: eine Drahtskulptur aus Büroklammern, ein Patchwork-Teppich aus Tempotaschentüchern, ein Glasgefäß mit Deckelverschluss für Blumen oder eine Urne für die Asche des verstorbenen Wellensittichs Hansi.

Dieses Erkunden der Dinge bedarf in einem zweiten Akt des Nachdenkens und der Sprache: Was geschieht im Berühren, im Akt des Umformens, Bearbeitens, an was wird man erinnert, was waren Handlungen in der Kindheit usw. Nur so wird klar, wie stark gerade die alltäglichen, banalen, kleinen Dinge in unserer Erinnerung verflochten sind, und wie sehr gerade die Hand es ist, in der diese Erinnerungen sozusagen gespeichert scheinen.

> „Das ist ein Blatt Papier, DIN A 4, neutral weiß, eines der alltäglichsten Dinge in unserer Hand. Es gibt kaum einen so anonymen Gegenstand wie ein ‚unbeschriebenes Blatt'. Aber für die Hände, für die Augen, für das Gehör ist dieses weiße Blatt ein Ereignis, sobald man sich entscheidet, es als Ding wahrzunehmen. Was bedeutet es, ein Blatt Papier in Händen zu halten? Es zu fühlen, zu wägen, zu verbiegen, zu glätten, die scharfe Schnittkante zu spüren, seine Oberflächenbeschaffenheit, sein Korn zu ertasten, die Bruchteilmilimeterstärke zwischen Daumen und Zeigefinger zu messen? Das Blatt hat viele Eigenschaften, die wir blind und blitzschnell im Zugriff realisieren, ohne dass die zu Bewusstsein kommen. Im langsamen, bewussten Erschließen entdecken wir das eigene sinnliche Vermögen und den weiteren Sinn der Handhabungsqualitäten des Objekts. Nicht nur das Erfahrungswissen um seine Verwendung oder das Wissen um seine Herkunft aus der Papierfabrik stellen sich ein, vielleicht kommt auch die Einsicht, dass es sich bei diesem lächerlichen Stück Material, das gleich im Papierkorb landen wird, um ein Eckprodukt unserer Kulturgeschichte handelt, deren mediale Präsenz in der Schriftlichkeit einmal mit Zeichen, auf Stein gemeißelt, oder mit Ritzungen in Tontafeln und mit dem Beschreiben von präparierten Tierhäuten begann. Das bedruckte Papier hat die Welt verändert, das weiße Blatt kann als Träger jeder Nachricht, Botschaft, Formel, jedes Vertrags gelten. Dieses normierte rechteckige Stück erwartungsvoller Leere nimmt in der geduldigen Betrachtung und Befassung den Charakter von etwas Schönem, behutsam zu Behandelndem an." (Selle 1997, S. 7)

Über Dinge reflektieren und schreiben

Welche Dinge wählt man dafür aus? Die schönen, die hässlichen, die banalen oder die kitschigen Dinge; die gleichgültigen oder die emotional besetzten; die Lieblingsdinge oder die ‚zwei oder drei Dinge, die ich mag'? Das Suchraster für die Auswahl alltäglicher Dinge aus dem Strom diffuser Wahrnehmungen ist weitreichend. Es ist gleichgültig, aufgrund welcher Entscheidung oder Vereinbarung jemand den Strom der Dinge anhält, um daraus einige für sich auszuwählen; entscheidend ist, dass man irgendwann um die Motive,

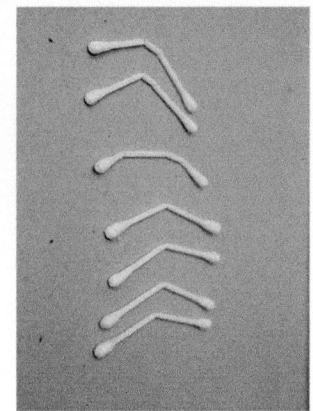

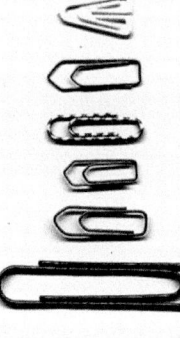
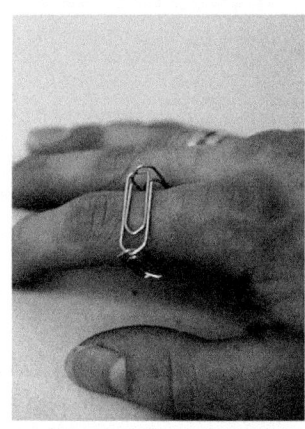
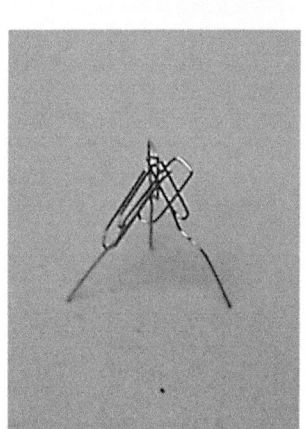

Beweggründe, biografischen Hintergründe weiß, die einen leiten, Urteile, Vorurteile, Abneigungen oder Gleichgültigkeiten zu formulieren.

Über Dinge reden und schreiben; Texte zu Dingen finden, Sprichwörter befragen, etymologische Wurzeln herausbekommen.

Einen poetischen Text zu einem Sparschäler schreiben, einen kühl-deskriptiven zu einem abgeliebten Plüschbären, einen fiktiv-anekdotischen zu einem Brillenetui – darauf kommt man, wenn man sich einzelnen Dingen schreibend nähert. Schreiben ist neben dem Sprechen ein gleicherweise wichtiger Zugang. Sprechen bindet in der Regel einzelne Dinge in die persönliche Geschichte ein, Schreiben führt zu anderen Sichtweisen, hat vielfältige Sprachmuster (poetische, deskriptive, erzählende usw.).

Dinge mit den Augen der Foto- oder Videokamera wahrnehmen; sie über Zeichnungen erfassen

Da der Fotoapparat heute zur Grundausstattung eines Menschen mit ästhetischen Interessen gehört, so wie der Pinsel und Computer auch, übernimmt die Kamera in der Begegnung mit den Dingen die Blickführung, da sie den Blick sowohl anhalten als auch vergegenständlichen kann. Alle Blicke sind möglich und experimentell zu erproben: der dokumentarische, der verfremdende, der anekdotische und der experimentelle. Dass in der ästhetischen Aneignung der Dinge natürlich auch alle tradierten ästhetischen Verfahren eine Rolle spielen – vom mimetischen Zeichnen, über Montagen, Collagen und Malerei, muss hier nicht weiter ausgeführt werden.

Die Geschichte der Dinge recherchieren

Dass eine Dreifachsteckdose, wie eine Fernbedienung durchaus eine spannende Geschichte haben, so wie die Schuhe, Löffel, Hüte und Tassen auch, von denen man dies bereits im Vorfeld vermutet, stellt sich heraus, wenn man sich auf den Weg macht, sie zu recherchieren. Dass hier gerade das Internet hilfreich ist und nicht nur bereits verfasste kulturgeschichtliche Abhandlungen, macht es möglich, auch noch so abwegige Dinge zu befragen.

Dass es eine zweite, eine autobiografische Geschichte mit den Dingen gibt, die deutlich macht, welche Bedeutungen einzelne Gegenstände in unserem Leben haben oder hatten, ist ebenfalls Teil der Ding-Geschichte.

Mit diesen wenigen Angaben und Rückbindungen wird bereits deutlich, wie Erkundungen aussehen könnten: als Spaziergänge zwischen ästhetischem Handeln, Denken, Wissen und Schreiben; als Spaziergänge mit vielen Emotionen, Assoziationen und Erfahrungen, die einen auf dem Weg begleiten. Dass sich am Ende der Erkundungen die kleinen alltäglichen Dinge geradezu zu Mikrokosmen ausbreiten, ist dann die eigentliche, überraschende Entdeckung derer, die sich auf den Weg gemacht haben. (25)

In einer chinesischen Enzyklopädie heißt es, daß „die Tiere sich wie folgt gruppieren: a) Tiere, die dem Kaiser gehören, b) einbalsamierte Tiere c) gezähmte, d) Milchschweine, e) Sirenen f) Fabeltiere, g) herrenlose Hunde, h) in diese Gruppe, i) die sich wie tolle gebären, k) die mit einem ganz feinen Pinsel aus Kamelhaar gezeichnet sind, l) und so weiter, m) die den Wasserkrug zerbrochen haben n) die von weiten wie Fliegen aussehen.

Jorges Borges

Die Sammlung besteht aus einer Reihe einzelner Glieder, das letzte jedoch, das abschließende Stück ist die Person des Sammlers selbst.

Jean Baudrillard

Jeder
geliebte
Gegenstand
ist der
Mittelpunkt
eines
Paradieses.

Novalis

Der Herr der Knöpfe

Dieter Meyburg, 39, sammelt seit zehn Jahren. Auf rund fünf Millionen Knöpfe schätzt er seinen derzeitigen Besitz. Sackweise sortiert er Knopf für Knopf, die besonders prachtvollen kommen an die Wand, die anderen näht er auf Pappen und sortiert sie nach Themenschwerpunkten in Aktenordner ein: Uniformknöpfe der Post, der Eisenbahn, der Feuerwehr, Militärknöpfe aller Herren Länder, Knöpfe für Hosen, Jacken, Blusen, Knöpfe für Kinder, Knöpfe aus Holz, Gold und Silber. Nur jeweils ein Exemplar nimmt er in seine ständige Sammlung auf. Doppelte verschenkt oder verkauft er, nicht ohne sie zuvor ebenfalls auf Pappen aufgenäht oder die ganz billigen in Plastiktüten verstaut zu haben. Damit beschäftigt sich Dieter Meyburg Abend für Abend. Wenn er gegen 16 Uhr von seinem Job als Fahrer nach Hause kommt, warten Millionen Knöpfe auf ihn. Wenn er Glück hat, kommen noch zwei oder drei dazu, die er auf seinem Heimweg gefunden hat. Das Praktische ist, dass er sein Wohnzimmer in dem immer gleichen Zustand vorfindet: Alles liegt bereit, Nähnadeln, Bindfaden, Pappen, Ordner und natürlich die Knöpfe. Niemand ist da, um etwas zu verändern, und er kann dort weitermachen, wo er in der Nacht zuvor aufgehört hat.

Aus: Kerstin Rose „Der Herr der Knöpfe. Ordnungsprinzipien des Lebens". In: Frankfurter Rundschau vom 21.8.1999.
Oben: Eine Auswahl kleiner Textkarten anläßlich einer Tagung zum Sammeln 1999, Museum Linz.

Dinge sammeln – wenn Kinder, KünstlerInnen und Erwachsene das gleiche tun und es dennoch etwas sehr verschiedenes ist

Über das Sammeln ist hinreichend viel geschrieben worden. (26) Mich interessieren im Zusammenhang mit ästhetischer Forschung lediglich drei Fragen, denen ich hier ansatzweise nachgehe:

Meine erste: Welche Dinge sammeln Kinder, KünstlerInnen und Erwachsene?

Eine vorläufige Einschätzung könnte lauten: Kinder und KünstlerInnen sammeln der Tendenz nach Dinge, die z.B. nicht übermäßig groß sind, übermäßig schwer und übermäßig teuer.

Erwachsene dagegen sammeln vorwiegend Dinge, die in einer bestimmten kulturgeschichtlichen Tradition des Sammelns stehen oder als Mode-Ereignis gerade im Trend liegen. Sie sammeln also überwiegend das, was Erwachsene schon immer gesammelt haben: Bilder, alte Uhren, antike Möbel, Schmuck etc. Anders ausgedrückt: sie sind Philanthropen, sammeln Militaria, Studentica, Asia, oder Autografen und gehören so einer bestimmten Gruppe an, die auf einschlägigen Sammlerbörsen wie in dafür vorgesehen Periodica mit Informationen und neuen Sammelanreizen bedient wird.

Kleine Kinder wiederum sammeln oft völlig unorthodox all das, was ihre Aufmerksamkeit erregt. Mit zunehmenden Alter werden allerdings auch sie in partiell vorgefertigte Sammelgebiete eingeführt und folgen dann – den Erwachsenen ähnlich – bekannten Trends im Rahmen einer Geschichte der Kinder-, Jugend- und Erwachsenenkultur. Sammeldinge sind dann fast immer Warendinge und kosten Geld: Fußball-Fan-Artikel, Überraschungseier, Souvenirs, Poster, Plüschtiere, Postkarten, Comic-Serien und die dazugehörigen Figuren in Medienverbundsystemen (z.B. Diddelmäuse, Pokémons und Teletubbies). Die Marktstrategien werden immer raffinierter und Kinder-Käufer immer jünger: Im Frühjahr 2000 brachten bereits Dreijährige ihre ersparten und erbettelten Groschen in die Supermärkte, um Pokémon-Bilder oder Figuren zu erwerben. Die Bandbreite der Sammeldinge, die noch vor Jahren gegeben war, wird nachweislich immer reduzierter. (27)

Künstler und Künstlerinnen hingegen folgen keiner bestimmten Tradition und sammeln der Tendenz nach quer zu allem, was üblicherweise gesammelt wird, wobei dann aus Sammelsurien spezialisierte Sammlungen entstehen, die mit ihren künstlerischen Fragestellungen zusammenhängen. Edward und Nancy Kienholz, die auf Berliner Flohmärkten wesentliche Teile für ihre Installationen und Objekte zusammengetragen haben, oder Louise Nevelson, die für ihre großen Skulpturen alte Holzteile in großen Hallen hortete, Boltanski, der mit seinen Kinder-Sammeldingen und Kleidungstücken riesige Hallen füllt, oder Daniel Spoerri, der aus seinem großen Sammelfundus immer wieder andere Objektarrangements und Fallenbilder zu immer neuen Fragen und Themen arrangiert. (Dass bei etablierten Künstlern die zu erwerbenden Dinge der Tendenz nach auch kostspielig sein können, setzt die oben geäußerte Bemerkung nicht außer Kraft.)

Die Sammlungen der Künstlerinnen und Künstler beeinflussen vielfach auch Erwachsenen-Sammlungen und regen zum Sammeln an – Totenschädel z. B., Dinge, die blau sind oder rot, Fundhölzer vom Strand. Sie verändern den Blick auf die banalen, trivialen Dinge im Alltag – auf die Ding-Reste und das scheinbar wertlose Material.

Auf Kindersammlungen haben künstlerische Sammlungen in der Regel dann einen Einfluss, wenn Erwachsene die Kinder z. B. im Rahmen museumspädagogischer Arbeit zum Sammeln anregen. (28) Die Sammlungen interessierter und von Konsumartikel wenig abhängiger Kinder haben ohnehin eine große Nähe zu den Sammlungen der KünstlerInnen, werden sie doch von ähnlichen Fragen, wie den nach den individuellen ästhetischen Bedürfnissen, den subjektiv bestimmten Interessen und Orientierungen im handelnden, spielerischen Umgang mit den Dingen, getragen. Konkret heißt dies, zu erproben, was man mit den gesammelten Gegenständen, Materialien über das Sammeln hinaus machen könnte, wie sich die gesammelten Dinge arrangieren lassen usw.

Geschlechtsspezifische Aspekte des Sammelns

In den Sammlungen der Kinder, Jugendlichen und der Erwachsenen sind geschlechtsspezifische Merkmale von Bedeutung. Die Sammelbereiche sind geradezu klassisch aufgeteilt: Puppen und Puppengeschirr bei den Mädchen und Frauen, Modellautos und Eisenbahnen bei den Jungen und Männern. Schuhe, Handtaschen, Fächer, Parfum-Flacons, Fingerhüte, Sammeltassen, Hummelfiguren, bäuerliche Keramik sind als Sammeldinge weiblich konnotiert; Fotografica, Emaille-Schilder, mechanische Musikinstrumente, Drehorgeln, Bahnhofsuhren, Taschenmesser, Briefmarken und Spielkarten männlich.

Bei den Jungen sind Fußball-Fan-Artikel Spitzenreiter aller Sammlungen, daneben rangieren Modellautos und Serien-Figuren aus einschlägigen Comics, Spiel- und Animationsfilmen, Figuren also in Medienverbundsystemen, wie z. B. die Turtles, die Transformators, Power-Rangers, etc.

Bei den Mädchen sind Barbie-Puppen mit den ständig zu ergänzenden Attributen Spitzenreiter. Sie sind keineswegs nur zum Spielen gedacht, sondern werden in entsprechenden Vitrinen aufbewahrt (Barbies als Sammlerstücke). Daneben sind Sammelbilder, Glanzbilder, Postkarten, Papierservietten, Briefpapier, Radiergummis und modisch wechselnde Konsumangebote wie z. B. die Diddelmäuse und Pokémons, Gegenstände ihrer Sammlungen. Dann gehören natürlich die einschlägigen Popgruppen-Fan-Artikel bzw. Bilder der Massenpresse zu ihren Sammelbereichen.

Sammeldinge der Mädchen wie der Jungen gleichermaßen sind die Gegenstände der Überraschungseier, sind Plüschtiere, Steine und die so genannten Sammelsurien – meist in Hosentaschen, in Pappschachteln, Kisten und Kartons gehortet und deponiert.

Für Künstler und Künstlerinnen lassen sich die Dinge des Sammelns der Tendenz nach nicht unter Aspekte der Geschlechtsspezifik subsumieren, so wie sich ja auch die Frage einer weiblichen oder männlichen Ästhetik in der Kunst kaum stellt.

Zu den Bedeutungen gesammelter Dinge

Auf die Frage, warum jemand Dinge sammelt, kann man verschiedene Antworten geben. Eine Erste müsste lauten: weil sie schön sind. Glasscherben z. B., die tiefblau leuchten, Murmeln, die herrlich glitzern, Knöpfe, die so fein sind wie Porzellan, Glanzbilder mit klaren Farben und einer tiefen Prägung, Briefmarken mit auffallend großen Bildern.

Als Kind weiß man irgendwann ziemlich genau, was schön ist, was kostbar ist und als Besonderheit gelten kann. Zwei Glasmurmeln z. B., die größer sind als die anderen und schönere Glaseinschlüsse haben, drei grasgrüne Knöpfe, die die Großmutter an ihrem Sommerkleid trug. Außerdem weiß man irgendwann auch, wie sich Schönheit über die gehorteten und gesammelten Dinge ständig relativiert. Man selbst nämlich ist die Instanz, vor der die Dinge immer wieder neu antreten müssen, um ihre Positionen in unserer Werteskala zu verteidigen, denn immer wieder trifft man z. B. auf einen Stein, eine Scherbe, einen Knopf, die noch schöner sind als alle, die man schon hat. Und wieder beginnt eine Umverteilung der Rangplätze. Dieser Blick auf die Dinge verfeinert und differenziert sich in ständigen Prozessen intensiver Beschäftigung. Es ist ein Kenner- bzw. Expertenblick, der hier ausgebildet wird, ebenso wie die Kennerschaft der Hand sich über jedes Betasten, Fühlen, Abwägen vervollkommnet. Man be-greift die Dinge und ist so durchaus in der Lage, alle gehorteten Schätze auch im Dunkeln über das Fühlen zu ‚sehen'.

Es stimmt keineswegs, dass Kinder ganz individuelle, naive und in einem allgemeinen Verständnis indiskutable Wertungskriterien an die Dinge anlegen. Die Wertungen, die ein fünfjähriges Mädchen in Bezug auf eine Sammlung von Knöpfen vornimmt, stimmt nach unseren Recherchen durchaus mit der vieler anderer Kinder und auch Erwachsener überein. Alte Glasknöpfe rangieren da fast immer vor neuen billigen Plastikknöpfen usw. Da fast jede Sammlung – und sei sie noch so eigen – in ein soziales System des Austausches und der Kommunikation eingebunden ist – hat die Fähigkeit zu werten auch zur Folge, dass z. B. Echt-Produkte von Billig-Imitationen gut unterschieden werden können, zum Leidwesen von Schenkenden. Es gibt Tränen und Enttäuschungen, wenn statt des erwarteten echten Monchichis oder der echten Barbiepuppe nur eine Billigversion auf dem Gabentisch sitzt. Das Kostbare nämlich ist keineswegs immer nur deshalb kostbar, weil es teurer ist, sondern weil es zweifelsohne oft auch ein viel dichteres Fell hat, feiner gemalte Augen und seidigeres Haar.

Als Motiv des Sammelns spielen natürlich auch Neugier und der Wunsch, sich die Dinge anzueignen, ihrer habhaft zu werden, sie zu besitzen, eine wichtige Rolle.

Das Bedürfnis nach Kommunikation, nach Austausch ist ebenfalls von Bedeutung. So sind manche Sammlungen, wie die von Sammelbildern und Gegenständen der Überraschungseier, explizit auf Kommunikation und Tausch angelegt. Wohingegen z. B. Knopfsammlungen und Steinsammlungen gut geeignet sind, für sich allein damit zu hantieren. Mit vielen Sammeldingen und Sammeltätigkeiten ist das Bedürfnis nach Repräsentation und Distinktion verbunden. Einerseits im Sinne von Identifikation und gezielter ‚Zur-

Schau-Stellung' nach außen, etwa in dem Verständnis wie: Schaut her, das bin ich und das gefällt mir. Mir gefällt das Gleiche wie dir auch oder: Mir gefällt etwas ganz Anderes, Ungewöhnliches, was dir niemals gefallen könnte. Das vollzieht sich dann vielfach ganz in der Art des Guiness-Buch der Rekorde: Wer hat das Schönste, Größte, Teuerste, Meiste, Ausgefallenste etc.

Damit verbunden ist dann auch das Bedürfnis nach Besitz, die Lust am ‚Haben-Wollen', die Macht über die Dinge wie über die Menschen, die z. B. über besondere Besitztümer nicht verfügen, sie aber gerne hätten und die für ‚unsere' Dinge voller Bewunderung sind.

Das Bedürfnis nach Vertrautheit, nach Überschaubarkeit und Ordnung, wie auch das der Selbstfindung spielt ebenfalls eine große Rolle bei den gegenständlichen Sammlungen. In Reihen geordnet, zu Inseln zusammengestellt, in Kästen arrangiert, sind sie immer da, sind immer an dem Ort, wo man sie erwartet und vorzufinden wünscht. Sie sind den eigenen Ordnungsvorstellungen unterworfen und drücken z. B. das individuelle Bedürfnis nach Harmonie und Klarheit aus. Niemand hat das Recht, unbefugt in dieses System einzugreifen.

In einem darüber hinausweisenden Sinn sind die Sammel-Dinge auch durchaus so etwas wie Projektionsflächen für Trosterwartung, für Sehnsüchte, für die Befriedigung unerfüllter Bedürfnisse. In diesem Sinn sind die Plüschtiersammlungen auf den Betten der Menschen in den Altenheimen ein beredtes Zeugnis. Libidinös besetzt, sind sie manchmal letzter Halt in ihrem Leben.

Und noch ein Moment kommt den gesammelten Dingen zu: sie verfügen in den Vorstellungen derer, die sie besitzen, oft durchaus über geheimnisvolle, magische und animistische Kräfte und Fähigkeiten. Sie sind Talisman, manchmal Maskottchen oder Fetisch.

Die Dinge der Sammlungen sind auch eingebunden in gesellschaftliche Normen, Werte und Anpassungsprozesse: Das Silber-Wappen zur Komplettierung der Sammlung am Armband bekommt man vom Vater nach der Reise nur mitgebracht, wenn man ‚schön lieb' war, die Sammlung dreckiger Stöcke muss draußen bleiben, und die gesammelten Regenwürmer gehören sofort weggetragen – wohingegen das alte Puppengeschirr sorgsam in einer Vitrine ausgestellt wird. Mit den Dingen der Sammlungen vollziehen sich so wesentliche Lern- und Erkenntnisprozesse. Man begreift, was erlaubt ist und was verboten gehört, was kostbar ist und was ordinär, was edel und was eklig ist.

Diese Überlegungen treffen überwiegend auf die Sammlungen der Kinder zu. Für Sammlungen der Jugendlichen und Erwachsenen spielen sie auch eine Rolle, aber anders akzentuiert. So ist die Schönheit der Dinge durchaus wesentlich, aber nicht immer primär. Sie ist eingebunden in ein Bedeutungssystem, das die Sammel-Dinge gleich bündelweise überlagert, wie z. B. die Nostalgie, das Heimatgefühl, die Sehnsucht nach der Kindheit, die Sehnsucht nach Vollkommenheit und die Sehnsucht nach dem einen, dem einzigen Ding, das alle Sehnsucht endlich erfüllen könnte – die blaue Blume der Romantik sozusagen, die man nie finden wird …

Erinnerung spielt eine große Rolle. Rückbindungen an Kindheit und Gefühle von erlebtem Glück. Der Versuch, mit den gesammelten Dingen Vergänglichkeit anzuhalten.

Stark ausgeprägt ist das Besitz-Gefühl, die Befriedigung des ‚Haben-Wollens‘, die Macht über die Dinge wie auch die Macht und Exklusivität, die man als Herrscher über so herausragende Dinge wie z. B. zehn Harley Davidsons hat.

Und nicht zuletzt spielt natürlich auch der potenzielle Tauschwert eine Rolle. Orientierungen dieser Art sind bereits für die Überraschungseier Fünfjähriger vorgegeben – aufgrund des einschlägigen Sammlerkatalogs wissen sie oft ganz genau, was sie wert – Geld wert – sind.

Und die gesammelten Dinge der Künstler und Künstlerinnen?

Für Künstlersammlungen kommt keiner der hier ausgeführten Aspekte auch nur annähernd zum Tragen. Mit ihren gesammelten Dingen verbinden sie vielerlei: Einmal stellen sie einem gängigen normativen Begriff von Schönheit ihre Sicht der Dinge entgegen, die von Schönheit und Hässlichkeit, von Banalem und Erhabenem zeugen, genauso wie sie einem gängigem Begriff von wertvoll und kostbar einen individuell bemessenen Wert der Dinge entgegensetzen. Sie entziehen die Dinge für immer der Warenzirkulation, eliminieren ihre Gebrauchsfunktionen und transformieren sie in ein neues System. Immer verbinden sich mit ihren Sammlungen ein eigenständiges Motiv und ein ganz besonderer Gedanke. Danach sind Dinge z. B. nichts anderes als künstlerisches Material oder eröffnen eine ganz neue Sinn-Dimension über das Alltägliche hinaus.

Sammlungen und ästhetisches Verhalten

Der Tendenz nach lässt sich sagen, dass sich mit fast allen aktiven Sammlungen eine Vielzahl ästhetischer Verhaltensweisen verbindet. Das beginnt bereits mit dem ästhetischen Blick, der zu bestimmten Zeiten, an bestimmten Orten und in bestimmten Situationen hoch sensibilisiert und aktiv ist, um die ‚Objekte der Begierde‘ aufzuspüren, festzuhalten und einzuschätzen: die besondere Muschel am Strand, die Katzentiere aus Porzellan in einem neu entdeckten Warenhaus, die Herzen aus Glas, die blauen Seidenblumen. Mit dieser selektiven Einstellung und diesem besonderen Blick beginnen sich die ästhetischen Entscheidungen bündelweise aufzudrängen:

Ist diese eine Porzellankuh, die man soeben entdeckt hat, schön? Hat man vielleicht schon eine ähnliche; passt sie in die Sammlung; ist das gefundene Stück eine echte Bereicherung; wird aus dem verdreckten Teil vom Flohmarkt die längst ersehnte Kostbarkeit zu Tage kommen? usw.

In aktiven Sammelphasen sind Kopf, Herz und Hand, sind also Verstand, Emotionen und handelndes Be-Greifen eins. Nach den Entscheidungen, die gefundenen und begehrten Dinge zu erwerben bzw. mitzunehmen, folgt meist der Höhepunkt der Sammler-Tätigkeit: Das neue Teil wird geputzt und aufgeputzt und erhält so nach einem ritualisierten Akt seinen Platz in der bestehenden Sammlung. Dabei werden Sammlungen oft umgeordnet, neu arrangiert, Teil-Sammlungen erhalten einen anderen Ort, ein anderes Gehäuse.

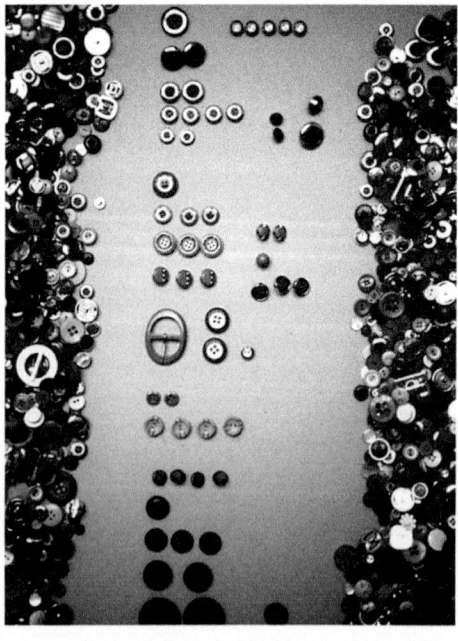

Die Ordnungen

Ein zentraler Akt ist das Ordnen. Ordnungskriterien folgen zum einen festgelegten, außengeleiteten Prinzipien mit vorgegebenen Gehäusen und Aufbewahrungsorten, wie z. B. den geprägten Futteralen für die Kästen der Münzsammlungen, den Alben für die Briefmarken, den Kleinvitrinen für die Mineralien und Miniatur-Kakteen, den Vitrinen-Schränken für die Puppen und das Blechspielzeug. Begleitet sind diese Ordnungssysteme und Einordnungsgehäuse über eine Vielzahl einschlägiger Publikationen, Sammlerjournale, Hobby-Theken bis hin zu Büchern wie ‚Wie fotografiere ich meine Sammlung?'. Es gibt inzwischen einen ausgedehnten Markt, der für gängige Sammlungen alles erdenkliche Zusatzbehör anbietet.

Daneben gibt es die offenen Sammlungen die in alten Dosen, Kästen, Kisten, Kartons und Regalen aufbewahrt werden, wie Knöpfe, Radiergummis, Kleintiere aus Hartplastik. (29) Die Dinge werden daraus hervorgeholt und über sehr verschiedene Herangehensweisen geordnet und umgeordnet. Kinder experimentieren so in spielerischen Akten, sortieren die Dinge nach Farben, Größen, formalen Ähnlichkeiten, Gewicht und persönlichen Präferenzen. Nach diesen Akten des spielerischen Erprobens verschiedenster Handlungsweisen mit den Dingen werden sie wieder ungeordnet in die Gehäuse zurückgegeben, bis zum nächsten Sortieren und Umsortieren. Dies ist einer der vielen Zugänge bzw. ein spezifischer Umgang mit den Dingen. Ein weiterer besteht darin, dass für eine wichtige ‚Bastel-Arbeit', gerade der eine grau-grüne Stein aus der Kiste, die eine Stecknadel mit dem blauen Knopf aus der Dose gebraucht werden, sodass die Dinge den Sammlungen entzogen und übergeordneten Zwecken zugeführt werden. (30)

Ähnlich gehen auch Künstler und Künstlerinnen mit ihren Sammlungen um, dabei sind es nicht kleine Dosen oder Kästen, in die sie hineingreifen, sondern in der Regel sind es riesige Lagerhallen, ehemalige Schulsäle, Scheunen etc., aus denen sie sich aus den dort befindlichen Ansammlungen ihre Teile hervorholen. Die Material- und Dingsammlungen sind in ihrem Verständnis meist gut geordnet, auch wenn es für Außenstehende oft kaum nachvollziehbar ist, wie sie in ihren ‚Wunderkammern' die benötigten Dinge finden.

All die hier dargelegten Tätigkeiten sind mit dem Begriff ‚ästhetisches Verhalten' zu fassen. Sie sind begleitet mit dem spezifisch differenzierten Blick, der zu einem Kennerblick geworden ist. Und all diese Tätigkeiten sind auch ausgezeichnet durch etwas, was uneingeschränkt für ästhetische Arbeit generell gilt: durch Intensität. Alle Aktionsformen des Sammelns sind also per se erst einmal denen der ästhetischen bzw. künstlerischen Arbeit ähnlich. Insofern ist Sammlertätigkeit ein künstlerischer Akt. Als Handlung einer Künstlerin/ eines Künstlers ist dann ihre im Museum ausgestellte Sammlung zweifelsfrei Kunst. Der Umkehrschluss funktioniert allerdings nicht: die Sammlung des Kindes, wie die des Erwachsenen werden niemals Kunst, und mögen sie den ausgestellten Sammlungen der Künstler, Künstlerinnen, noch so ähnlich sein.

Die alltäglichen Dinge als Objekte der Kunst

Seit Duchamp bestimmen sie die Kunst des 20. Jahrhunderts: die banalen, die trivialen, die alltäglichen Dinge. Zunächst als Einzelne, dann zunehmend als Arrangements, Ensembles bis hin zu raumgreifenden Inszenierungen in multimedialen Installationen. Wollte man einen Vergleich treffen, dann drängen sich in jedem größeren Museum so viele alltägliche Dinge wie in einem mittleren Warenhaus – allerdings mit dem Unterschied, dass die Dinge im Museum ‚still gestellt‘, dem Warenfluss entzogen sind und – zumindest von der musealen Idee her – diesen Ort nie mehr verlassen werden. Sie bleiben dort für die ‚Ewigkeit von Kunst‘. Und damit sie die Museen der Moderne nicht zustellen, müssen immer neue Museen gebaut werden. (1) Auf der anderen Seite werden neue Warenhäuser gebaut, um den Strom der Dinge unablässig fließen zu lassen. Dafür werden die Waren inszeniert, museal aufbereitet, um ihnen das Flair des Besonderen zu geben – geradeso als befänden sie sich in einem Museum. Museen und Warenhäuser werden so als ‚Erlebnis-Faktoren‘ einander immer ähnlicher.

Seit der Flaschentrockner in die Kunst kam, sind viele Jahrzehnte vergangen. (2) Es ist also viel geschehen – mit der Kunst, mit dem Flaschentrockner und mit uns als Rezipienten.

Dass aus heutiger Sicht Duchamps Akt der Deklaration der Alltagsdinge zu Objekten der Kunst zentraler Ausgangspunkt für die nachfolgende Kunstentwicklung war, bereitet noch immer Erstaunen und dass es in der Folge kein Alltagsding mehr gibt, das nicht auf irgendeine Art und Weise in die Kunst geraten ist, hat hier seinen Ausgangspunkt.

Betrachtet man andererseits Flaschentrockner oder Fahrrad-Rad im Kontext der persönlichen Biografie, ist die Tatsache, wie wir sie in den vielen Jahren unserer ‚Bekanntschaft‘ immer wieder wahrgenommen haben annähernd so erstaunlich wie viele unserer persönlichen Geschichten mit den alltäglichen Dingen auch. – Von der spröden ersten Begegnung mit einem keineswegs als ansprechend erlebten Kunstwerk, über die Faszination sich wandelnder, kunsttheoretischer Kontexte, die sie in immer anderem Licht erscheinen ließen, bis hin zu wiederholten Begegnungen in verschiedensten Ausstellungs-Konstellationen und musealen Räumen. Ein Teil der individuellen ästhetischen Biografie ließe sich also durchaus entlang eines Flaschentrockners oder eines Fahrrad-Rades schreiben, entlang den je anderen Blicken, die man auf sie geworfen hat, bzw. den unterschiedlich akzentuierten Wahrnehmungen. Dass hier nicht nur eine ‚Objekt-angemessene‘ Wahrnehmung eine Rolle spielt, sondern dass gleicherweise ganz persönliche Situationen, Befindlichkeiten und Begleitungen bedeutsam waren, ist gleicherweise Teil dieser Objekt-Biografie.

Vor dem Hintergrund, der an anderer Stelle beschriebenen ‚Verlässlichkeiten‘ der wahrnehmbaren Gegebenheiten der Dinge (siehe Kapitel 2), lässt sich hier eine wesentliche Analogie formulieren: Die Konstanten der Objekte waren immer gleich und doch war das Objekt in unserer Wahrnehmung ein immer anderes. Auf dieser Ebene der Erfahrung sind

Alltagsdinge und Kunstobjekte gleich. Als Gegenstände in unterschiedlichen kontextuellen Welten allerdings sind sie grundverschieden.

Wenn eine Tasse sowohl Alltagsding als auch Kunstobjekt ist

Die Frage nach der alltäglichen Wirklichkeit und der Wirklichkeit von Kunst ist noch immer da am faszinierendsten, wo sie sich an ein und demselben Gegenstand festmacht. Die Antworten, die Philosophen und KunsthistorikerInnen bis heute gegeben haben, spiegeln einen Prozess, der die Dinge und Objekte zu unterschiedlichen Zeiten verschieden sah und befragte. Insofern gibt es keine abschließenden Antworten.

Geht man zunächst einer sehr viel einfacheren Frage nach, wie nämlich Alltagsdinge vor dem 20. Jahrhundert in die Kunst gekommen sind und was die Betrachter und Betrachterinnen an ihnen besonders interessiert hat, kommt man durchaus auf eine Spur. Auch bei den Transformationsakten der Malerei und Bildhauerei war die Faszination am Mimetischen, am naturalistisch abgebildeten Ding immer wieder gegeben (von der holländischen Genremalerei bis zur Pop-Art). Das liegt zum einen an der handwerklich-malerischen Fähigkeit der Detailgenauigkeit und Wirklichkeitsillusion wie auch daran, dass das Ding im Bild in eine künstlich-künstlerische Situation verwiesen ist, in der es einen besonderen Status, eine Einmaligkeit erhält und im Akt der Wahrnehmung in eine Distanz gerückt wird, die man gegenüber dem realen Ding im Alltag nicht einnehmen kann. Die Betrachtung der Weingläser, der schön gefassten Messer samt der Trauben und des Brotes auf einem holländischen Stillleben ist ein Fest für die Augen. Danto vergleicht diesen Sinnesakt mit der Rezeption eines Theaterstücks auf der Bühne, wo in dem abgegrenzten Bühnenraum – ähnlich dem Rahmen des Bildes – ein Stück alltäglicher Wahrnehmung auf Distanz gebracht wird, und aus dieser Distanz heraus besondere Weisen der Betrachtung und Erkenntnis möglich sind. (3)

Doch was ist, wenn nicht mehr das Abbild, sondern der Gegenstand selbst den Raum der Kunst betritt?

Was macht die Faszination des realen Dings – eines Knopfes, einer Tasse, eines Schuhs – in der Kunst aus? Dantos Gedanke von einer Grenze, einer Abgrenzung im Wahrnehmungsakt ist hier zunächst als ein Erklärungsangebot hilfreich. Die Grenze, die andere Wahrnehmungen auf Grund der gegeben Distanz eröffnet, ist keine, die sichtbar zwischen dem Betrachtenden und den Dingen liegt, sondern eine, die sich als museale Grenze sozusagen im Überschreiten der Schwelle vom profanen Raum außerhalb in den ‚valorisierten Raum' der Kunst (4) ins Bewusstsein schiebt und so als ‚Kultur-Grenze/Kunst-Grenze' internalisiert wird: Dieser Raum ist der Rahmen, der den Kontext festlegt und die Wahrnehmung gegenüber den Dingen verändert.

In diesem Transformationsakt verlieren die Dinge nicht nur ihre ehemaligen Gebrauchsfunktionen, sondern zumeist auch ihre ehemaligen Anmutungsqualitäten, z. B. schön zu sein, hässlich, kitschig oder banal. Je bedeutsamer sie im Alltag aufgeladen waren, umso schwerer war es z. B. bis in die achtziger Jahre hinein, sie mit neuen Anmutungsqualitä-

ten im Kontext der Kunst auszustatten, vor allem die kitschigen Dinge waren weitgehend ausgegrenzt. Sie galten schlechterdings als ‚verkunstungs-resistent', weil ihre kitschige Dimension im Transformationsprozess nicht angemessen zu eliminieren war. Nun haben nicht nur die kitschigen, sondern auch die aller-banalsten Dinge ihren Einzug in die Kunst gehalten. Gemäß dem Innovationsgebot, nach dem aus den profanen Archiven immer nur die Dinge in den Bereich der Kunst geraten, je weiter weg sie von den Dingen sind, die vor ihnen kunstwürdig waren (5), sind es heute aus dem Bereich des Banalen z. B. abgerissene, oder mit dem Cutter schief geschnittene Billig-Teppich-Reste, PVC-Teile, Laminat-Stücke und geborstene Pressspanbretter. Alles Dinge, die ausschauen, als hätte man sie bei einem Hausabbruch eingesammelt. Sie geben so gut wie nichts Bedeutsames mehr her, sind auch auf der Wahrnehmungsebene als Alltagsgegenstand oder Material so hässlich-banal, so armselig-nichts, dass sie nicht mal mehr auf den Sperrmüll geraten, geschweige denn auf die Trödelmärkte, sondern gleich in den Bauschutt-Container – oder in die Kunst (siehe Kenneth Noland, vergl. auch Olaf Metzel, Tony Cragg). Als die armseligsten, banalsten, sprödesten Dinge, sind sie es, die das Verständnis ‚Kunst' im ausgehenden 20. Jahrhunderts massiv verschoben haben.

In den sechziger Jahren hatte Beuys ebenfalls armselige Dinge – den Schnipsel Packpapier, den alten Bindfaden, die getrocknete Blutwurst, den Gipsblock und den Filzstreifen z. B. – zum Material seiner Werke und somit kunstfähig gemacht. Die geborstene Leiste laminierten Holzimitats hätte aber in seinem Werkverständnis keinen Platz gehabt. Dafür bekam sie dann von späteren KünstlerInnen, die sich gerade nicht der von Beuys mit besonderen Gedanken und Deutungen besetzten Materialien bedienen wollten, einen besonderen Platz.

Einen anderen Strang alltäglicher Dinge, die aus den profanen Archiven in die Kunst gekommen sind, bilden die nostalgisch aufgeladenen Gegenstände der Trödelmärkte – alte Puppen, abgeschabte Emaillekannen, bespielte Violinen. (siehe Arbeiten z. B. von Arman, Kienholz, Spoerri).

Die kitschigen Dinge sind erst weitgehend mit Jeff Koons, mit Piere et Gilles, mit Haim Steinbach kunstwürdig geworden. Kitsch ist nun durchaus Teil der Kunst. Damit sind auch alle historischen Theorien vom polaren bzw. dichotomen System von Kitsch und Kunst obsolet.

Heute am Ende des 20. Jahrhunderts sind also alle profanen, alle alltäglichen, alle banalen, alle hässlichen, alle kitschigen, alle religiös, sexuell, oder in anderer Weise aufgeladenen Dinge in die Kunst eingezogen. Kein Ding mehr, kein Material, kein Abfall-Gegenstand mehr – nichts also, was wahrnehmbar ist – und sei es die kleinste Staubflocke (L. Fischer) oder das winzigste Pollenkörnchen (W. Laib), das nicht potenziell Gegenstand von Kunst sein könnte.

Dass die Dinge zudem von Beginn des 20. Jahrhunderts an immer auch in künstlerischen Akten verändert, umgeformt, verfremdet oder substituiert wurden (von der Pelztasse Meret Oppenheims (1936) über die vergrößerte Krawatte (1994) bei Claes Oldenbourg bis hin zu einem halben Rind (1996) bei Damien Hirst) ist sozusagen eine zweite, parallele Geschichte ihrer Existenz in der Kunst.

Auf der Ebene alltäglicher Dinge kann Kunst also keine innovativen Akte mehr vollziehen, denn sie hat ja mit den Dingen längst auch alle Anmutungsqualitäten – das Schöne, Hässliche, Morbide, Armselige, das Profane, das Eklige, das Kitschige – zum Thema der Kunst gemacht. Die Ebenen werden sich verlagern, die Kontextualitäten der ehemaligen alltäglichen Dinge, z.B. in den Ensembles, in den Installationen gilt es neu auszuloten, andere mediale Transformationen vorzunehmen. Vielleicht aber haben die konkreten Dinge und Materialien bereits längst ihren Auszug aus der Kunst begonnen – und wir finden ihre Spuren nur noch in den virtuellen Welten.

Künstlerische Strategien

Im Rahmen ästhetischer Forschung spielen die künstlerischen Strategien und Konzepte aktuell arbeitender Künstler und Künstlerinnen eine wesentliche Rolle. Ihr Interesse an alltäglichen Dingen und Alltagserfahrungen ist mit künstlerischen Handlungsweisen verknüpft, die auch in allen anderen Bereichen ästhetischer Praxis produktiv sind bzw. sein könnten.

Für die Fragestellungen dieses Buches sind Künstler und Künstlerinnen von besonderer Bedeutung, die alltägliche Dinge und Materialien mit Bezügen zur individuellen und kollektiven Geschichte des Menschen künstlerisch transformieren. In der Regel sind dies komplexe Arbeiten, in denen Dinge mit semantischen Spuren ausgestattet, im Kontext individueller Mythologien und Spurensicherungskonzepte stehen bzw. sich explizit als Erforschungen oder Forschungen verstehen. Die hier ausgewählten Künstler und Künstlerinnen verbinden verschiedene Gemeinsamkeiten:

- Fast alle arbeiten mit großen Objekt-Assemblagen, erstellen Ensembles bzw. Installationen.
- Alle arbeiten bzw. arbeiteten in den letzten zwanzig Jahren.
- Sie gehen mit verschiedensten Dingen und Materialien um und beziehen in der Regel mehrere Medien in ihre Arbeiten mit ein, wobei auch die Sprache – Begriffe, Wörter, Texte – eine Rolle spielt.
- Fast alle arbeiten ‚unorthodox‘, d.h. sie widersetzen sich den Ansprüchen tradierter Erwartungen an ‚Materialgerechtheit‘ und den damit verbundenen Vorstellungen an eine ‚Ästhetik der adäquaten Form‘. (Kunstdidaktik hat gerade dieses Prinzip noch immer im Kanon der Zielvorstellungen).
- Alle arbeiten komplex, nicht nur auf der Ebene wahrnehmbarer Gegebenheiten, sondern auf der Ebene der Sinnbezüge und Deutungen, wobei sich ganze Geflechte überlagern, die simultan eine Vielfalt von Interpretationen eröffnen.

Nur eine kleine Gruppe aktuell arbeitender KünstlerInnen kann hier skizzenhaft, fragmentarisch aufgeführt werden. (Dass bei der Auswahl natürlich auch subjektive Aspekte eine Rolle spielen, ist zwar selbstverständlich, soll aber dennoch erwähnt sein).

Wesentlich ist, dass sich ein hinreichend breites Spektrum an künstlerischen Strategien abbildet und die Vielfalt der Transformationen deutlich wird.

Anmerkungen zu den Kunstformen ‚Installation' und ‚Spurensicherung'

In seinen ‚Vorlesungen zur totalen Installation' beschreibt Kabakov die Notwendigkeit einer Kunstentwicklung, die nicht nur die einzelnen Dinge, Bilder und Medien zu ihrem Gegenstand hat, sondern den Raum, in dem Dinge, Bilder und Medien interagieren. Da Dinge immer auch in topografische Strukturen eingebunden sind, ist es nur konsequent, sie auch in ihrer Form als Kunstobjekt in Räumen, d. h. an ihnen zugewiesenen Orten zu inszenieren. Die Korrespondenzen der Dinge/ Objekte untereinander und der Objekte zum Raum ergeben völlig neue interaktive Momente. Verknüpft mit Bildern elektronischer Medien, die andere Dimensionen von Wirklichkeit und Fiktion erzeugen, ergeben sich so Spannungs- und Bedeutungsgefüge, die zu immer wieder anderen Wahrnehmungen und Kunsterfahrungen führen. Auch die Räume selbst geben Bedeutungen vor: von der relativen Beliebigkeit eines musealen Raumes, in dem die Installation inszeniert wird, bis hin zu besonderen Räumen oder sogar Räumen auf Zeit, z. B. in Abbruch-Gebäuden ist ein breites Spektrum der Möglichkeiten gegeben.

Spurensicherung:

Seit den siebziger Jahren gibt es Künstler und Künstlerinnen, die Materialien und vorfindliche Dinge der Alltagswelt wie der Natur in besonderer Weise transformieren: Sie ordnen sie, entwerfen dafür spezielle Kategorien und spezifische Systematiken; sie legen Sammlungen an; arrangieren, archivieren und konservieren Dinge; sie restaurieren und dokumentieren mit der Fotokamera; sie entwickeln Modelle und besondere Formen der Beschriftung und Beschreibung. Diese Kunst der Spurensicherung bildet vielfältige Analogien zu wissenschaftlichen Arbeiten, Forschungsvorhaben, z. B. in Bereichen der Ethnologie oder Archäologie. Künstlerinnen und Künstler arbeiten in Analogie zu ihnen ebenfalls mit Fundstücken und Texten, entwerfen Ordnungssysteme, die für wissenschaftliche Objektivität und Authentizität stehen.(6)

Das Besondere ihrer Arbeiten liegt jedoch im haarscharfen Verrücken ausgewiesener Grenzen und Wahrnehmungen: Das, was wissenschaftlich erscheint, ist es nicht; geläufige Ordnungsstrategien erweisen sich als Fallen, naive Ordnungssysteme pusten sich zu besonderer Bedeutung auf, usw. Das, was Spurensicherer wie Lang dazu gebracht hat, mit Methoden der Forschung zu arbeiten, hat nicht mit provozierenden oder ironischen Kommentierungen wissenschaftlicher Attitüden zu tun, sondern ist ein Moment der Grenzüberschreitungen, ein Spiel mit Authentizität und Fiktion – mit Wahrnehmungsweisen also, die heute in allen Bereichen ästhetischer Erfahrung eine wesentliche Rolle spielen.

Arman (1928–2005)
lebt und arbeitet in Frankreich und USA

Abb.: „Poubelles des Enfants" (1960)

In seinen Arbeiten der sechziger und siebziger Jahre arrangiert Arman alltägliche Dinge auf Grund verschiedener Konzeptionen auf die unterschiedlichsten Weisen. In seinen Akkumulationen z. B. stehen die Dinge für sich selbst, machen aufmerksam auf ihre dingliche Präsenz und ‚nostalgische Schönheit', wie die Wasserkannen, Violinen und Puppen. Dann wiederum sind Alltagsdinge direkte Verweise auf menschliche Biografien, sind angefüllt mit Bedeutungen, tragen Spuren des individuellen und kollektiven Gebrauchs, wie z. B. seine „Poubelles", die im Sinne eines individuell gemeinten Portraits zusammengetragen sind, oder – wenn nicht direkt ausgewiesen – durchaus Zeugnis geben vom Alltagsleben und den Konsumgewohnheiten von Menschen in einer bestimmten Zeit und an bestimmten Orten. Einzelne Werkgruppen ließen sich in einem allgemeinen Verständnis auch als Forschung beschreiben, wobei sein Forschungsterrain die Sammelplätze benutzter und abgelegter Dinge ist – von Abfallorten bis zum Antiquitätenmarkt. Mit den gesuchten und gefundenen Dingen experimentiert er, entwirft Strategien, wie Alltagsdinge im Kontext ‚Kunst' Aussagen machen können über alltägliche Erfahrungen von Menschen, die diese Dinge einmal erworben und benutzt haben, und über die Kunst, die den Dingen eine neue Existenz und einen neuen Sinn zuweist. Auch in seinen neuesten Arbeiten verfolgt er noch immer seine ästhetischen Prinzipien, z. B. das der Akkumulation, nur sehr viel zurückgenommener und geglätteter – sozusagen als Reminiszens an seine ehemals angenehm spröden Arbeiten.

Michael Badura, geb. 1938
lebt und arbeitet in Deutschland

Abb.: „Die eingeweckte Welt" (1967)

Badura hat von den sechziger Jahren an bis heute so viele ästhetische Gegebenheiten befragt, erforscht, verändert, konstruiert, adaptiert, erfunden, dass sich sein gesamtes Werk als Ergebnis immer neuer Erforschungen und neuer Forschungsfelder beschreiben lässt. So ist klar, dass die einzelnen Werkgruppen überaus heterogen sind, hat doch jede, als Welt für sich ihre eigenen Gesetzmäßigkeiten und Erarbeitungsprozesse. Sei es z. B., dass Badura als ‚Farbmensch' im ‚Farbraum' mit ‚Farbpapier' experimentiert, sei es dass er alle Dinge nutzt, die sichtbare Spuren erzeugen – Fotografie und Computer eingeschlossen – sei es, dass er chemisch-physikalische Makro- und Mikrokosmen entwirft und sie sprachlich als Gebilde besonderer Herkunft ausweist oder dass er mit den Gegebenheiten der Natur die Natur neu erfindet. Er konstruiert und rekonstruiert Wirklichkeit wie Fiktion gleichermaßen – auf einzelnes festzulegen ist er nicht. Ich greife hier eine Arbeit von 1967 auf, „Die eingeweckte Welt" nennt er sie. Mit dieser Arbeit (70 Einweckgläser auf Holzregalen) – wollte er vieles sichtbar machen:

> „die Unvergleichbarkeit scheinbar gleichartiger Befunde. Die Unzahl, die Unwiederholbarkeit und Unkontrollierbarkeit aller unmittelbar mehrschichtig und mehrgleisig ablaufenden Reaktionen. Die Einsicht, dass kein Vorgang rückläufig zu machen ist – genauso wenig wie die menschlichen Eingriffe in die Naturzusammenhänge …". (Badura 1992, S. 27)

Konkret geht es um das Sichtbarmachen von:

> „Quellungen, Gewichtsveränderungen, Schichtungen unterschiedlicher spezifischer Gewichte und Körnungen, Ablagerungen, Aussonderungen, Ausscheidungen, Verdunstungen, (…) Eintrübungen, Verfärbungen, Schleier- und Schwadenbildungen, Gärungs- und Faulprozesse, Trennvorgänge, Vermischungen ursprünglich getrennter Substanzen, Verklumpungen, Auflösungsprozesse, Verunreinigungen, Auswaschungen …". (Badura 1992, S. 27)

Zu dieser Arbeit gibt es viele von Badura verfasste Texte – Sachtexte wie literarische. Seine Materialien und Dinge, die er zu großen und kleineren Arrangements und Installa-

Joseph Beuys (1921–1986)
Deutschland

Abb.: „Kreuzigung" (1962/63)

tionen zusammenstellt, sind keiner äußeren Ordnung oder einem allgemeinen, jedermann bekannten und somit nachvollziehbaren System verpflichtet, sondern alle Gegenstände seiner Kunst sind mit individuellen Bedeutungen versehen, die aber gleichwohl verortet sind in übergreifenden spirituellen Kontexten und Bereichen wie z. B. dem Schamanismus oder der Alchimie. Sein Blick auf die Dinge ist somit ein ganz anderer als unser Alltagsblick – er beachtet sie auf Grund differenter Gegebenheiten, wie z. B. der Tatsache, dass sie organisch sind, Energien transportieren, Wärme ausstrahlen. Seine Erforschungen der Materialien und Dinge sind u. a. geleitet von der Idee, dass sie etwas für die geistige Existenz des Menschen zu transportieren und zur Bewusstheit der sozialen, politischen und ökologischen Realität beizutragen vermögen. Die Aspekte seines vielschichtigen Werkes, die im Kontext der hier vorliegenden Fragestellung benannt werden sollten, sind z. B. die Arten und Weisen seiner Sammlungen, der Musealisierung der Dinge, im Sinne von Aufbewahrungsorten wie Lager und Speicher, in denen die ‚materiellen und metaphysischen Realitäten zur Einheit' (Scharlau 1997, S. 71) gebracht werden. Er negiert die Bezüge der Dinge zur Direktheit gelebten Lebens. Sie sind also nicht Spur oder Verweis im Zusammenhang individuell oder kollektiv erfahrener Geschichte, sondern Teil einer übergreifenden ästhetischen Sprache und Idee. Gleichwohl sind die Lesarten seiner ‚armseligen' Dinge in den Vitrinen für den Betrachter nicht eingeschränkt. Vor allem eine Vitrine wie die „Szene aus der Hirschjagd" (1961), schließt auch die Fülle der sinnlichen, banalen Lese-, Empfindungs- und Erkenntnisweisen des betrachtenden Individuums nicht aus. Damit verbunden ist auch der Aspekt, dass in seinen Systemen der Musealisierung auch die Dinge und Materialien, die bis in die sechziger und siebziger Jahre hinein kaum im Kontext Kunst einen Ort hatten, kunstfähig, bzw. nobilitiert wurden. Die im Alltagsbewusstsein als hässlich, trivial, banal oder eklig konnotierten Materialien wie Staub, Schmutz, Filz und Fett werden zu Trägern seiner Grundideen.

Christian Boltanski, geb. 1944
lebt und arbeitet in Frankreich

Abb.: „Lac des Mortes" (1990)

Als Boltanski mit seiner künstlerischen Arbeit begann und etwa 1973 seine „Inventare der Kindheit" ausstellte, „Die 24 Kleidungsstücke des Francoise C." (1972) oder die „Vitrine de reference" (1970), waren die Gegenstände, mit denen er Erinnerung re-konstruierte vielfach noch konkret und emotional aufladbar wie Reliquien oder Dinge der Magie: kleine Stöckchen, Nägel, Lehmkugeln, Kleidungsstücke, fotografische ‚Dokumente'. Mit der Wahrnehmung der Dinge waren so auch immer individuelle Erlebnisse assoziierbar: Die Stöckchen, die ein Kind liebevoll umwickelt, sie so vielleicht anthropomorphisiert, zu geheimnisvollen Fundstücken oder magischen Waffen erklärt; die Kleidungsstücke, die an bestimmte alltägliche Situationen erinnern. Mit all diesen Dingen verbindet sich eine Form von Privatheit, von Intimität und Nähe.

Seine Installationen verlieren zunehmend diese Assoziationen und Empfindungen, werden allgemeiner, anonymer, scheinbar distanzierter. Da wo die Konkretheit eines Kleidungsstückes noch einen einzelnen Körper, einen Habitus, eine individuelle Vorliebe assoziieren lässt, wird das Individuelle, Einzelne zunehmend scheinbar ausgelöscht und jedes mit individuellen Gebrauchsspuren versehene Einzelding verliert sich in der Masse der Dinge, in den Arsenalen und Archiven, in den Sammlungen und geordneten Anhäufungen, verschwindet in einem übergroßen Allgemeinen, wie z. B. in Arbeiten wie „Monuments" (1986), „Archive" (1987) und „Reliquie" (1990).

In diesen Ordnungssystemen wirken sie niemals so, als seien sie weggeworfen, oder entstammten den Abfallhalden der Zivilisation. Archiviert, registriert, gezählt und geordnet werden sie zu Bedeutungsträgern in einem übergreifendem System, in dem kollektive Erfahrungen zu gegenständlich geronnenen Erinnerungen werden. Sie wirken so armselig und berühren so stark – machen sie doch deutlich, dass man zwar die Menschen, die solche Dinge einmal besaßen, nach ihrem Tod nicht mehr registrieren, zählen und verwalten kann, aber ihre Dinge, die sie überlebten. Die Alltagsdinge sind gegenwärtig, zum Anfassen präsent und erzählen vom Tod. Diese Ambiguität ist es, die Boltanskis

Arbeiten mit den alltäglichen Dingen ihre Besonderheit gibt. Dabei ist es unerheblich, wo er seine Dinge, seine Fotos und Materialien her nimmt, ob sie authentisch sind oder fiktiv, im Sinne der auf sie zugedachten Idee, Zeugnis vom Tod, der Vernichtung und des Verschwindens zu sein, wirken sie immer ‚authentisch'.

Dass die Idee des Verschwindens und Auslöschens in letzter Konsequenz auch ohne die konkreten alltäglichen Dinge wirksam ist, zeigen seine Arbeiten der neunziger Jahre: hermetisch abgeschottete Archive, Schreine, Reliquiare mit Dunkelheiten und Lichtinseln – Anhaltspunkte zum bewussten Wahrnehmen einer gleichförmigen Registraturlandschaft von Kästen, Kisten, Behältnissen, in denen Tausende von Einzelschicksale verwaltet werden können.

Im Werk Boltanskis gibt es viele Aspekte, die für die Fragen ästhetischer Forschung wesentliche Bezugsebenen bilden. Dazu gehört das generelle Thema ‚Erinnerung', dazu gehören seine frühen Spurensicherungsobjekte, sein Weg zurück in die Kindheit, u. a. m. In diesem Zusammenhang sind seine Arbeiten eine Form der Auseinandersetzung, in der er kindliche Produktivität ernst nimmt, sie sich gleichsam als künstlerische Handlungsweisen aneignet wie z. B. im Schnitzen von Zuckerstückchen, im Formen von Tonklumpen, im Fertigen von Zwillen, Umwickeln von Stöcken und Aufsammeln von Kot – allesamt künstlerische Herangehensweisen, die gleichberechtigt, also unhierarchisch genutzt werden. Für ihn bedeutsam ist, dass jede Form der über Dinge und Fotos repräsentierten Erinnerung immer auch eine Auseinandersetzung mit dem Tod ist, denn jeder abgeschlossene Augenblick im Leben eines Menschen ist unwiderruflich vorbei. Auch ein soeben gemachtes Foto kündet vom Tod, denn den Menschen, der gerade noch über sein Abbild repräsentiert ist, gibt es schon gleich darauf nicht mehr.

Karsten Bott, geb. 1960
lebt und arbeitet in Deutschland

Abb.: „Von jedem Eins" (1993)

Seine Installation „Von jedem Eins" (1993), die er je nach Ort und Raum – aus seinem „Archiv für Gegenwartsgeschichte" als Sammlung zur Alltagskultur – unterschiedlich arrangiert, ist auf Grund der Fülle und der Vielfalt der ausgestellten Dinge (zumeist aus den sechziger und siebziger Jahren) eine „Sisyphusarbeit der Schaffung einer Welt im Kleinen" (Scharlau 1997, S. 82) Seine Forschungen zur Alltagskultur im Kontext ‚Kunst' machen vielerlei deutlich: Als „Herr unzählbarer Dinge" stößt er immer wieder an Grenzen; die Be-Dingungen kippen um, die Dinge sind es, die be-herrschen, sie fügen sich in kein endgültiges Ordnungssystem, auch wenn man sie z. B. in noch so vielen Systemen mit Hilfe des Computers zu speichern versucht, wie K. Bott es über ausgeklügelte Berechnungen vornimmt. Doch in welcher Fülle man sie auch anhäuft und ordnet, sie bleiben letztlich das, was sie z. B. bei Duchamp auch schon waren: einfache Dinge, präsent in einer ihnen eigenen Form, schön, bunt, groß und ihrer alltäglichen Funktionen beraubt. Zudem sind sie in ihrer Vielfalt überraschend. Dass es so viele verschiedene Teller in einer bestimmten Zeit gibt, so viele Plastikschüsseln, Messer, Tücher, Kissen, Decken, Werkzeuge. Sie geben so ein Bild der Vielfalt und Buntheit der häuslichen Lebenswelt einer bestimmten Epoche, geben Zeugnis ihrer kultur- und designgeschichtlichen Kontexte wie auch einer individuellen Geschichte des Gebrauchs, der Vorlieben und Abneigungen. Kein Betrachter, keine Betrachterin, die nicht immer wieder auf die ein oder andere Weise mit den ausgebreiteten Dingen verstrickt werden. Wie bei einer unverhofften Entdeckungsreise begegnen einem ständig bekannte Dinge: das Brotkörbchen der Großmutter, die Kaffeekanne der Nachbarn, die Blumenvase der Tante.

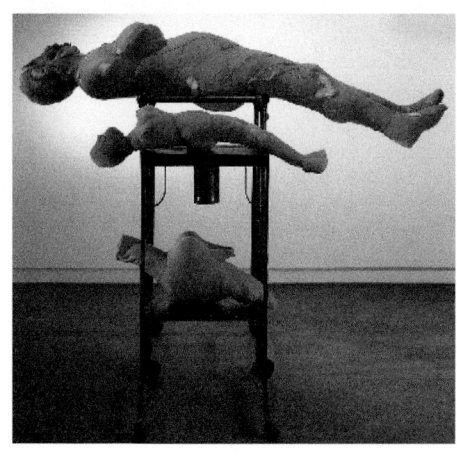

Louise Bourgeois, geb. 1911
lebt und arbeitet in den USA

Abb.: „Three Horizontales" (1998)

Für den hier gewählten Zusammenhang sind vor allem ihre Arbeiten von 1989 bis 1999 von Bedeutung. Die „Cells", die Käfige, Gehäuse, die Räume im Raum. Sie arrangiert ihre Dinge z. B. in den Ambivalenzen von angenehm und unangenehm, von Flüssigem und Festem, von Körperfragmenten und Maschinenteilen, von weich genähten Stoffen und kantigen Knochen. Ihre Arbeiten gelten als Paradigma einer autobiografischen Skulptur – eine lebenslange Auseinandersetzung mit zentralen, zum Teil traumatischen Erfahrungen. Und so unternimmt sie immer wieder einen Weg zurück in die Erinnerung wie in die Kindheit, beschreitet aber zugleich einen Weg nach vorne, zum Ende menschlicher Existenz – dem Tod.

Im Bereich künstlerischer Arbeiten gibt es immer wieder neu eingeführte Semantiken, die sich mit ganz bestimmten Dingen verbinden, wie z. B. die der Kleidchen (bei Kiefer die Puppenkleider, bei Gober die Kinderkleider, etc.). Bei Louise Bourgeois spielen in den neuen Arbeiten Sommerkleider, Blusen und Hemdchen in Verbindung mit Knochen und aus Stoff und Gummi genähten phallischen Gebilden, eine wichtige Rolle. Auf den ersten Blick sehr disparate und keineswegs angenehm stimmende Arrangements. Es sind theatralische fast pathetische Gesten, die sich mit bedeutungsvoll aufgeladenen Dingen wie Sommerkleidchen, Knochen und Phalli verbinden. Doch über die Art der fast beiläufig und wie zum daran Vorbeischlendern aufgehängten Dinge an Metallgestellen, erhalten sie eine spröde Distanz. Wer sich auf die Arbeiten von Louise Bourgeois einlässt spürt das Bedrohliche, das Heimlich-Hässliche, spürt etwas Verborgen-Sexuelles und ist so mitten im Zentrum dieser Kunst. Das leichthin Aufgehängte, das Farbig-Fröhliche, das Sommermäßig-Bunte und Weiblich-Alltägliche ist die eine Seite eines komplexen, ambivalenten Gefüges – das Hässliche, Eklige der phallischen Würste, Totenknochen, und aus morbid-rosafarbenen Stoffen genähten Körper und Körperfragmenten, die andere. Dann gibt es noch all die Flüssigkeiten, Säfte, die Stärke und Energien ausströmen, alchemistische Vorstellungen wecken und nicht zuletzt ihre Liebe zu Maschinen.

Sophie Calle, geb. 1953
lebt und arbeitet in Frankreich

Abb.: „Geburtstagsvitrine" (2000)

Nach jahrelangen Reisen kehrt Sophie Calle in ihre Heimatstadt Paris zurück, findet sich dort aber nicht mehr zurecht. „Ich hatte alles über Paris vergessen, ich hatte keine Gewohnheiten, ich kannte niemanden. Ich konnte nirgends hingehen, also beschloss ich, Menschen zu folgen – irgendeinem." (Katalog Kassel 2000, S. 16) Dies war der Beginn ihres künstlerischen Weges – ein Weg, der Identitäten aus- und anprobiert wie Kleidungsstücke, der gesetzte Grenzen von Intimität und Konvention überschreitet und so zu künstlerischen Handlungen von großer Intensität führt.

> „Sie beobachtet, sammelt Daten, Hinweise, Spuren und Erinnerungen und gibt die Ergebnisse ihrer Untersuchungen in Form tagebuchartiger Texte wieder, die von fotografischen Beweisen unterstützt werden. Ihre Arbeiten erzählen Geschichten und dokumentieren verschiedene Ebenen, die uns zu einer bestimmten Konstruktion des ‚Subjekts' der Beobachtungen führen, wobei die eingestreuten Fiktionen der Fantasie des Betrachters erheblichen Spielraum geben." (Heinrich 2000, S. 6)

Diese Arbeiten zwischen Beobachtenden und Beobachteten (z.B. bittet sie Menschen, eine Nacht in ihrem Bett zu schlafen, um sie zu fotografieren), ist das Grundthema ihrer Arbeit, wobei auch diese Zuschreibungen ständig wechseln, denn der Beobachtende kann auch zum Beobachteten werden, eine Konstruktion, die sie an sich selbst ausprobiert, indem sie ihre Mutter bittet, ihr für eine Woche lang einen Privatdetektiv hinterher zu schicken. So erfasst sie Menschen, Situationen, Biografien und repräsentiert sie über Fotos, über alltägliche Gegenstände und Tagebuchtexte. So wie andere, die sie z. B. über die Dinge, die sie in Zimmern von Hotels platzieren, fixiert und ‚dingfest' macht, indem sie sich einschleicht und alles akribisch festhält, so beobachtet und fixiert sie auch sich selbst. Die hier gezeigte Arbeit z. B. zeigt 16 Vitrinen mit den Geschenken, die sie über 16 Jahre zum Geburtstag erhalten hat. Sorgfältig aufgelistet und beschriftet.

Sie arbeitet mit allen Mitteln, die Authentizität erzeugen (Fotos, Protokolle, Tagebuchaufzeichnungen, Texte) und doch Fiktion sind, wie auch mit Formen der ‚Selbstversuche'.

Judy Chicago, geb. 1939
lebt und arbeitet in den USA

Abb.: „The Dinner Party" (1979)

Judy Chicago ist vor allem mit ihrer großen Arbeit 'Dinner-Party' bei uns bekannt geworden. Es ist eine Arbeit für 999 Frauen der Geschichte. Den Kern dieser Arbeit bildet eine als Dreieck arrangierte Tafel mit insgesamt 39 Gedecken für besonders geladene Frauen. Für die hier gegebenen Auseinandersetzungen sind mehrere Aspekte ihrer Arbeit von Bedeutung. Zum einen ist mit ihr eine intensive kulturhistorische Forschung verbunden, bei der 999 Frauen aus allen Bereichen der Kunst und des kulturellen Lebens von der Frühzeit bis heute recherchiert und namentlich fixiert wurden. Dann ist diese Arbeit weitgehend als Gemeinschaftsarbeit sehr vieler Frauen entstanden, die Teilen des gesamten Ambientes auch eine persönliche Note gegeben haben. Zudem sind es die Materialien und handwerklichen Techniken, die eine weitere Besonderheit dieser Arbeit ausmachen. Es sind weitgehend Techniken, die traditionell als Kunstgewerbe oder weibliche Handarbeit wahrnehmbar waren. Sticken, Flechten, Nähen, Weben, Porzellan- und Seidenmalerei etc. werden nun im Rahmen eines Kunstwerks nobilitiert. Alltägliche Dinge – ein Gedeck, ein Set und ein Glas sind die Vorgabe, werden aber weitgehend nicht aus alltäglichen Zusammenhängen genommen, sondern für ein besonderes Ritual in besonderer Weise hergestellt bzw. ausgewählt. Die Porzellanteller werden von J. Chicago gefertigt, mit plastischen Applikationen versehen und bemalt, die Sets von Frauen speziell bestickt oder gewebt. Die Transformation der Alltagsdinge zu Gegenständen der Kunst erfolgt hier im Wesentlichen nicht durch den Akt des Auswählens, Arrangierens und Deklarierens. Alltagsdinge werden als Werke der Kunst neu geschaffen – sozusagen in einem eigenem ‚Schöpfungsakt' erstellt, um die besondere Situation einer Renaissance weiblicher Geschichte – verkörpert über ehemals berühmte, bekannte und später weitgehend vergessene Frauen – in einem feierlichen Kunst-Ritual zu zelebrieren.

Anthony Cragg, geb. 1949
lebt und arbeitet in Deutschland, Großbritannien und Frankreich

Abb.: „The Oval" (1982)

Anthony Craggs Arbeiten sind Ergebnis der Auseinandersetzung eines Künstlers mit ‚Material' – Material im weitesten Sinne, wozu auch Alltagsdinge und Fundstücke gehören. Der Prozess künstlerischer Arbeit ist nur dann produktiv, wenn das Material in gleicher Weise auf die künstlerischen Entscheidungen zurückwirkt, wie der Künstler darauf einzuwirken versucht. Diese Dialoge hat es bei Cragg in vielerlei Weisen gegeben und jedes Material hat zu ganz eigenständigen skulpturalen Entscheidungen geführt. Die traditionell gegebenen individuellen künstlerischen Fixierungen auf einen engen Materialkanon und einen festgelegten individuellen künstlerischen Stil sind bei Cragg längst durchbrochen. Er verwendet die tradierten Materialien und Techniken als eine Art Alphabet,

> „..., das sich verwenden lässt um Wörter zu bilden, eine neue Sprache zu bilden, eine neue visuelle Sprache, welche man benutzen kann, um die komplexe Welt zu beschreiben, in der wir leben, die kompliziert ist und die in Zukunft noch komplizierter werden wird." (Cragg 1998, S. 32)

So haben z.B. die Arbeiten mit den Plastikteilen und Materialresten – Fundstücke von Stränden u.a. – zu Entscheidungen geführt, ganz leichte Arrangements zu bilden, jeweils ein ausgebreitetes Feld, auf dem die Fundstücke nach Farben oder Größen geordnet, ordentlich ausgelegt sind. Jedes Teil hat einen ihm angemessenen Platz um sich herum. So wirkt die Skulptur leicht und fröhlich, erinnert an ausgestreutes Kinderspielzeug. Obwohl es Fundstücke sind, umgangssprachlich auch ‚Abfall' oder ‚Müll', haben seine Arbeiten mit diesen Wahrnehmungen nichts zu tun. Auch dass die meisten Stücke nur noch Reste sind, Teilstücke von ehemals funktionsfähigen Gebrauchsgegenständen und Verpackungen, drängt diesen Aspekt nicht als Deutungsangebot in den Vordergrund. Die Dinge sind intentional nicht mit zusätzlichen Bedeutungen aufgefüllt – sie sind schlicht ‚nur' künstlerisches Material, wollen also keinerlei Informationen geben über einen beklagenswerten Zustand der Zivilisation. Sie machen ‚Sinn' in einem anderen künstlerischem Verständnis.

Walter Dahn, geb. 1954
lebt und arbeitet in Deutschland

Seiner Kunst macht er alles verfügbar: Dinge der Natur wie des alltäglichen Lebens, Gegenstände ferner Länder, Wörter, Bilder, Texte, Medien und Materialien.

Es gibt bei ihm Dinge mit großer Bedeutung, kollektive und individuelle Symbole und kleine unscheinbare Gegenstände, die sich nicht mit zusätzlichen Bedeutungen aufputzen. Die Dinge und Materialien korrespondieren mit Begriffen und Texten. Zugeordnet sind Medien wie Fotografie und Video, Malerei, Zeichnung und Skulptur. Nichts, was nicht potenziell in seine Installationen einbezogen werden könnte. Dabei irritieren die Dinge, Werke, Medien und Materialien im Rahmen der Installationen häufig tradierte Erwartungshaltungen: Bilder hängen nicht an der Wand sondern liegen auf dem Boden, kleine Skulpturen stehen nicht auf einem Sockel, sondern in einer Ecke, Texte sind nicht auf Papier zu lesen, sondern an der Wand. Die Dinge, Materialien und Medien wie die Konstellationen, die sie miteinander eingehen wirken meist seltsam desolat. Für Dahn sind seine Installationen u. a. Ausdruck einer ästhetischen Sprache, die parallel zum begrifflichen Denken existiert.

Daneben betreibt Dahn in einem durchaus direkten Sinne ästhetische Forschung, indem er z. B. in den Südstaaten den Spuren der Jazz- und Blues-Musiker folgt, ihr Leben und ihre Kunst recherchiert. Von diesen Reisen bringt er konkrete Dinge mit, Aufzeichnungen, Foto-Dokumente, entwirft Modelle der Hütten und Häuser, in denen sie gelebt haben, fixiert Tonband-Dokumente und stellt dies alles in einem großen Ambiente aus, wo dann Authentisches und Fiktives miteinander agieren, den Betrachter so in eine besondere Atmosphäre führen und ihm – trotz authentischer Dokumente und Informationen – große Interpretationsspielräume lässt. Und so gibt es nichts, was sich gegenseitig in eindeutiger Weise festlegt.

Hans-Peter Feldmann, geb. 1941
lebt und arbeitet in Deutschland

Abb.: „Das Museum im Kopf" (1969–1973)

Feldmann ist ein Alltagsforscher, der mit großer Konsequenz alltägliche Phänomene in der Diffusität und Vielfalt ihrer Erscheinungen und Bezüge aus dem Strom der Bilder und Dinge herausnimmt, sie somit kurz anhält, mit einer Markierung versieht, ähnlich Zugvögeln, die man beringt, um sie eines Tages an ganz anderer Stelle wieder aufzuspüren. Das Problem ist nur, dass der Alltagsstrom die Dinge nicht mehr zurückhaben will. Wieder zurückgeworfen, landen sie in einem ganz anderem System, dem der Kunst. Alltagsphänomene sind für Feldmann vor allem die Bilder der Massenpresse, die er in großem Stil heraustrennt und sammelt. Alltagsphänomene sind auch alltägliche banale Dinge, die er ebenfalls sammelt, aber weitgehend nur in ihrem zu Druckerfarbe und Papier geronnenen Zustand, dem des Fotos. In einem bestimmten Verständnis kommt den gesammelten Alltagsbildern durchaus Objektcharakter zu, als er sie zu Bilderheften, Bilderbüchern zusammenfügt, sie als Postkarten, Kalender, oder Poster künstlerisch transformiert. Dabei ist es für seine Arbeiten unerheblich, ob er die Bilder findet oder selber fotografiert. Sein Bilder-Fundus ist ganz im Sinne von Aby Warburgs Bilder-Atlas zu sehen, sind es doch immer Sammlungen zu einem bestimmten Thema, einem Gedanken, einer Gegebenheit, einem Phänomen. Es sind politische, gesellschaftliche, naturbezogene, geografische Dokumente ebenso wie trivialästhetische, den Zustand von Idyllen repräsentierende Bildklischees – ‚Reproduktionen von Reproduktionen'. Sein Spiel mit Authentizität und Fiktion – er schreibt z. B. an fiktive Adressaten mit fiktivem Absender – ist wichtiger Teil seiner künstlerischen Aktivitäten.

Lili Fischer, geb. 1947
lebt und arbeitet in Deutschland

Abb.: „Die Kienäppel-Kiepe" (1986)

Lili Fischer hat ihre frühen Arbeiten als ‚Feldforschung' bezeichnet: Ein Erforschen der geografischen, geologischen, ökologischen und ästhetischen Gegebenheiten der Dinge der Natur, ihrer Bedeutungen und Zuschreibungen, z. B. mit heilenden oder magischen Kräften ausgestattet zu sein. Ihre ästhetischen Zugänge erfolgten vor allem über Skizzen des Wahrgenommenen bis hin zu Entwürfen komplexerer Formen ästhetischer und sprachlicher Transformationen in die oft auch soziale Interaktionen einbezogen waren, z. B. als Happening, Schaustück, Performance, magisches Ritual. Die Rolle der Sprache, im Sinne von Ansprache, von poetischem Text, Bänkelsong usw. ist hier von großer Bedeutung. In Verbindung z. B. mit Natur-Dingen schafft sie Eigenwilligkeiten, deutet Sichtbares um. Ihr Interesse an Orten, an regionalen Themen und Gegebenheiten ist ein wesentliches Moment ihrer künstlerischen Konzepte geblieben. Da Forschen in diesen Bereichen immer auch Sammeln, Zusammentragen, Auswerten, Strukturieren und Sichtbarmachen ist, gibt es viele Ensembles, in denen die ungewöhnlichsten Dinge gesammelt, erforscht und ausgestellt werden, wie z. B. Hausstaub, benutze Taschentücher, getragene Socken. Fragt man auch hier nach den Funktionen und Bedeutungen, die die alltäglichen Dinge in ihrer Kunst einnehmen, sowie dem Stellenwert, den ihre Kunstkonzepte und künstlerischen Strategien für die hier gegebenen Fragestellungen ästhetischer Forschung haben, so sind es vor allem vier Aspekte, die an dieser Stelle nochmals benannt werden sollen: Aus ihren ursprünglichen Kontexten herausgelöst, werden Alltagsdinge unter völlig neuen Blickwinkeln und einem erweiterten Spektrum denkbarer Interpretationsmöglichkeiten wahrgenommen. Dabei sind die von Lili Fischer vorgenommenen Zuschreibungen, Umdeutungen und Umstrukturierungen nicht nur im persönlichen, individuellen Ermessen der Künstlerin zu sehen, sondern ihre Aktionen und Installationen machen Sinn auch in einem übergreifenden, allgemeineren Verständnis. Wer sich darauf einlässt, kann die vielschichtigen Wege, Aktionsformen und Deutungen nachvollziehen.

Ihre Arbeiten sind fast immer Teil einer kommunikativen sozialen Situation oder eines Ereignisses, an dem viele Menschen teilhaben.

Die alltäglichen Dinge in ihren Performances und Aktionen übernehmen oft die Funktion, sichtbarer Kern einer Idee, einer längeren Ausführung zu sein – fast so, wie die Bildtafeln in den Liedern der Bänkel- und Moritatensänger. Sie nennt ihre Ausführungen entlang der Dinge folgerichtig auch ‚Predigten', Ansprachen. Sie wählt ihre Dinge sehr oft auch bewusst aus den häuslichen, weiblichen Lebenszusammenhängen, wie Strickstrümpfe, Wäschestücke, Gardinen und Staub, die sie dann mit humorvollen, ironischen Attacken und tänzerischen Bewegungen kommentiert bzw. in ein weitreichendes Stück männlich-weiblicher Geschichte integriert. Diese hat ihr einen wichtigen Platz in der feministischen kunsthistorischen Diskussion gegeben, die sie aber gerade nicht auf eine häufig falsch benannte weibliche Ästhetik festlegt.

Peter Fischli, geb. 1952
David Weiss, geb. 1946
Schweiz

Abb.: „Polyurethan" (1993)

Mit dem ‚Fischli/Weiß-Blick' durch die Alltagswelt zu gehen, bereitet immer wieder Vergnügen. Man entdeckt ihre Arbeiten fast überall und manchmal sind sie sogar ‚echt', wie ein paar armselige Putzmittel in einem Schaufenster in Wien, ein paar liegen gelassene Malerutensilien in dem scheinbar noch nicht ganz fertig gestellten Museumsbau des Hamburger Bahnhofs in Berlin, in einem kleinen Kellerraum im Museum für moderne Kunst in Frankfurt, oder einem nicht gerade üppigen Schrebergarten mit heruntergekommenen Gartenhüttchen und hässlichen, abgenutzten Plastikutensilien in Münster.

Gerade am Beispiel ihrer Arbeiten werden die Entgrenzung wie die Verschränkung von Kunstwahrnehmung und Alltagsblick sinnlich und hautnah erfahrbar. Das Vergnügen und die Lust am Banalen sind Leitmotive ihrer Kunst. Für diese Idee würde es vielleicht auch reichen, armselige, banale, überaus gewöhnliche Dinge des Alltags so zu arrangieren, dass sie wie zufällig liegen gelassen, abgelegt, vergessen erscheinen. Doch darüber hinaus betreiben sie aber den Aufwand, die Dinge mühsam aus Polyurethan zu schnitzen und sie akribisch genau zu bemalen, etwa im Sinne der Trompe-l'oeul-Malerei. Geschnitztes Objekt und Bemalung ergeben eine Wahrnehmung von Authentizität, die von Laien nicht zu enttarnen ist (Fischli/Weiß-Kenner sind allerdings längst im Polyurethan-Blick geübt). Mit den banalen alltäglichen Dingen, die zu Gegenständen der Kunst gemacht werden, ist bei Fischli/Weiß ein ganzes Bündel an Irritationen verbunden: z. B. über das Spiel mit Authentizität und Fiktion bzw. Simulation, über die absolute Täuschung der Wahrnehmung, über die Tatsache, dass ein paar armselige, banale, absolut ‚unbedeutende' Gegenstände wie ein altes Brett, eine ausgelaufene Öldose, etc. kunstwürdig sind bzw. im System ‚Kunst' nobilitiert werden.

Über die Tatsache, dass sie nicht der Alltagsrealität entnommen sind – was ja in der Kunst des 20. Jahrhundert ein längst eingeführter Akt ist – sondern dass sie in überaus aufwendiger Weise künstlich-künstlerisch hergestellt werden, um dann Kunst zu sein, ist für viele ein schwer nachvollziehbarer ‚Schöpfungsakt' gegeben.

Das, was sie zu sein vorgeben, sind die Dinge nicht. Sie sind nur ‚äußerlich', verfügen über kein ‚Inneres' – alles an den Gegenständen ist falsch: sie funktionieren nicht, (im doppelten Sinne: Als reales Ding im Kontext Kunst wären sie zwar ihrer Gebrauchsfunktion beraubt, könnten aber gegebenenfalls noch funktionieren – zumindest in der Vorstellung des Betrachtenden). Die Dinge von Fischli/Weiß sind auch dieser Dimension verlustig gegangen.

Nobilitiert werden bei Fischli/Weiß die absolut banalen Dinge, die zu keiner Bedeutungs-aufladung oder pathetischen Überhöhung in der Lage sind.

Intendiert ist ein Wahrnehmungsakt, der in sich selbst funktioniert: Das, was da irgendwo belanglos herumliegt, vergessen und unbeachtet, und was niemandem zu gehören scheint, was niemand verloren hat, das bleibt in der ‚Rück-Schau' des Wahrgenommenen unge-wöhnlich heftig hängen und man ist darob erstaunt und irritiert. Vielleicht vergisst man viele der ‚Hochglanz-Kunstwerke' im Museum, aber die kleine Ecke mit den vergessenen, liegen gelassenen, belanglosen Dingen bleibt für lange Zeit haften.

Fischli/Weiß haben mit dieser Kunst die unterste Material- und Ding- Grenze ausgelotet (Sie arbeiten daneben auch mit anderen Mitteln aber mit ähnlichen Fragen). Gewöhnliches in ungewöhnlicher Weise als Akt der Kunst wiederum gewöhnlich werden lassen – so in etwa ließen sich ihre Kunstkonzepte und künstlerischen Strategien fassen.

Ann Hamilton, geb. 1956
lebt und arbeitet in den USA

Abb.: „aleph" (1992)

Die Besonderheiten ihrer Arbeit liegen zum einen darin, häufig vor Ort sehr aufwendige Installation zu inszenieren mit regionalen Bedeutsamkeiten, Mitteln und alltäglichen Dingen wie z. B. in Wien mit den vor Ort erworbenen Büchern für ihre Installation „aleph" von 1992. Räumlichkeiten und Atmosphären spielen für ihre Inszenierungen ebenfalls eine wichtige Rolle. Weitere Charakteristika liegen in der generellen Vielfalt der von ihr verwendeten Dinge, Materialien, Mittel und Medien, wozu neben Videotapes oft auch akustische Klangformen gehören. Ungewöhnlich ist auch die Tatsache, dass häufig ein einzelner Mensch, der in der Regel nur still im Raum sitzt, Teil ihrer Ambientes ist. Die alltäglichen Dinge, die ihre Installationen bestimmen, sind so arrangiert und inszeniert, dass sie eine völlig neue, jenseits der realen Welt existierende andere, mythische und mystische Welt entwerfen.

Die Arrangements und die darüber entfaltete Atmosphäre führen den Eintretenden in Welten der Träume, des Irrealen, ohne dass auszumachen und zu benennen wäre, was genau sie sind, zu sein vorgeben oder was sie vielleicht als Teil einer großen mythischen Erzählung bedeuten könnten. Wahrnehmungen und Empfindungen werden mit den Dingen ausgelöst, die zu Assoziationen führen, die aber weitgehend im vorsprachlichen Raum verbleiben. Aus der Alltagswelt kommend, gerät der Kunstbesucher in einen Raum, der zwar angefüllt ist mit Alltagsdingen, die aber ein absurdes Dasein führen. Man ist mitten darin, Teil davon – ganz anders als in der Wahrnehmung von Filmen, die mit ähnlichen Mitteln, Vorgaben und Ideen arbeiten. Was manchmal den Atem stocken lässt ist das Monomanische, das Ungeheuerliche der tausendfach angehäuften Dinge – der Zähne, der Hemden, der Blätter, u. a. – die aufgehäuft, auf Tischen, an Wänden übereinander gereiht, auf Böden ausgebreitet sind.

Ottmar Hörl, geb. 1950
lebt und arbeitet in Deutschland

Abb.: „Mexiko" (1994)

Einfache Dinge alltäglichen Gebrauchs und alltäglicher Wahrnehmung werden nicht in beiläufigen Situationen belassen, sondern erhöht, auf Sockeln ausgestellt, gespiegelt, veredelt, zu Stilleben arrangiert. Aber Schein und Sein sind nicht identisch: die Dinge, die so täuschend echt aussehen, als wären sie gerade der Natur entnommen, wie ein Kaktus, ein Apfel, eine Zitrone, sind künstlich. Auch Hörl spielt bei seinen Ding-Arrangements mit den Dimensionen von Sein und Schein. Dinge, die Natürliches vortäuschen, sind künstlich und werden zur Kunst. Drei miteinander agierende Dimensionen der Dinge kommen ins Spiel: die wahrnehmbare Natürlichkeit bzw. die ‚Natur der Dinge', die Künstlichkeit, über die sie evoziert wird und die Kunst, in die beides transformiert ist. So entsteht ein dreifaches Verweissystem: Kunst – Künstlichkeit – Natürlichkeit. Die Inszenierungen machen die Täuschungsakte noch perfekter, indem über kleine Abstandhalter zwischen Ding und Sockelfläche ein geringfügiger Raum entsteht, der ein magisches Schweben durch eine besondere Schattenbildung und Spiegelung auf den polierten Aluminiumplatten erzeugt. In ihrem Zusammenwirken evozieren die Dinge sehr verschiedene Deutungen – von völlig disparat und irritierend, z. B. Brot und Pistole, bis zu harmonisch abgestimmt, wie Käse und Wein. Dabei gibt es kein stringentes, einmal erkanntes und dann abrufbares Prinzip möglicher Deutungen. Die Titel geben häufig eine neue Sinnmöglichkeit, ohne festzulegen.

Rebecca Horn, geb. 1944
lebt und arbeitet in Deutschland und den USA

Abb.: „Kafkas Amerika" (1990)

Das Schwierigste an den Arbeiten R. Horns sind vermutlich die sprachlichen Zugänge. Ihre Arbeiten lassen sich weder angemessen beschreiben, noch in Sprachanalogien fassen. Es gibt wenige Werke, die sich dem sprachlichen Zugriff so vehement entziehen – selbst wenn man sprach-kongenial verfahren wollte, wäre dies hier kaum möglich. Die Kunsterfahrungen, die man mit ihren Werken macht, sind ein Gefüge unterschiedlichster Wahrnehmungen, Emotionen, Befindlichkeiten, leiblicher Erlebnisse im Raum und assoziativer Bilder, Klänge und Bewegungen. Was direkt fassbar ist, hat allein mit der wahrnehmbaren Vielfalt der Dinge zu tun, mit den Medien, Materialien und Prozessen. In dieser Vielfalt künstlerischer Äußerungen, zu denen auch ein umfassendes Filmwerk gehört, gibt es einzelne Leitmotive, die in Variationen immer wieder aufscheinen: die poetischen Apparaturen, kleinen Automaten ähnlich, die Musikinstrumente, die traditionelle Erwartungshaltungen irritieren, die Schuhe, die Messer, die Federn. Über allem liegen Klänge, Geräusche, unterbrochen von Phasen der Stille, in denen man angespannt auf ein nächstes Geräusch, eine unvermutete Bewegung wartet. Wie die Klänge und mechanischen Bewegungen der Dinge spielen auch Flüssigkeiten eine große Rolle. Sie sind Teil eines alchimistischen Systems, in denen Schläuche, Röhren, Trichter die geheimnisvolle, mit magischen Kräften ausgestatteten Flüssigkeiten in Bewegung halten. Zunehmend bedeutsam wird der Raum, in dem ihre Dinge choreografisch agieren. ‚Choreografie und Theatralik der Dinge' führen ihre Installationen in die Nähe ihrer Filme, in denen Dinge und Menschen in sehr eigene Interaktionen treten. Für den hier gegebenen Kontext sind die Interaktionen der Dinge von Bedeutung, ihre mechanisch, physikalisch und chemisch hervorgerufenen Bewegungen als eine ihnen zugeordnete Dimension, die ihnen im Alltagskontext so nicht zukommt. Es sind Spiele von Bedeutungen, die sich mit ihnen verbinden, aber nicht auflösbar sind in Erzählungen. Sie verbleiben im Bereich der Paradoxien, der Widersprüche, des Irrealen, der Träume, Ängste und Bedrohungen wie auch der Leichtigkeit und des Flüchtigen.

Ilya Kabakov, geb. 1933
lebt und arbeitet in Europa und den USA

Abb.: „Der Mann, der in den Kosmos flog" (1981–1988)

Die Dinge, die Kabakov in seinen Installationen zusammenstellt, sind Dinge im Raum. Für ihn ist auch der unscheinbarste Gegenstand noch eingebunden in ein Raumkonzept der ‚totalen Installation', wie er es nennt. Für diese Räume gibt es sehr genau ausgearbeitete Pläne – mögen die Installationen auch noch so chaotisch wirken, wie z. B. ‚die Toilette' im Rahmen der Documenta 8. Er erarbeitet Szenarien, führt sozusagen Regie für die Dinge in Bezug auf einen Betrachter. Er führt seine Bewegungen, lenkt seine Blicke und ist auf Irritation aus. Dafür bedarf es eines ‚Unklarheitsvorrates' wie er es nennt, der in der Lage ist, die Reste alter, bekannter Wahrnehmungen zu löschen. Deshalb sind auch die Eingänge und Übergänge zu seinen Räumen so bedeutsam, denn sie fungieren als Schwellen zwischen Vertrautem und Ungewohntem. Das Material ist sowohl autobiografisch als auch allgemein und bezieht sich so auf kollektive Erfahrungen bzw. Erinnerungen. Dabei ist es unwichtig, ob es authentisch bestimmten Situationen und historischen Zeiten entstammt, oder nur stellvertretend dafür steht. Authentizität und Fiktion verwischen sich hier. Fast immer aber wirken die Dinge und Raumsituationen trostlos, manchmal jedoch durchaus mit hintergründiger Ironie versehen. Kabakov kennt die Wirkungsweisen und Mechanismen der Dinge sehr genau, weiß unter welchen Vorgaben z. B. eine bestimmte Art nackter Glühbirnen in bestimmter Raumhöhe einzusetzen ist, oder ein Haufen Lumpen. Die Dinge im Raum führen zu vielen Fragen und wenn man sich auf die Gegebenheiten einlässt, erhält man auch – ganz im Sinne der Erwartungshaltung Kabakovs – vorläufige Antworten.

Die Texte, – literarische, poetische wie dokumentierende – die Bezeichnungen, Kurzkommentierungen, Fragebögen etc. spielen in seinen Arbeiten eine große Rolle. Sie führen auf Fährten, die parallel zu den wahrnehmbaren Gegebenheiten liegen oder auch die Wahrnehmungen umkehren, mit anderen Perspektiven versehen. Waren die ersten, in Europa gezeigten Installationen noch randvoll mit Dingen, so arbeitet er heute zunehmend mit der Abstinenz der Dinge, indem er z. B. das Medium Video benutzt.

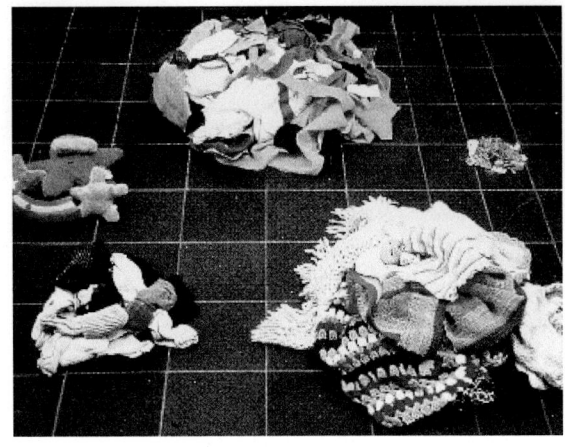

Mike Kelley, geb. 1954
lebt und arbeitet in USA

Abb.: „Fünf Haufen (unbewohnt)" (1993)

Für die hier zur Diskussion stehenden Fragen sind vor allem seine Arbeiten der Werkgruppe „half a man", wo er mit Plüschtieren, Trivialobjekten und Textilien arbeitet (seit 1987) von Bedeutung. Wenn auch vor ihm schon andere ‚abgeliebte' Plüschtiere in die Kunst gebracht haben, so hat er sie doch über die Vielfalt seiner Installationen, in denen sie zentraler Gegenstand der künstlerischen Auseinandersetzung sind, in besonderem Maße nobilitiert. Wenn man will, lassen sich diese Arbeiten durchaus auch mit dem Begriff der ästhetischen Forschung fassen, denn Kelly untersucht und befragt einen besonderen Ausschnitt alltäglicher Dingwelten, der mit großer Emotionalität besetzt ist. Die Gegenstände, die er aufspürt und künstlerisch transformiert, weisen zum einen zurück in die Kindheit, machen andererseits aber die abgespaltenen Anteile frühkindlicher psychischer Prozesse im Vor- bzw. Unterbewusstsein Erwachsener deutlich. Ihn interessieren an den Plüschtieren nicht so sehr die Emotionen der Kinder, sondern die libidinösen Besetzungen der Erwachsenen bzw. der Mütter, die in unendlichen ‚Stunden der Liebe' all diese Tiere genäht, gehäkelt und gestrickt haben. In seinen Installationen bündelt er sie, schichtet sie, hängt sie auf, arrangiert sie auf farbigen Decken, die auf geometrischen Steinböden liegen, usw. Darüber hinaus denunziert er nicht die in den Dingen geronnene Liebe, eröffnet aber neue Sichtweisen und Zugänge zu den verdrängten Anteilen psychischer Prozesse im Kinder- und Jugendalter. Niedliches aus Plüsch und Fell, aus bunt-farbenen Stoffen und Garnen kann dann umkippen in Schreckliches, kann Anteile erotischer, sexueller, obszöner Empfindungen heraufbeschwören, kann Aggressionen erzeugen, wie auch Gefühle der Ohnmacht. Nie werden seine Arbeiten aber eindeutig zu lesen sein, auch wenn gerade der psychoanalytische Blick auf die Dinge der Kindheit besonders interessiert. Dass emotional so hoch besetzte Alltagsdinge im Rezeptionsprozess der Kunst diese Brechungen erfahren können, hängt vor allem auch mit Kellys Vorgehensweisen zusammen, die – wesentlich von der Konzeptkunst herkommend – eine hinreichend große Distanz zu den Dingen aufzubauen vermögen.

Edward Kienholz, 1927–1994 und
Nancy Reddin Kienholz, geb. 1943
Zusammenarbeit seit 1972, USA

Abb.: „Ozymandia Parade" (1985)

„Er benutzt Dinge wie Wörter, da ihm das moderne Leben offenbar keine Zeit lässt, wie noch im 19. Jahrhundert Romane zu schreiben." (Harten 1989, S. 9)

Das materielle Vokabular ist immens, entwirft er doch daraus seine visuellen Ereignisse, die Theatralik seiner besonderen Inszenierungen menschlicher Situationen an den Rändern und Grenzen des ‚Normalen'. Dabei gibt es erzählende Inhalte mit Schocks und Schrecknissen, mit Brutalität, Einsamkeit, Kälte, Zerfall und Tod.

Daneben gibt es anthropomorphisierte Mensch-Ding-Konstellationen, die Irritationen auslösen, im Irrealen angesiedelt sind, sich nicht in Erzählmuster überführen lassen, da sie in einen Bereich der Wahrnehmung vordringen zu Bildern, Empfindungen und Assoziationen, die sich dem sprachlichen Zugriff weitgehend entziehen. Was die Arbeiten aber wiederzugeben vermögen, sind die Prozesse handwerklicher und sammlerischer Tätigkeiten, die man an ihnen ablesen kann. Solche umfassenden Werke, Ensembles, Installationen können nur entstehen, wenn jemand wie Kienholz – und später dann Nancy Reddin Kienholz – über ein riesiges Arsenal an Fundstücken vom Trödelmarkt, Sperrmüll oder aus dem Fundus von Antiquitätenläden verfügt. Dann gibt es zudem ablesbar die intensive, professionelle handwerkliche Arbeit, in der Dinge mit menschlichen Figuren – zumeist Fragmenten, Torsi – miteinander vernetzt, verarbeitet, verschweißt, vernäht, montiert, geklebt etc. werden. In diesen Montagen, er nennt sie Tableaus, verfährt er völlig unorthodox, schafft sozusagen neue Gegenstandswelten. Da er sie mit Inszenierungen, seine Ambientes bzw. Environments bereits in den sechziger Jahren ausstellte, verbinden sich mit seinen Namen unzählige Eindrücke, in denen viele späteren Wahrnehmungen mit den Arbeiten anderer Künstler und Künstlerinnen bereits vorweggenommen sind. Zu seinem Material gehören manchmal auch akustische Elemente, die ihnen noch eine weitere Bedeutungsschicht zufügen.

Für die hier dargelegten Gedanken in Bezug auf die Transformationsakte der Alltagsdinge in Konstellationen der Kunst sind es bei Kienholz vor allem die Aspekte, dass z. B. alle

Dinge, die er auswählt, Gebrauchsspuren haben. Sie machen deutlich, dass sie aus konkreten Lebenszusammenhängen stammen, sind vielfach sogar bewusst als ‚Zeitzeugen' eingesetzt, wie z. B. Volksempfänger oder Gasmasken. Es ist ihm wichtig, die ‚Dokumentenschicht' der Dinge aufzuspüren. Viele Dinge sind mit Bedeutungen ausgestattet, die sie zu Symbolen machen. Dinge in der Kunst von Edward und Nancy Kienholz sind also immer Material mit Bedeutungen. Ein gesellschaftlicher, historischer, politischer Bezug ist wichtig – sozusagen als eine Sinnschicht der Arbeiten neben vielen anderen. Diesen Dingen gibt Kienholz zumeist eine zweite Haut aus Polyester, friert sie sozusagen ein, macht sie schrundig, rissig, ‚besudelt' sie nochmals und arbeitet darüber sinnverstärkend. Er arbeitet mit den Dingen oft nach surrealistischen und dadaistischen Methoden ohne aber darauf festlegbar zu sein.

Nikolaus Lang, geb. 1941
lebt und arbeitet in Deutschland

Abb.: „Für Frau G. Nachlaß Lebensmittel und religiöser Hort" (1981)

N. Lang findet, sucht und erfindet Dinge. Er ordnet sie, verortet sie in musealen Systemen, stellt sie aus als Dokumente gelebten Lebens und erfahrener Zeit. Ein Künstler als Spuren-sucher und Spurensicherer. Als Re-Konstrukteur von Erinnerung, auf der Suche 'nach der gelebten Zeit'. Ob er nun die Inventare des Hauses der Geschwister Götte archiviert oder auf den Spuren der Aborigines in Australien seine anthropologischen und ästhetischen Erfahrungen in Form gegenständlicher Relikte und Fotografien sammelt, immer sind es Dinge, die einmal in alltagskulturellen und oft auch rituellen Kontexten ihre Bedeutungen hatten und über ihn als Gegenstände der Kunst und Musealisierung weiter reichende Bedeutungen erfahren. Die Art und Weise seiner Aufbereitungen, seiner Verschriftungen, Kommentierungen, Ordnungen macht sie so zu etwas Besonderem, lädt sie mit zusätzli-chen Bedeutungen auf. So sind die sichtbaren alltäglichen Dinge eingebunden in mehrere Dimensionen der wahrnehmbaren Gegebenheiten und Deutungsmöglichkeiten: zum einen stehen sie für sich selbst – für das, was sie sind oder zu sein scheinen: z. B. eine Schüssel aus den Lebenszusammenhängen von Menschen einer anderen Kultur und Zeit. Dann sind sie übergreifend zu deuten als Spuren gelebten Lebens, Hinterlassenschaften von Menschen, die nicht mehr existieren, deren Dinge aber noch immer präsent sind. Und in einem übergreifenden Verständnis sind sie als 'ontologisches Ding', als anthropologi-scher Verweis, Zeugnis menschlichen Lebens in einer bestimmten Kultur mit bestimmten geistigen und spirituellen bzw. metaphysischen Orientierungen. Nikolaus Lang hat mit seinen Arbeiten sehr früh in den siebziger Jahren eine Form der Kunst entwickelt, die im weitesten Sinne als Spurensicherung bezeichnet wird. Dieses Konzept der Spurensiche-rung ist letztlich auch ein Konzept ästhetischer Forschung, vereinen sich darin doch alle Momente, die eine bestimmte Art und Weise der Annäherung an 'Welt', wie besondere Formen der künstlerischen Transformationsakte enthalten, verbunden mit Formen der In-tensität und Grenzerfahrung, die gerade N. Lang für sich nicht zuletzt bei seinen Arbeiten in Zusammenhang mit seinen anthropologisch orientierten Reisen erfahren hat.

Ulrich Meister, geb. 1947
lebt und arbeitet in Deutschland

Abb.: „Knopf-Epos" (1996)

Die Begegnung mit seinen Arbeiten im Rahmen der Documenta 9 hat viele positive Reaktionen hervorgerufen: seine Arbeiten verkörpern genau das, was man die ‚Verklärung des Gewöhnlichen' (Danto) bezeichnen könnte. Gewöhnlicher, banaler als ein Gummiring, ein Pappteller und eine Fliegenklatsche kann kaum ein Gegenstand sein und poetischer als die ihnen zugedachten Texte auch kaum etwas. Dieses Spiel der Gegensätze, diese ‚Reminiszenzen' an Poesie schlechthin und diese Nobilitierung der banalsten Alltagsdinge im Kontext ‚Kunst' machen deutlich, wie die Nahtstellen zwischen Banalem und Kunst immer wieder produktiv werden können. Mit ‚Nahtstellen' verstehe ich hier die Gegebenheit, dass die ‚nackten', gewöhnlichen, nicht in einem direkten Sinne bearbeiteten Dinge an den Wänden einer bedeutenden musealen Institution der Kunst fixiert sind. Lediglich ein kleiner Zettel mit einigen Zeilen, der unter den Dingen angebracht ist, vermag es, einen ganz anderen, völlig neuen und ausgesprochen ungewohnten Blick auf die Dinge zu richten. Es ist nicht das surreale Prinzip, festgeschrieben im Satz Lautréamonts, das hier wirkt, sondern ein fein miteinander verwobener Akt, dinglicher und sprachlicher Präsenz, mit einer ganz entscheidenden Komponente des Humors, der leisen Ironie, des Understatements.

In neueren Arbeiten fügt U. Meister z. B. umfassende Schrift-Belege hinzu. Partituren ähnlich mit vielen handschriftlichen Korrekturen steht der Text-Prozeß vor Augen als ein Teil des darin bearbeiteten Dinges, wie z. B. eines einzelnen Knopfes, eines Knopfes z. B. mit leichter Wölbung und vier Löchern in seiner Mitte. Dieses Ausloten sprachlicher Möglichkeiten von poetischen, philosophischen bis hin zu moralischen Implikationen, um einem einzigen sehr banalen und zugleich auch sehr schönen Gegenstand, wie einem Knopf, zu seiner wahrnehmbaren Existenz noch eine zweite, im symbolischen System sprachlicher Ordnungen zu geben, ist das Besondere dieser Arbeiten.

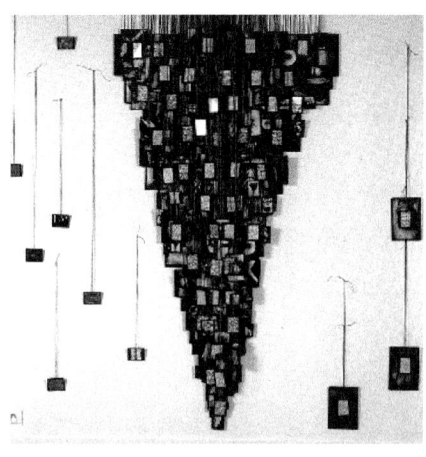

Annette Messager, geb. 1943
lebt und arbeitet in Frankreich

Abb.: „Mes Voeux" (1986)

Bezogen auf ihre künstlerische Arbeit hat A. Messager schon früh bewusst eine Art Doppelleben geführt: eines als Sammlerin mit den Dingen in dem einen Raum und eines als Künstlerin mit den Dingen und Materialien in einem anderen Raum, der Werkstatt. Sie ist zudem Tagebuchschreiberin, Zeichnerin, Fotografin, Malerin, Stickerin, Verwerterin von Illustriertenteilen usw. Sie selbst bezeichnete sich einmal als „Sammlerin, Bastlerin, Trickserin, Hausiererin". Sie liebt das Absurde, Banale. Sie ist „eins mit sich" und den Dingen, dem Material und den Bildern z. B. in den Prozessen, wo sie aus der Bewegung heraus „in den Tod fallen" kann (Messager 1989, S. 163), wie sie es nennt, gleichsam erstarrt, wie ihre ausgestopften Vögel, oder die Momente, in denen die Fotos im Prozess der ‚Bildwerdung' von ihr als ein aufregender Akt des Raubs, der Enteignung empfunden werden – etwas, das vor kurzem noch lebendig war, verwandelt sich in ein anderes und erstarrt. Sie arbeitet fast monomanisch mit Bildern, Dingen, Texten und Materialien, wobei vor allem die Kontraste von weichen Materialien – Stoff, Wolle, Plüsch- zu harten, Aggressionen auslösenden, wie spitzige Hölzer, für ihre größeren Installationen wesentlich ist. Dabei verfolgt sie viele Themen und entwickelt sehr unterschiedliche Zugänge. Sie arbeitet sozusagen in Serien, in Arbeitszyklen, aber nicht nacheinander, sondern zumeist parallel. Die Transformationsakte, in denen sie alltägliche Dinge in Konstellationen der Kunst überführt, begreift sie als einen Prozess, der die Dinge verwandelt, indem sie von ihren Lebensbedingungen abgeschnitten werden – und dies geschieht in ihrer Arbeit fast immer. Die Dichte ihrer Arbeiten, ihrer fotografisch dominierten Ensembles und der umfassenden Installationen entsteht zum einen über die Vielfalt der verwendeten Dinge, Materialien, Medien, die angehäuft, gebündelt, ausgebreitet sind, gleichsam, um so fixiert zu werden, aus der Geste der Bewegung heraus zu erstarren und doch liegt in diesem scheinbaren Stillstand der Anfang zu etwas Neuem.

Claes Oldenburg, geb. 1929
lebt und arbeitet in den USA

Abb.: „Soft fur good humors" (1962)

Mit seinem MOUSE-Museum, in dem er alle denkbaren banalen und trivialen (kleinen) Dinge der Alltags- und Massenkultur ausstellte und das heute im Museum für Moderne Kunst in Wien einen festen Platz hat, hat Oldenburg zu Ende der siebziger Jahre einen Akt vollzogen, in dem kitschige und banale Gegenstände einer amerikanischen Konsum- und Wegwerfkultur im Kontext Kunst nobilitiert wurden, aber nicht im Sinne einer moralischen oder gesellschaftskritischen Geste, sondern eines durchaus sympathischen Aktes, der die Dinge ernst nimmt, sie würdig macht, einen anderen Blick als den alltäglichen auf sie zu werfen, wenn auch ein Blick, in dem eine Portion leiser Ironie mitschwingen darf. Die wesentlichen Strategien seiner künstlerischen Arbeit bestehen allerdings nicht im Akt des Sammelns und Überführens der gesammelten Dinge in die Kontexte von Kunst, sondern im Entwickeln spezifischer Prinzipien, mit denen sein Thema ‚Trivial-Dinge, Alltags-Dinge, Gebrauchs-Dinge' in ganz anderer Weise künstlerisch bearbeitet werden kann. Seine Prinzipien der Verfremdung durch Materialien (Hartes weich machen, Weiches hart) und durch Verschiebung der Größen (vor allem: Kleines groß machen), sind in der Nachfolge tausendfach aufgegriffen worden.
Andere Werkschwerpunkte liegen in seinen Ambientes, seinen ausgestellten häuslichen Räumen, wie z.B. einem Schlafzimmer, das er nicht findet, sondern herstellt und sich darüber die Möglichkeit eröffnet, kleine Irritationen, z. B. durch Veränderungen der Proportionen, der Winkel etc., hervorzurufen.

Anna Oppermann (1940–1993)
Deutschland

Abb.: „Künstler sein (…) (Zustand 1980)

Die Ensembles von Anna Oppermann sind auf Grund der künstlerischen Strategien dem Konzept ‚ästhetische Forschung' sehr nahe. Was an ihrer Arbeit fasziniert, ist das Sichtbar-Werden eines langen Prozesses, in dem z. B. ein Ding („Koffer-Ensemble", 1980), eine Pflanze („Mentha piperita", 1979), eine Person („Goethe", 1982) oder eine Gegebenheit („Der ökonomische Aspekt", 1979), eine Befindlichkeit („Anders sein",1970), ein Gefühl („Aggression", 1971), ein Gedanke („Problemlösungsauftag an Künstler", 1978), eine Paradoxie („Ein an den Haaren herbeigezogener Hut", 1982), ein Sprichwort („Das Blaue vom Himmel lügen", 1990) Ausgangspunkt der Arbeit sind. Mit einer Vielzahl von Mitteln fixiert sie die Suchspuren, macht vorläufige Stationen über Fotos wahrnehmbar, beschreitet viele Nebenwege, gelangt wieder zu Hauptwegen usw. In diese Prozesse geht ihr Wissen, gehen ihre Recherchen zu den Fragen, zu den Themen, wie ihre philosophischen Diskurse, ihre literarischen Texte – gefundene und selbst verfasste – ihre Assoziationen und Gedanken ein. Sie verschriftet sie auf unzählbaren kleinen Zetteln und macht sie zu einem wesentlichen Bestandteil ihrer Arbeit.

Ihre vielen Zeichnungen sind Skizzen, oft auch Dokument oder Lageplan, häufig mimetische Abbildung, fiktiver Entwurf oder freie Figuration.

Die Fotografien versuchen vielerlei: Sie sind zum einen Dokument eines vorläufigen Endzustandes und als solche zunächst einmal auch Arbeitsfotos. Dann bilden sie Wirklichkeit ab – Dinge, Pflanzen, Personen, die für das ästhetische Feld, das ‚Ensemble', wie sie es nennt, wichtig sind. Sie sind aber auch zeitstrukturierendes Moment, machen sie doch die Phasen gewesener Zustände sichtbar. In einem übergreifenden Sinn sind sie die sichtbar gewordene Erfahrung, dass der künstlerische Prozess, dass das einzelne Werk nie abgeschlossen ist, immer weiter wachsen könnte. Dies ist manchmal durchaus bedrohlich, wenn man sich vorstellt, dass die Arbeit über den Raum hinauswachsen könnte, in angrenzende Räume hinein, über das Gebäude hinaus.

Die Malerei ist manchmal ruhiges Zentrum oder auch bedeutsamer Nebenschauplatz, wobei gerade hier ihre Stilmittel sehr stark wechseln. Wichtig sind die konkreten Dinge, vor allem die Pflanzen, bilden sie doch meist den metaphorischen Kern ihrer Arbeit.

Der labyrinthischen Fülle fügt sie weitere kleine Teil-Labyrinthe aus Papier hinzu mit Durchbrüchen, Verästelungen und legt so ein neues System von Spuren aus. Vernetzt, geschichtet, addiert, entsteht so insgesamt ein umfassendes Ensemble, eine Art Makrokosmos mit unzähligen Mikrokosmen, in denen die Zugänge des Denkens, des ästhetischen Handelns, der subjektiven Befindlichkeiten und Wahrnehmungen wie auch die Zugänge über kollektive Muster als Sprichworte, Textzitate, als Denkschemata und Bild-Stereotypen zusammenwirken. Dies alles ist geistig und körperlich spürbar als Ausdruck einer intensiven Suche, fast einer Not. Es ist, wie sie selber sagt, die Not, Komplexität – die äußere wie die innere – irgendwie zusammenbringen zu müssen. Mit jeder Entscheidung sind tausend andere nicht getroffen, mit jedem aufgegriffenen Problem drängen sich neue auf, die genau so wichtig und individuell bedeutsam sind.

Ihre verwendeten Mittel und künstlerischen Strategien haben hierbei manchmal selbstregulierende Wirkungen, die A. Oppermann bewusst einsetzt: Das Zeichnen kann z. B. Unruhe aufhalten, meditative Wirkung haben. Die Fotografie bringt die vorübergehende Sicherheit, dass etwas so ist und man sich erst einmal daran festhalten kann.

Über ihren Arbeiten bündeln sich eine Vielzahl anderer Systeme: es gibt die Ironie, den Ernst, den Witz, das Groteske. Es gibt die pathetische Geste wie die kleine beiläufige Handlung. Es gibt Lebensbilder und Todesvorstellungen:

> „Die Form des Ensembles ist mein Interaktionsangebot. Einigen erscheint es subjektivistisch, autistisch, monoman. Dabei wäre ich gerne Vermittler zwischen den verschiedenen Disziplinen, zwischen Ratio und sinnlicher Wahrnehmung, zwischen Kunst und Wissenschaft, Normalbürger und Außenseiter." (Oppermann 1984, S. 29)

Anna Oppermann ist eine der wenigen Künstlerinnen, die über ihre künstlerischen Konzeptionen und Strategien sehr genau Auskunft gibt. Diese sind überaus hilfreich, um wenigstens ein Stück ihrer Arbeit nachvollziehbar zu machen. Dafür gibt sie uns verschiedene Schlüssel an die Hand, z. B.: am Anfang steht (– nicht das Wort – sondern) meist ein Natur-Ding, eine Pflanze, eine Frucht. Sie bilden sozusagen den gedanklichen und ästhetischen Kern, von dem aus sich Wachstum vollzieht. Dem ordnen sich Skizzen, Notizen, Zitate und Zeichnungen hinzu, später Fotografien. Das Thema wird präzisiert und in großen Lettern schriftlich ausgewiesen. Alles zusammen ist dann raumumgreifend, monumentalistisch und wirkt doch flüchtig, fragil und in manchem provisorisch. Bildschnipsel, Zettel, Zeichnungen, Fotos werden oft an lose, herunterfallende Stoffe geheftet – ein aus traditioneller ‚Materialsicht' völlig unorthodoxes Verfahren. Fasst man alles zusammen – das, was sichtbar ist und das, was unsichtbar bleibt, die geistige Suche und die materialen Fixierungen, die literarischen und philosophischen Kontexte wie die handwerklich-künstlerische Praxis, so haben wir es alles in allem mit einem Werk zu tun, von dem sich – trotz ihrer Zweifel – sagen lässt, dass es die Komplexität von Wirk-

Niki de Saint Phalle (1930–2002)
lebt und arbeitet in Frankreich, Italien und in den USA

Abb.: „Die Braut" (1963/1964)

lichkeit und Kunst, von individuellen Sichtweisen und kollektiven Bildern und Gedanken zusammenbringt.

Es sind viele Aspekte, die das Werk Niki de Saint Phalles für die hier gegebenen Bezüge bedeutsam machen. Da ist einmal ihre Werkphase der siebziger Jahre, in der sie eine Fülle von Kleinst-Dingen der alltäglichen Umwelt, die vielfach aussehen wie Spielzeugteile oder die Inhalte aus Überraschungseiern, zu größeren Skulpturen arbeitet bzw. sie als ‚Haut' darauf addiert. Dabei spielen auch für ihre Arbeiten die Grundmotive ‚Sammeln' und ‚Basteln' eine wichtige Rolle. Ebenso der Umgang mit kollektiven Symbolen bzw. Leitmotiven wie ‚Herz', ‚Braut', ‚Leib der Frau' usw.

Wesentlich ist auch die Tatsache, dass sich sehr verschiedene Arbeits- und Lebensphasen in ihren künstlerischen Konzepten wieder finden, von den Schießbildern der sechziger Jahre – eine Mischung aus Performance, Aktionskunst, kunsttherapeutischer Arbeit und Objekten der Musealisierung – über die mit Kleinstteilen addierten Plastiken, den bunten überlebensgroßen Nanas oder ihrem Tarot-Garten der achtziger und neunziger Jahre. Daneben arbeitet sie an Texten, Bilderbüchern, Filmen.

In besonderer Weise beeindruckend ist ihre über zehn Jahre andauernde Arbeit an dem Skulpturen-Garten in Norditalien. Es ist ein Projekt in einer Größenordnung, das eine Frau so noch niemals bewältigt hat, wie sie immer wieder betont. Er bedeutet für sie das Ausloten fantastischer Vorstellungen, mythischer Bilder, architektonischer Form-Möglichkeiten in organischer Natur. Er bedeutet das Aushalten und wieder Verschieben scheinbarer Grenzen: handwerklicher Art, organisatorischer Art, ökologischer Art und vor allem ökonomisch/finanzieller Art. Diese Arbeit ist geprägt von einer Intensität und Ausdauer, um die gedachte Größe, das Einmalige und Monumentale ihrer Vorstellungen zu verwirklichen. Dieser Garten ist, wie sie sagt, ihre größte Herausforderung.

Naomi Tereza Salmon,
geb. 1963
lebt und arbeitet in Israel
und Deutschland

Abb.: „Aus Asservate" (1995)

Der Weg zu den Arbeiten, die man von ihr kennt, begann 1989 mit einem fotografischen Auftrag: der Dokumentation der Relikte, die in Yad Vashem, der Holocaust-Gedenkstätte in Jerusalem, zusammengetragen waren.

> „Herstellen sollte ich nüchtern-dokumentarische Sachportraits von Gegenständen zu deren besserer Inventarisierung und Archivierung. Die Gegenstände waren zumeist von Schweigen umgebene Fragmente. Nur bei wenigen war verlässlich vermerkt, woher – d.h. aus welchem Konzentrations- oder Vernichtungslager, aus welchem Getto, aus welcher Region, aus welchem Land – sie stammten." (Salmon 1995, S. 8)

Die Dinge, die sie fotografierte, waren die letzten materiellen Spuren von Menschen, die umgebracht worden waren. Aber auch Dinge der Täter befanden sich darunter und manchmal verwischen sich sogar die Zuschreibungsmöglichkeiten. In der fotografischen Auseinandersetzung mit ihnen wird ihr immer klarer, dass sie sich als Künstlerin und somit als Interpretin, die den zu fotografierenden Dingen eine subjektive Sicht, eine individuelle künstlerische Handschrift und somit eine bestimmte Deutung gibt, so weit es möglich ist, zurückhalten muss.

> „Je mehr mir dieser Charakter der Dinge bewusst wurde, desto mehr habe ich versucht, mich als Fotografin nicht zwischen die Dinge und die Kamera zu stellen. Meine Aufgabe habe ich darin gesehen, mich während des Akts des Fotografierens unsichtbar zu machen – um der Sichtbarkeit der Dinge willen." (Salmon 1995, S. 8)

So vermeidet sie jede Schattenbildung, perspektivische Verkürzung, wählt keine Ausschnitte, sondern die prägnanteste Sicht der Dinge und legt sie zum Fotografieren auf weißen Untergrund. Und dennoch entsteht gerade aus dieser Intention heraus, so nahe und präzise am Gegenstand zu sein wie nur irgend möglich, die Besonderheit einer künstlerischen Handschrift.

Später fotografiert sie in den Asservaten von Buchenwald und Ausschwitz. Die Zugänge zu den Archiven, die man ihr gewährt, nutzt sie in der Weise, dass sie nie eine Auswahl aus einer archivierten Gegenstandsgruppe trifft, sondern immer alle Dinge, die es dazu gibt, aufnimmt. Ihre Arbeiten werden ausgestellt und gedruckt. Die Herausforderung der Ausstellungen sind die Räume, gilt es doch, in ihnen Formen der Präsentation zu finden, die den Archivgedanken, der als zusätzliches Moment an den Dingen haftet, mit zu transportieren. Sie wählt immer wieder neue Ordnungen, Gruppierungen, bildet enge Durchgänge, Nischen u. a. Der Raum wird hier unweigerlich zum Bedeutungsträger – wie immer man die Fotografien auch arrangiert. Auf diese Weise werden die Fotos der Dinge praktisch wieder zu Dingen, die miteinander wie mit dem Raum in Beziehung treten. Es entsteht so ein eigenartiges Oszillieren: die abwesenden Dinge werden auf neue und intensive Weise anwesend. Die Wahrnehmung ‚Bild' verschwimmt zunehmend und das Gefühl der Zeugenschaft der konkreten Dinge entsteht.

Der Aspekt der Zeugenschaft der Dinge für die Verbrechen des Nationalsozialismus und die Frage, was sie von der erschreckenden geschichtlichen Wirklichkeit herauszugeben vermögen, soll hier mit den Arbeiten der Künstlerin N. T. Salmon in das Bewusstsein gerückt werden. Die Wahrnehmung ihrer Arbeiten hat noch eine zusätzliche Dimension, die unwillkürlich beim Betrachten der Bilder aufscheint: dass es eine Israelin ist, die sich über Jahre dieser Spurensuche aussetzt, an persönliche Grenzen mit ihrer Arbeit geht. Sie ist es, die uns die Dinge ihrer ermordeten Vorfahren zurückspiegelt und sie so ein zweites Mal transformiert. Sie macht deutlich, dass es den immer wieder geforderten ‚Schlussstrich', der unter eine unmenschliche Geschichte zu setzen sei, niemals geben kann.

Es gibt eine zweite große Werkgruppe fotografischer Arbeiten, in der sie aktuelle alltägliche Dinge zum Gegenstand ihrer Auseinandersetzung macht. Hier arbeitet sie mit gleicher Präzision und Präsenz der Dinge im fotografischen Abbild. Entstanden sind so u. a. die Reihe „DDR-Beutel 1:1" aus dem Jahr 1998 (Abb. S. 64), zu der es heißt: „Jeder hatte einen: Blümchen- oder Schichtbeutel waren stets benutzte, doch wenig beachtete Behälter für die Waren des täglichen Bedarfs. Nach 1990 fast in Vergessenheit geraten, spiegeln die gewöhnungsbedürftige Relikte der DDR-Alltagskultur nun den poetischen Abglanz vergangener Selbstverständlichkeit" (Salmon DDR-Beutel, Postkarten-Leporello, 1998).

1999 entstand die „Souvenir-Israel-Box" mit 32 Fotografien touristischer Gegenstände in Israel für die Hand– oder Hosentasche. Gedruckt sind die Dinge auf quadratischen Karten mit zwei sehr informativen Begleitheften. Sie sind als Unterrichtsmaterial für österreichische Schulen konzipiert und stellen so eine ungewöhnlich gute Diskussionsgrundlage dar.

Sigrid Sigurdsson, geb. 1943
lebt und arbeitet in Deutschland

Abb.: „Vor der Stille" (Zustand 1994)

An der großen Installation „Vor der Stille" arbeitet Sigrid Sigurdsson seit über zehn Jahren. Diese Arbeit ist eine Art Archiv, für die Öffentlichkeit eingerichtet im Karl-Ernst-Osthaus-Museum in Hagen. Zeitgeschichte, Individualgeschichte und Kunsterfahrung verweben sich hier auf vielfältige und ungewohnte Weise. Alltagsdinge, Bilddokumente, Karten, Pläne, öffentliche Schriften, private Texte, Tagebücher, Fotos, Zeichnungen, Skizzen etc., sind Gegenstände vielfältiger Bearbeitungsweisen. Auch wenn alles zusammen so etwas ist wie eine Chronologie des 20. Jahrhunderts, gibt es doch keine linear lesbaren Abläufe und Ordnungen. Es gibt keine bekannten Taxonomien, in denen das Material sich einge-richtet findet. Es ist ein Nebeneinander, Übereinander der Dinge und der gedanklichen wie ästhetischen Zugänge. Es ist völlig unhierarchisch strukturiert – Zeitereignisse und öffentliche Personen haben den gleichen Stellenwert, wie die private Reisenotiz von Frau M. aus dem Harz. Entstanden ist in diesem langen Prozess des Sammelns und künstlerisch Bearbeitens ein Archiv der Erinnerung von großer Intensität. Das Material ist künstlerisch so bearbeitet und verdichtet, dass jedes einzelne Teil in diesem Kontext zu sehr eigenen Wahrnehmungen, Sichtweisen, zu Emotionen und Erinnerungen der Betrachter und Betrachterinnen berührenden Formen der Rezeption führt. Das liegt zum einen an den außergewöhnlichen Dingen und Dokumenten, die aus privaten Lebenszusammenhängen stammen und oft von einer besonderen Intimität sind. Dann liegt es an der Besonderheit der künstlerischen Bearbeitungen: nach außen geordnete Kästen und Regale – ein Archiv eben – in dem sich alles Material – die großen Buchbände und Archivkästen – schein-bar den Erwartungshaltungen gemäß einfügen – nach innen aber sind die Objekte der Archivierung über und über mit den individuellen Spuren der künstlerischen Bearbeitung versehen. Vor allem die riesigen Folianten, zum Teil eingenäht, schrundig oder in Mull gewickelt, wirken eigenartig desolat; Bücher der Trauer, darin verborgen, verschwunden, tausende gelebter und gelittener Einzelmomente menschlicher Schicksale. Auch wenn

S. Sigurdsson wie alle Künstler und Künstlerinnen, die mit der Re-Konstruktion von Erinnerung arbeiten, Authentizität und Fiktion ungetrennt miteinander verknüpft und somit z. B. die großen verschlossenen Bände auch nur äußere Hülle sein könnten, so kommt diese Möglichkeit bei der Wahrnehmung nicht zum Tragen, wird unerheblich, denn die geöffneten Bände sind eindrücklich genug, sodass man die verschlossenen mit ähnlichen Vorstellungen ausstatten kann. Besonders eindrücklich sind die in die Bände eingefügten Zeichnungen, Übermalungen, die den Blick gleichsam fokussieren, eine bestimmte Atmosphäre der Wahrnehmung über alles legen. Und noch etwas an diesem Archiv ist ungewöhnlich: es ist auf ständige Veränderung und Interaktion mit dem Publikum angelegt. Menschen können ihre privaten Dinge, können Texte, Bilder, Aufzeichnungen einbringen. Die Leerstellen im Archiv verweisen auf die Möglichkeit zu wachsen.

Daniel Spoerri, geb. 1930
lebt und arbeitet in Deutschland und Italien

Abb.: „Les Poupées" (1990)

Wie viele andere der hier vorgestellten Künstler und Künstlerinnen ist auch Daniel Spoerri sowohl exzessiver Sammler als auch mit Dingen und Materialien arbeitender Künstler. Der Fundus der Dinge, die er von den europäischen Trödel-Märkten zusammengetragen hat, ist immens. Ihn interessieren an den Dingen die Gebrauchsspuren – Spuren, die auf Menschen verweisen, die mit den Dingen umgegangen sind.

> „Jedes Fundstück, das er vom Flohmarkt aufgelesen und heimgebracht hat, ist für ihn zuallererst nicht Form, nicht Symbol, nicht einmal Material, sondern ist ihm zuerst und zuletzt ein Bruchstück vom Steinbruch der Wirklichkeit, das, wenn man es nur mit dem passenden anderen Bruchstück Wirklichkeit zusammenbringt, zu sprechen beginnt und seine Geschichte offenbart." (Spoerri 1997, S. 10)

Genau in diesem Sinne benutzt er Dinge auch z.B. in seinen Fallenbildern – Tableaus, in denen alltägliche Handlungen, wie z.B. Esssituationen, Arbeitssituationen, fixiert sind, festgestellt, indem die Alltagsdinge, die dafür notwendig waren, in die Falle der Kunst geraten, wo sie – gleichsam für alle Ewigkeit (zumindest für die Ewigkeit von Kunst) – verbleiben müssen. Dabei ist auch die neue Konstellation wichtig: Der Alltagsblick wird irritiert, blickt man doch auf gewohnte Dinge aus einer völlig ungewohnten Perspektive, wie z.B. auf Gedecke als Tableaus an der Wand. In dieser Weise erzählen die Dinge eine Geschichte, erinnern manchmal an erlebte Situationen, gesehene Dinge sowie Begegnungen mit Menschen. Ein anderes Mal wieder sind sie exotisch fremd, wie seine Assemblagen mit ungewöhnlichen Tierköpfen und alten Stichen menschlicher Physiognomien. Die Faszination an den nostalgischen Dingen vergangener Zeiten und den damit verbundenen menschlichen Geschichten, hat ihn zu einem Kunstgarten in Italien inspiriert, in dem er selbst wie auch befreundete Künstler und Künstlerinnen ihre Installationen und Objekt-Assemblagen ausstellen.

Ursula Stalder, geb. 1943
lebt in und arbeitet in der Schweiz

Abb.: „Gestrandet" (1994)

In ihrem Projekt „gestrandet" hat Ursula Stalder künstlerische Forschungen zu den Stränden Europas betrieben, indem sie Abfall-Dinge bzw. Fundstücke von 29 Stränden Europas entsprechend der Küsten – zu einem ‚Alphabet unseres Kontinents' zusammengetragen hat. Sie stellt sie in 29 Feldern aus. Man kann die einzelnen Felder wie Buchseiten lesen und vergleichen. Da sie nicht alle Strände Europas in ihr Projekt einbeziehen konnte, musste sie auswählen. Ursula Stalder

> „[...] wählte tendenziell unsaubere Strände, solche, in der Nähe von touristischen Orten. Manchmal sind es kleine, manchmal große – die Ausbeute war natürlich nicht immer gleich. Ich stellte im Lauf der Zeit fest, dass die Strände des Nordens kärger sind als die Strände des Südens, zu denen es mehr Menschen hinzieht und wo auch Unmengen von Dingen angeschwemmt wurden." (Stalder 1997, S. 267)

Da sie nicht alles einsammeln und auf ihren Tages-Beutezügen mitnehmen kann, muss sie sich für jedes Ding einzeln entscheiden. Ihre Entscheidungen sind intuitiv, folgen mal den Farben, mal den Formen oder Strukturen. Wichtig war, dass die Natur ihre Spuren auf den Abfall-Teilen hinterlassen hat. Urs Widmer schreibt:

> Andere sammeln Briefmarken, Kaffeesahnedeckel, Bilder von Fußballspielern. Sie sammeln die geschichtslose Gegenwart. Ursula Stalder sammelt die verloren gegangene Zeit.

> Natürlich erzählen die Dinge, die sie findet, Geschichten. Nur welche? Sind alle Strände gleich? Lassen die Menschen an der Ostsee den gleichen Schrott wie in Kreta liegen? Plastik, Plastik, Plastik? Und dann und wann einen weißen Schuh? Puppen, Schnüre, Ketten. Speiseeislutscherstiele, Badeentchen, Fadenspulen. Flaschen. Halbe Scheren. Sandschaufeln. Portmonees, alle ohne Geld. Federbälle, Kämme. Garderobennummern. Lippenstifte. Selten hebt Ursula Stadler etwas auf, was aus der Natur kommt: Kieferknochen.

> Jener einsame Absatz zum Beispiel: Rannte die Dame so eilig, dass sie gar nicht merkte, wie ein Teil ihres Schuhs im Sand blieb? Flog sie mit ausgebreiteten Armen ihrem Geliebten entgegen? Floh sie vor dem mordwütigen Ehemann? [...]" (Widmer 1994, S. 10)

Rosemarie Trockel, geb. 1952
lebt und arbeitet in Deutschland

Abb.: „B.B.-Buch" (1993)

Rosemarie Trockel hat mit sehr verschiedenen künstlerischen Strategien gearbeitet – manche haben äußerlich so wenig miteinander gemein, dass nur die genaue Kenntnis der einzelnen Werkgruppen eine Zuschreibung ermöglicht. Der umfassendere Teil ihrer Arbeiten hat skulpturale bzw. objekthafte Bezüge, in anderen ist das fotografische Bild bzw. das Medium Video zentral. In den Installationen sind immer mehrere mediale Zugänge gegeben. Dass übergreifende Sichtweisen, Einstellungen, Sinngebungen in den verschiedensten Werkgruppen aufscheinen – gesellschaftliche, politische, philosophische, feministische, ethische (manche in ironischer Brechung), macht das Werk insgesamt nicht ‚einheitlicher', so man denn heute noch nach einer einheitlichen Handschrift, einem Stil sucht. Deutlich ist, dass die künstlerischen Sprachen Unterschiedliches transportieren. Dabei kommt dem Aspekt der Mischung von Findungen und Erfindungen eine zentrale Bedeutung zu.

Künstlerische Strategien, die der ästhetischen Forschung nahe kommen, hat sie u. a. in ihrer umfassenden Arbeit zu Brigitte Bardot benutzt, die 1993 in Paris, 1998 in Hamburg, 2000 in Düsseldorf gezeigt wurde. Ausgehend von biografischen Spuren – R. Trockel als Jugendliche vor der B.B.-Fan-Bilder-Sammlung ihrer Schwester – hat sie in einer detailreichen Installation in mehreren Vitrinen Bilder und Texte der illustrierten Massenpresse, persönliche Gegenstände der B.B. sowie eigene Fotos aus der Jugendzeit und filmische Inszenierungen ‚dokumentarischer Portraits' ehemaliger Fans. Diese Arbeit hat das Flair zweifacher Authentizität, ausgewiesen über die autobiografischen Spuren wie über die Zeitzeugnisse, denen die Nostalgie alter Medienbilder zukommt. Ihre Arbeit ließe sich auch mit dem Begriff ‚ästhetische Biografie' fassen, nutzt sie doch all die ästhetischen Zugriffsweisen, mit denen das Feld ‚Biografie' künstlerisch auszuloten ist. 'Künstlerisch ausloten' meint hier, auf welche Weise das alltagsästhetische Material künstlerisch transformiert wurde, sodass der Akt der Distanz zwischen Kunst und Alltag entsteht.

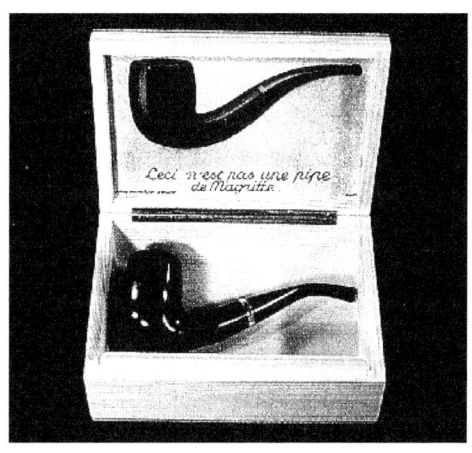

Timm Ulrichs, geb. 1940
lebt und arbeitet in Deutschland

Abb.: „Ceci n'est pas une pipe de Magritte" (1968)

Was Timm Ulrichs unter anderem über die alltäglichen Dinge bzw. die alltäglichen Erfahrungen mit den Dingen in die Kunst gebracht hat, ist der Gedanke hinter den Dingen, ist
die schlichte Erfahrung: Man muss die Dinge nur hinreichend lange umdrehen, dann wird
dabei etwas sichtbar, was eine unvermutete Dimension ihrer Existenz ins Bewusstsein
rückt. Manchmal wird etwas wörtlich genommen, bekommt einen zusätzlichen Gedanken,
der nahe am Ding liegt, wie z. B. „Der sitzende Stuhl" oder der Grabstein mit der Inschrift:
Denken sie immer daran mich zu vergessen.
Für den hier gegebenen Bezug ist diese Beharrlichkeit, ist dieser ungeheure Fundus an
Ideen, an Sprachbildern, ungewöhnlichen Ding-Dimensionen, an Ver-rücktheiten und
Irritationen, die sich im künstlerischen Gestus an den Alltagsdingen festmachen lassen,
bedeutsam. Was T. Ulrichs vor allem in den sechziger Jahren künstlerisch entwickelte, ist
auch ästhetische Forschung am Ding und der Idee dahinter. Er befragt die Dinge durchaus
wissenschaftlich, vergewissert sich ihrer Existenzmöglichkeiten und versucht die vielschichtigen und ungewöhnlichen Aspekte eines Dinges und seiner Kontexte sichtbar zu machen,
indem er alle ihm zur Verfügung stehenden ästhetischen Mittel auslotet einschließlich der
sprachlichen Möglichkeiten, die u. a. wichtig werden, wenn es gar nichts mehr zu sehen
gibt, wie z. B. das durchsichtige Innere zweier Glaskästen, wo einer bezeichnet ist mit
der Aufschrift ‚saubere Luft' und der andere mit ‚schmutzige Luft'.

Raymond E. Waydelich, geb. 1938
lebt und arbeitet in Deutschland

Abb.: „Archäologie der Zukunft" (1997)

Seine Archäologie der Zukunft geht von dem Gedanken aus, dass z. B. in einer fernen Zeit (3790) Menschen bei Ausgrabungen Dinge finden, die sie mühsam zu bestimmen suchen. Mit diesem fremden Blick auf unsere Alltagskultur geraten die Dinge auf neue, andere Weise in unser Bewusstsein. Seine künstlerischen Vorhaben – er nennt sie Expeditionen – zuletzt z. B. in Kassel 1997, sind als regionale Grabungsfelder und Archive angelegt, in denen die Alltagsdinge wie prähistorische Fundstücke behandelt werden: zum Teil mit Lehm überzogen, partiell freigelegt und teilweise noch vergraben. Metalle sind korrodiert, manche Stücke stark beschädigt. Sein Archiv der Dinge beinhaltet zudem noch einen dritten Werktypus: den rekonstruierten Gegenstand, manchmal aus ungewohntem Material, das den gewöhnlichen Dingen unserer Zeit Kultstatus verleiht (z. B. eine Waschmaschine, die aus Marmor rekonstruiert ist). Den Dingen zugeordnet sind Forschungsberichte und Erläuterungstexte, die die gefundenen Gegenstände in die vermuteten Zusammenhänge ihres Gebrauchs einzuordnen versuchen. Dabei folgen die Texte einem religiösen Muster, bekannt aus herkömmlichen archäologischen Sammlungen, wo z. B. eine Vielzahl von Dingen als Votivfigur, Grabbeigabe, Talisman, Kultobjekt gedeutet werden. Diese Analogien der Zeitreise in die Zukunft, die unsere gegenwärtigen Dinge der Alltagskultur in Kontexten frühreligiöser Deutungen ansiedeln, lässt uns die bekannten Dinge mit einem exotisch-fremden Blick neu betrachten.

Dorothee von Windheim (1945)
lebt und arbeitet in Deutschland

Abb.: „Goethekästchen" (1982)

Viele ihrer Werke haben sich immer wieder um den Ausgangspunkt ihrer künstlerischen Arbeit bewegt: dem Restaurieren, Fixieren, Festhalten von etwas, das sich in Auflösung befindet, deutlich Spuren des Vergänglichen zeigt. So hat sie alte Fresken, Mauerstücke, Baumfragmente aus der wahrnehmbaren Welt in die Besonderheit ihrer Kunst überführt. Ihre Spurensuche und Spurensicherung in den frühen Arbeiten ist wörtlich zu nehmen: Sie nimmt Spuren aus vergangener Zeit, aus der Natur oder Kunst und transportiert sie sozusagen aus ihrem alten Kontext in ein neues System. Die Transportmittel sind oft einfache, transparente Stoffe (Gaze), leichte Papiere, bearbeitet mit Fotoemulsion u. a., damit die Fragilität der Spuren einerseits, aber auch das handwerkliche Material andrerseits (Gaze wird in vielen Prozessen der Restaurierung benutzt) sichtbar bleibt. Eine Arbeit, die sie über Jahre beschäftigt hat, ist das Turiner Grabtuch Christi wie auch das Schweißtuch der Veronika z. B. in der Darstellung des Meister Bertrams. Der Schritt von diesen Auseinandersetzungen hin zu ihren ‚Arbeiten der Vergeblichkeit', der weitgehenden Unsichtbarkeit oder des Temporären (Geräusch-Licht-Aktion in einer Hausruine in Amsterdam) bis hin zur völligen Abwesenheit von Kunst bei gleichzeitiger Anwesenheit der Künstlerin (Ausstellung Bethanien 1984) ist nur ein kleiner. Der hier abgebildeten Arbeit, dem ‚Goethe-Kästchen' fügt sie einen Text bei:

> „Das Auge war vor allem das Organ, womit ich die Welt fasste". J.W. v. Goethe, Dichtung und Wahrheit. – Ich habe dieses Zitat wörtlich genommen und alle Goethe-Augenpaare, die ich finden konnte, gesammelt. Sie wurden in Lebensgröße auf präparierte und dadurch sehr fragil wirkende Gazestücke (fotomechanisch) aufgebracht und in ein Glaskästchen gefüllt, um dessen Deckelrand herum das Zitat steht. Das Kästchen ist offen, um den Blick heraus und hinein nicht zu behindern (...). Die verschiedenen Augen in verschiedenen Lebensaltern) ‚zeigen' Goethes unterschiedliche Sichtweisen, und, da ja von verschiedenen Malern dargestellt, gleichzeitig die unterschiedliche Weise, in der er, Goethe, jeweils gesehen wird ..." (v. Windheim 1989, S. 84)

Künstlerische Strategien und die Metamorphose der Dinge – eine Zusammenfassung

In allen hier dargelegten Kunstkonzepten und künstlerischen Strategien sind Alltagsdinge einbezogen. Jedem Objekt, jeder Assemblage, jeder Installation liegt eine künstlerische Idee, ein bestimmtes Prinzip der Transformation zu Grunde. Über diese Transformationsakte werden die ehemaligen Dinge umgedeutet, neu be-deutet, zum Verschwinden gebracht oder sind einfach nur ästhetisches Material.

Wollte man hier den Versuch unternehmen, so etwas wie ein System der ästhetischen Sprache der Ding-Transformation herauszuarbeiten, so käme als Erkenntnis vor allem eines heraus: Die Vielzahl der zu verknüpfenden Elemente – Material, Ding, Medien, Raum, Zeit, etc. führt zu einer unendlichen Offenheit, sodass sich weder ein System für Handlungsmuster ableiten lässt, noch dass das Ganze irgendwann endlich wäre, d.h. keine neuen Möglichkeiten, sondern nur die Wiederholung alter zulässt.

Bereits im Nachvollzug eines einzigen Gegenstandes – z. B. eines Messers – werden all die differierenden künstlerischen Strategien deutlich, in die es einbezogen sein kann. Als Alltagsding bereits verschieden, als Tafelmesser, als Werkzeug, als Waffe usw., erhält es in den künstlerischen Arbeiten nochmals ganz neue, andere Wahrnehmungskontexte und Bedeutungsebenen. Es ist etwas unvergleichbar anderes, ob ein Messer in einer Arbeit von Arman auftaucht, bei Rebecca Horn, bei Claes Oldenbourg, bei Daniel Spoerri oder bei Nikolaus Lang – um nur einige zu nennen, wo das Messer explizit eine Rolle spielt. (Auf diese Weise ließen sich die künstlerischen Arbeiten über die darin gegebenen Alltagsdinge nochmals ‚quer lesen‘ – für Menschen, die mit aktueller Kunst wenig Erfahrungen haben, ein geeigneter Zugang, um zu differenzierenden Wahrnehmungen zu gelangen). Was also auf der Erscheinungsebene ähnlich, ist intentional und damit verbunden auf der Deutungsebene ganz und gar verschieden.

Erinnern – kollektive Archive und individuelle Mythologien

Einzelne Künstler und Künstlerinnen arbeiten explizit mit dem Erinnern, den individuellen und kollektiven Mythologien. C. Boltanski, K. Bott, S. Sigurdsson, N. T. Salmon, I. Kabakov, L. Bourgeois, N. Lang, M. Kelley stehen mit ihren Arbeiten in einem aktuellen Kunst- und Kultur-Diskurs des Erinnerns.(7) Die Gegenstände und Wahrnehmungen, mit denen sie arbeiten, sind Teil individueller und kollektiver Geschichte, werden neu verankert in Speichern, Archiven, Sammlungen; sind Gegenstände der Musealisierung. Als solche sind sie auch Gegenstand theoretischer Diskurse, wissenschaftlicher Forschungen. Seismografisch haben Künstlerinnen und Künstler mit ihren Arbeiten Fragen der Zeit aufgegriffen und sichtbar gemacht – und umgekehrt lösen sie mit ihren Werken wesentliche Fragen aus, wie z. B. die nach Geschichte und Identität, nach den Subjektkonstruktionen und den gesellschaftlichen Visionen. Gelegentlich steht das Werk eines Künstlers oder einer Künstlerin synonym für virulente Fragen der Zeit generell – wie Boltanskis künstlerisches

Werk für Erinnern (und Vergessen). (Vor Jahren haben z.B. Arbeiten von Cindy Sherman die Diskussion der pluralen Identität mitbestimmt oder stellte das Werk von Sigmar Polke, Gerhard Richter u.a. die allgemeine Erwartungshaltung an eine einzige, durch alle Lebensphasen und Kunstzeiten hindurchgehende künstlerische Handschrift zur Disposition).

Sprache und Reflexion

Bedeutsam ist, dass alle hier vorgestellten Künstlerinnen und Künstler in hohem Maße in der Lage sind, ihre Arbeiten zu reflektieren und ihre Gedanken sprachlich zu fassen. Ihr Sprechen oder Schreiben ist manchmal durchaus konzeptioneller Teil der Werke. Die historische Künstlerfigur der zugeschrieben wurde, dass sie allein intuitiv, aus einem ‚großen Gefühl' oder genial aus ‚dem Bauch' heraus ihre Kunst schaffe („Male Künstler, rede nicht!"), hat mit den aktuell arbeitenden Künstlern und Künstlerinnen wenig gemeinsam. Auch für sie spielen natürlich Intuition und Gefühl eine bedeutende Rolle – aber diese künstlerischen Herangehensweisen machen sie nicht sprachlos. Dabei geht es nicht darum, die Arbeiten über Sprache zu erklären, sie aber gleichwohl kontextuell in die aktuellen Kunst-Diskurse einzubeziehen. Fast alle haben sich mit übergreifenden Fragen künstlerischer Arbeits- und Denkweisen, philosophischen, psychoanalytischen, soziologischen, ökologischen u.a. befasst. Einzelne haben parallel zu ihren Arbeiten kunsttheoretische Abhandlungen geschrieben, wie z.B. Tony Cragg, Ilya Kabakov, Anna Oppermann, oder haben an literarischen Texten, Filmen und Videoarbeiten gearbeitet, wie Rebecca Horn, Niki Saint Phalle und Ulrich Meister.

Die im Rahmen dieser Abhandlungen immer wieder aufscheinende Frage nach dem Anderen der Vernunft, dem ästhetischen Denken etc. wird auch von ihnen gestellt und mit unterschiedlichen Antworten versehen (siehe Dahn, Oppermann, Cragg, Kabakov).

Erkundungen im Feld der Kunst oder die Frage:
Wie transformiert man eine Tasse, ein Messer und einen Hut?

Im Bereich der Alltagsästhetik sind Erkundungen ausgewiesen als Spaziergänge, als kleine Nachforschungen, die ohne größere ‚Ausrüstungen' zu Erfahrungen und benennbaren Ergebnissen führen (siehe S. 48). Im Feld der Kunst könnten solche Erkundungen grenzüberschreitende Vorgänge sichtbar machen, indem die alltäglichen Dinge in Prozessen künstlerischer Bearbeitung zu Objekten der Kunst werden. Ein Experimentieren mit verschiedenen Eingriffen, mit Veränderungen, Verfremdungen und unterschiedlichen Kontexten, mit dem Ziel, einen anderen Blick zu evozieren, eine andere Erfahrung zu machen, in Analogie zu künstlerischen Strategien zu arbeiten, ist ein überaus produktiver Bereich für Erkundungen.

Das damit verbundene Kennenlernen von Werken der Objekt- und Installations-Kunst – vom Dadaismus bis heute – bietet zudem einen wichtigen Bezugsrahmen. (Erfahrungsgemäß haben Studierende diese Kunst des 20. Jahrhunderts im Rahmen ihrer Schulzeit nie kennengelernt). Die Einzelnen entwickeln zusammen hunderte von Möglichkeiten, wie sie eine Tasse, einen Schwamm, eine Säge, einen Dreifachstecker zu potenziellen Gegenständen der Kunst machen können. Je mehr sie experimentieren, umso mehr Möglichkeiten entwerfen sie, wobei letztlich fast das ganze Spektrum künstlerischer Handlungen im Bereich der Objektkunst des 20. Jahrhundert evident werden kann, vor allem im Vergleich aller entstehenden Arbeiten.

Zur Frage künstlerischer Eingriffe

Es gibt eine Art Typologie künstlerischer Eingriffe in alltägliche Dinge, die fast jeder kennt, entweder aus dem Bereich der Alltagskultur oder der Kunst. Dazu gehören z. B. die in Mullbinden gewickelten, ‚abgeliebten' Teddybären, das mit Pflaster beklebte Herz oder der mit einem Messer bestückte Gartenzwerg. Im künstlerischen Akt, in dem Alltagsgegenstände das Ausgangsmaterial sind, muss dieses ‚Material' immer wieder neu und sehr genau befragt werden, um an routinierten Alltagswahrnehmungen und hinderlichen Klischees vorbei eine Irritation, einen anderen Blick zu ermöglichen. Was dabei zu erfahren ist, hat mit Sensibilisierungen zu tun, mit dem genauen Erspüren und Aufspüren von Veränderungen, Zerstörungen und Ergänzungen eines Gegenstandes, der zum Kunstobjekt wird. In diesem Buch ist mehrfach dargelegt worden, wie wichtig im Akt künstlerischer Handlungen Material und Bedeutungen bzw. Bedeutungsreste sind. Eingriffe sind Zuspitzungen, Verdichtungen, Deutungsangebote, denen die Dinge und Materialien unterzogen werden. Hier liegen in der Regel auch die Differenzen zwischen KünstlerInnen und künstlerischen Anfängern: So wie D. v. Windheim oder S. Sigurdsson z. B. ganz genau ‚wissen', welche Eingriffe mit welchen Verfahren und welchen Materialien vorgenommen werden sollten (siehe dazu D. v. Windheim und S. Sigurdsson auf S. 123), um welche Wirkung, welchen Eindruck, welche Irritation zu erzeugen, so tasten sich Anfänger ganz langsam an diese

Erfahrungen heran. Das, was für eine Professionalisierung im Bereich des Zeichnens gilt – nämlich immer wieder zeichnen – gilt auch im Bereich der Objektkunst und der Installation: Erst im wiederholenden Zugriff, in ständigen Arbeitsprozessen wächst das Gespür für die ‚Richtigkeit' einer künstlerischen Entscheidung in Bezug auf die Wahl eines Materials wie eines Verfahrens.

Die Abbildungen auf Seite 110 zeigen ein paar wenige Arbeiten, die im Rahmen der hier benannten Erkundungen entstehen. Neben der künstlerischen Bearbeitung der Alltagsdinge spielt die Fotografie eine wesentliche Rolle. Bietet der Kamerablick doch zusätzlich andere Sichtweisen auf die Dinge, die Verfremdung und Distanz zur Alltagserfahrung als Mittel der Kunst erfahrbar machen.

Reden über künstlerische Prozesse und Objekte

Zu den Erkundungen im Feld der Kunst gehören auch Erkundungen im Bereich der Sprache: Wie lässt sich benennen, was da entsteht, irgendwann abgeschlossen und als Werk sichtbar geworden ist? Die Versuche, dies alles in Sprache zu fassen, sind mühsam, langwierig und unabschließbar. Doch im kurzen Innehalten, in Versuchen sprachlicher Annäherungen entstehen nach und nach begriffliche Sicherheiten, mit denen man sich an die Grenzen des Beschreibbaren in der Kunst herantasten kann. So entstehen zu den einzelnen Arbeiten kleine Texte mit den Versuchen, das Sichtbare und Deutbare zu benennen. Immer wieder muss jeder und jede Einzelne in Sprech- und Schreibtexten versuchen, eine Sprache zu finden, die sowohl individuelle Vorlieben und Möglichkeiten als auch allgemeine konsensfähige Vorgaben miteinander in Beziehung bringen. Die ganze Bandbreite möglicher Textsorten steht zur Verfügung (poetische, sachlich-beschreibende, literarisch-erzählerische, philosophisch-befragende, kunstgeschichtlich-deutende etc).

Bei allem bleibt der Versuch, den Prozess selbst sprachlich zu fassen, immer das Schwierigste, lässt er sich doch nur unzureichend beschreiben, weil sich vieles dem begrifflichen Zugriff verweigert und nur auf sprachlichen Umwegen, sozusagen ‚kongenial' vollzogen werden kann. Empfindungen, Gefühle und Emotionen begleiten vorbewusste und unbewusste Formen des Umgangs mit dem ästhetischen Material. Wann und auf welche Weise sich ästhetische Entscheidungen aufdrängen, wann und wie es zu plötzlichen Entdeckungen und Erkenntnissen kommt (den Aha-Erlebnissen), wie begleitendes, diffuses und schweifendes Denken zu benennen ist, wie es zu Störungen und Abbrüchen kommt, auf welche Weise die Hand zum Werkzeug wird, sozusagen mit-denkt, und Prozesse über und durch sie scheinbar automatisch ablaufen, wie die Interaktionen mit unterschiedlichen Gewichtungen zwischen Gefühl ‚im Bauch' und Argument ‚im Kopf' ablaufen, wie und wann man Planungen wieder über Bord wirft, wie dem Material ein eigener Aufforderungscharakter zukommt, wie assoziatives Denken auf die Prozesse einwirkt, wie letztlich Intuition, Fantasie und Kreativität in diesen Prozessen aufzuspüren und genauer zu benennen wären – dies alles gilt es nach und nach zu befragen.

Vom Täuschen und Fälschen, vom Wahren und vom Wirklichen

Für einen großen Bereich der Kunst unserer Zeit scheinen Täuschung und Fälschung konstitutiv. Vieles ist nicht, was es zu sein scheint und manches auch nicht, was es zu scheinen vorgibt. Die Bretter und Farbeimer im Museum sind natürlich keine achtlos liegen gelassenen Alltagsgegenstände, sondern von den Künstlern Fischli/ Weiss in die Kunst überführte Alltagsdinge. Und auch dies ist nur die halbe Wahrheit: Was ausschaut wie eine Ansammlung alltäglicher Dinge ist handfeste Fälschung: Farbeimer, Pinsel und Bretter wurden aufwendig aus Polyurethan geschnizt und detailgenau bemalt. Boltanskis Zwillen seiner Kindheit sind im hohen Alter von vierzig Jahren nachgearbeitet und seine Portraitfotos stellen selten die Menschen dar, für die er sie ausgibt.

Dorothee von Windheim hat Tücher nicht als reliquiare Reste aus historischer Zeit in ihre Arbeit integriert, sondern neue Tücher wochenlang in der Erde vergraben. Auch die alten Folianten in den Archiven Sigrid Sigurdssons sind neu bzw. frisch gealtert und die vielen privaten Alben haben ihre Privatheit vor allem durch ihre künstlerische Bearbeitung.

Fotografische Bilder, die im Kunst-Kontext mit allen Anzeichen von Authentizität bzw. dokumentierter Wahrheit arbeiten, sind reine Fiktion. Vor der Kamera aufwendig inszeniert oder im Prozess der Bildwerdung mit Eingriffen – sei es im Fotolabor oder im Rechner oder mit einem Textzusatz – versehen, konstruieren sie Situationen und Bedeutungen. Für all das, was in der Kunst von heute echt, wirklich oder authentisch scheint, hätten Fälscherwerkstätten, Küchen der Alchemie und Restaurationsbetriebe ein breites Betätigungsfeld. (8)

Viele BetrachterInnen dieser Kunst – Jugendliche, Studierende, Kunstlaien u. a. – reagieren mit Abwehr, Desinteresse oder Ent-Täuschung und Irritation: Dies alles sei nicht wahr, nicht wirklich echt, nicht authentisch, sondern nur vorgetäuscht und deshalb gelogen – die moralische Entrüstung schwingt oft deutlich mit. Es besteht offensichtlich eine bestimmte Erwartungshaltung gegenüber Kunst, bestimmte Muster der Rezeption, die an eine ‚irgendwie' geartete Wahrheit gebunden sind. Der Wahrheitsanspruch knüpft sich an einen Wirklichkeitsanspruch – doch an welchen? An einen geschichtlichen, einen allgemein gesellschaftlichen, einen biografischen oder einen, der die wahrnehmbaren Gegebenheiten der ‚wirklichen' Welt zum Maßstab nimmt. Solange solche emotionalen Sperren existieren, kann der Akt der Rezeption wie der Produktion nur unvollkommen gelingen. So stellt sich die Frage, welche Wege zu gehen, welche Argumentationszusammenhänge zu wählen sind, um wenigstens ein paar der grundlegenden Fragen und Probleme, die sich mit den Erscheinungsweisen aktueller Kunst verbinden, erfahrbar zu machen.

Ich greife deshalb verschiedene, z.T. recht heterogene Argumentationslinien auf, die im Einzelnen weiter zu verfolgen wären. Im Kontext der Fragestellungen dieses Buches können sie in ihrer Komplexität weder hinreichend ausgeführt, noch schlicht übergangen werden. Sie zu übergehen hieße, wichtige Aspekte zum Verständnis auszublenden.

Vom Lügen

Wann fängt die gut gelogene Lüge an, Wahrheit zu werden?
Es muss überhaupt nicht die Wahrheit sein. Es muss nur in sich stimmen oder es muss so gut dargeboten werden, dass der Leser es frisst. Wenn man etwas mit einem Text macht, ist das genauso wahr wie die Wirklichkeit. Was nicht heißt, eine schönere Wirklichkeit schaffen zu wollen. Da käme man gleich wieder in Gebiete, wo es spannungslos und kitschig zuginge. Das Entzückende an der Kunst ist eben, dass man den Leuten was einreden kann. Das macht Spaß. Dann darf man lügen, betrügen, stehlen, alles darf man. Und wenn es geglaubt wird, hat man es gut gemacht, und freut sich. Wer es am besten kann und am schönsten macht, den lieben die Menschen. Also ist es etwas ganz Lebendiges. [...]
Das ist es aber, was es (das Schreiben) so schwierig macht. Ich bin es. Aber ich bin es auch nicht. Und so ist das bei allen Schriftstellern. Bei mir sieht es nur immer so aus, als ob Leben und Schreiben näher zusammenlägen. Es ist aber nie die reine Realität. Da kann äußerlich fast alles stimmen. Sie können die Stufen einer Treppe nachzählen, die vorkommt, alles stimmt, denken sie. Und es ist doch nicht das, was wirklich war oder was wirklich ist. Es verändert sich beim Schreiben. Das Wort, das mir besser gefällt, das nehme ich, und dabei verändert sich das, was ich schreibe. Eines zieht das andere nach sich. [...]
Das schöne Lügen, das habe ich von der Annette von Droste-Hülshoff gelernt. Ihre Übertreibungen sind ja sagenhaft, wenn man den ‚Knaben im Moor' liest zum Beispiel, jeder normale Sumpf ist ein Klacks dagegen. Bei ihr lebt ganz viel vom Übertreiben, vom Lügen. Auch in den Prosastückchen, wie dem vom Leben der Westfalen, da gerät sie so in Fahrt und beschreibt ihre westfälischen Bauern, als ob sie Eingeborene auf Sumatra schildert, also das ist zauberhaft. Dieses Übertreiben, das Lügen, hat natürlich mit Intensität zu tun, und wenn man etwas ganz intensiv empfinden und dann auch ausdrücken kann, das ist schon etwas Tolles.

Aus: Sarah Kirsch „Im Gespräch mit Herlinde Koelbl". In: Herlinde Koelbl „Im Schreiben zu Haus". München 1998. S. 24.

Ich bewege mich im Folgenden zwischen traditionell-historischen wie auch aktuellen Diskursen. Sie rekurrieren auf ganz verschiedene Verhältnisse von Kunst und Wirklichkeit, als auch auf ganz verschiedene Wahrheitsansprüche.

Annäherung: zum Diskurs von Wirklichkeit und Wahrheit in der Kunst

Im historischen Diskurs ist die Frage nach dem Verhältnis von sichtbarer – und damit verbunden – sozialer Wirklichkeit zentral. Damit verknüpft ist ihr Anspruch auf Wahrheit. Die Diskussion darüber wird bereits in der Antike geführt. So formuliert z. B. Aristoteles das Verhältnis von Wirklichkeit und künstlerischem Werk in Bezug auf die Dichtkunst: Es sei nicht:

> „Aufgabe des Dichters mitzuteilen, was wirklich geschehen ist, sondern vielmehr, was geschehen könnte, d. h., dass nach den Regeln der Wahrscheinlichkeit oder Notwendigkeit Mögliche. Denn der Geschichtsschreiber und der Dichter unterscheiden sich nicht dadurch voneinander, dass sich der eine in Versen und der andere in Prosa mitteilt, […] sondern dadurch, dass der eine das wirklich Geschehene mitteilt, der andere was geschehen könnte. Daher ist Dichtung etwas Philosophischeres und Ernsthafteres als Geschichtsschreibung; denn die Dichtung teilt mehr das Allgemeine, die Geschichtsschreibung hingegen das Besondere mit. Das Allgemeine besteht darin, dass ein Mensch von bestimmter Beschaffenheit nach der Wahrscheinlichkeit oder Notwendigkeit bestimmte Dinge sagt oder tut." (Aristoteles S. 30)

Bedenkenswert scheint mir der Begriff der ‚Wahrscheinlichkeit‘. Liegt es doch in der Fähigkeit und Verantwortlichkeit des Künstlers – im Kontext seiner Zeit – seine Werke in der Konfrontation mit der Wirklichkeit als wahrscheinlich und somit im Verständnis von Kunst als ‚wahr‘ zu entwerfen. Auch die Werke der bildenden Kunst bewertet er vor diesem Hintergrund. So verachtet er z. B. die genaue Abbildhaftigkeit am Beispiel der Werke des Zeuxis, der nur die leeren Abbilder von Personen und Dingen schaffe (die Trauben z. B., die so wirklich aussehen, dass die Vögel kommen, um sie zu fressen), wohingegen er Polygrot dafür lobt, dass er einen Grad der Charakterhaftigkeit in seinen Porträts erreicht habe, der über eine äußere Abbildhaftigkeit weit hinausgehe.

Von der frühen Neuzeit an folgen die kunstphilosophischen Diskurse in großen Bewegungen zwei polaren Setzungen, zu denen sie sich immer wieder neu positionieren: zu der einen Setzung der Wahrheit als abbildhafter Richtigkeit für das Auge (der ‚homoisosis‘, erkenntnistheoretisch als ‚Richtigkeit‘) und der anderen, vollkommen eigenständigen Konstruktion einer Wahrheit – der alätheia –, die für die autonome Kunst steht. (9)

Im Kontext ‚sichtbare Wirklichkeit‘ als Paradigma der Kunst des 17. und 18. Jahrhunderts z. B. sind Illusion, Täuschung und Fälschung keineswegs ausgeschlossen. Im Gegenteil: Das Spiel mit der Wahrnehmung wie mit der Wirklichkeit war vor allem in der Zeit des Barock und des Rokoko ein gleicherweise lustvolles als auch experimentell erprobendes, Grenzen verschiebendes, wenn auch mit völlig anderen Vorgaben, Verfahren, Motiven, Zielsetzungen, Kontexten und Rezeptionsweisen als heute. Im Wahrheitsbegriff der Kunst dieser Zeit waren Illusion, Täuschung und Fälschung z. B. im Sinne von Material-Imitation

z. B. Wahrheit und Wirklichkeit in Bild und Text

Thomas Mitchell hat in seinem Buch „Iconology. Image, Text, Ideology" dargelegt, daß in diesem „Streit der Zeichen" um Grundfragen bezüglich des Wahrheitsgehaltes von Malerei und Dichtung (Bild und Text) gefochten wird. Die Dichotomien Körper/Seele, Welt/Geist und Natur/Kultur werden den beiden Medien zugeordnet, wobei der Dichtung die Fähigkeit zugesprochen wird, das Unsichtbare, das Reich der Ideen zu repräsentieren, während die Malerei lediglich die sichtbare Welt abbilde.

Geht man von einer semiotisch orientierten Repräsentationstheorie aus, erübrigen sich die unproduktiven Polarisierungen: Wort und Bild sind untrennbar, weil sie – bei aller Differenz – wesentlich dasselbe sind, nämlich Zeichen: aliquid pro aliquo. Es gibt keine „direkte" oder nicht-metaphorische Art des Sprechens, keine Möglichkeit, ohne Bilder zu reden. Platon, der die sprachlichen und mentalen Bilder als Verzerrungen der eigentlichen Wirklichkeit ablehnte, konnte die Quintessenz seiner Philosophie „nur" in einer Metapher – dem Höhlengleichnis – ausdrücken. Selbst die Sprache der Wissenschaft muß zu Bildern in der Sprache greifen, weil eben die Dinge an sich, die Wahrheit an sich für uns nicht erfaßbar sind. Umgekehrt gibt es keine intrinsische oder natürliche Bedeutung von Bildern; Bilder verweisen immer wieder auf Sprache, sie gehen aber in Sprache nicht auf, sie sind vielmehr wie Sprache Bedeutungsträger. Die Bedeutung der Bilder liegt nicht nur in bestimmten Motiven oder sprachlichen Elementen, sondern in der komplexen ästhetischen Struktur. Die Frage, ob die Bilder der holländischen Malerei nun realistisch oder symbolisch zu verstehen sind, ist eine unsinnige Frage, die nur zu falschen Antworten führen kann.

Die Gründe für die Möglichkeit, die Beziehung zwischen Sprache und Bildern anders zu denken, liegen zum einen in dem medienhistorischen Umbruch, den wir aktuell erleben. Sie verweisen aber auch auf den linguistic turn, auf eine veränderte Sichtweise des Verhältnisses zwischen Welt (Wirklichkeit), Subjekt, Sprache und Erkenntnis, die für poststrukturalistisch orientierte Theorien grundlegend ist. In der magischen und vorwissenschaftlichen Zeit erschien die ganze Welt als Buch, als Text, allen Erscheinungen wurden Bedeutungen zugeschrieben. Sprache und Bilder waren ebenbürtige Möglichkeiten, von den sichtbaren Dingen zu unsichtbaren „Wahrheiten" zu gelangen. In der Neuzeit hingegen vollzogen die bürgerliche Ästhetik und die Wissenschaften die Trennung zwischen Sprache und Bildern: Bilder seien lediglich Abbilder von der sichtbaren Natur, allein der Sprache sei es gegeben, die unsichtbare Wahrheit der Dinge objektiv zu repräsentieren. Heute sehen wir die Sprache nicht mehr als neutrales Mittel zur Beschreibung von Wirklichkeit, sondern als Zeichensystem, das Bedeutungen schafft. Wirklichkeit können wir immer nur bereits sprachlich vermittelt und damit interpretiert, kulturell codiert, wahrnehmen. Da auch Bilder niemals Abbilder von Natur sind, sondern diese immer interpretieren, ist die Analogie zur Sprache gegeben.

In der Briefleserin von Metsu wird diese Vernetzung von Bild und Sprache exemplarisch vorgeführt, allerdings durch Malerei. Der Inhalt des Briefes (der Worte) erscheint als Bild im Bild, das Bild wiederum bezieht sich auf Worte, die eine Metapher, also ein Bild sind. Das Bild verweist auf Sprache, die ihrerseits auf Bilder verweist; Bild und Sprache bilden eine dialektische Einheit. (10)

Aus: Daniela Hammer-Tugendhat „Liebesbriefe. Plädoyer für für ein neues Text-Bild-Verständnis der holländischen Malerei des 17. Jahrhunderts". Wien 2000. S. 130.

(bemaltes Holz statt Marmor), wie jede Form künstlich-künstlerischer Überhöhung und Idealisierung des Sichtbaren eingeschlossen.

z. B. Wahrheit

Die Wahrheit der Kunst bzw. Kunst als Wahrheit wird vor allem im 18. Jahrhundert zu einer absolut gesetzten Instanz, einer apodiktische Größe, einem eigengesetzlichen geistigen Ort, wonach Künstler wie Betrachter unablässig zu streben haben. Aus eigener Kraft und eigenem Wollen ist der Künstler in der Lage, eine eigenständige, gesetzmäßige, ideale Welt – die der Kunst – zu entwerfen und sie der Natur quasi als Gegenentwurf zur Seite zu stellen. (11)

Mit dem Ende des 19. Jahrhunderts entsteht dann im philosophischen Diskurs ein anderes Subjektverständnis und somit auch ein anderes Verständnis von Wirklichkeit und Wahrheit. Vor allem Nietzsche verbindet mit seinem philosophischen Werk den Anspruch, nicht einen außerhalb des Subjekts liegenden Wahrheitsbegriff als absolut gegeben anzunehmen, sondern einen, der – völlig subjektiv – in langen Prozessen der Selbstfindung postuliert wird, sich dann aber letztlich zu einer eigenen metaphysischen Totalität entwirft, die unabdingbar auf das Individuum zurückwirkt. Im Sinne eines Heilsversprechens, einer ‚Ganzheit' wird eine Wahrheit entworfen, die zunächst alte Wahrheiten zerschlägt, neue, aber letztlich ebenso absolut gesetzte Wahrheiten verkündet. Die Abkehr von einer historisch objektiv gesetzten Wahrheit hat zunächst etwas ungemein Radikales und Befreiendes, wird der einzelne doch selbst zur Instanz, die Wahrheiten entwerfen kann. In diesem Sinne sind viele Aussagen Nietzsches ihrer Zeit weit voraus, bis hin zu dem Gedanken, dass die Kunst der Moderne wahrhaftig sagt: ‚Ich lüge' mit der er als Erster in der Auseinandersetzung mit Kunst die Wahrheit als ethisch-moralische Kategorie in eine ästhetische überführt. (12)

Dass die Bezugnahme auf radikale, subjektiv gesetzte Formen von Wahrheit in der Nachfolge zu Nietzsche im 20. Jahrhundert auch zu radikalen und revolutionären Lebens-Kunst-Konzepten geführt hat, sei hier nur erwähnt. (Die Gruppe der Surrealisten um Breton, Dali und Bunuel; die Futuristen um Marinetti, Balla, Carra und Boccioni; die Dadaisten um Hausmann, Hülsenbeck, Ball und Schwitters; die Aktionisten um Mühl und Nitsch). Nach einer langen Phase der Kunst – von Beginn des 20. Jahrhunderts an bis in die sechziger Jahre hinein – für die die wahrnehmbare Wirklichkeit ein ihr entgegengesetztes Prinzip darstellt (Kandinsky, Mondrian u. a.), setzt die Diskussion mit den sechziger Jahren an der Frage der sichtbaren und sozialen Wirklichkeit als Bezugsgröße der Kunst wieder ein. Die alten Fragen von Authentizität und Fiktion, Illusion und Täuschung werden erneut zum Gegenstand kunsttheoretischer Diskurse. Das hat zum einen mit der Hinwendung der Malerei zur Realität bzw. Banalität der Alltagswelt zu tun, zum anderen aber auch mit den – in der Nachfolge Duchamps – in die Kunst integrierten Alltagsdingen und den damit verbundenen Wirklichkeitsbezügen.

Wahrheit und Lüge im System von Kunst und Kitsch

Den Begriff der Lüge führe ich vorübergehend als Begriff auf Probe ein, wissend, dass er als moralische Kategorie im ästhetischen Diskurs – trotz Nietzsche – nicht angebracht scheint und dass zudem Denkakte in polaren Systemen – dem Begriff der Lüge ist die Wahrheit implizit – heute weitgehend obsolet sind. Doch genau hier liegt ein wichtiger Anknüpfungspunkt: Da im Begriffs- und Erklärungssystem ‚Kunst' – historisch gesehen – nur die Wahrheit gegeben und die Lüge ausgegrenzt ist und somit bis heute viele alte Muster, Erwartungen und Einstellungen als Resonanzen aus verschiedenen Wertsystemen – sittlichen, moralischen, sozialen – mitschwingen,(13) kommt dem Begriff der ‚Lüge' als dem ‚Anderen' im System der Kunst besondere Bedeutung zu.

Einen Höhepunkt der Argumentation des Ästhetischen mit den Implikationen des Ethischen erfährt die Diskussion um Kunst und Kitsch vor allem in der zweiten Hälfte des 20. Jahrhunderts. Dem Begriff ‚Kitsch' wurde die Lüge synonym gesetzt und beides wurde so zur Antithese der Kunst schlechthin.

Die Kitschargumentationen waren heftig: „Kitsch ist: die Phrase in der Kunst, und nicht einmal die große sondern die kleinliche, widrige und schleimige, die Lüge." (Karpfen 1925, S. 9) und: „Wer Kitsch erzeugt ist nicht einer der minderwertig Kunst erzeugt, er ist kein Nichts- oder Wenigkönner, er ist durchaus nicht nach den Maßstäben des Ästhetischen zu werten, sondern er ist ein ethisch Verworfener, er ist ein Verbrecher, der das radikal Böse will." (Broch 1955)

Die Diskussion der Lüge, die dem Kitsch inhärent ist, war weniger eine ästhetische sondern immer auch eine ethisch–moralische: Wurden doch alle Menschen, die sich mit Kitsch umgaben als moralisch Verworfene, die es zu erretten galt, gesehen.(Egenter, Knobloch). Mit der Kategorie des Ästhetischen wurde das Ethische verknüpft: Gegen das Gute, Schöne und Wahre der Kunst stand das Böse, Hässliche und Lügenhafte des Kitsches und mit ihm die Masse ungebildeter Menschen, die am Kitsch Gefallen fanden.

Bis in die achtziger Jahre hinein wurden in verschiedensten Merkmalskatalogen einschlägige Kriterien zur Erkennung und zum Aufspüren von Kitsch benannt. Dazu gehörten vor allem Täuschungsakte und Fälschungsmanöver, derer sich Kitschproduzenten bedienten, sowie fehlendes technisches Können generell. Kitsch galt als ‚künstlerische Schwäche', als ‚ästhetische Entgleisung', als ‚dekoratives Versagen'. (Deschner 1975, S. 24) Ausgewiesen ist er über ‚billige Effekte, glatte Linien, laute Farben, einfache Harmonien' (Egenter 1950, S. 60 f.) wie auch auf Grund von Imitation und Materialunechtheit sowie Unverhältnismäßigkeit. (Kitsch-Dinge sind immer zu groß oder zu klein; Moles nennt es das Prinzip der Inadäquanz; Anhäufung wie auch synästhetische Wahrnehmungen stehen gleicherweise für Kitsch.) Vergegenwärtigt man sich all diese Merkmale, so sind sie heute Teil der künstlerischen Strategien der Kunstproduktionen. Merkmale also, die einmal genannt waren, um das Unwahre, die Lüge im Kitsch ausfindig zu machen, sind nun konstitutiver Teil von Kunst.

Die Welt der Kunst als existenzieller Gegenentwurf zur sozialen Wirklichkeit

Am Beispiel Kafkas hat Safranski in seinem Buch „Wieviel Wahrheit braucht der Mensch" einen Lebens-Kunst-Entwurf skizziert, der im Sinne existenzieller Überlebens-Notwendigkeit angelegt ist und für viele andere Künstler – Schriftsteller wie bildende Künstler – in ähnlicher Form geltend gemacht wird: Für Kafka ist Wahrheit nur im individuellen Akt des Schreibens gegeben, nur in ihm ist er frei und keiner Wahrheit außerhalb verpflichtet, in ihm findet er den geistigen Genuss, der sich mit einem ‚Erkennen in Freiheit' verbindet:

> „Er genießt, was ihm unter sozialen Zwängen des Lebens zur Qual wird: die eigene Unbestimmtheit, die unendlichen Möglichkeiten des Imaginären, die er entfalten kann, ohne sie durch unwiderrufliche Entscheidungen reduzieren zu müssen. […] Im Schreiben, diesem ‚Zögern vor der Geburt', genießt er jenen Augenblick, in dem er noch nicht über die Suggestion der lebensdienlichen Fiktionen des Wahren, Guten, Nützlichen geraten ist. Im Schreiben ist alles noch offen und alles hängt noch von einem selbst ab. Es ist der Augenblick, der vor dem Sturz in die ideologischen und sozialen ‚Wahrheiten' liegt, unter deren Schutz sich jedes normale Leben früher oder später begeben wird. Es ist der Augenblick, in dem man noch alles erfinden kann, weil es nichts objektiv Verbindliches gibt, das man finden und dem man sich anschließen muss." (Safranski 1990, S. 178)

Diese Flucht aus der sozialen bzw. geschichtlichen Wirklichkeit in die eigengesetzliche Welt künstlerischer Arbeit trifft – mehr oder weniger existenziell – für viele künstlerisch Arbeitende zu (explizit wird u. a. Boltanski in diesem Sinne gesehen und in seinem Lebenswerk entsprechend dargestellt – siehe S. 122).

(Dass diese Sicht des Künstlers als Außenseiter der Gesellschaft in einer eigens konstruierten Welt mit einer eigenen Wirklichkeit und einer eigenen Wahrheit auch zu so etwas wie einem Grundmuster ‚Künstler-Existenz' reduziert wird, muss hier wenigstens mitreflektiert werden.)

Den Gedanken der ‚Wahrheit als Freiheit im künstlerischen Akt' hat Thomas Lehnerer in ganz anderer Weise zum Gegenstand seiner kunstphilosophischen Auseinandersetzungen gemacht.

Die Wahrheit der Kunst zwischen subjektiver Erfahrung und objektiven Gegebenheiten (Thomas Lehnerer)

Lehnerer argumentiert gleicherweise noch weitgehend in polaren Setzungen: Für eine ‚gelungene' bzw. bedeutsame künstlerische Arbeit treffen in seinem Verständnis die innerpsychische, die subjektive Erfahrungswelt des Künstlers und die soziale, kulturelle wie sichtbar gegebene Außenwelt so aufeinander, dass sie künstlerisch produktiv werden. Die Gegebenheiten der Zeit, all das, was außerhalb des Individuums als soziale Struktur, kulturelle Gegebenheiten, als normative Setzungen existiert, als Geschichte, als sinnlich-ästhetische Erfahrungen, als Unvereinbarkeiten, Paradoxien und Widerstände, gilt es mit den subjektiven ästhetischen Empfindungen, den eigenen Wahrnehmungen und Erfahrungen in einem ständigen Prozess der Interaktion zu verweben. Um die Bedeutungen der

Instanzen ‚außerhalb' in ein selbstverständliches und frei funktionierendes Spiel mit den ästhetischen ‚Empfindungen innerhalb' zu bringen hat Lehnerer den Begriff der ‚Methode aus Freiheit' für die künstlerische Arbeit gewählt. Er bezeichnet damit die Möglichkeit, alle subjektiven Dispositionen wie alle objektiven Bedingungen und Gegebenheiten in eine Art ‚freies Spiel' miteinander zu bringen. Dieser Prozess ist begleitet von hoher Intensität und vollzieht sich in ständiger Aufmerksamkeit, Achtsamkeit und Ausschließlichkeit. Sie sind die notwendigen Voraussetzungen, da für das Funktionieren und Gelingen dieses Spiels sich keinerlei Regeln aufstellen lassen. Keine von außen geleiteten, etwa nach dem Muster eines ‚wenn-dann', noch innerpsychische, die besondere Befindlichkeiten, Gefühle oder Zustände des Subjekts als Voraussetzung für eine potenziell gelungene künstlerische Arbeit hätten. Nichts lässt sich festsetzen, fixieren, halten. Kunst funktioniert nur, wenn das ‚Außen' und das ‚Innen' sich im freien Spiel zusammenfügen und dieses Zusammenfügen ‚Spiel hat'. Dieser Begriff, dass etwas ‚Spiel hat', erscheint mir wesentlich, denn in der Sprache der Technik hat ‚Spiel' nur, was frei läuft, nirgends anstößt, keine Blockaden hinterlässt oder Verkrampfungen auslöst. Verknüpft mit der anderen Bedeutung von ‚Spiel' als einem Agieren bzw. einem Probehandeln in ‚frei-gesetztem' Feld, fügt sich so eine Vorstellung von künstlerischer Arbeit, die zwischen ‚Innen' und ‚Außen' eine eigene künstlerische Wirklichkeit entwirft. Für Lehnerer ist Kunst

> „kein objektiver Inhalt und keine objektive Form, sie ist als solche aber auch kein bloß subjektives Gefühl, sondern sie ist die subjektive, die gestische Form des Objekts selbst: die Produktionsform, Kunst ist die Weise des Entstehens, Produzierens, Hervorbringens, Machens, Konkretisierens, Tuns, Handelns, Werdens, Zustandekommens – Kunst ist die Methode sichtbar am Werk". (Lehnerer 1994, S. 84)

Aktueller Diskurs: Wirklichkeit und Wahrheit als Konstruktionen

Stellt man die oben noch weitgehend in historischen Argumentationssträngen vollzogenen und in polaren Systemen fixierten Gedanken zu Wirklichkeitsbezügen und Wahrheitsansprüchen von Kunst in einen größeren Bezugsrahmen, so sind sie letztlich u. a. zu diskutieren im Zusammenhang mit der Frage nach den Konstruktionen von Wirklichkeit generell, in der nicht nur das Künstler-Ich einen besonderen Raum besetzt hält, sondern alle anderen Menschen gleicherweise.

Wenn Wirklichkeit als Konstruktion erfahren wird und das ‚Richtige' wie das ‚Falsche', die Wahrheit und die Lüge ebenfalls Konstruktionen sind, dann beginnen sich alle denkbaren Grenzen zu verwischen. Wenn die Trennschärfen zwischen Authentizität und Fiktion, zwischen Traum, Imagination und Wirklichkeit, zwischen Realität und Virtualität fließend sind, dann werden auch im System von Lüge und Wahrheit die Zuweisungen immer komplizierter.

Auf der Ebene dinglicher Präsenz bzw. wahrnehmbarer Gegebenheiten unserer Umwelt wird Wirklichkeit auf Grund von Interaktion und Konsensbildung noch weitgehend als ein allgemein Gegebenes angenommen und – in ihren Erscheinungen – nicht in besonderem

Maße hinterfragt. Doch bereits im Akt bewusster Wahrnehmung schließen sich Bedeutungsproduktionen ein, kommt es zu individuellen Erklärungsversuchen, die in hohem Maße differieren: Ein dunkler Stein auf weißen Fliesen z. B. impliziert für jeden andere Fragen und andere Deutungen – (warum dort und nicht woanders, ob extra hingelegt oder zufällig, ob er ein Zeichen ist – nur für bestimmte Menschen in bestimmter Weise lesbar usw., usw.). Paul Watzlawik hat ähnlich wie Uxküll an einer Vielzahl von Beispielen aufgeführt, auf welche Weise die verschiedenen Wirklichkeiten sich konstituieren, wie sie nebeneinanderher existieren und oft sogar die Möglichkeit gemeinsamer Kommunikation ausschließen. (14)

Dass es nun gerade der individuelle künstlerische Akt ist, der mit der Hereinnahme von Fragmenten der Alltagswirklichkeit wie von Fragmenten bereits existierender Kunst den Blick ständig aufs Neue ver-rückt, ganz verschiedene Wirklichkeiten zur Anschauung bringt, sie künstlerisch immer wieder anders transformiert, macht Kunst zu einer Besonderheit, einem Bereich, in dem schon immer seismografisch Prozesse menschlichen Denkens, Handelns und Empfindens sich verdichten und erfahrbar werden, lange bevor sie in den allgemeinen – z. B. den philosophischen und kunsthistorischen Diskursen – virulent sind. Dennoch bleibt ein großer Rest, der sich vor dem Hintergrund solcher Setzungen nicht auflösen lässt und so auf eine der vielen Paradoxien und Ambivalenzen verweist: Es ist die Frage, wie es nämlich lustvoll sein könnte, exzessiv und auch ernsthaft, das Spiel mit Wirklichkeit und Schein zu betreiben, wenn alles sich mit allem vermischte, wenn Wirklichkeitsräume und fiktive Welten gleichsam in einem oszillierenden Fließen ineinander übergehen und unabgegrenzt und unbegrenzbar existieren. All die beschriebenen künstlerischen Handlungsweisen entstehen doch gerade, weil es Widerstände gibt, Abgrenzungen, von denen aus sich künstlerisches Handeln als das ‚Andere', Distanz-Schaffende, Gegen-Sätzliche erst sinnvoll entwerfen lässt.

Also müssen in unserem Bewusstsein die Erfahrungen von Grenzen und Abgrenzungen noch gegeben sein. Kollektive wie individuelle Erfahrungen von der Wirklichkeit der Dinge wie der gesellschaftlichen Wirklichkeit existieren wohl noch immer nicht nur als fossile Spuren, als alte Ordnungen oder nostalgische Grundmuster. Wir bewegen uns in den verschiedensten Bereichen, indem wir sie erkennen und anerkennen. Also konstruieren wir Abgrenzungen, weil Erkenntnis sich nur in Distinktionen vollziehen kann. (15) Dies sind heute nicht mehr zwingend die uns bekannten polaren Denk-Muster, auch wenn dies so scheint, wenn wir von Authentizität und Fiktion, von Original und Fälschung, von Wahrheit und Lüge sprechen.

Kunst heute hat ihre eigenen Wirklichkeitsbezüge wie auch ihre eigenen Wahrheiten

Die Tatsache, dass Täuschungen, Fälschungen bzw. ‚Lügen‘ Teil künstlerischer Strategien sind, ist das eine. Die Frage wozu, vor welchem Hintergrund und für welch ‚andere Wahrheit‘ aber das zweite. Lehnerers ‚Methode der Kunst aus Freiheit‘ wäre ein Weg zum Verständnis, indem eine Wahrheit, die als gegebene Instanz irgendwo außerhalb des Ich zu suchen wäre, zurückgewiesen wird, wie auch eine, die die totale subjektive Beliebigkeit und Befindlichkeit zur Voraussetzung hat bzw. zur Instanz für Wahrheit erhebt. Dennoch kann dies nur ein Gedanke im Hintergrund sein, denn eine einigermaßen verlässliche Aussage lässt sich eigentlich immer nur in der konkreten Auseinandersetzung mit konkreten Werken der Kunst machen. Also komme ich abschließend nochmals auf den Ausgangspunkt meiner Überlegungen zurück, auf die Täuschungen, auf die ‚Lügen‘ und Fälschungen in Werken von Fischli/ Weiss, Boltanski, Windheim und Sigurdsson.

Der ‚Fischli/Weiss-Blick‘

Eric Fischli und David Weiss sind Künstler-Philosophen. Ihr Spiel mit Täuschung, mit ‚Lüge und Wahrheit‘ hat somit viele Dimensionen. Zum einen ist dieses Spiel vor dem Hintergrund historischer philosophischer ‚Wahrheiten‘ zu lesen, und in diesem Sinne vielleicht auch ein Umgang mit tradierten geistigen Ordnungen. Zum anderen fügt es sich ein in die postmodernen Diskurse von Fiktion und Wirklichkeit, Authentizität und Täuschung. Denn ihre Arbeiten machen sinnlich erfahrbar, was es bedeutet, wenn nichts ist, was es zu sein scheint oder zu scheinen vorgibt. Ihre Akte mit doppelten Täuschungen sind ein ironisches Spiel, ein auf die Probe-Stellen, eine Herausforderung und eine Irritation der Vorstellung von der einmal erworbenen Richtigkeit gegebener Phänomene. Und zum Dritten beziehen sie sich auf die Wirklichkeit von Kunst, auf die Kunstform des ‚Ready-mades‘, das sie aufgreifen und auf ungewöhnliche Weise verändern. (Dass die hier angesprochenen Arbeiten nur eine bestimmte Werkphase darstellen und nicht ein gesamtes Werk, ist – wie für fast alle aktuell arbeitende KünstlerInnen – selbstverständlich.)

Mit ihren Arbeiten erzeugen sie etwas, das ich den ‚Fischli/Weiss-Blick‘ nenne: Ein an ihren Arbeiten in der Kunst ausgebildeter Blick kann auch die Alltagswahrnehmung verändern, wenn er auf ähnliche Dinge im Alltag trifft. Irgendwo abgestellte Farbeimer werden positiv besetzt und in Gedanken als mögliche Werke von Fischli/Weiss gelesen und so mit einer Spur Heiterkeit oder einem Quäntchen Ironie besetzt – ja geradezu umgedeutet und nobilitiert. (Siehe zur produktiven Möglichkeit ‚vieler Blicke‘ wie zur ‚ästhetischen Erfahrung‘ Kapitel „Die Wiese")

Boltanski

Christian Boltanskis Umgang mit der Wirklichkeit und den Fälschungen und Täuschungen bzw. Umdeutungen, zu denen sie ihn treibt, lässt sich einerseits so aufnehmen, wie er selbst es manchmal bezeichnet hat: als clowneske Gebärden, als kleine Schwindeleien und Täuschungsakte. Wesentlicher scheint mir die ihm zugeschriebene ständige Flucht vor dem realen Leben in seine künstlerischen Welten. Das wäre eine Analogie zu dem hier für Kafka beschriebenen Leben in einer anderen Wirklichkeit. Wie Kafka wird auch er gesehen und definiert als jemand, der sich in ständiger Konfrontation mit einem unentrinnbarem Gegenüber normativer, ideologischer Wirklichkeit und Geschichte befindet. Um in dieser Wirklichkeit überlebensfähig zu sein, kann er nur, wie Kafka auch, genau diese Unfähigkeit zu seinem Thema der Kunst machen. In den künstlerischen Entwürfen des Todes überlebt er – in der ständigen Bannung, Beschreibung wie Beschwörung bedrohlicher Wirklichkeit hat Kafka ein Stück weit überlebt.

Dorothee von Windheim und Sigrid Sigurdsson

Auch die angesprochenen Arbeiten von Dorothee von Windheim und Sigrid Sigurdsson stehen in einem komplexen Spannungsverhältnis von äußerer geschichtlicher Wirklichkeit und subjektiv-ästhetischen Empfindungen, Erfahrungen und Reflexionen, um Lehnerers Ausführungen hier nochmals dezidiert aufzugreifen. Die ideologischen äußeren Wahrheiten sind bei v. Windheim christlichen, anthropologischen oder allgemein religiösen Systemen entnommen. Um sie sichtbar zu machen, bedarf es der Zeichen und Symbole, die sie als in diesen Systemen gegeben ausweisen. Nicht der echten, wirklich vorhandenen, sondern der Verweise auf sie – sozusagen ihrer Stellvertreter. Solche Zeichen in der Kunst sind dann Re-Konstruktionen – Nach-Bildungen und Neu-Bildungen – häufig zwar mit authentischen Materialien, aber nicht authentischer Aura. Genau aber dies gilt es herzustellen. In der Kunst v. Windheims zeugen diese Arbeits-, Such- und Findungsprozesse von der Intensität der künstlerischen Auseinandersetzung und sind gerade darüber so überaus eindrücklich. Durch eine Vielzahl materialer Experimente und ästhetischer Entscheidungen hindurchgegangen, gibt es am Ende nur die eine Re-Konstruktion, nur das eine Tuch und kein anderes – ohne dass zu beschreiben wäre, was genau dieses eine vor allen anderen auszeichnet.

Ähnlich verfährt Sigurdsson mit den Dingen in ihren Archiven. Die Fälschungen und Täuschungen, die sie vornimmt, sind vor dem ideologischen Hintergrund einer Geschichte des 20. Jahrhunderts zu sehen. Die Wirklichkeit der historischen Dokumente und somit die ‚Wahrheit‘, in die sie subjektiv eingreift, ist im allgemeinen Regelverständnis eine objektive Größe, die mit Wissenschaftsmethoden dem Anspruch der Wahrheit gemäß zu bearbeiten ist. Genau diesem Anspruch widersetzt sie sich. Im Wissenschaftsverständnis würden ihr unzulässige Manipulationen vorgeworfen, Geschichtsklitterung, vorsätzliche Fälschungen, unsachgemäße Behandlung, Ignoranz gegenüber der geschichtlichen Wahrheit usw. Ähnlich wie Boltanski und Kafka auch hat sie eine bedrohliche, eine erschlagende historische Wirklichkeit als Gegenüber, die für einen einzelnen Menschen kaum zu bearbeiten und zu bewältigen ist, es sei denn, er bzw. sie ist in der Lage, sie in eine künstlerische/soziale Verantwortung zu nehmen. Und genau mit diesem Anspruch kann Sigurdsson all die Eingriffe in historisches Material vornehmen, weiß sie doch, wie

Vom Erinnern

Wenn Erinnerung an vergangene Ereignisse sich materialisiert, sich in Formen des Schreibens, Zeichnens, Fotografierens und in Ergebnissen des Forschens niederschlägt, bedarf es hierzu eines geschützten Ortes. Unseren konventionellen Archiven haftet allerdings ein statischer Zug an – persönliche Erinnerungen und historische Ereignisse bleiben dort zwar verwahrt, doch mit der Zeit verstauben und erstarren sie zu toten Ablagerungen, die für die Allgemeinheit unzugänglich sind und nur von wenigen Menschen gelesen und reflektiert werden können. Im Gegensatz dazu bieten die von mir seit Anfang der 80er Jahre konzipierten und bereits an verschiedenen Orten realisierten ‚Offenen Archive' einen beweglichen und sich beständig entwickelnden Vorgang an, in den sich prinzipiell jeder eingliedern kann.

Durch die Teilnahme vieler Autoren, die mit ihrem Wissen, ihren Erinnerungen an vergangene, geschichtliche Ereignisse zu den ‚Offenen Archiven' beitragen, entwickelt sich ein virulenter Prozess, der die Gegenwart des Vergangenen im Jetzt sichtbar macht und sich schließlich zu einem ‚milieu de mémoire' (vgl. Nora 1990) verdichten kann. Am Ende steht ein begehbares Bild, ein Gewebe, das ein geschichtliches Thema umkreist und dessen Fäden von den Teilnehmern selbst gesponnen werden. Die Zeit kann hier zu einem Raum werden, der nach Fertigstellung den Einwohnern einer Stadt oder eines Landes die Möglichkeit des Weiterschreibens, Fotografierens, Forschens bietet.

Nach dem Abschluss meiner Arbeit – oftmals mit zahlreichen Institutionen, Einrichtungen, Gruppen und einzelnen Bürgern, die im Verlaufe des Prozesses als Autoren der eigenen Geschichte auftreten – verbleibt die so entstandene Sammlung in der jeweiligen Stadt und wird dort zu einem eigenständigen, geschichtlichen Ort, der von Bürgerinnen und Bürgern, Schulen, Universitäten genutzt und reflektiert werden kann. Die Erfahrung mit dieser Arbeit zeigt: Wenn Menschen sich um einen ‚blinden Fleck' ihrer Stadt oder ihrer eigenen Geschichte klärend bemühen, hat das für diesen Ort Folgen, die zu einem veränderten Umgang mit Geschichte führen können. Jedes der bisher realisierten Archive im öffentlichen Raum hat sein ganz eigenes Thema und sein individuelles Gesicht, während sich die Methode der ‚Offenen Archive', die die Beteiligung vieler einschließt, wiederholt.

Um einen Prozess dieser Art anzuregen und ein solches Archiv gemeinsam mit einem Museum, einer Universität oder einer Stadt einzurichten, bedarf es zunächst einer Analyse geschichtlicher Ereignisse, die aus dem Blickfeld vieler verdrängt wurden. Meine Aufgabe besteht dabei darin, diesen blinden Punkt herauszufinden, ihn zu einem Konzept zu verdichten und einen Gestaltungsvorschlag zu entwickeln. Im Falle des hier vorgestellten Projektes ‚Deutschland – ein Denkmal – ein Forschungsauftrag' von 1998 schloss sich das Karl Ernst Osthaus-Museum dem Konzept an. Allen bisher am Projekt Beteiligten sei an dieser Stelle recht herzlich gedankt. Lange schon befasst sich meine Arbeit mit der Unmöglichkeit, das Grauen des Dritten Reiches ästhetisch darstellen zu können. Bei meiner Vorarbeit für die Entwicklung alternativer Möglichkeiten des Gedenkens und Erinnerns stellte ich fest, dass es in Deutschland bislang noch keine Übersichtskarte sämtlicher nationalsozialistischer Verbrechensorte gab. Daher entschloss ich mich 1996, die erste Fassung einer solchen Karte mit Register in Auftrag zu geben. Die Hamburger Historikerin Cornelia Steinhauer übernahm diese Aufgabe. Sie markierte die Orte der nationalsozialistischen Lager und Haftstätten von 1933 bis 1945 auf einer noch heute im Handel erhältlichen Deutschlandkarte in den Grenzen vom 31.12.1937. Die Karte mit den schwarzen Markierungen vermittelt eine Übersicht der ehemaligen Ort des Schreckens und verdeutlicht die Ausmaße des nationalsozialistischen Lagersystems. Die Karte ist als Umsetzung der bestehenden Forschung zu verstehen: Auf der Grundlage der Karte können die Fakten nach und nach von Zeitzeugen, Historikern und interessierten Bürgern zu einem Mahnmal zusammengetragen werden.

Aus: Sigrid Sigurdsson „Deutschland – ein Denkmal – ein Forschungsauftrag". In: Angela Ziesche u. Stefanie Marr (Hrsg.) „Rahmen aufs Spiel setzen". Helmer 2000. S. 117 ff.

Menschen über diese subjektiven, privaten und intimen Formen der Bearbeitung auf eine Weise angesprochen und berührt werden, dass sie ihre eigene Geschichte, ihr Wissen und ihre ästhetischen Empfindungen mit in die Auseinandersetzung ihrer Arbeiten tragen wie dies keine ‚objektive' Dokumentation historischen Materials leisten kann. Erst in der Verdichtung, im subjektiven künstlerischen Akt und den Spuren individueller Bedeutungen, die sie dem ‚Material' gibt, entsteht etwas gänzlich Neues – eine andere Wirklichkeit mit einer anderen Wahrheit.

An den Ausgangspunkt meiner Überlegungen angekommen lässt sich nun vielleicht sagen: Die Täuschungen und die Fälschungen sind – wie dargelegt – verschiedene Modi der Wirklichkeitserfahrung, transformiert in die Wirklichkeit von Kunst. Sie brechen altbekannte Wahrnehmungen auf, irritieren und evozieren die Notwendigkeit eines anderen Blicks, von dem aus letztlich eine neue Erfahrung der Welt, ein Sich-In-Beziehung-Setzen zu unterschiedlichen Wirklichkeiten – sozialen, biografischen, historischen, religiösen und wahrnehmbar gegebenen – wie ein anderes Sich-Selbst-Begreifen möglich wird.
Dass die mit authentischem Schein ausgestatteten Bilderwelten der Kunst in so hohem Maße irritieren, hat zudem mit etwas Weiterem zu tun – mit einer Art Umkehrschluss historischer Erfahrung: Nachdem das gesamte 20. Jahrhundert der Kunstentwicklung – begleitet von heftigsten Rezeptions-Akten – die Kunst-Betrachtenden dazu ge- wie ver-führt hat anzunehmen, dass es geradezu Merkmal der Kunst sei, alle möglichen Abstraktionen sichtbarer Wirklichkeit vorzunehmen (Kulminationspunkt: Picassos mehrperspektivische Bilderwelten) wie auch Bild-Wirklichkeiten zu erfinden, wird dieses Prinzip in dem hier angesprochenem Spektrum von Kunst auf den Kopf gestellt. Sämtliche Erwartungen werden weitgehend irritiert: Die Bilder, wie die Gegenstände sind spezifischen Wirklichkeits-Wahrnehmungen und ihren Dokumentationen über Film und Fotografie entlehnt (kriminologischen, archäologischen u. a.) und werden der Wirklichkeit von Kunst in einem neuen Verständnis zugeführt. Die sozialen, historischen, religiösen, biografischen und in den Phänomenen gegebenen sichtbaren Wirklichkeitsbezüge werden hier allesamt aufgehoben, obwohl sie ‚täuschend echt' aussehen – sind sie im System von Kunst allesamt ‚unecht', um hier wiederum überaus ‚echt und wahr' zu sein.

Im Kopf arbeite ich immer

Im Kopf arbeite ich immer. Ich ertappe mich oft dabei, dass ich einen Satz ununterbrochen wiederhole, bis ich ihn aufgeschrieben habe. Überall liegen Blocks und Stifte, denn wenn ich die Sachen in meinem Kopf nicht sofort fixiere, sind sie weg. Am liebsten und am besten arbeite ich in der Früh. Schon im Bett mache ich Notizen mit der Hand. Manchmal bin ich auch durch Lektüre angeregt, ich lese oft sehr früh am Morgen meine Lieblingsdichter. Sehr ergiebig sind auch Träume, die mir ganze Sätze einsagen. Ich muß sie sofort aufschreiben; bis zum Morgen halten sie sich nicht. Das bedeutet natürlich eine gewisse Überwindung. Man muß das Licht aufdrehen und ganz bewußt aus dem Schlaf heraustreten. [...]
Er ist unterschiedlich. Wenn ich an einer großräumigen Prosa schreibe, hänge ich noch immer mit dem Vortagsergebnis zusammen, wenn ich in der Früh anfange. Ich füge diese Morgen-gedanken dann meistens mit der Maschine in den Prosaablauf ein. Das Gedichtschreiben ist ein bißchen anders. Es hängt sehr von der Stimmung ab, nicht nur von der psychischen, auch von der physischen. Wenn ich mich in der Früh nicht wohlfühle, weiß ich, dass der Tag für das Schreiben nicht gut ist. Dann mache ich andere Dinge. [...]
Es kommt vor, dass ich ein Gedicht innerhalb weniger Minuten fertig habe; oft beschäftige ich mich aber auch mehrere Tage damit. Es werden dann immer wieder Korrekturen von Kor-rekturen gemacht, bis die Sache wirklich einen Körper hat. Es muß alles stimmen, sonst wird es wieder weggelegt; dann muß man eben warten, bis der Moment kommt, in dem man es in den Griff kriegt. Bei Prosa habe ich ein anderes Gefühl an der Maschine als bei Gedichten. Mein Gedichtschreiben könnte ich vergleichen mit Aquarellieren, mein Prosaschreiben mit der Arbeit eines Steinmetzes, der mit aller Intensität und Kraft in eine Materie eindringt, die nicht so leicht zu durchdringen ist. Es gibt Phasen, manchmal über Jahre, in denen ich nur Prosa schreibe. Während dieser Zeit kann ich zwar ein Gedichtband zusammenstellen, „komponieren", wie ich sage, aber viele neue Gedichte kann ich dann nicht schreiben.

Aus: Friederike Mayröcker „Interview mit Herlinde Koelbl". In: Herlinde Koelbl „Im Schreiben zu Haus". München 1998. S. 146.

Wissenschaftliche Annäherungen

Künstlerische und wissenschaftliche Arbeit im Bereich kunstpädagogischer Erfahrungen

Viele KunstpädagogInnen arbeiten sowohl künstlerisch als auch wissenschaftlich. Befragungen wie auch eigene Erfahrungen vermögen etwas über Differenz und Ähnlichkeit der Prozesse – hier verstanden als traditionell getrennte Prozesse – auszusagen. Differenzen bzw. Ähnlichkeiten beziehen sich auf die unterschiedlichen Motivationen, auf die zumeist getrennten Orte (die Zeit, als der Küchentisch Ort für beides war, ist weitgehend vorbei), sowie auf die Organisationsstrukturen und die Realisierungsformen. Aus allem, was sich dazu darlegen ließe, möchte ich hier zwei Aspekte aufgreifen: die Unterschiede im Prozeß wie im begleitenden Denken sowie den Umgang mit Korrekturen. Sie sollen die verschiedenen Aspekte zeigen, die in den voneinander getrennten Denk- und Handlungsformen liegen. Sie hier darzulegen hat die Bedeutung, sie zunächst als Getrenntes deutlich in ihren Eigenheiten wahrzunehmen, da es später darum gehen wird, sie in Formen ihrer Verknüpfungen bzw. Vernetzungen zu sehen.

Der Prozess und das begleitende Denken

Ein künstlerisches und ein wissenschaftliches Vorhaben gleichlaufend parallel zu bearbeiten, schließt sich weitgehend aus, wenn es nicht – wie im Rahmen ästhetischer Forschung – denselben thematischen Kern hat. Die Schwierigkeit liegt vor allem in einer unterbrochenen gedanklichen Begleitarbeit. Diese gedanklich-begleitende Arbeit ist es, worauf es entscheidend ankommt, sowohl für den wissenschaftlichen wie für den künstlerischen Prozess. An der Intensität, mit der sich die begleitenden, vorauseilenden, hinterher Folgenden, in Frage stellenden, euphorisch-akzeptierenden Gedanken ins Bewusstsein drängen, misst sich das Gelingen der Arbeit. Gert Selle hat hier den Begriff von der „Werkstatt des Subjekts" eingeführt – einer Werkstatt, die außerhalb wie innerhalb, also auch auch im Kopf sein kann. (Selle 1994, S. 37)

Nicht nur ein mögliches Gelingen leitet sich von den begleitenden Gedanken ab, sondern auch ein persönlicher Zustand, eine Gestimmtheit, eine situative Befindlichkeit, ein Sich-selbst-Begreifen und Bei-sich-selber-Sein. Diese Erfahrungen scheinen mir wichtige Gradmesser – haben sie es doch immer schwer, sich in der Vielfalt alltäglicher Erlebnisse durchzusetzen. Wenn sie es tun, ist eine wichtige Hürde für eine besondere Arbeit überschritten und man ist dort angelangt, wohin man sich oft auf Grund von Erfahrungen zurücksehnt: in eine andere Welt der Vorstellungen, Fragen, Bilder, Gesetzmäßigkeiten und Perspektiven.

Die Differenz zwischen wissenschaftlicher und künstlerischer Arbeit liegt hier in einer Vielzahl möglicherweise nur kleinerer, differierender Akte des jeweils „Anders-Seins", wie darin, dass die Gedanken, die ein komplexes künstlerisches Vorhaben begleiten, sich in einem sehr viel breiteren Feld bewegen: vom ‚Werkeln im Kopf‘, das z. B. ein ganz bestimmtes handwerkliches Problem verfolgt, bis hin zu Grundfragen nach Sinn und Perspektive der Arbeit. Dabei tauchen die einzelnen Aspekte und Probleme mit unterschiedlichen Gewichtungen auf, sie können aber gleichwohl alle gleicherweise zäh und punktuell unproduktiv sein und die Grade der Lust wandern ständig.

Für die Prozesse der Textarbeit gilt: erste Recherchen sind irgendwann abgeschlossen, Zitate zusammengetragen – Bausteine vielleicht für zukünftige Passagen. Doch die entscheidenden Aktionsplätze für den Stoff, aus dem sich die Gedanken, die Begriffe, Wörter und Sätze bilden, sind oft ganz woanders. Eine Kultursendung z. B., ein Dokumentarfilm, ein literarisches Werk, ein Gespräch und man findet Fragen und Ideen, an denen man selbst arbeitet und ein neuer Gedanke fällt einem zu, der Schlüssel vielleicht zu einer ganzen Passage, an der man tagelang nicht weiter gekommen ist.

Der fruchtbare Moment im Arbeitsprozess entsteht oft gerade dort, wo man ihn nicht vermutet und auch nicht gesucht hat. Ein Zu-Fall, der natürlich nicht von ungefähr kommt und nicht voraussetzungslos produktiv wird. Die Textur des Stoffes, aus dem die Werke sind, bekommt auf diese Weise ihre eindrücklichsten Muster, aber nur, wenn die Hauptfäden bereits gespannt und auf irgendeine Weise befestigt sind. Dann fallen alle anderen Gedanken, Bilder, Begriffe dort hinein und bleiben hängen. Dass auch vorsprachliche Eindrücke, Wahrnehmungen zu wesentlichen Gedanken und Texten führen – ein Duft zu einem Wort wie auch ein Klang oder ein Bild, ist ebenfalls ein Hinweis darauf, dass die ständige gedankliche Aufmerksamkeit, die Arbeit im Kopf bzw. das begleitende Denken Grundlage eines produktiven Prozesses ist.

Doch die wesentliche Arbeit entsteht erst in einem zweiten Akt, im ständigen Umformen, Ergänzen, Weglassen eines bereits Fixierten. Bis ein wissenschaftlicher Text als bedruckte Seiten eines Buches offiziell wahrnehmbar wird, vergehen Monate intensivster Arbeit. „Wiederholendes Durcharbeiten“ könnte man es wohl nennen. Bei manchen Arbeitsprozessen steht am Ende von den ersten geschriebenen Sätzen so gut wie keiner mehr, weil durch ein fortwährendes Um-, Durch- und Quer-Arbeiten, ständige Veränderungen notwendig wurden. Ganz nach dem Prinzip der Chaos-Forschung, wo z. B. das Vibrieren zweier Schmetterlingsflügel auf Seite sechsundsiebzig die Blätter der Bäume auf Seite zwei von den Ästen treibt. Die neu installierten Bäume aber rauschen dann möglicherweise so stark, dass die Sinn-Konstruktionen auf Seite neununddreißig zusammenfallen und man hier neue Stützen einziehen muss …

Korrekturen künstlerischer und wissenschaftlicher Arbeit oder „Meister-ich-bin-fertig-kann-ich-trennen"

Wenn meine Mutter mir ein Kleidungsstück nähte, kam bei der Anprobe oft ein Satz, der mich bereits im Vorfeld sorgte: Nach kurzer Prüfung sagte sie seufzend: „Meister, Meister ich bin fertig, kann ich trennen?", zog mir das Kleidungsstück aus und trennte es wieder auf – erstaunlich geduldig im Gegensatz zu mir, die ich nun das Teil nicht so bald anziehen konnte. Damals hat sich mir ein Interaktionsmuster eingeprägt, dem ich im späteren Leben immer wieder begegnet bin: Während ich – an mir herunterschauend – befand, dass das mit dem Kleid doch so in Ordnung sei und heftig argumentierte, dass man es so lassen könnte, befand meine Mutter, dass es an den Ärmeln nicht sitze, hinten zipfele und am Hals zu weit sei. Sie hatte also eine deutliche Vorstellung davon, wie das Kleid an mir auszusehen hätte. Später habe ich den gleichen Umgang mit halb- oder ganz fertigen Werken bei allen ernst zu nehmenden Künstlerinnen und Künstlern wie bei Handwerkern wieder gefunden: die Siebdruckauflage eines befreundeten Künstlers z. B., die nach tagelanger Arbeit endlich fertig war, musste dann in einer Nacht nochmals neu gedruckt werden, weil – unter einer anderen Lichtkonstellation – der Rotton falsch war. Als Helfende befand ich, dass der Rotton doch eigentlich recht gut sei (nicht nur, aber zugegebenermaßen auch, weil ich nicht noch die ganze Nacht drucken wollte). Für den verantwortlichen Künstler gab es diese Überlegung nicht. Der Rotton musste anders sein, egal wie kalt es in der Werkstatt war, wie hungrig oder müde man sich fühlte.

Es ist diese Haltung zum Werk, die Konsequenz der Entscheidungen und die Unerbittlichkeit, nicht aufzugeben und solange zu arbeiten, bis sich das Ganze einfügt in ein Genau-dies-ist-es-jetzt. Dabei sind es keineswegs immer umfassende oder grundlegende Fragen, an die sich die heftigsten Auseinandersetzungen knüpfen, sondern scheinbare Kleinigkeiten – die Klebekante der Papiere stimmt nicht, die Maserung des benutzten Holzes ist ‚falsch‘, der Objektkasten muss sechs Millimeter breiter sein, dann passt er ‚optisch‘ besser in das übrige Gefüge usw. usw.

Für nicht künstlerisch Arbeitende sind solche Prozesse kaum nachvollziehbar, denn sie können es ja nicht ‚sehen‘, was man selber ‚weiß‘. Dafür gibt es keine Außen-Instanz, von der aus zu befinden wäre, wie denn das Ganze zu sein habe. Und all die kleinen lapidaren Wörter einer Sprache, die man benutzt, um die Differenz zwischen dem, was ist und dem, was sein sollte, sagen – in ihrem 'etwas ist nicht stimmig, passt optisch nicht, ist falsch' – überhaupt nichts aus.

Für wissenschaftliche Arbeiten gibt es vielfältige Analogien, aber auch weitgehende Differenzen. Textstellen wieder ‚aufzutrennen‘ kommt häufig vor: Ein bestimmter Gedanke ist zu apodiktisch formuliert, man müsste ihn relativieren; eine Textstelle aus einem Quellentext ist vermutlich überinterpretiert – man sollte gleich nochmals genau nachlesen. Doch dann fügt sich alles so gut ein, passt irgendwie vom Sprachfluss her und bleibt erst einmal eine Weile stehen. Man gewöhnt sich immer besser daran, bis man dann von einem ganz anderen Gedanken her nochmals auf die Passage gestoßen wird – und der

Ein Blatt in Besitz nehmen

Das Problem, ein Blatt in Besitz zu nehmen, habe ich nie gehabt. Ich bin ein permanenter Zeichner. Alles, was ich vor Augen hab', oder auch das, was mir durch den Kopf geht – es gibt immer so viel zu zeichnen. Und wenn das Blatt schon mal befleckt ist, dann kann man auch gleich darauf schreiben. Diese jungfräulich weißen Blätter werden nicht alt bei mir. Wenn eins mich etwas länger leer anschaut, dann zeichne ich im Zweifelsfalle etwas darauf – und dann sehe ich ja, was dabei rauskommt. Es könnte eine Maus sein, und die könnte diesen Gesichtsausdruck haben, und hinten könnte sie so einen gaaanz langen Schwanz, sehen Sie, und dann könnte ich schon anfangen, dazu ein Gedicht zu schreiben. Denn das wäre doch erklärungsbedürftig, wieso diese Maus so einen langen Schwanz hat.

Aus: Robert Gernhardt „Im Interview mit Herlinde Koelbl". In: Herlinde Koelbel „Im Schreiben zu Haus". München 1998. S. 174.

Ich ringe nie um Worte, sonder schrieb flüssig drauflos.
Wenn ich dann im Wald spazieren gehe, fällt mir das Wort, das nicht stimmt, auf den Kopf. Zu Hause angekommen, wird das Wort ausgewechselt. Wenn man anfängt zu schreiben, hört es nicht mehr auf. Es bleibt im Kopf, am Tag und in der Nacht. Ich möchte ein Loblied auf die Schlaflosigkeit anstimmen. Wenn man so drei Stunden wach liegt, denkt man hin ... Und am Morgen, wenn ich beginne, ist es schon geschrieben.
Eine Zeitlang war ich ohne festen Wohnsitz. Ich wollte aber nicht ohne Schreiben sein, so fing ich an, mit Bleistift zu schreiben.

Aus: Peter Handke „Im Interwiev mit Herlinde Koelbl". In: Herlinde Koelbel „Im Schreiben zu Haus". München 1998. S. 15.

Akt des ‚Auftrennens' unausweichlich wird. Der Unterschied in der Wahrnehmung, dass etwas ‚so nicht stehen bleiben kann', ist im Vergleich zur künstlerischen Arbeit scheinbar erheblich: Beim wissenschaftlichen Arbeiten bieten sich viele Außen-Instanzen an, von denen aus Urteile und Beurteilungen möglich sind und angemessen erscheinen. Es sind Instanzen, die Begriffe, Gedanken, Formulierungen in gewisser Weise überprüfbar machen – Instanzen also mit einer tendenziell objektiven, zumindest aber breit angelegten intersubjektiven Gültigkeit, im Gegensatz zu den weitaus deutlicher gegebenen intrasubjektiven Instanzen künstlerischer Prozesse. (Dass auch sie letztlich in Abhängigkeit zu gegebenen Kontexten, Trends, Märkten u. a. zu sehen sind und sich häufig fälschlich als rein individuelle, unabhängige Entscheidungen gerieren, sei hier wenigstens angemerkt.) Im Schlußkapitel greife ich Aspekte künstlerisch-wissenschaftlicher Arbeit in ihrer Vernetzung im Konzept ästhetischer Forschung nochmals auf. Im Folgenden wende ich mich zunächst den engeren, im Rahmen der Fachdidaktik vielfach diskutierten Fragen wissenschaftlicher Arbeit zu.

Wissenschaftliche Annäherungen: Fragen und Forschen

Fragen

Ein Kind z. B. verfügt in der Regel nicht über Zugänge zu umfangreichem Wissen, um gelebte Situationen klären, aufdrängende Fragen beantworten und widerfahrene Schrecken bannen zu können. Und doch gibt es Annäherungen, Haltungen, eine Art zu philosophieren, sich Gedanken zu machen, anderen Fragen zu stellen und Antworten zu erhalten, die durchaus in der Lage sind im Kindesalter das zu leisten, was ausgewählte Theorien im Erwachsenenleben vermögen.

Wissenschaftliches Fragen hat also wesentliche Voraussetzungen: die Neugier etwas wissen und klären zu wollen wie eine damit verbundene individuell unbeirrbare und unverrückbare Fragehaltung. Um einen für sich selbst produktiven Weg zu finden, wird es im Erwachsenenalter zunächst ähnlich sein wie im Kindesalter auch: Man wird fragen, suchen, forschen, viele Wege benutzen, manches verwerfen, neu suchen usw. Die Zäsur zur Alltagserfahrung wird hier zunächst nicht viel mehr sein als ein Innehalten, ein Aufmerksam Werden, um den flüchtigen und diffusen Strom der Dinge und der damit verbundenen Wahrnehmungen anzuhalten. Es wird ein Vortasten sein, ein Beobachten, Erinnern und Rückführen auf etwas, das man schon einmal gesehen, gedacht und empfunden hat, ein Hinein-Fragen in historische, gesellschaftliche und kulturelle Gegebenheiten. Doch die Art zu fragen, etwas wissen und erkunden zu wollen, müssen viele erst wieder lernen. (1)

Forschen

Auf den ersten Blick scheint die Sache mit dem Forschen ziemlich klar. Gibt es doch so etwas wie eine allgemeine Vorstellung davon, was jemand treibt, wenn er forscht: ein Archäologe z. B., ein Physiker, ein Geologe oder ein Höhlenforscher. Der Forschungsbegriff, der sich mit ihnen verbindet, hat vielfach noch etwas von Romantik, Abenteuer und berühmt machenden Entdeckungen, aber auch von der Einsamkeit eines Langstreckenläufers. Die Forschungen eines Biochemikers, Quantenphysikers, Petrografen sind da schon weniger einzuschätzen. Aber immerhin gibt es die Medien, die uns mit ihren ‚Bildern aus der Wissenschaft' Einblicke auch in sehr komplexe Forschungszusammenhänge zu geben versuchen. ‚Jugend forscht' ist ebenfalls ein immer wiederkehrendes Thema der Medien. Und dann gibt es noch den ‚kleinen Forscher' (nicht allerdings die kleine Forscherin), ein Typus, der in den Bilderbüchern beheimatet ist und dort die Dinge auseinander nimmt, die er findet.

Sie alle tragen dazu bei, den Begriff sehr offen auszudeuten, haben aber auch ähnliche Einschätzungen in Bezug auf den Forschenden: dass es z. B. eine bestimmte Haltung wie das Verhalten eines Menschen ist, der/die sich auf den Weg macht, um am Ende mehr zu wissen als zuvor – oder auch nicht. (Das Risiko zu scheitern ist dem Forschungsbegriff immanent.)

Forschen im wissenschaftlichen Sinne ist nicht voraussetzungslos möglich. Der Forschende entwirft eine ‚Versuchsanordnung‘, mit der er/sie glaubt, zu einem Ergebnis, einer Erkenntnis zu kommen und die zugleich dazu gedacht ist, die Forschung für andere überprüfbar zu machen, um somit der Erwartung an notwendig objektive bzw. objektivierbare wissenschaftliche Ergebnisse zu entsprechen. Forschungsbereiche, die es mit sichtbaren Dingen, Materialien und Energien zu tun haben, sind das eine, Bereiche, in denen es symbolische Gegenstände, Denk-Konstrukte, Sprache und Bilder gibt, die sogenannten ‚Geisteswissenschaften‘ also, das andere. Forschungen in diesem Bereich haben das ganze Feld des bereits Gedachten, Geschriebenen wie der medialen Bilder vor sich, um neuen Thesen und Fragen nachzugehen. Jedes Vorhaben hat seine eigene Ausgangssituation, sein spezifisches Setting, seine Methoden bzw. Wege. Da jedes von jedem verschieden ist, gibt es auf der Ebene des Verallgemeinerbaren höchstens ein paar Grundannahmen, die sich mit der Person des Forschenden verbinden: ein besonderes Interesse; ein deutlicher Wille; ein bestimmtes Wissen als Vorraussetzung; die Fähigkeit zu planen und zu organisieren, Gegebenheiten zu strukturieren; eine Ausgangshypothese zu entwerfen (notfalls, um sie wieder verlassen zu können) (2); sowie die Kenntnis der Gepflogenheiten der in diesen Bereichen üblichen Forschungen. Und nicht zuletzt: Geduld, Ausdauer, Disziplin sowie die Fähigkeit, Entscheidungen treffen und mit Niederlagen fertig werden zu können.

Ästhetische Forschung

Für den Bereich des Ästhetischen kommen nun unter der Setzung ‚Forschung‘ sehr heterogene Anteile zusammen, denn die Forschungsfelder haben völlig verschiedene materielle und ideelle Ausdehnungen. Ästhetische Forschung nutzt die im Bereich des Ästhetischen zur Verfügung stehende Wege als Produktions-, als Aneignungs-, Erfahrungs- und Erkenntnisweisen: die Möglichkeiten des Künstlerisch-Produktiven bzw. Ästhetisch-Praktischen also einerseits wie die Verfahren, die sich auf Denken, auf Sprache und auf gegebene Diskurse beziehen – die wissenschaftlichen Arbeitsweisen also. Im ersten Kapitel habe ich eine begriffliche Setzung vorgenommen, indem ich für das, was als ästhetische Forschung zu bezeichnen ist, erste Bestimmungen formulierte. Am Ende des Kapitels werde ich abschließend nochmals ein differenziertes Fazit geben. An dieser Stelle geht es mir vor allem um den wissenschaftlichen Anteil einer Arbeitsweise, die ich ästhetische Forschung nenne. Wesentlich scheint zunächst eine grundlegende Frage: die der Vereinbarkeit von künstlerischem Handeln und wissenschaftlichem Denken unter der Fragestellung der Erkenntnis. Diese Frage nach der Erkenntnis und den Wegen zu ihr zieht sich durch die ganze neuere Fachgeschichte: Vor allem Gunter Otto hat – genau genommen sein Leben lang – diese Frage verfolgt und bis zum Schluss Bezüge herzustellen versucht, die die Besonderheiten ästhetischer Praxis bedeutsam und beschreibbar machen und ihr einen angemessenen Stellenwert im Kontext wissenschaftlichen Arbeitens zuweist. (3)

z. B. ... die Welt neu erfinden

Das Schreiben ist ja nicht nur eine Übersetzung von etwas, was man im Kopf hat, in die schriftliche Form, sondern es ist ein Prozeß, der tatsächlich zum Entstehen vieler Dinge führt, auch zum Entstehen ganzer Menschen. Und natürlich glaubt man zu wissen, welche Lebenslinien man seinen Figuren zugeteilt hat. Aber selbst wenn ich einer Gestalt ein Schicksal, ein Leben, eine Zukunft vorgegeben habe, ist immer noch die Frage: Auf welche seltsame, bizarre, komische oder tragische Art folgt dies Gestalt diesen Linien? Und das kann zu großen Überraschungen führen, weil es oft eine Frage feinster Nuancen ist: wie jemand ein Zimmer betritt, wie er Platz nimmt und zu sprechen oder zu kichern beginnt. Es ist eine Frage von Nuancen, solchen ganz einfachen Vorgängen etwas Tragisches oder etwas Komisches zu geben. Es ist immer ein und dasselbe, es ist immer dieser Raum, es ist immer die eine Gestalt, es ist immer der eine Tisch, an dem sie Platz nimmt: Von außen geschieht scheinbar immer ein und dasselbe. Aber im Erzählen wendet sich dann dieser einfache Vorgang plötzlich und nimmt eine bestimmte Farbe, eine bestimmt Aura an und öffnet auf einmal ein Fenster, sagen wir mal in eine etwas schattigere, finstere Welt – dagegen erscheint in der anderen Form der Beschreibung derselbe Vorgang auf eine eigentümliche, rätselhafte Art plötzlich sehr komisch. Im Schreiben entscheidet sich, welches Licht auf diesen Augenblick der Welt fällt.

Der geschriebene Satz läßt alle Möglichkeiten, die man im mündlichen Erzählen noch hat, auf die eine notwendige zusammenschnurren, in der allein sich die Farbe der Geschichte zeigen wird. Das ist oft ein schwieriger Entscheidungsprozeß, weil er ein Prozeß der Vereinzelung ist, aus unendlich vielen Möglichkeiten die eine herauszufinden, die der Geschichte mit einer solchen Plausibilität und Notwendigkeit entspricht.

Ich schreibe meine Geschichte Satz für Satz, Absatz für Absatz, Seite für Seite, von Anfang bis Ende. Ich habe nie so etwas wie eine erste Fassung geschrieben. Der erste Satz ist immer der älteste und der letzte immer der jüngste. Und in diesem Wiederholen der Sätze, das manches Mal dem Wiederholen von Mantras gleicht, fügt sich ein Satz so an den anderen, daß sich daraus die Geschichte ergibt. Man muß natürlich bei dieser Art von Arbeit immer den sogenannten großen Bogen präsent haben, er muß aus jedem einzelnen Satz herausscheinen. Das bedeutet natürlich, das ganze Gewicht der Geschichte immer im Bewußtsein zu haben, ob man nun an einem winzigen Detail sitzt oder an einem großen Absatz.

Ich brauche zum Weiterschreiben das Gefühl, einen Satz tatsächlich zu Ende gebracht zu haben. Ohne diese Freude kann ich nicht zum nächsten Satz gehen. Ich versuche einen Satz so zu gestalten, daß ich sagen kann: So wie er jetzt dasteht, wird er später auch veröffentlicht; das ist der Satz, so wie ich ihn wollte, so wie der meiner Geschichte entspricht. – Dieses Gefühl einer gewissen Befriedigung, könnte ich nie aus einem vorläufigen Text beziehen.

Aus: Christoph Ransmayr „Im Interview mit Herlinde Koelbl". In: Herlinde Koelbl „Im Schreiben zu Haus".
München 1998. S. 110 f.

Da die Gedanken zur ästhetischen Forschung aus der Tradition der Fachdiskussion entstanden sind, will ich im Folgenden nochmals einzelne Aspekte nachzeichnen bzw. parallele Überlegungen anbinden, um einige wichtige Stationen aufzuzeigen. Auch diese Ausführungen sind Skizzen, die nicht autonom gedacht, sondern mit den hier zur Diskussion stehenden Fragen verknüpft sind.

Suchbegriff: Erkenntnis

Am Anfang war die Erkenntnis. Und noch ehe sie vom berühmten Baum aus in die Welt und unter die Menschen fiel, trug sie bereits alle zukünftigen Formen der Sprachverwirrung in sich. Denn über das, was Erkenntnis ist und wie man zu ihr kommt, streiten die Menschen bis heute. Sie ist offensichtlich das Begehrenswerteste, was Menschen zu erlangen hoffen. Diese Begehrlichkeit teilt sie mit der Schönheit – und ähnlich wie die scheint sie nicht demokratisierbar. (4) Auch wenn viele Bemühungen dahin gehen, alle an ihr partizipieren zu lassen, scheint sie trotzdem noch immer weitgehend in einem hierarchisch strukturierten System das Höchste, zu dem man nur als Privilegierter und nur unter großer Anstrengung gelangen kann – so wie Platon es bereits etwa vierhundert Jahre vor Christi formulierte. Für ihn war Erkenntnis ‚eine Art kognitiver Idealzustand'. Ein solcherart tradierter Erkenntnisbegriff hat also sowohl seine Aura wie auch gleicherweise den Aufforderungscharakter, gegen sie anzugehen, sie zu eliminieren und Erkenntnis aus den idealen, fast transzendentalen Sphären in die Lebenswirklichkeit von Menschen herunterzuloten.

An diesen Bemühungen hat nicht zuletzt auch die Kunstdidaktik teil und gerät dabei in immer neue Argumentationsketten. Einerseits formuliert sie ihren Status als Wissenschaft und eine Wissenschaft ohne Erkenntnisbegriff ist keine. Andrerseits muss sie sich pädagogisch-demokratisch begreifen und die im Bereich des Ästhetischen möglichen Erkenntnisakte auch allen als Möglichkeit eröffnen. Und drittens bemüht sie sich, all die Wege aus den philosophischen, anthropologischen, psychologischen und psychoanalytischen Diskursen zu bündeln, die der aisthesis (der Wahrnehmung) wie dem Ästhetischen (als dem Schönen) Erkenntnisfähigkeit zuschreiben. Aus dem Bedürfnis der Teilhabe an einem hochglänzenden Begriff versucht sie einen anderen parallel zu etablieren. So hat sie in den letzten Jahrzehnten viele entworfen und verworfen. Zur Disposition stehen heute: sinnliche Erkenntnis und ästhetische Erkenntnis, ästhetisches Denken und ästhetische Rationalität, ästhetische Intelligenz sowie ästhetische Erfahrung. Die drei letzten substituieren nicht den Erkenntnisbegriff, sondern benennen komplexere Gefüge, in denen er sich entwirft. Soviel vorab, um darzulegen, in welchen Kontexten sich eine Diskussion zum Begriff ‚Erkenntnis' bewegt. Wenn man also herausfinden will, was nun das wissenschaftliche Moment im Konzept ‚ästhetische Forschung' ist, muss man bereits gegangene Wegstrecken anderer zunächst nochmals nachgehen.

Kant hat im Zeitalter der Aufklärung dem Erkenntnisbegriff die entscheidende Ausdeutung gegeben, die ihm bis ins 20. Jahrhundert hinein weitgehend geblieben ist. Kennzeichnend für den Erkenntnisbegriff als Wissenschaftsbegriff ist der Akt, in dem ‚Erkennen‘ vollzogen wird. Für Kant von zentraler Bedeutung ist die Distanz, die das Subjekt dem zu befragenden Objekt gegenüber einnimmt; es ist die Fremdheit und Sachlichkeit, die es herzustellen gilt. Um zu erkennen, müssen vertraute Dinge erst fremd gemacht werden. Erkenntnis ist ein Akt der Beherrschung und „Beherrschung setzt Trennung voraus“. (5) Erkenntnis vollzieht sich in wissenschaftlich – analytischen Akten, hat mit der Bildung von Kategorien zu tun, dem Systematisieren und Abstrahieren sowie mit den abstrakten Begrifflichkeiten einer wissenschaftlichen Diskurs-Sprache. Darüber konstituiert sie sich als Theorie. Erkenntnis ist nur möglich, wenn Disziplin und Selbstbeherrschung gegeben und das Gebot der Zurückweisung alles Subjektiven erfüllt ist. Das Ideal ist das ‚transzendentale Subjekt‘, befähigt zur ‚objektiven Erkenntnis‘. (6) Nur über Akte beständiger Disziplinierung ist der Mensch in der Lage, diese Stufe zu erreichen.

Im Erkenntnisbegriff Kants wesentlich verankert, wie auch gleicherweise ausgegrenzt, ist die Wahrnehmung. An ihrer Funktion im Erkenntnisprozess haben sich in der Folgezeit die unterschiedlichsten Diskurse festgemacht. Kant selbst hat vor allem in seiner „Kritik der reinen Vernunft“ einen Erkenntnisbegriff postuliert, der nur außerhalb von Erfahrung – also auch außerhalb von Wahrnehmung – gegeben ist. Erkenntnis ist nur auf der Ebene der reinen Vernunft möglich. Sie steht außerhalb von und ist nicht durch Erfahrung zu konstituieren. Im Bereich der ästhetischen Urteilsbildung allerdings ist Erkenntnis nicht von Wahrnehmung abzukoppeln. Kant entwirft hier nicht mehrere Erkenntnisbegriffe parallel, sondern hat im Kontext seiner verschiedenen Fragestellungen und Zielsetzungen ein für den Nachvollzug kompliziertes Gefüge der Erkenntnistätigkeit entwickelt. (7)

In der Nachfolge ist – in Bezug auf den Erkenntnisbegriff – die Diskussion des damit verbundenen (bzw. nicht verbundenen) Wahrnehmungsaktes entscheidend. Dabei stützt man sich entweder auf Kants Auffassung oder grenzt sich von ihr ab. Wahrnehmung ist hier insoweit bedeutsam, als für Kant Erkenntnis zwar über Anschauung gegeben ist, doch hat Wahrnehmung nur dienende, dem Akt des Denkens zu Grunde liegende Funktion. Wahrnehmung allein kann niemals schon Erkenntnis sein. Kant folgt hier ein Stück weit Platon, wenn dieser klarstellt, was Erkenntnis nicht ist: „Wahrnehmung nicht, Meinung nicht, Glauben nicht.“ – Erkenntnis im strengen Sinne ist Wissenschaft – „technisches Wissen, praktisches Wissen, alltägliches Wissen ist nicht Erkenntnis.“ (Boehme/Boehme 1985, S. 288) Vierzig Jahre vor Kants „Kritik der reinen Vernunft“ (1781), hat Alexander G. Baumgarten seine lateinisch verfasste Schrift „Aesthetica“ veröffentlicht, auf die sich vor allem in der aktuellen Diskussion des Ästhetischen immer wieder bezogen wird. (8)

Er bezeichnet ‚Aesthetik‘ als Wissenschaft, eine „auf das untere Erkenntnisvermögen“ spezialisierte Disziplin, die sich mit den „subrationalen, psychischen Potenzen, mit Wahrnehmungen (sinnlichen Empfindungen), Fantasie, (Einbildung) und Erinnerung und schließlich auch mit dem Begehrungsvermögen“ befasst. (Schneider 1997, S. 23) Anders also als Kant schreibt er der Wahrnehmung (aisthesis) bzw. den Sinnen Erkenntnisvermögen zu. Der Begriff ‚sinnliche Erkenntnis' wird hier etabliert. In den nachfolgenden Jahrhunderten wurde sein Werk aber kaum rezipiert. Erst mit seiner Übersetzung wie mit der Diskussion des Ästhetischen im 20. Jahrhundert hat er eine Renaissance erfahren.

Für meine Fragestellungen möchte ich in diesem Zusammenhang lediglich zwei Argumentationsstränge aufgreifen. Der eine bezieht sich auf die von Kant geforderte Ausgrenzung des Subjektiven aus dem Akt der Erkenntnis. Damit verbunden ist in der Nachfolge u. a. wesentlich die Frage nach dem Stellenwert der Alltagserfahrung, nach vorwissenschaftlichen Formen der Erkenntnis etc.
Der andere Argumentationsstrang bezieht sich auf Fragen im Zusammenhang mit der Wahrnehmung, mit der Aufwertung der Sinne generell im ausgehenden 20. Jahrhundert und der Möglichkeit ihrer ‚Erkenntnisfähigkeit'.

Das ‚Andere der Vernunft' (Böhme/Böhme)

Das 20. Jahrhundert hat dem Subjektverständnis der Aufklärung ganz andere Auffassungen entgegengestellt und somit auch andere Objektverhältnisse konstituiert. Die größten Reibungsflächen zum Kant'schen Erkenntnisbegriff bestehen in der geforderten Ausschaltung der Subjektivität im Erkenntnisakt. Das Postulat der Vernunft verbannt alles Außer-Vernünftige. Verbannen heißt im Zeitalter der Psychoanalyse auch verdrängen. Und dass sich Verdrängtes tausend andere Wege sucht, wissen wir spätestens seit Freud. So weisen Böhme/Böhme z. B. in ihren Studien zur Person Kants und den gesellschaftlichen Strukturen seiner Zeit nach, was sich im Prozess der Disziplinierung alles an unbotmäßigen Bedürfnissen, Trieben, an Irrationalem und Merkwürdigem, an Besonderheiten körperlicher Verfassungen, an Krankheiten, Einstellungen, Präferenzen, Manien, Phobien, als ‚Abgespaltenes' oder ‚Anderes der Vernunft' in Körper und Seele hineindrängten als nicht Beherrschbares und Berechenbares sich in tausend kleinen alltäglichen Akten psychischer und physischer Befindlichkeiten und Verhaltensweisen äußerte. Es ist das Andere der Vernunft, dem sie hier nachgehen, das Abgespaltene. Ich benutze diese Formulierung im Folgenden, fasse sie aber etwas weiter, indem ich alle Suchbewegungen, Denkakte, die nicht ausdrücklich auf ‚logos' bezogen sind, damit umreiße.

Das Subjektive

Die Eliminierung des Subjektiven, somit also jeglicher Alltagserfahrung im Akt der Erkenntnis, bedeutet z. B. konkret:

> „Dass etwas ein Stein ist, ein Leib, eine Blume […] muss vergessen werden, denn diese Einheiten enthalten die vorwissenschaftliche Vertrautheit, alles vorwissenschaftliche und damit unwissenschaftliche Wissen, das man vom Gegenstand hat. Die Entfremdung findet in der Analyse statt." (Boehme/Boehme 1985, S. 299)

An diesem ‚Erkenntnissprung' haben in der Nachfolge z. B. Phänomenologen, Pädagogen, Anthropologen und Psychologen ihre ganz anderen Erkenntnisbegriffe entwickelt. So hat

Husserl (1936) z. B. darauf verwiesen, dass in der Lebenspraxis der Menschen ‚Erkenntnis als vorwissenschaftliche Erkenntnis' durchaus eine Rolle spielt. (Husserl 1986, S. 276) Es ist eine Erkenntnis von lebenspraktischer Qualität und somit ist es völlig unverständlich, wieso nicht „vorlogische Geltungen begründende sind für die logischen, die theoretischen Wahrheiten". Das Scharnier, das in seinem Verständnis also gefunden werden muss, ist eines, das den Kontrast zwischen dem Subjektiven der Lebenswelt und dem ‚Objektiven' der ‚wahren Welt' überbrückbar macht. Eine übergeordnete, ideale, von allem Zufälligen und somit Lebendigem gereinigte Wissenschaft kann nicht den Anspruch haben, der ihr historisch gegeben wurde. Für Husserl ist die Lebenswelt die höhere, da ja auch die Wissenschaftler in ihr verwurzelt sind und sich somit nicht herauskatapultieren können zugunsten einer Idealität.

Mit dem Versuch, die ‚Lebenswelt' zum Gegenstand wissenschaftlichen Denkens zu machen, hat Husserl wesentlich die Aufmerksamkeit auf die Alltagswahrnehmungen und Alltagserfahrungen der Menschen gelenkt. (9)

Damit haben sich auch für die Pädagogik Fragestellungen und Bezüge neu entworfen. Für pädagogisches Handeln liegt heute vor allem und gerade im ‚Ernst-Nehmen' der Wahrnehmungen und alltäglichen Erfahrungen von Menschen das Terrain der Erkundungen und Perspektiven eines auf Zukunft gerichteten Lernens. Vor allem H. Rumpf hat in seinen Texten (10) die unseligen Differenzen deutlich zu machen versucht: Sie liegen in einem spezifischen Verständnis von Wissenschaft einerseits, die sich in fertigen Formalakten und im ‚Bescheidwissen' in Begriffshülsen und Wissenschafts-Versatzstücken als Schul- und Studienwissen anbietet und diametral zu den Erlebnissen, den konkreten Erfahrungen, dem neugierigen Fragen, engagierten Erkunden, abenteuerlichen Forschen wie einem selbst erworbenem Wissen steht. Pädagogisches Handeln bedeutet hier, Kindern, Jugendlichen und Erwachsenen ihre Wege des Fragens, des Erkundens und letztlich des ‚Erkennens' selbständig gehen zu lassen. Man muss sie davor schützen, nicht unter einem grauen Brei von Formalisierungen, Abstraktionen und numerischen Kategorisierungen zu verstummen. Die pädagogische Forderung muss hier sogar noch einen wesentlichen Schritt weitergehen: mit Jugendlichen und Studierenden genau da wieder anzufangen Fragen zu stellen, Interessen zu wecken, Denkakte zu evozieren, wo sie einmal aufgehört haben, dies zu tun. Der Weg des Erkennens läuft hier diametral zu den wissenschaftlich vorgegebenen: Bevor man zu den wesentlichen Erkenntnissen gelangt, muss man sich erst durch eine bereits von Formalakten und Fachbegriffen zugestellte Welt hindurcharbeiten, um zu den Dingen und Erfahrungen zu kommen. Dass auch aktuelle pädagogische Studien im Zusammenhang mit neurowissenschaftlichen Forschungen genau diese Zusammenhänge herausarbeiten, sei an dieser Stelle nochmals benannt.

Sinnliche Erkenntnis als Versprechen?

Die Hoffnung, es gäbe im Bereich des Ästhetischen eine Form der Erkenntnis, die nicht dem Akt des begrifflichen Denkens verpflichtet ist, scheint groß. Sinnliche Erkenntnis als Versprechen gehört dazu: Nur den Sinnen verpflichtet – sehend und malend, hörend und musizierend, fühlend und formend, verbunden mit olfaktorischen Genüssen und sensomotorischen Erlebnissen sollte es möglich sein, zu einer Form der Erkenntnis zu gelangen, die jenseits der Kälte der Vernunft liegt.

Im philosophischen Diskurs in der Nachfolge Kants jedoch kann es weder sinnliche Erkenntnis noch ein Sinnenbewusstsein (zur Lippe, Kükelhaus) geben. (11) Andererseits hat Baumgarten den Begriff der ‚ästhetischen Erkenntnis' in die Diskussion getragen.

Im Bereich der Psychologie bzw. der Sozialpsychologie hat sich allerdings ebenfalls der Begriff der sinnlichen Erkenntnis etabliert. Vor allem Holzkamp hat ihn in seiner Auseinandersetzung mit den Modalitäten der Wahrnehmung fixiert. Der Grundgedanke ist, dass im Akt der Wahrnehmung eine solche Vielfalt physiologischer, psychologischer, vorbewusster und bewusster Prozesse ablaufen, die einem Erkenntnisakt gleichzusetzen sind. Dabei liegen die Leistungen des Bewusstseins auf unterschiedlichen Ebenen. Ein wahrzunehmender Gegenstand ist z. B. immer sehr viel mehr, als jede seiner Perspektiven im Wahrnehmungsakt offenbart, denn alles, was ich z. B. an ihm nicht sehe, ergänze ich über Wissen (z. B. wie er von hinten ausschaut, von unten etc.). Es ist ‚eine Vergegenwärtigung von nicht Gegenwärtigem' und ein Abstrahieren von sinnlich Gegebenem. Diese Grundlage der Abstraktion – vom Partikularen zum Allgemeinen kommend – ist Grundlage der Begriffsbildung und im Wahrnehmungsprozess also mit einer Erkenntnisleistung verbunden. (Holzkamp 1975, S. 32) Auf einer zweiten Ebene ist das dichte Netz der Bedeutungszuweisungen, der Gegenstandsbedeutungen, gegeben; es beinhaltet alles, was wir auf Grund von Erfahrungen und Empfindungen an den Gegenstand herantragen. Etwas, was also nicht im Gegenstand selbst gegeben ist, wird von uns in Akten des Denkens, des logischen Verknüpfens, des Selektierens, des Ordnens, auf etwas hin Fixierens dem Gegenstand ‚zugedacht'. Denken ist also ein wesentlicher Vorgang im Prozess der Wahrnehmung, wobei wir reflexiv vorgehen, denn nur in Rückbezogenheit auf uns selbst – in der Interaktion also von Subjekt und Objekt – entstehen die Bedeutungen, die wir dem Gegenstand geben. Dieses Denken ist der unmittelbaren sinnlichen Anschauung enthoben und als Akt der Sprache dann in einem anderen symbolischen System verortet.

Mit dieser Gegenüberstellung zweier unterschiedlicher Denkstile und Begriffsysteme – dem philosphischen und dem psychologischen – ist für die hier gegebene Argumentation nur eine erste, allgemein bekannte Antwort gegeben: die Sache mit einer anderen Weise der Erkenntnis ist eine Frage der Standorte, von denen aus gefragt wird. Wesentlich ist zudem, dass Holzkamps Erkenntnisbegriff z. B. jeglicher Überhöhung der ‚geistigen Leistung' entbehrt, wie sie dem philosophischen Erkenntnisakt und Erkenntnisbegriff noch immer anhaftet. Bedeutsam ist auch, dass sich aus Holzkamps Theorie kein Heilsversprechen

Sind die Sinne dumm?

Ohne die Potenzen der Sinne und ohne deren Synästhesie könnten wir weder schreiben noch denken noch sprechen. Das alles sei zugegeben. Und die avanciertesten Denker der Sinnlichkeit geben davon Zeugnis; alleine schon dadurch, daß deren Bücher weit über 500 Seiten stark sind, und das nur um einen einzigen Begriff einigermaßen faßlich differenziert darzustellen, etwa „Sinnenbewußtsein".

Aber zumindest in deren sekundären [sic!] und tertiärer Rezeption gibt es viele Irrtümer. Wenn nicht schon im Original die Sinne geadelt werden: von Sinnen. Da wird übersehen, daß jede sinnliche Erfahrung, sofern ich sie benennen will, sofern ich sie didaktisch vorstellen und nutzen will, eine ungeheure Abstraktionsleistung erfordert und damit Verneinung und Einschneidung. Und das tut weh, mir und anderen. Die Möglichkeiten der Sinne kommen nicht zur Geltung, ohne daß sie in eine symbolische Ordnung eingelagert sind. Und da kommen sie nicht ohne weiteres hinein.

Ich möchte die Aufmerksamkeit auf zweierlei lenken: Auf die Verknüpfung Abstraktionsleistung und Gebrauch der Sinne. Im übrigen: Aller Sinnengebrauch ist denaturiert. Sinnengebrauch muß gelernt werden. Alle Sinneswahrnehmung ist deswegen sekundär, d.h. immer medial. Heute haben wir lediglich andere mediale Formen als gestern.

Und auf deren immer wieder nicht erwünschte Seite, eben auch deren zerstörerische Momente, weshalb vor allem in den Städten Menschen auf die Kritik der Zivilisation und der Technik verfallen sind. Es kommt deshalb weniger auf Regression an, sondern immer wieder auf eine Verfeinerung durch Symbolisches.

Marx: ‚... erst durch den gegenständlich entfalteten Reichtum des menschlichen Wesens wird der Reichtum der subjektiven menschlichen Sinnlichkeit, wird ein musikaliches Ohr, ein Auge für die Schönheit der Form, kurz, werden erst menschlicher Genüsse fähige Sinne ... die Bildung der fünf Sinne ist eine Arbeit der ganzen bisherigen Weltgeschichte.' (Marx 1844/1968, S. 541 f.)

Gegenüber den zivilisatorischen Errungenschaften, wird immer wieder von einer Regression im Dienste des Ich gesprochen, um verschüttete Dimensionen dem Ich wieder zugänglich zu machen. Aber – und darin liegt die existentielle Gefahr – es geht um eine Auflösung des Ich, will man andere Erfahrungen machen. Und das geht am besten in der Stadt oder wenn die Sädter in die Toscana fahren.

Denn das Ich ist ein Symptom, eine Verhärtung, eine Metapher, die zum Zwecke neuer Erfahrung gelöst, angegriffen werden muß, in Fluß gebracht, metonymisiert werden muß.

Es geht dabei nicht um Tiefe, sondern um ein Nebeneinander, das einer neuen Assoziation bedarf. Entfremdung ist daher konstitutiv für Neugier, die sich auf Fremdes richtet.

Aus: Karl-Joseph Pazzini „Sind die Sinne dumm? – oder: Warum nur aßen Adam und Eva vom Baum der Erkenntnis?" In: Wolfgang Zacharias „Sinnenreich. Vom Sinn einer Bildung der Sinne als kulturell-ästhetisches Projekt". Hagen/Essen 1994. S. 48 f.

ableiten lässt. Die Hoffnung, dass eine gesellschaftliche Aufwertung dessen, was man als Nicht-Künstler aber künstlerisch Tätiger ästhetisch treibt, vollzogen wird und so die Ergebnisse endlich gleichwertig neben den Ergebnissen der Verstandestätigkeit stehen wird nicht bedient. In den verschiedensten Bereichen – dem anthropologischen und anthroposophischen, dem ästhetischen, dem kunstpädagogischen aber auch dem esoterischen – wird das Vertrauen in die Sinne als eigenständige Kräfte im Menschen, ausgestattet mit ungewöhnlichen Potenzialen, immer wieder propagiert. Wieso auch sollten die Sinne tatsächlich dumm sein, leer und bar jeden Wissens?(12)

Ästhetisches Denken (Welsch) und ästhetische Rationalität (Seel)

Zu dem von ihm in die wissenschaftliche Diskussion getragenen Begriff des ästhetischen Denkens nimmt Wolfgang Welsch u. a. einen Diskurs auf, der mit Paul Feyerabend und seinen Schriften zur Wissenschaft als Kunst ehedem eine Herausforderung darstellte. Die wesentliche Prämisse Welschs beruht auf der Einschätzung, dass spätestens seit Nietzsche nicht nur die philosophischen Diskurse ästhetisch konfiguriert sind, sondern alle Wissenschaftsbereiche. Zentral ist zudem die ästhetische Fundierung aller Lebensbereiche und somit auch unsere Alltagserfahrung und unser Alltagsdenken. So versucht Welsch, eine Vielzahl von Argumentationssträngen miteinander zu verknüpfen – alltagsästhetische Szenarien mit dem zunehmenden Styling von Lebensformen, ästhetische Strukturierungen des Denkens bzw. Denkstils, die verschiedenen Ästhetikdiskurse und Semantiken des Ästhetischen als aisthesis (Baumgarten), als das Schöne (Hegel), als Konstruktionsprinzip der Wirklichkeit wie der Fiktion (Nietzsche), als das Harmonische, als das Kunsteigene, als das wissenschaftliche Denken längst Durchsetzende, als ureigenste Phänomene des Wahrnehmungsprozesses usw. Das Problem, dass sich ihm stellt, ist die ‚Weite des Ästhetischen‘.

> „Sie verlangt, die unterschiedlich semantischen Provinzen, Versionen und Gruppen des Ästhetischen mit ihren Überschneidungen und Verflechtungen zu berücksichtigen und jeweils angeben zu können, mit welchem semantischen Element man gerade operiert und welcher Überschneidungen man sich bedient. Nur auf diesem Weg kann man der Komplexität des Ästhetischen gerecht werden.“ (Welsch 1996, S. 41)

Damit ist deutlich, dass auch für die Wissenschaft ‚Disziplinenpurismus und Seperatismus‘ obsolet sind und dass Verflechtungen und Transversalität an ihre Stelle treten müssen. Grundlegende Momente des Ästhetischen sind die Pluralität der Ästhetiken wie die pluralen Denkstile. Wesentlich sind die generell damit verbundenen menschlichen Erfahrungen in unserer Zeit: Dass sich die Vielfalt nicht harmonisieren lässt. Dass Unstetes, Schwankendes, Unsicheres, Inkohärentes, Widersprüchliches und Widerständiges nebeneinander existieren und sich in unseren Empfindungen von Lust und Unlust, unseren Wahrnehmungen von Wirklichem und Unwirklichem und unseren Denkakten völlig divergierender Zugänge zur Welt wie zu uns selbst einrichten müssen. Ohne hier ‚ästhetisches Denken‘ in der ganzen Bandbreite seiner Aspekte auch nur annähernd darstellen zu können, wird mit den wenigen Sätzen eines deutlich: Die Forderungen an die Bewusstseinsprozesse und bewussten Akte des Denkens sind in der Tat mit einer ‚hohen Form' der Erkenntnis verbunden. Ästhetisches Denken besitzt auf seine Weise für unsere Zeit das, was zur Zeit Kants die Erkenntnis als Akt menschlicher Vernunft war – nämlich das, was menschlichem Vermögen generell gegeben ist. Auch wenn Welsch den Teil der Anschauung bzw. Wahrnehmung als ästhetisches Moment in Kants Erkenntnisbegriff sehr hoch ansetzt, gehen seine Denkkonzepte des Ästhetischen genau den umgekehrten Weg, sie fragen vom Subjekt aus in Richtung auf ästhetisch verfasste Wirklichkeit.

In der Zeit der Aufklärung war der Weg zur Erkenntnis nur als Weg größter Disziplinierungen möglich. Indirekt ist damit auch ein Erziehungskonzept gemeint. Welsch ist philosophischer Denker – er analysiert ohne pädagogischen Impetus. Wie Menschen sich ihrer ästhetischen Denkprozesse bewusst werden, wie sie überhaupt in die Lage versetzt werden, in solch komplexen Formen zu denken, wie die Wege zu einem anderen Verständnis der Welt zu beschreiten sind, bleibt offen. Kunstpädagogik hat hier mit Sicherheit einen Auftrag wahrzunehmen. Ästhetisches Denken als ein Weg zu anderen Formen der Erkenntnis?

Martin Seel versucht in vielerlei Zugängen das Ästhetische in seinen vielfältigsten Ausprägungen – als ästhetisches Verhalten, ästhetische Erfahrung, als ästhetisches Urteil und schließlich als ästhetische Rationalität zu fassen. Für jeden der Begriffe entwickelt er sehr präzise Auslegungs- und Deutungsfelder, die immer in der Interaktion zwischen dem im Objekt Gegebenen und dem vom Subjekt Wahrgenommenen liegen. Eine ‚Erfahrung machen' bedeutet „eine lebensweltliche Situation erschließen. Erfahrungen sind ‚Veränderungen', die in uns geschehen, wobei nur prägnante Erlebnisse zu Erfahrungen führen." (Seel 1985, S. 82) Die Grundfrage, die ihn bei allen genannten Dimensionen des Ästhetischen beschäftigt, ist die Frage nach der ästhetischen Relevanz bzw. dem Ästhetischen einer Erfahrung, eines Urteils, eines Verhaltens wie auch die Frage nach dem Ästhetischen der Rationalität. Rationalität hat für ihn plurale Formen des Verstehens und des Verständnisses, und eine davon ist ästhetische Rationalität. – Sie ist eine unter mehreren Spielarten des rationalen Verhaltens. „Ästhetische Rationalität ist ein konstitutiver Faktor der Vernunft." (Seel 1985, S. 11)

Seels Abhandlungen zum Ästhetischen sind stark an der Präzisierung und Eingrenzung des begrifflichen Repertoires interessiert. Welsch versucht hingegen die ganze Vielfalt aufzuzeigen, wobei letztlich alles zum Ästhetischen wird.

Das Andere der Vernunft? –
vom philosophischen zum neurowissenschaftlichen Diskurs:
,Emotionale Intelligenz' (Goleman) und ,Kreative Intelligenz' (Gardner)

Emotionale Intelligenz (Goleman)

Im 20. Jahrhundert haben Ratio und Vernunft im Rahmen psychologischer und neu-robiologischer Forschung eine entscheidende Wandlung erfahren: Sie wurden messbar gemacht, über Skalierungen offiziell und allgemein vergleichbar. Und wieder wurde eine neue ,Fallhöhe' menschlicher Verstandestätigkeit und Erkenntnisfähigkeit entworfen. Sie liegt zwischen Genialität (um und über 130 IQ) Normalität (110) und Schwachsinn (unter 80 IQ). Nun war eine offizielle Möglichkeit zur Selektion gegeben, wie fragwürdig die Messmethoden auch erscheinen mögen. (Dass der IQ auch unter der Prämisse pädago-gischer Förderung gehandelt wird, ist nur eine folgerichtige Konsequenz.)

Nun hat sich erneut eine Diskussion entfaltet, die sich auf Fähigkeiten des menschlichen Gehirns beziehen, nicht aber primär auf Kognition ausgerichtet sind, sondern auf eine Vielzahl wesentlicher Verknüpfungen im Bereich der Intelligenz. Intelligenz wird hier zu-nächst allgemein als Fähigkeit definiert, „Probleme zu lösen oder Produkte zu erzeugen, denen wenigstens in einem kulturellen Umfeld oder Gemeinschaft Wert zugemessen wird." (Goleman 1997, S. 53) Folglich sprechen Gardner und Goleman auch von multiplen Intelligenzen. Mit ihren Publikationen, die zu Bestsellern geworden sind, versuchen sie eine deutliche Aufwertung all der menschlichen Fähigkeiten, die nicht Kognition sind – aber wesentlich an Akte des Denkens gebunden bleiben.

Goleman hat sich – nicht zuletzt auch vor dem Hintergrund zunehmender Gewalt von Jugendlichen wie auch auf Grund von Forschungen, in denen nachweislich gerade nicht die Menschen mit hohem IQ zu den später Erfolgreichen gehören – mit den Emotionen befasst, dem Gefühl, den Empfindungen und der Empathie. Er hat in zahlreichen Unter-suchungen nachzuweisen versucht, welche Orte im menschlichen Gehirn für ,Emotionen' zuständig sind, auf welche Weise sie z. B. mit Kognition und Denken verknüpft sind. Was er im Wesentlichen herausgearbeitet hat, ist, dass unsere Wahrnehmungen auf zweierlei Weisen und Wege vom Gehirn aufgenommen werden: zum einen auf einem langen Weg (Auge/Ohr – Thalamus – Neokortex) wo sie im denkenden Hirn aufgenommen und befragt werden, um mögliche Reaktionen zu lancieren. Als parallele Möglichkeit gibt es eine Art Nebenweg (neuronale Bahnen – Mandelkern): die dort aufgenommenen Signale lösen direkt – ohne Umweg über die Verstandestätigkeit – Reaktionen bzw. Verhaltensweisen aus. Mit diesem, von Le Doux entdeckten ,Mandelkern' ist insofern ein neues wissen-schaftliches Forschungsergebnis verbunden, wird doch nun nachweisbar, dass unser Gehirn zwei Gedächtnissysteme hat, eines für normale und eines für emotionsgeladene Informationen, wobei gerade ganz frühe Emotionen aus unserer vorsprachlichen Zeit in dem als Mandelkern bezeichneten Ort des Gehirns als Erinnerung gespeichert sind und wieder abgerufen werden, und zwar gegen jegliche Möglichkeit der Steuerung, der ,vernünftigen' Einschätzung, Abschwächung und Glättung. Darüber erklärt sich auch, dass emotionale Ausbrüche oft so verwirrend sind, weil Wahrnehmungen z.B. auf Erinnerungen treffen, für die es in unserem Leben noch keine Worte gab. Auch die darüber ausgelösten Verhaltensweisen entziehen sich somit unserer Steuerung. Anders der ‚Normalfall', wo Emotionen an Kognitionen gebunden sind, wo es weitgehend zu einer ‚Harmonisierung von Gefühl und Denken' kommt. (Goleman 1997, S. 48)

> „Die Emotionen besitzen demnach eine Intelligenz, die in praktischen Fragen von Gewicht sind. In dem Wechselspiel von Gefühl und Rationalität lenkt das emotionale Vermögen mit der rationalen Seele Hand in Hand arbeitend unsere momentanen Entscheidungen. Umgekehrt spielt das denkende Gehirn eine leitende Rolle bei unseren Emotionen. Dieses komplementäre Verhältnis von limbischem System und Neokortex, Mandelkern und Präfontallappen bedeutet, dass all diese Instanzen vollberechtigt am Gefühlsleben mitwirken." (Goleman 1997, S. 48)

Hier wird eigentlich eine uralte Dichotomie – die von Verstand und Gefühl bzw. Emotionen, die vom Dionysischen und Appollinischen, von ‚Narziss und Goldmund' (H. Hesse) – in der Weise harmonisiert, dass beide nur produktiv werden, wenn man sie als zusammengehörend begreift. Auch der Störfall ‚Emotion' ist alt bekannt und vertraut – nur hat er jetzt einen Ort im Gehirn, den Mandelkern. Studien wie die von Golemans sind insofern von Bedeutung, erbringen sie doch zum einen die wissenschaftliche Nachweise, warum und wie bestimmte Verhaltensweisen von Menschen entstehen und: sie steuern wesentlich den noch immer vorwiegend kognitiv verfassten Weltsichten entgegen und setzen andere Schwerpunkte.

Kreative Intelligenz (Gardner)
An Beispielen außergewöhnlich kreativer Intelligenz (Mozart, Freud, Virginia Woolf, Gandhi) versucht Gardner z. B. darzulegen, was sich mit dem Begriff ‚kreative Intelligenz' verbinden lässt, wobei er sich bewusst einer übergreifenden Kategorisierung enthält. (13) Künstler wie Picasso bezieht Gardner in seine Überlegungen ein, geht aber nicht explizit auf künstlerische Lebensläufe ein. An den von ihm ausgewählten vier Beispielen geht es ihm darum, die sehr unterschiedlichen Faktoren von Kreativität genau herauszustellen, wobei es aber eine Vielzahl von Ähnlichkeiten gibt, die mich in dem hier formulierten Zusammenhang interessieren. Im Zusammenhang mit den ‚Persönlichkeitsmustern' kreativer Menschen benennt er Fähigkeiten und Verhaltensweisen wie: Begabungen in mehreren Bereichen, ein von bürgerlicher Disziplin gekennzeichnetes Arbeitsethos, eine gute Ausbildung bzw. ein Elternhaus mit breit angelegten Bildungsmöglichkeiten; die Fähigkeit bzw. Notwendigkeit viel Zeit mit sich allein zum Nachdenken zu verbringen, aber auch der Wunsch zu vielfältigem Austausch und das große Interesse an Kontakten, mindestens mit einem ‚alter Ego'. Arbeit hat den höchsten Stellenwert – alles andere wird geopfert bzw. hintangestellt, denn die alltäglichen sozialen Fähigkeiten werden z.B. deshalb oft nicht ausgebildet bzw. eingesetzt, weil die Einzelnen im Kopf unentwegt mit dem befasst sind, was sie gerade umtreibt: ‚Ich dachte ständig über Literatur nach' (V. Woolf) (Gardener 1999, S. 84), oder

‚Mozart war nachweislich fast ohne Unterbrechung mit seinen Musikstücken im Kopf befasst'. (Gardener 1999, S. 125) Als besondere Fähigkeit benennt Gardner weiterhin einen Sinn für Schwächen und Stärken und die Möglichkeit asynchrone Lebensformen aushalten zu können. Hinzu kommen noch die Eigenschaften, die bereits bei kreativen Kindern als Gemeinsamkeiten herausgefunden wurden: eine bemerkenswerte Energie, eine große Neugier und eine hohe Konzentrationsfähigkeit. (14) Besonders herausstellen möchte ich noch die Praxis der Introspektion und die Selbstreflexion, die sich in der Regel auch in ihren vergegenständlichten Formen auffinden lassen: in unzähligen Tagebüchern, Briefen, Notizsammlungen etc. Diese Fähigkeit der Reflexion bewertet Gardner insgesamt sehr hoch:

> „Wir sind gut beraten uns anzustrengen, um zu verstehen, was mit uns geschehen ist und was dies bedeutet […]. An vorderster Stelle steht die Reflexion, die regelmäßige bewusste Betrachtung der Ereignisse des täglichen Lebens im Lichte längerfristiger Wünsche. Reflexion heißt vor allem auch ‚Erfahrungen sinnvoll zu bewältigen'. Die Fähigkeit, zu sich und den eigenen Erfahrungen Abstand zu gewinnen, ist für wirklichen Erfolg und hohe Leistung unabdingbar." (Gardner 1999, S. 134)

Folgerungen

Ähnliche Wege zur Erkenntnisgewinnung, wie ich sie hier mit den Annäherungen an wissenschaftliche Fragestellungen gegangen bin, haben in den letzten vierzig Jahren der Fachgeschichte fast alle, die aktiv an der Diskussion beteiligt waren, vollzogen. Zu jeder Zeit war es wichtig, Theorien, Bezugssysteme, Grenzüberschreitungen in andere Wissenschaftsdisziplinen vorzunehmen, um die im Denken der Zeit virulenten Theorien und Themen zu prüfen, sie für fachliche Fundierungen aufzugreifen und produktiv zu machen. So kann die Fachgeschichte mit ihren vielen Paradigmenwechseln auf eine bunte Vielfalt von Bezugstheorien blicken. Der fachdidaktische Eklektizismus ist sprichwörtlich und war zu jeder Zeit produktiv.

Suchbegriff: Denken

Ich möchte im Folgenden einen anderen Suchbegriff an meine bisherigen Ausführungen legen. Unter der Prämisse ‚Denken' lassen sich die dargelegten Aspekte nochmals wenden und anders betrachten.

Denken lässt sich (noch) nicht automatisieren, ist noch immer an Wissen gebunden und setzt auch noch immer den Akt der Trennung und der Distanz zum Objekt des Denkens voraus. Denken ist mit Anstrengung verbunden, gelegentlich von Wut und Aggression begleitet. Denken heute hat eine Vielfalt von Denkstilen und ist gebunden an unterschiedliche Denktypen.

Transversalität oder das ‚Quer-hindurch-Denken'

Welsch hat für das ästhetische Denken die Transversalität als eine seiner besonderen Kennzeichen benannt. Maset (15) hat gerade diesen Gedanken nochmals aufgegriffen und darin ein Moment für die fachdidaktische Diskussion produktiv zu machen versucht: Im Akt transversalen Denkens liegen sowohl Anstrengung als auch unkonventionelle, unorthodoxe Weisen, sich anderer Fragen und eines anderen Wissens zu bedienen. Gewöhnlich lineare Achsen – die Horizontale oder Vertikale – werden zugunsten eines nicht-hierarchischen Quer-hindurch-Denkens verlassen. Genau dies vermag ungewöhnliche Perspektiven zu eröffnen und die viel zitierten ‚Blickwechsel' herbeizuführen.

Auch in einem populären Verständnis werden ‚Querdenker', die z. B. in den Medien vorgestellt werden, weitgehend positiv bewertet, verbindet sich doch mit ihnen die angenehme Vorstellung, dass sie – Abenteurern gleich – konventionelle Systeme und Institutionen verlassen haben, um zunächst ganz und gar unpopulären und wissenschaftlich weitgehend abwegigen Fragen nachzugehen.

Gerade das ‚Quer' als nicht hierarchisch scheint auch für andere in der Fachdiskussion ein anzustrebendes Ziel. So formuliert z. B. R. Stielow:

> „Wider ein dualistisch abgespaltenes Wahrnehmen setzt innovative Kultur- und Kunstpädagogik die komplexe Wahrnehmungsausbildung von Kultur- und Kunstpädagogen voraus. Beuys hat eine Wahrnehmung im Sinn, die ausgeht von positiven Alltagserfahrungen und dann eine komplexe Wahrnehmung, die horizontal wie vertikal widersprüchliche, paradoxe Impulse zündet, um Wahrnehmung, Bewusstsein, Imaginationsbewegungen auszulösen, Alltagserfahrungen zu sehen, sprachliche Benennungen und kulturhistorisches Wissen zu verwandeln." (Stielow 1994, S. 76)

Im Denken das Denken neu erfinden

Etwas ‚frag-würdig' machen, „in den Dingen das Unbekannte und Widerständige ausgraben, durch Spielarten sie, die Altbekannten wieder fremd und unbekannt erscheinen zu lassen." (Rumpf 1994, S. 95) Mit besonderer ‚Aufmerksamkeit' fertigen Denkkonzepten begegnen und mit Strategien eines Entautomatisierens sie auf ihre verborgenen Strukturen zurück zu befragen und dabei den Empfindungen von Lust und Unlust nachspüren.

Abb.: Inga Pfeiffer „Gedankengang". 2000.

Von der Notwendigkeit einer experimentellen Haltung

In einer experimentellen Haltung richtet sich das Augenmerk auf das ‚Wie' der Wahrnehmung, auf die Verfahrensweisen und auf das Entstehen von Ordnung und Struktur. Die eigentliche Essenz des Experimentierens ist, im Konkreten das Allgemeine aufblitzen zu lassen. In einer experimentellen Haltung sich selbst und die anderen zu erforschen, bedeutet zwar, in Möglichkeitswelten einzutreten, aber nicht, um die Realität durch das Experiment zu vergessen, sondern um im Experiment mit dem Gegebenen umzugehen und das Festgefahrene weiterzutreiben. Dieser offene Charakter einer experimentellen Haltung im pädagogischen Geschehen unterscheidet sich grundsätzlich von einer naturwissenschaftlichen Auffassung des Experiments. Dort geht man von einer methodisch-planmäßigen Herbeiführung meist variabler Umstände aus, die in ihrer prinzipiellen Wiederholbarkeit eine exakte wissenschaftliche Beobachtung zulassen und darüber hinaus den einmal gesetzten regelhaften Rahmen nicht zu verändern vermögen. Die Einnahme einer experimentellen Haltung bedeutet für alle am pädagogischen Geschehen Beteiligten, im Üben eigener Blickwechsel ein selbsterlebtes Risiko zu provozieren und auszuhalten. In der Inszenierung eines regelhaften Rahmens macht der Lehrende eine Vorgabe, die sich im tatsächlichen Geschehen wieder zur Disposition stellt, da der Verlauf und das Ergebnis des Experiments nicht vorhersehbar sind. Die Haltung des Lehrers und der Lehrerin darf nicht nur aus Empathie mitfühlen, sondern muß aus eigener Anschauung ahnen, was sich abspielen könnte. Die Lehrperson inszeniert und provoziert Sichtweisen – sie ‚führt' und ‚verführt' und wird ‚verführt' –, indem sie sich auch selbst als agierendes und reagierendes Subjekt erlebt. Auch für die inszenierenden LehrerInnen geht es um ein selbsterlebtes Risiko, da in einer experimentellen Haltung das Vertraute und Schon-Gewußte in die Schwebe kommen und zu neuer Erschütterung oder neuem Glück führen kann. Für die Lehrenden wie die Lernenden können sich im Experiment Vorurteile und herrschende Machtstrukturen auflösen und neue Erfahrungsgehalte und Einsichten einspielen, ohne daß sie sich sofort in den Boden einer rationalen Ordnung einnisten müssen. Zwischen alten und neuen Ordnungen, einem ‚Nicht-mehr' und einem ‚Noch-nicht' entsteht im Experiment ein Spielraum vielfältiger Sinnmöglichkeiten, in dem im Vorwege noch nicht auszumachen ist, welche Richtung für den nächsten Schritt zu bevorzugen ist.
Möglichkeitsspielräume bringen Leerräume mit sich und damit diffuse Ängste, die in der symbolischen Transformation, z. B. im Schreiben, greifbar werden. Das Unheimliche und das Zu-Fallende wird auf diese Weise ein wesentlicher Konstitutionsfaktor im pädagogischen Geschehen. Die Lehrenden und Lernenden können erkennen, daß in diesem Zusammenhang eine krisenhaft entstandene Sinnleere nicht als ein schnell zu behebender Fehler, sondern als ein wesentlicher und unentbehrlicher Bestandteil im Bildungsprozeß anzusehen ist.

Aus: Maria Peters „Audio-visuelle VerFührungen zur Kunst und Sprache". In: Heidi Richter und Adelheid Sievert-Staudte (Hrsg.) „Eine Tulpe ist eine Tulpe ist eine Tulpe". Helmer 1998. S. 127 f.

Flüchtiges, Sperriges, Unbeholfenes, Unvorhergesehens nicht gleich in bereitliegende Denkgehäuse einsperren wollen.

Nicht nur H. Rumpf hat solche Gedanken für sinn-volles pädagogisches Handeln immer wieder formuliert – auch in der Fachdiskussion sind gerade sie der Hefeteig, aus dem sich ein einigermaßen passabler fachdidaktischer Kuchen backen lässt.

> „Es ist an der Zeit, über Formen der ästhetischen Handlungsfähigkeit nachzudenken, die weder auf ‚Denken' als letztendliches Produktionsmittel, theoretischer Erkenntnis, noch auf ‚Verhalten' als instrumentales Ziel einer pädagogischen Konditionierung, noch auf das Spiel mit der eingeschränkten Sinnlichkeit reduzierbar sind, sondern die zwischen Wahrnehmung, Gewahrwerden, emotionaler Reaktion (auch Leidenschaft), reflektierender Haltung, gelebtem Alltag und Neugier auf das Unbekannte (auch Transzendenz) in einem eingreifend-verändernden Sinne vermitteln." (Selle 1994, S. 206)

Fertige Denkformen und bereitliegendes Wissen souverän übernehmen

Auch dies stimmt gleicherweise, wie das oben formulierte Gegenteil. Nicht alles kann man von seinen vielfach polierten Glättungen befreien und gleichsam in Sperrgut zurückverwandeln. Vieles muss man so übernehmen, wie andere es zuvor bereits gedacht und geformt haben – schon aus Gründen der Arbeitsökonomie. Aber auch, weil es in vielen Fällen durchaus sinnvoll ist. Die einzige Instanz, die verantwortlich mitentscheiden kann, was angemessen oder unangemessen scheint, ist unser Bewusstsein. Das funktioniert nur, wenn es eine Ahnung davon hat, wie entscheidend und lustvoll Widerspenstiges und Sprödes im Prozess des Denkens sein kann und wie hilfreich es ist, ab und an sogar auf Denkklischees zurückzugreifen. Widerständiges darf nicht zum Dogma werden – dann entsteht daraus nämlich irgendwann genau jene Begriffshülse, die sich in nichts mehr umwechseln lässt – so wie der einst kreierte Begriff der Kreativität.

Denken und Wissen im kunstpädagogischen Bereich

Wissenschaftliches Denken ohne Wissen ist nicht denkbar. Was hier wie eine Plattitüde daher kommt, wird bei näherer Betrachtung zu einem mittelgroßen Dilemma. Ein Studierender im 18. und 19. Jahrhundert kannte die Gegenstände der von ihm gewählten Wissenschaft sehr genau, bevor er mit seinen Studien begann.(16) Kein Lehrender wäre auf die Idee gekommen, die Bilder der Kunst, die Texte der Literatur oder die Kompositionen der Musik erst zu vermitteln – sie waren Grundlage für die eigentlichen Fragen des Studiums. Ein Blick auf die heutige Situation eines Studiums im Fach Kunst macht einen vor diesem Hintergrund doch etwas ratlos, denn von welchem Wissen lässt sich eigentlich ausgehen? Lässt sich da überhaupt von Beginn des Studiums an wissenschaftlich arbeiten, wenn doch so gut wie gar kein fundiertes individuelles Wissen, geschweige denn ein gegebener Standard eines gemeinsamen Wissens vorausgesetzt werden kann? Wir haben es also mit Studien zu tun, in denen man sich die Gegenstände und die Grundlagen sozusagen erst herstellen muss, um sie zu studieren. Eine bemerkenswerte Situation, wie ich meine.

Beachtet man zudem die Untersuchungen, die bemerkenswerte Leistungen Einzelner z.B. im Zusammenhang mit der Frage kreativer Intelligenz nachweisen, so wird auch hier deutlich, dass ein vielfältiges Wissen sozusagen selbstverständliche Voraussetzung ist. Und nimmt man ästhetisches Denken in Form von Transversalität ernst, dann gerät man angesichts der real gegebenen Situation noch mehr ins Stocken, denn wie soll man transversal ästhetisch Denken, wenn es die Denkgebiete, durch die man quer-hindurch denken sollte, als Wissen erst einmal nicht gibt?

Offene Denkprozesse

Wenn Wege und Denkstile, wenn Wissensbereiche und Vorgehensweisen sich als vielfältig zu verknüpfende darstellen und nicht mehr als festgelegter Kanon zur Verfügung stehen, dann sind auch die Denkprozesse offen. Man kann dann legitimerweise einen Gedankenweg verlassen, einen anderen wählen, einen dritten ausprobieren, über einen nahe liegenden vierten einfach hinweg springen und bei einem fünften an Stellen verweilen, die nicht zwingend dazu einladen. Und letztlich ist auch dieses möglich: Man kann von sich aus das Ganze für beendet erklären, auch wenn es z.B. über keinen nachweisbaren Schluss verfügt (siehe Teil IV). Damit erwirbt man eine ungemeine Freiheit: Tradierte Arbeitsweisen, formale Gerüste und von einer nicht zu hinterfragenden Instanz ‚Wissenschaft‘ her verordnete Korsette entfallen. Die Methoden und Strukturen entwerfen sich aus den Fragen, den inhaltlichen Bereichen und gewählten Gegenständen, den Zielvorstellungen, Interessen und Bedürfnissen in Korrespondenz zu Bereichen der Wissenschaft.

Denken und Sprache

An dieser Stelle möchte ich nur einen Aspekt nochmals aufgreifen: Da jeder wissenschaftliche Bereich und jeder Diskurs über ein eigenes Begriffs-System verfügt, kommt man nicht umhin, Diskurssprachen mit den ihnen angemessenen Begrifflichkeiten zu benutzen – ein bei der gegebenen Bandbreite der Bezugstheorien unseres Faches sicherlich nicht einfaches Vorhaben. Genau genommen bedeutet dies, dass plurales Denken, dass vielfältige Denkstile auch plurale Sprachstile haben, die es zu ‚sprechen‘ gilt. Die Fachdiskussion hat sich zunehmend diesen Fragen der Sprache und der Versprachlichung zugewandt, da auch im Fachdiskurs ‚eine Sprache‘ nicht mehr voraussetzungslos existiert. Die Zeit, in der Sprache als sekundär erachtet wurde, weil es doch primär um ‚das Kunstmachen gehe‘ ist nun vorbei (so es sie überhaupt je gab). Vielleicht bedarf es zukünftig auch der ‚Schreibwerkstätten‘ so wie es die Kunstwerkstätten gibt. Denn kunstpädagogische Kompetenz ist auch die Kompetenz, mit Sprache umzugehen.

Reflexion bzw. Introspektion

Sie ist eine vagabundierende Form des Denkens – eine Metaform (über das Denken denken) – und eine Form, die das Selbst verortet. Und zwar immer wieder neu. Sie ist auch ein begleitendes Denken, die Werkstatt im Kopf, wie Selle es nennt, und sie ist letztlich der Ausgangspunkt für alles, was an Entscheidungen im Prozess des Denkens sichtbar nach außen gelangt. Reflexion schärft und modifiziert das Bewusstsein von den Dingen draußen und den Prozessen in mir. Als Betrachtende und Nachdenkende kommentieren wir Wahrgenommenes, Erfahrenes, Gelesenes, beurteilen es, fügen es unserem Wissen hinzu, verabschieden uns dabei von Vor-Urteilen, gewinnen aber gleicherweise wieder neue, usw.

Introspektion spürt die Empfindungen auf, lässt Unlust und Lust, Abwehr, Aggression und Freude bewusst werden. Nicht nur Gardner bezeichnet diese Fähigkeit zur Introspektion bzw. diese ständige Selbstübung und Aufmerksamkeit dem Selbst gegenüber als entscheidenste Grundlage für alle Formen kreativer Prozesse. Auch Lehnerer z. B. hat in seiner ,Methode der Kunst' genau diesen Aspekt der Selbst-Achtsamkeit immer wieder benannt. Ich denke, dass er nicht nur für wissenschaftliche Denk- und Arbeitsprozesse wie für künstlerische Prozesse entscheidend ist, sondern für pädagogische Arbeit gleichermaßen. Für die Arbeit eines Therapeuten z. B. gehört die jahrelange Introspektion zur Ausbildung. Da auch Pädagogen und Kunstpädagogen Begleitende sind (therapeuo = ich begleite) müssten hier sehr viel deutlichere Akzente gesetzt werden.

Ästhetische Intelligenz

Am Ende dieser Passage und in Zuordnung zu den Fragestellungen, die Goleman zur emotionalen und Gardner zur kreativen Intelligenz aufgeworfen haben, nehme ich den von Gert Selle in die Diskussion gebrachten Begriff der ästhetischen Intelligenz nochmals auf. Nimmt man Gardners Begriff ,pluraler Intelligenzen' und den speziellen der ,kreativen Intelligenz' zunächst einmal als Möglichkeit, Lebens-, Denk- und Handlungsweisen von Menschen zu fassen, dann ist damit eine Bandbreite von Zuschreibungen gegeben, die für den Bereich des Ästhetischen auch in bereits zurückliegenden Diskussionen – als ästhetische Erfahrung, als ästhetisches Verhalten, wie auch in aktuellen, als ästhetisches Denken – immer wieder benannt wurden (Neugier, Konzentration, Verlangsamung, Aufmerksamkeit, Achtsamkeit, Selektion, Fließen, Introspektion, etc.). D. h., es gibt eine Bündelung von Begriffen, die sowohl für die besonderen Weisen ästhetischer Erfahrung bzw. des Denkens als auch für die besonderen Formen der Produktivität stehen. Selle hat mit seinem Begriff der ,ästhetischen Intelligenz' genau die Schnittstelle zu umreißen versucht, bei der es

> „…, um Formen ästhetischer Handlungsfähigkeit nachzudenken [gilt], die weder auf ,Denken'
> als letztendliches Produktionsmittel theoretischer Erkenntnis, noch auf ,Verhalten' als instru-
> mentales Ziel einer pädagogischen Konditionierung, noch auf Spiel mit der eingeschränkten
> Sinnlichkeit reduzierbar sind, sondern die zwischen Wahrnehmen, Gewahrwerden,

emotionaler Reaktion (auch Leidenschaft) reflektierender Haltung, gelebtem Alltag und Neugier auf das Unbekannte (auch Transzendente) in einem eingreifend verändernden Sinn vermitteln." (Selle 1994, S. 206)

Öffnet man diesen überzeugend schön geschürzten Knoten nochmals, um sich all der miteinander verknüpften Anteile zu vergewissern, so finden sich alle Forderungen, Erwartungen, Voraussetzungen, Zielvorstellungen, die über Jahre Gegenstand kunstpädagogischer Diskussion waren, weitgehend wieder. Nimmt man Bezug auf Gardner, dann ist mit dem Begriff ‚Intelligenz' die Möglichkeit formuliert, im Sinne pluraler Gegebenheiten, in nicht hierarchisch strukturierten Systemen, in ständiger Bewegung und in eigenständig zu verantwortenden Prozessen denkende, fühlende und handelnde Anteile als miteinander verknüpfte zu begreifen. Im Wort ‚ästhetisch' ist zudem die größte derzeit diskutierte Schnittmenge formuliert (künstlerische Intelligenz wäre zu eng gefasst). Ästhetische Intelligenz also als Begriff, der uns aus den aktuellen Schwierigkeiten des Faches hinaus hilft, und der es möglich macht, ihn nicht nur als analytischen Begriff zu verstehen, sondern auch als kunstpädagogischen Handlungsbegriff?

Am Ende verschiedenster Suchbewegungen möchte ich diese Überlegungen zunächst einmal so stehen lassen, um sie an anderer Stelle wieder aufzunehmen.

Fazit

Für die wissenschaftlichen Zugänge hat sich insgesamt gezeigt, dass traditionelle Denkstile mit aktuellen Stilen im Wechsel stehen und dass sich mit den komplexen, pluralen Formen des Denkens, andere Möglichkeiten eröffnen. Denken ist hier ein begleitendes, prozesshaftes, entwerfendes (Denken auf Probe), wie ein experimentelles oder ein sich vergewisserndes. Genau wie in künstlerischen Prozessen auch geht es einerseits um unorthodoxe Vorgehensweisen, Grenzgänge, Infragestellungen, die in der Tat eine besondere Weise des Umgehens notwendig machen, wie auch andererseits um klare Bezüge zu tradierten Methoden und gegebenem Wissen.

Was mit den Diskussionen ‚vom Anderen der Vernunft', dem ‚ästhetischen Denken', der ‚ästhetischen Intelligenz' u. a. nach wie vor nicht gegeben ist, ist die Wertigkeit der Diskussionen im Wissenschaftsdiskurs wie im übergreifenden gesellschaftlichen Wertesystem: Die auf Linearität und traditionelle Formen der Logik hin entwickelten und an nachweisbaren und somit zu bewertenden Ergebnissen orientierten Systeme produzieren klare Hierarchien. Noch immer gibt es kaum gesellschaftliche Instanzen, die ernsthaft an anderen Formen des Denkens, der Erkenntnisgewinnung sowie an der Ausbildung paralleler Fähigkeiten interessiert sind. Formal-ästhetisch Bewertbares und stilgeschichtlich abprüfbares Wissen im Bereich der Kunstpädagogik z. B. sind gemeint. Das mit der Kreativität oder Fantasie mag ja noch hinzu kommen, aber dafür ist eigentlich das lernende Subjekt selbst zuständig. Hinzu kommt generell ein allgemeines Unwohlsein in Bezug auf all die diffusen, begrifflich ‚irgendwie' anders ausgewiesenen Möglichkeiten menschlichen Denkens und Handelns, ästhetischer Produktivität und Wahrnehmung. Hat sich doch z. B.

im Zusammenhang mit einer erneuten Diskussion des Kreativitätsbegriffs gezeigt, dass er ein Begriff ist, der für vieles herhalten musste, aber offensichtlich selber wenig hält. Aber selbst der Kreativitätsbegriff lässt sich keineswegs beiseite legen, schließlich ist er der einzige, der seit Jahrzehnten eine gewisse gesellschaftliche Anerkennung besitzt. Im Zuge neurowissenschaftlicher Forschungen und pädagogischer Studien kommen diesem Begriff nun wieder neue Impulse zu, sodass er – wie alle anderen tradierten Begriffe im Verlauf der Fachgeschichte auch – neu gewendet und geprüft werden kann, um zu sehen, was er noch zu leisten vermag. Im gleichen Verständnis – dem des erneuten Zuwendens und Befragens – greife ich im Folgenden einen gleicherweise häufig benutzten Begriff, den der ‚ästhetischen Erfahrung' auf. Dabei setzte ich ihm einen anderen Erfahrungsbegriff gegenüber – den der ‚wissenschaftlichen Erfahrung' oder auch der Sacherfahrung.

Ich habe zwei Hypothesen: In einer Gegenüberstellung traditionell getrennter Erfahrungsbereiche lassen sich die Aspekte des Ästhetischen wie des Wissenschaftlichen deutlicher herausstellen und zweitens läßt sich zeigen, dass ‚ästhetische Erfahrung' noch immer ein Begriff ist, der vielfältige Facetten des Ästhetischen angemessen zu fassen vermag und dem deshalb auch als etabliertem Begriff noch immer zentrale Bedeutung zukommt.

Ästhetische und wissenschaftliche Erfahrung: Die Wiese

Ein Erstes

Vergleichsweise
Eine Katze liegt in der Wiese.
Die Wiese ist hundertzehn mal neunzig Meter groß.
Die Katze ist noch sehr jung.

(Günter Grass)

Ein Zweites

Vor Jahren sah ich von einem Hügel aus auf das üppige Grün einer Frühsommerwiese. In ihr gab es fünf große dunkelgrün-saftige Inseln, die die Wiese zu einem schönen, farbig-differenzierten Anblick machten. Begeistert versuchte ich einem Begleiter mein ästhetisches Erleben nahe zu bringen. Auf einem Bauernhof aufgewachsen, schaute er kritisch und bemerkte lediglich, dass der Bauer mit der Gülle sehr schlampig umgegangen sei, da er den Gülle-Wagen mehrfach achtlos in der Wiese gewendet habe, sodass es nun an einigen Stellen zu einer Überdüngung gekommen sei. Da stand ich nun mit meinem ästhetischen Erleben und musste zur Kenntnis nehmen, dass nicht das zweckfreie Schöne der Natur mir dazu verholfen hatte, sondern die unsachgemäß ausgeschüttete Gülle eines Bauern. Damals wurde mein Blick in seiner ästhetischen Einfachheit recht unsanft gestört, hat aber dann etwas Wesentliches hinzu gewonnen: Die Möglichkeit, anderer paralleler Blicke und somit einen größeren Reichtum an Erleben und Erfahrung.

Die Natur dem Menschen Untertan

Makowski

Die Waldwiese ist, sinnbildlich als Ausdruck einer dem Menschen geöffneten Natur, von überall her zugänglich und aufnahmebereit. Mit dem ersten Schritt würde der Betrachter in ihr einsinken, so hoch sind die Blumen und Gräser am vorderen Bildrand aufgeschossen, die unten von einem abschließenden Grünstreifen zum Rahmen hin begrenzt werden. Diese Linie aber bildet keine Barriere, sondern soll wohl den Wachstumsansatz zeigen, um damit den Eindruck zu verstärken, die Vegetation erwachse aus einem wiesenartigen Untergrund und nicht der Leinwand des Malers.

Entsprechend unterstreicht die schnelle, meist senkrecht und sich in viele Spuren verteilende Pinselführung das Aufwärtsstreben und die ungeheure Fülle der einzelnen Blumen und Pflanzen. Je tiefer man in die Landschaft vordringt, um so mehr weicht diese Struktur einer flacheren Variation von Grüns. Aus der Fülle des einzelnen verfließt das Bild in ein allgemeines Empfinden einer weich geformten Natur. Die in vielen kleinen Partikeln gezeigten Blüten, von denen man meinen könnte, sie seien einzeln herauszulösen, verschwimmen allmählich und ruhen als Farbtupfer auf dem grünen Untergrund. Sie lösen sich aber nicht vollkommen in einem reinen Bewegtsein von ihr ab, sondern bleiben durch die senkrechten Strichelungen mit dem Boden verbunden.

Durch das Nebeneinander von weißen oder gelben oder roten Blüten ergeben sich für Augenblicke Farbgruppierungen, die aber wieder von anderen Farbpartikeln durchbrochen werden. Auch die junge Frau fügt so Farben zusammen. Wie ihr Strauß erkennen lässt, hat sie offensichtlich die weißen Blumen stehengelassen. Sie ist, wohl als bunte Ergänzung zu ihrem gedeckten hellgrauen Kostüm, nur auf rote und gelbe Blüten aus. In der Bündelung hält sie die Blüten zusammen wie auf der Palette eines Malers, der von hier aus die Farben in vielen einzelnen Tupfern verteilt. So sammelt sie in gewisser Weise wieder ein, was der Künstler verstreut hat. Das Pflücken wird für sie zum Amüsement. Nicht die Schwere einer Erntearbeit zeigt Thoma, sondern die Leichtigkeit einer Bewegung von Mensch und Natur, welche in ihrer ganzen Variabilität offenzuliegen scheint. Indem sich das Weiß über die Wiesen verbreitet und auch in den Falten des Rockes auftaucht, wird um so mehr die Harmonie deutlich, mit der sich die junge Frau in den Naturraum einfügt. Der Ton, den ihr Schatten wirft, entspricht dem Blattgrün der Blumen, die sie in der Hand hält. Nur die Bäume werfen farblich zurückhaltendere Schatten, gleichsam als wolle der Maler das grellere Grün des Schattens als Reflex des leuchtenden Lila verstehen. Gleichzeitig formt die Schattenseite der Bäume eine leicht geschwungene Fläche, die der Krümmung des Frauenkörpers entspricht.

Buderath

Die Waldwiesen entstanden in einer Zeit, als das Vieh noch regelmäßig zur Weide in die Wälder getrieben wurde. In den Senken, die die kleinen Waldbäche flankierten, wuchsen nährstoffreiche Pflanzen, gedüngt durch die alljährlichen Überschwemmungen des Baches. Bald hatte das Vieh diese Stellen aufgelichtet, der Mensch half mit der Axt nach. Zu den offenen Waldwiesen zog das Vieh zur Tränke. Die Waldwiesen, übersichtliche Terrains für die Hirten, wurden zum Lagerplatz für die ruhenden Herden. Dadurch häufte sich hier der Dung der Weidetiere. Neue Pflanzenarten, deren Samen das Vieh mitgebracht hatte, breiteten sich aus. Die saftige, krautreiche Waldwiese zog wiederum vielerlei Insekten an. So wurde die Waldwiese schließlich zu einer Insel für eine vielfältige Tier- und Pflanzenwelt in einer Zeit, als die Ackerfluren und die Wälder neu verteilt, mit neuen Formen der Bewirtschaftung und neuen Nutzpflanzen weithin umgestaltet wurden.

In diese Phase der Geschichte der Waldwiese fällt das Bild von Hans Thoma: eine heile Welt mit bunten Blumen, Kräutern und Schmetterlingen, mit Libellen und Forellen im klaren Waldbach.

Doch nicht lange dauerte es, und auch die Waldwiese wurde von neuen Formen der Bodenbewirtschaftung erfasst. Die Waldwiese mit dem Bach eignete sich besonders gut zur Anlage einer Rieselwiese. An den erhöht liegenden Waldrändern entlang wurde dafür ein Umlaufgraben gezogen und dieser über einen Wasserstau am Oberlauf des Baches mit Wasser versorgt. Von diesen erhöhten Seitenkanälen aus konnte die Waldwiese bei Bedarf über Schieber am Grabenrand mit Wasser gespeist werden. Dadurch war eine regelmäßige Bewässerung der Wiese auch in anhaltenden Trockenperioden gesichert. Außerdem konnten auf diese Weise die Heuerträge ohne Dünge erhöht werden.

Das Heu der Waldwiese war geschätzt, es galt durch die Zusammensetzung von Kräutern und Gräsern als besonders nahrhaft für das Vieh. Solange der Bauer mit der Hand die Wiese mehrmals jährlich mähte, die Umlaufgräben instandhielt, behielt die Waldwiese auch den Charakter, wie ihn Hans Thoma malte. Doch dann ersetzte Maschinenkraft die Sense, mineralische Dünger machten die künstliche Bewässerung überflüssig. Die Gräben behinderten das Befahren der Flächen mit dem Traktor, die Arbeit mit dem Mähbalken. Wieder wurde die Wiese umgestaltet. Man schüttete Randgräben zu, füllte Senken in der Wiese mit Sand von den Waldrändern auf. Die Waldwiese wurde zur ebenen Wirtschaftsfläche. Der Waldbach, der sich jahrhundertelang in immer neuen Windungen seinen Lauf durch die Wiese gegraben hatte, er wurde begradigt, in ein neues Bett gezwängt. Damit war die Waldwiese in die neue Maschinenlandschaft eingepasst.

Aus: Henry Makowski und Berhard Buderath „Die Natur dem Menschen untertan. Ökologie im Spiegel der Landschaftsmalerei". München 1983. S. 186 ff.

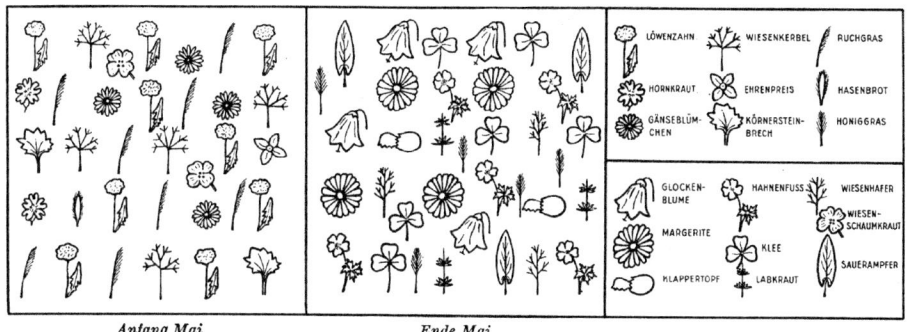

Anfang Mai   *Ende Mai*

Verteilung blühender Pflanzen auf ein und demselben Wiesenstück zu verschiedenen Zeiten
(Schülerarbeit)

Ein Drittes – Natur- und kunstwissenschaftliche Betrachtung: Makowsi/Buderath

Jeder sieht, was er weiß: Kunsthistorisches Wissen steht hier parallel zu geografischem, geologischem, ökologischem und biologischem Wissen. Beide Autoren grenzen sich gegen Alltagswissen ab, beziehen es aber gleichwohl im Sinne eines mitgedachten Rezipienten ein. Der kunsthistorische Blick blendet in der Regel den naturwissenschaftlichen Blick aus, wie auch der naturwissenschaftliche den kunsthistorischen nicht meint. Dennoch sind für manche KunsthistorikerInnen die Recherchen sozialer, ökologischer oder naturwissenschaftlicher Kontexte zum Verstehen des Dargestellten wichtig.

Dass sich Naturkundler, Geografen, Biologen wiederum fragen, wie sie mit dem ästhetischen Erleben als Überschuss oder ‚Mehrwert‘ ihrer wissenschaftlichen Forschung umgehen, ist eine heute nicht ungewöhnliche Frage. Waren noch vor Jahrzehnten z. B. in historischen Texten zur Geografie, Botanik u. a. poetische Beschreibungen von Landschaften, wie auch künstlerische Darstellungen, integrierter poetischer Teil, der mit zunehmender Spezialisierung und Zuspitzung wissenschaftlicher Fragen aus der Sprache und den Darstellungen entfernt wurde. „Gegen eine traditionell farbige Erdkunde steht eine abstrakte moderne Geografie." (Hard 1995, S. 328) Die abgespaltenen ästhetischen Anteile sind im Erleben nicht ausgeblendet, doch bleibt nun zu fragen, auf welche Weise man mit ihnen umgehen kann.

Ein Viertes – Szientifische und ästhetische Erfahrung (Hard)

Jemand, der solche Grenzgänge vollzieht, ist der Geograf und Vegetationskundler G. Hard, der sich immer wieder den Fragen der Differenz und Koexistenz wissenschaftlicher und ästhetischer Erfahrung zugewendet hat. Da für mich der (andere) Blick eines Anderen auf die Gegenstände meines fachlichen Interesses wesentliche Fragen und Impulse aufwirft (es gibt solche Zugänge selten genug), möchte ich im Folgenden einige seiner Überlegungen aufgreifen, zumal er sich u. a. auf ähnliche Grundlagentexte zum Begriff der ästhetischen

z. B. ästhetisch (1863)

Der erste, der in der Natur nicht nur die Befriedigung von leiblichen Genüssen und materiellen Bedürfnissen suchte, sondern in ihr etwas Gefälliges, Anziehendes, Einzigartiges, Großartiges oder Schreckliches zu entdecken wusste, der sich ihr verbunden fühlte, sich aus ihr ein Vergnügen, einen Schmuck, ein Andenken machte, der seinem Gast, seinem Bruder, seiner Geliebten Bewunderung bekundete und ihr einen Gegenstand als kostbaren Beweis der Hochschätzung, Freundschaft oder Liebe anbot – das war der erste Künstler. Das Mädchen, das sich einen Kranz aus Kornblumen flicht, die Frau, die sich eine Halskette aus Muscheln, Edelsteinen oder Perlen aufzieht, der Krieger, der sich mit einem Bären- oder Löwenfell ausstaffiert, um sich ein abschreckendes Äußeres zu geben – das sind Künstler.
Diese Gabe ist ein Gattungsvermögen des Menschen; denn das Tier – nicht anders als Horazens ‚Philosoph' – bewundert nichts; es zeigt keinerlei Geschmack an irgend etwas, unterscheidet weder zwischen Schön und Hässlich noch zwischen Gerecht und Ungerecht. Es ist ohne Selbstachtung und ohne Feingefühl, weder gemein noch stolz, unempfindlich für alles, was wir Schönheit und Harmonie der Natur nennen. Es fühlt sich wohl, so wie es ist, strebt nicht nach Ruhm, denkt gar nicht daran, sein Aussehen mit künstlichem Zierrat zu verschönern, sein Nachtlager mit Girlanden zu schmücken; es lebt ohne Zeremonie und ohne Zwang, vor Neid geschützt wie vor Lächerlichkeit. Es bewahrt die Erinnerung an diejenigen, die es liebt, hasst oder fürchtet; seines Jungen oder seines Gefährten beraubt, sieht man es vor Kummer sterben, aber es wird aus ihrer sterblichen Hülle keine Reliquie und aus der Erinnerung an sie keinen Kult machen. Als freies Wesen verbraucht es seine Vorräte in natürlichem Zustand, nie wurde beobachtet, dass es sie in der Sonne brät, sie in Salz und Gewürze einlegt oder sich zur Steigerung des Genusses eine kunstvolle Mischung bereitet. In der Kochkunst kann es das Tier mit der Weisheit des Pythagoras aufnehmen.
Ich nenne also ästhetisch die dem Menschen eigene Fähigkeit, das Schöne und das Hässliche, das Angenehme und das Reizlose, das Erhabene und das Triviale in seiner Person und in den Dingen wahrzunehmen oder zu entdecken und aus dieser Wahrnehmung ein neues Genussmittel, eine Verfeinerung der Sinneslust zu gewinnen.
Auf diese Weise in ihrem Prinzip und ihrem Gegenstand bestimmt, schafft sich die Kunst aus allen Dingen Mittel oder Stoff, von der einfachsten geometrischen Figur bis zu den wundervollsten Blüten, ...

Aus: Pierre-Joseph Proudhon „Von den Grundlagen und der sozialen Bestimmung der Kunst". Berlin 1988. S. 81.

Erfahrung bezieht (Dewey, Goodman, Seel). Ich greife gezielt einzelne Aspekte seiner Darlegungen auf, um mit fremdem Blick Vertrautes neu zu sehen.

Wenn es denn bei der naturwissenschaftlichen Betrachtung einer Wiese einen ‚ästhetischen Mehrwert' gäbe, ist zunächst zu fragen, wie dieser beschaffen ist. Um vorgeprägte Annahmen aufzugreifen und zu klären, entwirft Hard eine Argumentationslinie, die – ex negativo – klar stellt, was ästhetische Erfahrung nicht ist. So heißt es z. B. (hier sinngemäß wiedergegeben): Ästhetisch ist nicht die Erfahrung von Schönheit oder schönen Dingen. (Hässliches, Groteskes, Schockierendes, Entsetzliches, Grauenhaftes, Morbides, Geschmackloses, Widerwärtiges sind ebenfalls Kategorien der Kunst wie der aisthesis, der Wahrnehmung).

Ästhetisch ist nicht gleich wertvoll: Es trägt wenig zum Verständnis einer ästhetischen Erfahrung bei, wenn man sie gut, schlecht oder mittelmäßig empfindet.

Sinnesempfindung, Sinnennähe, Sinnenhaftigkeit und Sinnenbewusstsein wie auch Leiblichkeit, Körperlichkeit, Lebensnähe und Ganzheitlichkeit sind keine besonderen und nicht einmal obligatorische Anteile ästhetischer Erfahrung. Auch dass mit ästhetischer Erfahrung ein besonders privilegierter Weg des Wahrnehmungs- und Erkenntnisvermögens – eben aufgrund der Sinne – gegeben sei, ist zurückzuweisen.

Auch Genuss und Vergnügen sind nicht zwingend und ausschließlich an die ästhetische Erfahrung gebunden, sie sind oft in viel höherem Maße anderen Alltagserfahrungen vorbehalten und auch aus der wissenschaftlichen Erfahrung nicht ausgeschlossen.

Das Ästhetische ist nicht spontaner, unmittelbarer, reiner als das Wissenschaftliche oder Alltägliche.

Auch eine höhere emotionale Intensität ist nicht der ästhetischen Erfahrung allein vorbehalten. Der Gegensatz kognitiv-emotiv taugt nicht. (Hard 1995, S. 330–335)

„Man sollte, also wohl zugestehen, dass wissenschaftliche und ästhetische Erfahrung, wissenschaftliche und ästhetische Praxis einander verwandter sind, als man im allgemeinen vermutet, und dass die Unterschiede nicht da liegen, wo man sie im allgemeinen lokalisiert, nämlich z. B. auf den Linien Fühlen vs. Denken, Intuition vs. Konstruktion, Synthese vs. Analyse, Passion vs. Aktion, Unmittelbarkeit vs. Mittelbarkeit, Schönheit vs. Wahrheit, Sinnlichkeit vs. Gehirnarbeit, Konkretheit vs. Abstraktheit usw. usf. (Goodman 1973). Diese inzwischen trivialliterarischen Denkklischees sollte man eher als konkret- und zeitgebundene Reaktionen auf bestimmte zeitgebundene (Sonder-) Formen von Kunst- und ästhetischem Erleben betrachten, aber nicht als prinzipielle Unterscheidungskriterien von wissenschaftlicher gegenüber ästhetischer überhaupt, dann jedenfalls nicht spektakulär entscheiden. Das gilt wohl nicht nur für den Unterschied ästhetische Erfahrung – wissenschaftliche Erfahrung (bzw. Kunst – Wissenschaft); die genannten Gegensatzpaare sind, wie mir scheint, nicht einmal besonders geeignet, wissenschaftliche Erfahrung und ästhetische Erfahrung gegen Alltagserfahrung abzusetzen. Vielleicht kann man diese Polaritäten noch am ehesten nutzen, um innerhalb dieser Erfahrungsarten bestimmte Stile zu unterscheiden. Ungleich fruchtbarer scheint es zu sein, von dem auszugehen, was beiden Arten der Praxis und der Erfahrung (der wissenschaftlichen und der ästhetischen) gemeinsam ist: Beides ist Ordnen und Verstehen der Welt mittels Symbolen; beide bestehen auch im Erfinden, Anwenden, Lesen, Transformieren, Manipulieren ... von Symbolsystemen und leisten dabei etwas beim Erkunden und Erkennen der Welt." (Hard 1995, S. 336)

z. B. Erfahrung

Die Klärung dessen, was als Erfahrung bezeichnet werden kann, ist hinsichtlich des Zusammenhangs zwischen Lernen und Erfahrung notwendig. In diesem Zusammenhang ist bereits die Herkunft des Wortes aufschlussreich. Der Bedeutungswandel führt vom mittelhochdeutschen ,ervarn' im Sinne von ,reisen, durchfahren, durchziehen, erreichen' bis zum heutigen Sprachgebrauch ,erkennen, erforschen'. Das Verbalsubstantiv Erfahrung, mittelhochdeutsch ,varunge', meinte ,Durchwanderung, Erforschung'. Der Erfahrene gilt seit dem 15. Jahrhundert als klug und bewandert. Diese ersten sprachgeschichtlichen Hinweise enthalten bereits im Kern wesentliche Markierungen sowohl dessen, was Erfahrung ausmacht als auch für die Nähe von Erfahrung und Lernen. Zunächst ist festzuhalten, dass mit der Möglichkeit der Erfahrung offenbar Tätigkeiten verbunden werden: wandern, fahren, reisen, forschen. Erfahrung ist offenbar an Subjektive gebunden, die all dies verrichten. Natürlich kann dies auch als leibliche Dimension – oder Grundlage gelesen werden. Zunehmend kommt dabei etwas wie ein Erkenntnisinteresse ins Spiel – vom Reisen zum Forschen. Mit Hinweis auf Kant und Herbart kann Günther Buck sagen: „Die Erfahrung gibt uns die erste Kunde von der Welt (Buck 1989, 12).

Wie auch bei anderen von der Pädagogik eher vernachlässigten Fragestellungen, wie z. B. der Fantasie des Menschen, erweist sich Arnold Gehlens früherer Beitrag ,Zum Wesen der Erfahrung' für unsere Erörterung als hilfreich (vgl. auch Fellmann 1991, 117 ff.). Gehlen grenzt sich zunächst gegen jenes Philosophieren ab, das sich allein auf ,Bewusstseinsprobleme' beschränkt. Dabei entstehe ein Begriff von ,Erfahrung als einer Art des Wissens'. Dieser Begriff sei unzulässig verengt und einseitig (Gehlen 1961, 27). Demgegenüber bezieht sich Gehlen auf Aristoteles: ,Bei uns Menschen entsteht Erfahrung aus der Erinnerung, denn die wiederholten Erinnerungen schließen sich in der Verfügbarkeit einer einzigen Erfahrung zusammen, wie denn Erfahrung sowohl der Einsicht wie dem Können ähnlich zu sein scheint' (Aristoteles Met A 1, 981a, Ganz entsprechend Analyt. Post. II 19, 100a, zit. nach Gehlen 1961, 28).

Gehlen hingegen beschreibt den Erfahrungsprozess so: ,Wir erfahren die Wirklichkeiten nur, indem wir uns praktisch mit ihnen auseinander setzen oder dadurch, dass wir sie durch die Mehrheit unserer Sinne hindurchziehen: die gesehenen betasten, befühlen oder endlich, indem wir sie ansprechen und so eine dritte Art rein menschlicher Aktivität gegen sie setzen' (a. a. O., 33). Es gehe darum, die Wirklichkeiten aus einer Sphäre in die andere zu ziehen, sie zu behandeln, anzusprechen, im Auge zu behalten, zu ,begreifen', dies hieße ihre Vieldeutigkeiten zu entwickeln. Dann erreiche ,sich der Geist selber in seinen eigenen Möglichkeiten in der Erfassung der Sache' (a. a. O., 34). Im Erfahrungsaufbau würden ,hinter dem Rücken des Bewusstseins' (a. a. O., 35) symbolische Formen der Wahrnehmung ausgebildet.

Insgesamt liegt – nicht nur bei Gehlen – ein Profil von Erfahrung zugrunde, das schwer von dem zu unterscheiden ist, was man auch auf die Frage, was Lernen, besser vielleicht ,entdeckendes Lernen' (Neber 1981) sei, zeichnen könnte. In Erfahrungsprozessen geht es um die Einbeziehung des Unbewussten in den Lernprozess (Bateson), um den ,ganzen' Menschen, um eine Konstellation zwischen Einsicht und Können (Aristoteles), um eine Orientierungspraxis (Buck, Gehlen), um eine andere ,Art des Wissens', um die Bezugnahme auf Erinnerung (Aristoteles), um die Bezogenheit auf Leiblichkeit und Wahrnehmung (Buck). Erfahrungen bauen sich ,hinter dem Rücken' auf (Gehlen) und konfrontieren mit Vieldeutigkeiten. Das ist vielleicht ihr größtes didaktisches Potential.

Aus: Gunter Otto „Lehren und Lernen zwischen Didaktik und Ästhetik". Seelze-Velber 1998. S. 86.

Ästhetische Erfahrung hat, wie G. Hard weiter ausführt, eine gewisse Nähe zum Tagtraum, jenem Zustand also, in dem man nicht mehr von psychischen und situativen Zwängen beherrscht ist, sondern – gleichsam freigesetzt – sich Gedanken und Empfindungen, Bildern und Wunschvorstellungen hingeben und treiben lassen kann. Poetische Sichten, andere Fassetten der Wahrnehmung, wie ein nicht auf bestimmte Zwecke gerichtetes Denken, nehmen den Gegenstand des Wunsches, der Sehnsucht, der situativen Gegebenheit auf, umspielen ihn vorübergehend, um ihn dann wieder zu verlassen. Dieser Akt des Innehaltens, Gewahrwerdens, Träumens, mit und über einen Gegenstand ist Teil in einem Aneignungskonzept, in dem sich vergangene Teile und Zukunftsentwürfe treffen. (17)

Über die ‚Träumerei‘, der sich z. B. ein Vegetationskundler hingibt, wenn er am Wiesenrain eine blühende Oenothera (Nachtkerze) findet, entwirft Hard probehalber eine Differenz zwischen ästhetischer und wissenschaftlicher Erfahrung, indem er zunächst die ästhetische dem Projektiven der Innenwelt und die szientifische Erfahrung dem Objekt und der Außenwelt zuordnet. Wesentlich ist ihm der Gedanke, dass dem Träumen ein Sehnsuchtsmoment innewohnt, das sich nie erfüllen lässt: Noch die schönste Blume einer gegebenen Wirklichkeit ist nicht in der Lage, das Moment eines verheißungsvollen Versprechens zu erfüllen. Noch im Auffinden einer blühenden Oenothera wird das Versagen der Wirklichkeit gegenüber den Vorstellungswelten schmerzlich empfunden. Der nüchtern-distanzierte Blick des Vegetationskundlers als Wissenschaftler hingegen hält die gefundene Pflanze fest, um sie zu bestimmen, zu vermessen und einzuordnen. ‚Seine‘ Oenothera hält scheinbar stand.

Doch darin bereits die Differenz zu sehen, wäre zu kurz gegriffen. Denn auch für einen so gekennzeichneten Wissenschaftler gibt es das Gefühl der Ent-Täuschung: Die seltene Blume – zunächst ein Fund der Freude – hinterlässt nach dem Fixieren ebenfalls eine Leere, wie eine Ratlosigkeit. Das Gefühl ‚wissenschaftlicher Erfüllung‘ ist auch nur eines auf Zeit, und der Wunsch, eine noch seltenere, schönere, komplexere, ja ganz und gar unbekannte Blume zu finden, treibt ihn in seinem wissenschaftlichen Suchen weiter. Was genau ist nun die Differenz zwischen ästhetischer und wissenschaftlicher Erfahrung?

Ästhetische Erfahrung und wissenschaftliche Erfahrung sind nicht gegensätzlich

Ästhetische und wissenschaftliche Erfahrung lassen sich in kein Feld polarer Deutungs-Muster einschreiben – wie z. B. dem von innenweltlicher Projektion und außenweltlicher Objektivation. Der Blick des Wissenschaftlers auf die Dinge seines Interesses ist nicht zu trennen von Anmutungserlebnissen der Schönheit (oder Hässlichkeit), von Projektionen und Begehrlichkeiten, die mit psychischen und emotionalen subjektiven Befindlichkeiten verbunden sind. Und auch das konstatierte Außen ist ein Innen, weil der wissenschaftliche Blick ebenfalls eine Konstruktion ist und somit im Subjekt verankert. Dass Bedürfnisse, wie Erlebnisse von Schönheit und Harmonie, von Hässlichkeit und Ekel mit in das Feld

Eine Wiese im Mai. Zwischen den Gräsern Wiesenfuchsschwanz (12) und Ruchgras (11)
stehen zahlreiche Pflanzen in voller Blüte: gelb Scharfer Hahnenfuß (3) und ein Nachzügler
vom Löwenzahn (9), rot Kuckucks-Lichtnelke (4) und Rotklee (7), blau Gamander-Ehren-
preis (10), violett Gundermann (8) und weiß Hornkraut (5) und Weißklee (6). Kopfweiden
links oben (1) und im Hintergrund sowie ein Riedgras (2) zeigen an, daß der Boden gut
durchfeuchtet ist.

erkenntnisleitender Interessen geraten, hat nicht erst Einstein formuliert. (18) Für einen Vegetationskundler z. B. sind also im Erfahrungszusammenhang immer auch ästhetische Anteile gegeben. Er muss sich über die Einflussnahme des Ästhetischen auf seine Fragestellungen klar sein, wie auch darüber, welche Gefühle, Emotionen und Assoziationen seine Erkundungen sozusagen als zweite Ebene begleiten. Er hat also beides miteinander in Beziehung zu setzen.

Denkt man diesen Gedanken weiter, so ergibt sich ein merkwürdiger Zirkelschluss: Dem Wissenschaftler sind also wissenschaftliche wie ästhetische Erfahrungsdimensionen offen und dem Nicht-Wissenschaftler nur die ästhetischen? Dann wäre ja ein wissenschaftlich orientierter Mensch – so er über beides in seinem Bewusstsein verfügt – um einiges an Erfahrungen reicher als z. B. ein nicht wissenschaftlich, ‚nur' ästhetisch Interessierter? Bevor sich hierauf eine Antwort formulieren lässt, wende ich mich nochmals einem anderen Kontext ästhetischer Erfahrung zu.

Ästhetische Erfahrung, ästhetisches Erleben oder nur ein anderer Blick?

Bezieht man sich noch einmal auf das Eingangsbeispiel ‚Wiese', so ließe sich daran abschließend die Frage stellen, ob es sich hier um eine ästhetische Erfahrung, um ein ästhetisches Erleben oder einfach nur um einen anderen – einen ästhetischen – Blick gehandelt hat.

Was sich in jedem Falle konstatieren lässt: Es war ein ‚anderer Blick', setzt man den ‚einen', den routinemäßigen, flüchtigen, zweckgerichteten Alltagsblick als Maxime zur Distinktion voraus. Auch in einem zweiten Sinne war es ein anderer Blick, hat er sich doch erst in der Differenzerfahrung zu einem ersten konstituiert. Auch dass es ein ästhetisches Erleben war, mit hohen emotionalen und poetischen Anteilen, steht außer Frage.(19) Doch war es bereits eine ästhetische Erfahrung im Sinne Deweys oder Seels? „Erfahrung als Verschmelzung alter Bedeutungen und neuer Situationen" (Dewey 1988, S. 322) oder wie Seel es formuliert:

> „Erfahrungen, die wir machen, sind Veränderungen, die uns geschehen, indem wir sie vollziehen. […] Eine Erfahrung machen heißt nicht einfach eine Ansicht oder Absicht revidieren und gewinnen sondern bedeutet einen veränderten praktischen Bezug erhalten zu dem neu oder erstmals Angesehenem und Vorgenommenen" (Seel 1985, S. 79).

Jetzt, da dieses Erlebnis der Wiese durch so viele andere gedankliche und erlebnismäßige Kontexte hindurchgegangen ist, kann man sicher vom Begriff ‚Erfahrung' wie auch dem Begriff ‚Erkenntnis' sprechen. Doch vor Ort war es in dem hier formulierten Verständnis eher nicht als solche zu bezeichnen, denn die bewusstseinsmäßigen Anteile, die das Erleben dazu machten, fügten sich erst nach und nach hinzu.

Und doch ist hier der Tatbestand ‚ästhetische Erfahrung' durchaus als gegeben zu sehen, wenn man ‚ästhetische Erfahrung' anders fasst, z. B. spielerischer, freier in den Zuordnungssystemen, schweifender, hin und her pendelnd zwischen verschiedenen

Erfahrungsmodi – der Alltagserfahrung, der Naturerfahrung, Kunsterfahrung und Wissenschaftserfahrung – einem streunenden Hund gleich, der uns an einer imaginierten Leine zu weitläufig auseinander liegenden Plätzen hinter sich her zieht. Im Dazwischen, wie im Verschmelzen der unterschiedlichen Erfahrungsanteile, entstehen Lust und Genuss, Staunen und Intensität.

Die Frage nach einer Erfahrung, die nur ästhetisch konfiguriert ist und somit gegenüber einer naturwissenschaftlichen – die immer auch eine ästhetische einschließt – als reduziert erscheint, stellt sich somit nicht (siehe oben). Gerade in der Differenz des Einen zum Anderen, im Umkippen des Blicks und dem Hineingleiten in andere, sehr verschiedene Wahrnehmungen, Bedeutungssysteme, und Deutungsmöglichkeiten, im Konstituieren und eigenständigen Strukturieren dessen, was die sichtbar gegebenen Dinge der wahrnehmbaren Wirklichkeit in uns auszulösen vermögen, entsteht der ganz und gar individuelle, überaus produktive Erfahrungsanteil des Wahrgenommenen, den man ästhetische Erfahrung nennen kann.

Nachtrag – Erfahrungen beim Malen einer Wiese

Was für eine Erfahrung macht nun eigentlich ein Kind, wenn es eine Wiese zeichnet, sie mit dickem Pinsel malt oder sie aus Kunstrasen schneidet und mit Plastikblumen bestückt? Macht es eine ästhetische Erfahrung der Wiese oder eine sachliche im Schneiden von Kunstrasen oder wieder eher doch eine ästhetische beim Malen dreier goldgelber Blumen oder überhaupt keine von beiden, weil ‚Wiese‘ in seinen Erfahrungen eigentlich weniger vorkommt, dafür aber ‚in Farben manschen‘ oder ‚Kunststoffblumen sammeln für eine Kunst-Wiese‘. Oder ist dies alles, was es da tut, gar nicht mit ‚ästhetischer Erfahrung‘ zu fassen, sondern nur mit ‚ästhetischem Verhalten‘, ‚ästhetischer Praxis‘ oder ‚ästhetischer Produktion‘ – aber macht es denn da keine ästhetischen Erfahrungen?

Über die ästhetischen Produktions- und Aneignungsweisen wird nicht herauszufinden sein, was diese nun mit einer ästhetischen Erfahrung ‚Wiese‘ überhaupt zu tun haben. Dazu müsste man die Kinder befragen. Aber was ein Kind beim Zeichnen des struppigen Grases, beim großflächigen Malen einer grünen Wiese oder beim Hantieren mit Plastikblumen und Kunstrasen empfindet und begreift, wird zum größten Teil etwas sein, was nicht so sehr viel mit Wiese aber viel mit grafischen Spuren, pastosem oder lasierendem Farbauftrag oder den Entscheidungen für oder gegen eine bestimmte Sorte von Kunstrasen und Plastikblumen zu tun hat.

Doch bevor sich über weiteres Befragen und Argumentieren auch noch ein letztes Quäntchen begrifflicher Klarheit aufzulösen beginnt, greife ich eine Setzung auf, die weitgehend konsensfähig ist: Ästhetische Erfahrung wird weitgehend für Rezeptionen im Bereich der Kunst- und der Alltagserfahrung benutzt, gegen den sich die Begriffe ‚ästhetisches Verhalten‘, ‚ästhetische Praxis‘ bzw. ‚ästhetische Produktivität‘ abgrenzen. Ästhetische Erfahrung ist eher meditativ als körperlich aktiv, hat eher etwas zu tun mit Beobachten, mit Selbstreflexion, mit Wahrnehmungs-Differenzierungen und manchmal auch mit den

Beschreibungen all dessen, was dabei zueinander kommt, ineinander greift, neu entstanden ist – zum Beispiel bei der Wahrnehmung einer hellgrün leuchtenden Wiese – mit dunkelgrünen Inseln …

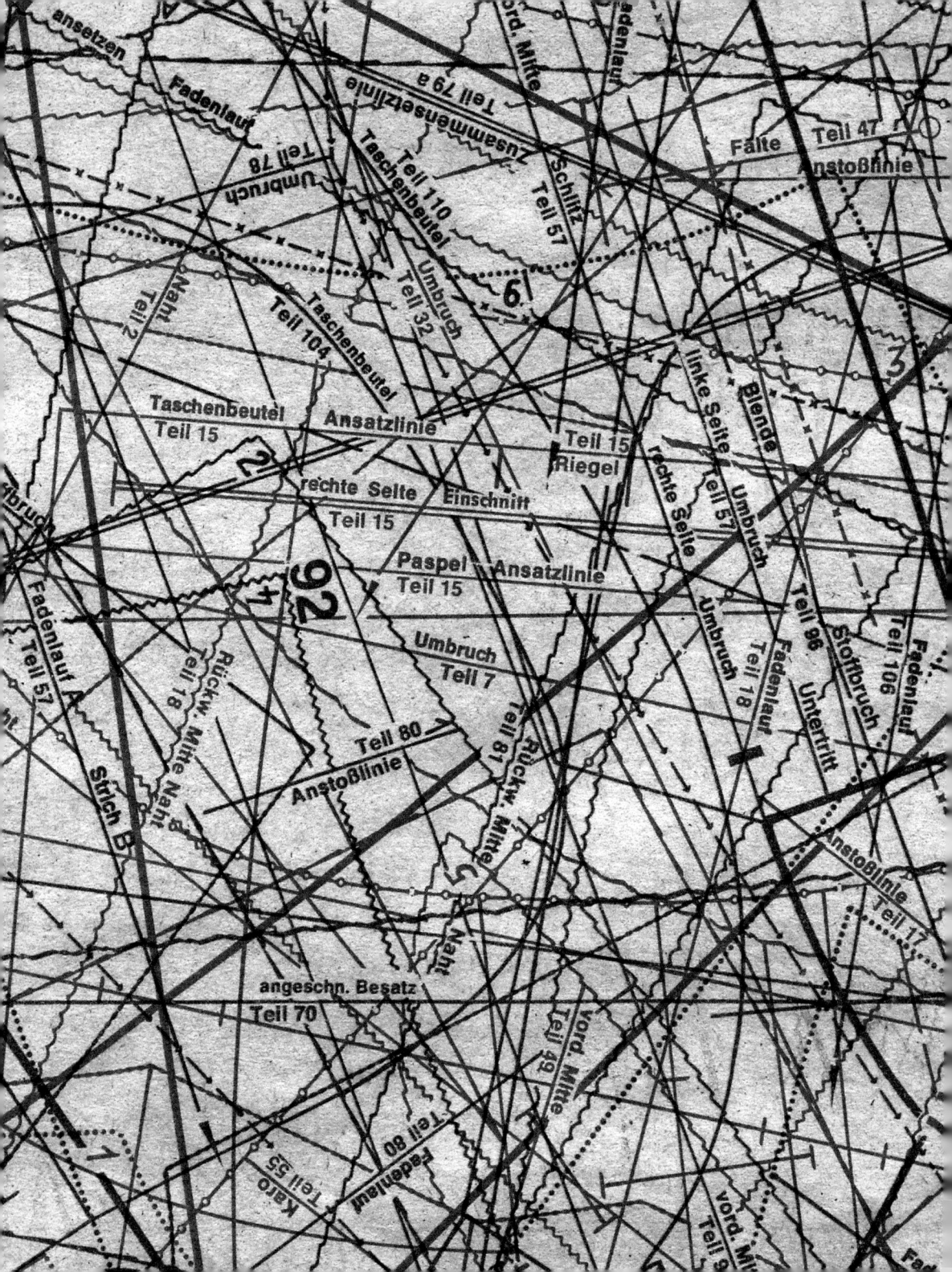

Erkundungen im Bereich der Wissenschaft

Sie sind der Tendenz nach zunächst weniger lustvoll als die in den Bereichen von Alltagsästhetik und Kunst. Individuelle Lernbiografien haben den Formen theoretischer Erarbeitungen in wissenschaftlichen Bereichen meist wenig Raum für Motivation, Interesse, Geduld, Ausdauer und Lust gelassen. Vielfach erfolgten wissenschaftliche Zugänge lediglich außen geleitet und verordnet: bestimmte Texte waren zu lesen, zu lernen und wiederzugeben.

Mit ,Erkundungen' haben solche Verfahren nichts gemein, wenn man davon ausgeht, dass es eigener und nicht außen geleiteter Motivationen bedarf, wie auch eigener Kriterien für die Auswahl und Bearbeitung wissenschaftlicher Texte. Doch auch hier lassen sich Wege finden, Interessen neu zu wecken und Zugänge aufzuspüren. Die Denkansätze, die z. B. Rumpf anbietet, indem er entwirft, wie Sachen wieder ,fragwürdig' gemacht werden können, sind auch hier wirksam. Im großen Feld der Fragen im Zusammenhang mit Kunst und Pädagogik lassen sich viele kleine Interessenfelder finden, wo jede, jeder mit individueller Neugier, vielen Fragen und dem Wunsch, Antworten auf Fragen zu finden und noch Verborgenes heraus zu bekommen, sich ansiedeln kann.

Informationen, Texte und Meinungen; Wissen sammeln und befragen

In Analogie zu den Bereichen von Alltagserfahrung und Kunst spielt auch im Wissenschaftsbereich das Sammeln eine wesentliche Rolle: Begleitende Bild-Text-Tagebücher oder Kisten (nach dem Muster von ,Zettels Traum' von Arno Schmidt) sind hier ausgesprochen hilfreich und weiterführend. Kurze Textauszüge, Kommentierungen, Notizen, Websites, Zeitungsausschnitte, Kopien u. a. zu bestimmten Fragestellungen lassen sich irgendwann engagiert und kontinuierlich zusammentragen. Im Anhäufen, Ansammeln und Anwachsen entsteht ein selbsttätiges Moment, das auf den Erkundenden zurückwirkt, indem er Lust hat, weiter zu fragen, zu suchen um zu finden. Auch die Vielfalt textlicher Zugänge übt oft die erste Faszinationen aus und führt irgendwann zu der Vermutung, dass doch nicht alle Theorie grau ist. (Inwieweit sich damit bereits ein fundiertes wissenschaftliches Arbeiten verbinden lässt, muss hier offen bleiben.)

Was ebenfalls erkundet werden kann, sind die Vorgehensweisen, sind die Arten und Weisen des Fragens bzw. der Fragestellungen, sind vorläufige Herangehensweisen und erste Annäherungen wie z. B. in Methoden des Brainstorming, der Perzeptbildung, des Recherchierens generell. Es sind Strukturierungsversuche, Begründungen, Vergleiche und Einordnungen. Ein anderer Zusammenhang bezieht sich auf Fragen der Vermittlung. Auch hier kann man neue Wege erkunden, kann sich unüblicher Verfahren bedienen, wie z. B. den der Performance, des Gesprächs zu dritt, des Pro und Kontra-Dialogs, aber vor allem immer wieder des Erprobens eigener Vermittlungsmöglichkeiten – schließlich geht es darum, herauszubekommen, ob es persönlich gelingt, einer Gruppe von Zuhörenden auch die schwierigsten Sachverhalte verständlich zu machen.

Fazit

Mit diesen Beispielen schließe ich den Teil der Fragestellungen zu den wissenschaftlichen Zugängen zu Gegenständen des Fachs ab. Ich habe einzelne Aspekte partiell – zum Zwecke der Analyse – separiert, glaube aber dennoch gezeigt zu haben, dass sie weitgehend nur über vielfältige Formen der Vernetzung existieren.

Diese komplexen Zugänge spielen nun in den nachfolgenden Ausführungen eine neue Rolle. Anhand konkreter Beispiele will ich zeigen, dass Formen linearen, dichotomischen Denkens bzw. ausschließlich rationaler und logischer Folgerungen, wie auch die diffuser, vorbewusster kreativ-künstlerischer Akte obsolet sind. (Dass hier natürlich auch die elektronischen Medien menschliches Denken und Handeln längst zu verändern beginnen, weil sie in ganz anderen komplexen Systemen verortet sind, und so zu anderen Vernetzungen von Wahrnehmungen und Erfahrungen von Wissen, Denken und Handeln führen, sei hier wenigstens angemerkt.) Auf der Ebene des ‚vorauseilenden' Denkens sind dies Binsenweisheiten – auf der Ebene nachfolgenden Handelns in den gesellschaftlichen Subsystemen Schule und Universität offenbar noch immer Möglichkeiten fern am Horizont. Da ich also daran glaube, dass die Diskussionen über die Gleichberechtigung vieler Zugänge zur Welt- und Selbst-Erfahrung bzw. Erkenntnis zunehmend greifen und zu gesellschaftlichen und pädagogischen Umbrüchen führen, möchte ich im Folgenden einige Wege dahin aufzeigen.

Ästhetische Biografien

Da ist jemand bedeutsam geworden, aufgefallen, in Erscheinung getreten, ins öffentliche Bewusstsein gerückt oder in ein privates Interesse geraten – und nun möchte man etwas von ihm, von ihr wissen: Der Frau von nebenan und ihrem unbekannten schriftstellerischen Nachlass, dem Künstler, dessen Werke schon lange in einem regionalen Archiv lagern, oder der eigenen Mutter, die ihre Jugend im Nationalsozialismus verbracht, aber nie darüber gesprochen hat.

Also machen der Biograf und die Biografin sich auf den Weg in die individuellen Welten eines anderen Menschen, recherchieren und treffen im günstigsten Fall auf hilfreiches Material – auf Tagebücher, Briefe, Fotografien und private Dinge. Doch bald sehen sie sich mit bekannten Problemen konfrontiert: Das autobiografische Material ist lückenhaft, Hinterbliebene und Zeitzeugen wissen sehr Unterschiedliches, oft sogar ausgesprochen Widersprüchliches und die gegebenen Leerstellen in der Chronologie eines Lebens scheinen unüberbrückbar.

Biografien sind Konstruktionen mit rekonstruierten Anteilen

Das Verhältnis zwischen beiden ist äußerst empfindlich, entscheidet es doch, ob der Historiker den Vorwurf hinnehmen muss, die historische Wahrheit verfälscht zu haben, die Schriftstellerin mit einem Gerichtsverfahren belangt wird und ihr Buch zurückzuziehen hat und der Künstler Ablehnung provoziert, weil er nicht nur Erfindungen – wie erwartet, sondern auch Findungen – authentische Spuren also – in seine Arbeit einbezogen hat. Gemäß den Erwartungshaltungen wird jedem der drei ein fest umrissenes Terrain zugebilligt: Der Historiker hat die Wahrheit der geschichtlichen Wirklichkeit herauszufinden, die Schriftstellerin hat die Wirklichkeitsanteile ihres aktuell-biografischen Romans so zu transformieren, dass am Ende der Satz stehen kann: Ähnlichkeiten mit lebenden Personen sind rein zufällig, und der Künstler hat wahrnehmbare Spuren eines gelebten Lebens in ästhetische Sprachen zu transformieren – z. B. in ein Porträt – aber er hat ästhetisches Material nicht so zu arrangieren, dass Authentizität und Fiktion ununterscheidbar werden. Obwohl heute niemand mehr von einer einzigen gültigen Wahrheit ausgehen kann, scheint aber die Neugier und das Interesse am ‚wirklichen‘ – und dies heißt im Allgemeinen auf nur eine ‚wahrheitsgemäße‘ Weise les- und deutbares – Leben anderer ungebrochen. Diese Neugier, versehen mit dem voyeuristischen Blick auf all die Dinge, die im Leben einer berühmten Person präsent sind oder waren, erwartet, befriedigt zu werden. Die Tasse, aus der Königin Elisabeth trank, die Schuhe von Elvis, das Schreibwerkzeug von Goethe, das Papier, auf das Johann Sebastian seine Noten schrieb, und die Kleider von Sissi bzw. Romy Schneider, sind von einer Aura umgeben und vermitteln das Gefühl der Teilhabe an etwas Großem und Besonderem. Ganz so, wie der Pilgertourismus vom frühen Mittelalter an bis heute die zu erwerbenden Andenken im Sinne einer Teilhabe am Göttlichen, Metaphysischen verstanden und inszeniert hat. Vom Glanz der Tasse der ganz Großen fällt dann vielleicht auch ein kleiner Schimmer auf die Tasse der verstorbenen Großmutter, auf das Hochzeitskleid der Frau M. und die Schuhe einer in Armut verstorbenen Künstlerin. Auf dem Dachboden gefunden, oder in fremden Kellern ausgegraben, lösen sie eine eigenartige Faszination aus, erwecken Neugier, provozieren Fragen, auf welche Weise sie in das Leben eines anderen Menschen verflochten waren.

Das Ästhetische und das Biografische der ästhetischen Biografie

Was nun ist das Ästhetische an der ästhetischen Biografie und was das Biografische? Für das Ästhetische lassen sich vor allem vier Aspekte nennen:
Es sind zum einen die wahrnehmbaren, alltäglichen Dinge, die für gelebtes menschliches Leben stehen und als Zeugnisse und Spuren auch über den Tod des Einzelnen hinaus auf vielfältige Weisen les- und deutbar sind. Zum anderen sind es generell ästhetisch-künstlerische Verfahren, Medien und Materialien, über die sich die Biografien konstruieren lassen, wobei vor allem auch die Verfahren eingeschlossen sind, die gemeinhin als museale Praktiken gelten, wie sie z. B. in historischen oder heimatkundlichen Museen genutzt werden. In Analogie zu den musealen Praktiken haben Christian Boltanski, Niko-

laus Lang, Armand Gette, die Poiriers und andere in den siebziger Jahren die Verfahren der archäologischen Spurensicherung mit deren spezifischen Präsentationsformen für ihre künstlerischen Arbeiten genutzt. Diese Spurensicherungskonzepte, Archivierungen und musealen Präsentationen haben seit Jahren in der Kunst Hochkonjunktur. Mit Begriffen wie Rekonstruktion, Archiv, mind-mapping oder Atlas (um Aby Warburgs Bildersammlungs-begriff aus den zwanziger Jahren hier zu nennen) (1) haben sich Kunstformen etabliert, die individuelles und kollektives Erinnern zum Thema haben.

Die Faszination dieser künstlerischen Arbeitsformen hat viele Gründe – sie reicht von semantischen Überlagerungen der Alltagsdinge und ihrer Verweise auf gelebtes Leben bis hin zu den Sammlungen und musealen Präsentationen, die den banalen Dingen des Alltags einen allgemeinen kulturellen Wert zumessen. Dinge haben Spuren und Dinge sind Spuren, und wie es Bourdieu aus soziologischer und Groys aus kunsttheoretischer Sicht, formulierten (2), sind die gefühlsmäßigen Besetzungen und nostalgischen Aufladungen umso intensiver, je weiter weg die Dinge sich von den aktuellen profanen Archiven befin-den. Die Dinge, die einer archaischen Zeit entstammen, in der sie handwerklich gefertigt wurden, oder Dinge, die aus den Frühphasen der Industrialisierung kommen und mit vielen Spuren des Gebrauchs versehen sind, rühren noch immer an weit zurückliegende Bilder, Mythen und magische Vorstellungswelten. So türmen sich über den Dingen ganze Konnotationsbündel, und jedes Alltagsding ist in verschiedensten Bezugssystemen zu lesen – sie sind sozusagen unsichtbar in die alltäglichen Dinge eingeschlossen.

Den ästhetisch verfassten Biografien ist noch ein Drittes eigen: Sie beinhalten in der Regel eine andere Zeit als die lineare. So können Zeitabläufe stillgestellt, Fassetten gelebten Lebens gebündelt, und verschiedene Stationen parallel sichtbar gemacht werden. Ganze Lebensphasen können unberücksichtigt bleiben, Wichtigkeiten an das Ende, Unwichtig-keiten an den Anfang gerückt werden. Zudem sind die Abläufe im Rezeptionsakt unter-schiedlich lesbar, manche auch simultan oder in anderer Reihenfolge als vorgesehen.

Und ein Viertes ist jeden Augenblick präsent: Das Subjekt der Biografie und das Subjekt des Biografierens überlagern sich, da Projektion und Identifikation Grenzen verwischen. Ästhetische Biografien entstehen also an den Schnittstellen von Biograf und Biografiertem, von individuellen und kollektiven Erfahrungen.

Und letztlich bleibt noch zu benennen, dass im Ästhetischen die Trennung zwischen Fiktion und Authentizität, zwischen Wahrheit und Lüge, Wirklichkeit und Schein nicht mehr gegeben ist. (Siehe dazu auch Kapitel ‚Vom Täuschen' S. 113)

Das Biografische

Versteht man ‚Biografie' als individuelle Geschichte eines Menschen in einer historischen Zeit mit den ihr eigenen gesellschaftlich-kulturellen Gegebenheiten, kollektiven Mustern und Normen, so entsteht eine Chronologie der Lebensereignisse, die auf das hin zu be-fragen wären, was sie an unverwechselbar Eigenem wie vergleichbar Allgemeinem enthalten. Biografien sind so in die Konstituenten von Raum (regional, wie auch umfassend als Lebensraum) und Zeit eingebunden. Auch wenn Chronologien nur theoretische Hypothesen sind (3), bilden sie doch eine geeignete Struktur zum Erfassen und Deuten gelebten Lebens. Die einzelnen Lebensphasenmodelle variieren und sind ihrer Zeit verpflichtet – vom Baum zur Treppe oder Brücke bis hin zu neueren Phasenmodellen, die den aktuellen gesellschaftlichen Gegebenheiten Rechnung tragen und z. B. ‚Alter' nochmals ausdifferenzieren. So ist heute ein Modell gegeben mit den Phasen: Kindheit, Jugend, Berufsfindung, Liebe und Partnerschaft, Familie und Kinder, aktives Alter ohne Kinder und hohes Alter als letztem Lebensabschnitt.

Sich auf das Verfassen einer Biografie einlassen heißt, sie dem Vergessen und der Geschichtslosigkeit zu entziehen – das bezieht sich vor allem auf Menschen, die ein ‚normales' alltägliches, bürgerliches, bäuerliches oder Arbeiter-Leben geführt haben, und nicht schon gleich auf der Sonnenseite aufzeichnungswürdigen Lebens zur Welt kamen.

Die biografischen Leerstellen

Biografen und Biografinnen haben es bei ihren Recherchen vor allem mit den Deutungsschwierigkeiten biografischer Leerstellen zu tun, wie mit den Entscheidungen, die Realzeit von Leben in eine verkürzte, mediale Darstellungszeit zu transferieren, in der nur wenige Aspekte und Phasen gelebten Lebens aufscheinen. Die Entscheidungen für Aus- und Wegzulassendes prägen die zu verfassende Biografie entscheidend. Auch die Entscheidung für die Wahl der Medien (Sprache, Schrift, Film, Video u. a.) beeinflusst das vorgeblich Authentische einer Biografie. Dass sich im Rahmen dessen, was gegeben ist und was fehlt und ergänzt wird, die Frage nach Authentizität und Fiktion, nach Wahrheit und Täuschung in besonderer Weise stellt, ist deutlich.

Die im Folgenden dargestellten Biografien haben sehr heterogene Ausgangspositionen, sodass sich ein weiter Bogen spannen lässt: Von der konkreten Individualgeschichte (Hanna), zum Entwurf einer denkbaren Biografie (Ursel P.), zu einer kollektiven Biografie des Weiblichen (die Frau von nebenan), über merkwürdige Mischformen (Igor de Cadence) bis hin zu gänzlich Erfundenem (Biografien, von Schülerinnen verfasst).

z. B. Hanna – Jugend zwischen 1935 und 1945
Zu einer ästhetischen Forschung von Annette Lauer

Die hier vorgenommene ästhetische Forschung bewegt sich in einem überaus komplexen Geflecht historischer, sozialer, ästhetischer und psychischer Gegebenheiten.

Hanna ist die achtundsiebzigjährige Mutter der Frau, die sich dieser biografischen Spurensuche zuwendet und dabei sowohl die Zeit des Nationalsozialismus, in der Hanna Jugendliche war, als auch indirekt eine Mutter-Tochter-Beziehung bearbeitet. Annette Lauer beginnt mit einer Reihe von Gesprächen, macht Tonbandaufzeichnungen, sammelt Dokumente, Bilder, Fotografien und Dinge der Zeit. Sie sucht sich einen Ort, an dem ihre Arbeit installiert und der Öffentlichkeit zugänglich gemacht werden kann.

Die Ausgangssituation

Aus ersten Gesprächen mit Hanna erwächst ein Arbeitskonzept, das sich auf zwei wesentliche Aussagen stützt:

„Wir haben uns Nischen gesucht, in denen wir trotz der Einschränkungen von außen ein eigenes normales Leben führen konnten. […] ich finde, dass unsere Jugend schön war, wir waren zufrieden." Die zweite Aussage ist eine Antwort auf die von der Tochter immer wieder gestellte Frage, ob sie von den Schrecken der NS-Zeit wirklich nichts mitbekommen habe. Hannas Antwort: „Erst später hob sich langsam ein Vorhang zu einer Welt, die uns völlig unbekannt geblieben war."

Annette Lauer entwirft daraus ihr Arbeits– und Ausstellungskonzept. Sie wird das Leben Hannas in Nischen darstellen und die Welt außerhalb entlang der Wänden mit Bildern, Dokumenten und Texten in ‚Fenstern', d. h. in Rahmen hinter Tüchern verschleiert, mit nur kleinen Ein- bzw. Ausblicken in die offizielle Welt der NS-Zeit.

Am 17.2. macht sie eine erste Bestandsaufnahme und schreibt in ihrem Tagebuch:

„[…] es ist mein Ziel, dass Menschen, die diese Ausstellung sehen werden, sich einfühlen können in eine Jugendzeit unter einer Diktatur, in der junge Menschen zur Anpassung an ein System erzogen wurden, zum Verzicht auf politische und gesellschaftliche Willensbildung, zur Kritiklosigkeit und zu einem funktionierenden Glied einer Masse. Die damit verbundene Entmündigung, wie die Verhinderung einer individuellen Persönlichkeitsentwicklung, wurde den meisten jungen Menschen nicht bewusst. Viele lebten so, wie Hanna ‚in ihren privaten Nischen'. Wenn es mir gelingt, diese Aspekte zu vermitteln, dann ist auch klar, dass es nicht um Schuldeinebnung oder Verharmlosung der Verbrechen des Nationalsozialismus geht. […] Ich zeige meine individuelle Sichtweise von Hanna in ihrer Zeit und interpretiere sie aus heutiger Sicht. […]

Bisher habe ich auf drei Ebenen gearbeitet:

Ich habe in Hannas Leben geforscht und Spuren gesammelt: Gegenstände aus ihrer Jugendzeit wie Bücher, Handarbeiten, Briefe, Fotografien, die sie selbst oder die andere gemacht haben. Erinnerungen, die sie mir auf Band gesprochen hat, Gegenstände, die nicht Hanna direkt gehörten, sondern Schwestern, Freundinnen, Bekannten. Ich habe Gegenstände auf Flohmärkten erworben, die im Leben Hannas verloren gegangen sind oder die sie gut kannte. Fotos aus Büchern, die das zerstörte Gütersloh, ihren Wohnort, zeigen; Gesprächsaufzeichnungen mit Menschen, die Hanna kennen und über sie sprechen können.

Neben diesen privaten Spuren habe ich allgemeine Spuren und Quellen aus der NS-Zeit gesammelt:

Kopien von Gesetzestexten, Urkunden, Reden; Verordnungen aus der Hitlerjugend und dem BDM; Briefmarken, Münzen, Orden; Liedgut; Abbildungen von Hitlerportraits, Aufmärschen, Kriegsgeschehnissen; Beschreibungen, wie Menschen ihre Jugend in der NS-Zeit erlebt haben; allgemeine Literatur aus heutiger Sicht (Keim, Klönne, Klaus usw.). Parallel dazu habe ich künstlerisch gearbeitet, hauptsächlich Tiefdruckcollagen, in denen sich Hannas individuelle Spuren und die allgemeinen der NS-Zeit, die Hanna nicht bewusst waren, überlagern und vermischen."

Sie entwirft das Konzept der Nischen und schreibt:

„1. Hannas Bibliotheks-Nische –

Hier will ich die Bücher, die ich von Hanna aus ihrer Mädchenzeit bekommen habe, in ein Regal stellen und andererseits Buchobjekte bauen, die die echten Bücher zu einer Bibliothek ergänzen. Dazu benötige ich Kästen, die man wie ein Buch aufklappen kann, wie Nähkästchen, Zigarrenkisten. In diese Kästen will ich Dinge aus Hannas Leben hineinarbeiten, die mit Büchern in Verbindung stehen. Das können Seiten aus einem alten Kochbuch sein, zusammen mit Besteckteilen, Gewürzpflanzen und handschriftlichen Rezepten. Oder ich verbinde ein Handarbeitsbuch mit Schnittmustern, Stoffstücken, Wollknäueln und alten Stickproben. In dieser Nische kann ich mir auch Hannas Poesiealbum sowie Mädchenportraits mit Verschnürungen vorstellen. Als Materialien schweben mir Maschendraht, Paketband, Rollen von echten Buchseiten sowie angebrannte Bücher vor. Wenn dann noch alte NS-Texte über die Rolle der Frau einbezogen und als Fragmente zu lesen sind, dann müsste in den Buchobjekten die ideologische Ausrichtung und eine Beschränkung der individuellen Entfaltungsmöglichkeiten zum Ausdruck kommen, bzw. anschaulich werden.

2. Die BDM-Nische –
Hier möchte ich die Erziehung zur künftigen Mutter thematisieren – die BDM-Aktivitäten, wie das Singen und Flöten, das Sporttreiben, das Basteln, das Sammeln für das Winterhilfswerk und das Marschieren. Die Winterhilfsabzeichen möchte ich hier als Sammlung verwenden, eventuell als Duplikate aus Fimo.

3. Die Männer-Nische –
Für jeden Soldaten, den Hanna näher kennen gelernt hat, möchte ich eine Art Setzkasten bauen, in den ich Briefe, Orden, Fotos, Schmuckstücke hineinlege, je nachdem, was der betreffende Mann für Hanna bedeutet hat. Karl-Heinz bekommt Jahrmarktsattribute, Hans erhält Rosen, Alfred Briefe, Josef Fotos, Ludwig Schmuckstücke, Helmut Eiserne Kreuze. Es soll deutlich werden, dass die Kriterien, die Hanna bei ihren Freundschaften zu jungen Männern anwandte, andere waren, als diejenigen, die die Rassengesetze vorschrieben, aber dass sie sich auch nicht außerhalb der Gesetze bewegte.

4. Hannas ‚Reise-Nische‘ –
Hier will ich die Fotografien aus dem Album verwenden, die Hanna von ihrer Radtour nach Karlshafen und ihrer Zugreise nach Wernigerrode im Harz machte. Ich kann die Fotos an die Wand pinnen und ein Tonbandgerät mit einem Interview über die Reisen laufen lassen. Außerdem kann ich eine selbst gemachte Ansichtskartensammlung ausstellen, dazu kopiere ich aus älteren Büchern Landschafts – und Städteansichten in Postkartengröße und lasse sie mit Kaffe vergilben. Eventuell brenne ich sie auch noch an. Die Reisen stellen keine Einschränkungen dar, sondern eher die Möglichkeit individueller Entfaltung. Dennoch wird vermutlich gerade über diese Nische und ihre idyllischen Reisebilder die Verdrängung und das Nicht-Wahrnehmen von Krieg und Schrecken deutlich.

5. Die ‚Lehrzeit- oder Wirus-Nische‘ –
Hier will ich Hannas Lehrzeit bei Wirus, einem großem Handwerksbetrieb für Holzbearbeitungen in Gütersloh, darstellen. Ihre Zeugnisse sind hier wichtig und auch die entscheidende Frage bei dem Vorstellungsgespräch: „Wie lange währt das dritte Reich?" Eine alte Schreibmaschine und die Medaillen und Urkunden von den Berufswettkämpfen sollen hier ausgestellt werden. Außerdem will ich Frontpäckchen packen, mit Feldpostlektüre, Kerzen, Socken, alten Agfa-Filmen. Dann sind auch die Bücher und Atlanten wichtig, die

ich auf dem Flohmarkt erstanden habe, sie enthalten die ideologischen Fragen über die Rassenkunde, die in den Prüfungen vorkamen. Durch die guten Zeugnisse möchte ich hier die Anpassung der Jugendlichen an das System und den Druck von oben deutlich machen. Hannas Streben, ihren Eltern und Vorgesetzten zu gefallen, soll in dieser Nische deutlich werden.

6. Die Film-Nische –
Diese Nische ist sehr wichtig, da Hannas Kinobesuche eine große Bedeutung während ihrer Jugend hatten. Ich werde in dieser Nische einen Film vorführen und zwar einen Zusammenschnitt von Liebesfilmen und Wochenschauausschnitten aus der Zeit. Dazu kann ich die Rühmann-Filme nehmen und Ausschnitte z.B. aus Propagandafilmen, wie den von Leni Riefenstahl. Ich weiß nur noch nicht, wo ich das alles machen kann, denn Filme habe ich noch nie bearbeitet. Besser wäre sowieso ein Super-8-Schmalfilm, da er besser in die Zeit passt. […] In der Filmnische lasse ich auch die Musik der Zeit ertönen, z.B. Heinz Rühmann mit ,Das kann doch einen Seemann nicht erschüttern' und Zarah Leander mit ,Davon geht die Welt nicht unter'. An der Wand könnten zerrissene, zerstörte, oder angebrannte Schauspielerbilder hängen, vielleicht eine Decollage, sodass hinter den glamourösen Schauspielern ein Stück der gesellschaftlichen Wirklichkeit, wie auch der Kriegswirklichkeit, sichtbar wird.

7. Der Luftschutzkeller –
Diese Nische muss düster werden, mit dunklen Wänden, einem Sitzbänkchen, wie Friedrich es gebaut hat sowie der Verordnung ,10 Gebote über die behelfsmäßige Herrichtung von Luftschutzräumen'. Auf dem Bänkchen liegen dann Dinge, die so wichtig waren, dass sie nicht verloren gehen durften und die Menschen sie immer bei sich trugen: Minnas Wecker, der in ihrer Handtasche tickte, Gerdas Tagebuch, Hannas Fotoalbum, Emmas Brotmarken. An den Wänden könnten Fotos von den Menschen sein, die sich dort aufgehalten haben – Minna Lieschen, Emma, und auch Fotos vom zerstörten Gütersloh, Friedrichs Brief. Frottagen von Häuserwänden und Gütersloher Schuttsteine würden auch passen, aber das ist vielleicht alles zu viel und würde den Eindruck des kargen Luftschutzkellers wieder zerstören.

8. Die Nische mit dem roten Rock –
In der letzten Nische soll ein aus der Hakenkreuzfahne genähter roter Rock sein und ein Hemd aus Buchbindergarn. Auf dem Boden sollen Stoffreste liegen und evt. andere Spuren von Zerstörung sichtbar sein. Bei den roten Stofffetzen muss man erkennen, dass es sich hier um die Reste einer Fahne handelt. Hier zeigt sich dann zum Schluss ein Neuanfang aus den Trümmern; die alten Werte sind zerstört, aber es entsteht etwas Neues, ganz Anderes daraus. Das scheint mir ein guter Abschluss zu sein, zumal mir Hanna den Rock nähen will.

Für die Welt außerhalb der Nischen will ich Vorhänge einsetzen, echte oder symbolische, hinter denen sich das politische Geschehen und die Schrecken der Zeit abspielen. Solch ein Vorhang könnte z. B. aus braun-rot eingefärbter Wischgaze bestehen mit Fotos von Konzentrationslagern, Hitlerportraits und den Nürnberger Gesetzen dahinter. Diese Seite muss auch formal ganz anders aussehen, aber in Korrespondenz zu Hannas Nischen stehen. So könnten z. B. gegenüber Hannas BDM-Nische mit den Abzeichen vom Winterhilfswerk und den Bastelarbeiten, die Reden von Schirach, die Erlasse über die HJ und den BDM als ,Fenster zur Welt' erscheinen. […] Auf jeden Fall müssen es offizielle Dokumente sein gegenüber den privaten von Hanna. Und die offiziellen müssen formal zurücktreten in der Installation, sie sollen nur die Brechung der vielleicht zu unbedarften, harmlosen, privaten Mädchenwelt darstellen."

Nach diesen ersten Planungen beginnt Annette Lauer die einzelnen Nischen zu realisieren. In einer Arbeitsbucheintragung vom 28.3. schreibt sie zur BDM-Nische:
„Ich habe mich entschieden, ein Regal zu benutzen. Im untersten Fach habe ich neun Windeln mit blauen und rosa Schleifen verziert, sechs Duplikate von Mutterschaftsorden aus Fimo hergestellt (täuschend echt). Die Rückwand des Regalfaches ist mit angebrannten Schriftstücken versehen: Verleihungsvorschriften des Ordens, eine Ehrenkarte deutscher Mütter, ein Babyfoto, eine Geschichte aus der Schülerzeitschrift ,Hilf mit'. Vor das Regalfach habe ich eine Plexiglasscheibe angebracht, mit Folien von Hanna-Portraits und dem Schriftzug: ,Das Ziel der weiblichen Erziehung hat unverrückbar die kommende Mutter zu sein'. Alles zusammen habe ich dann mit Bindfaden verschnürt, die Dinge gleichsam gefesselt."

Zur Film-Nische schreibt sie am 4.4.:
„Heute habe ich zum ersten Mal im Medienzentrum Filme geschnitten – das Vor- und Zurückspulen war langwierig. Auch habe ich viel Zeit gebraucht, um Filmausschnitte auszuwählen, weil ich mir das gesamte Material genau anschauen musste. Ich habe nun Szenen aus folgenden Filmen ausgewählt: „Die Macht der Bilder: Leni Riefenstahl" von Ray Miller, 1993; „Hitler, eine Karriere" von C. Fest und C. Herrendoerfer; „Musik liegt in der Luft" von 1937; „Allotria" von 1934, und „Der Mustergatte" von 1937. Alles Filme mit Heinz Rühmann. Es wechseln immer ernste, schwere Szenen aus nationalsozialistischem Quellenmaterial mit leichten, lustigen Unterhaltungsszenen ab. Manchmal beziehen sich die Szenen in makaberer Weise aufeinander, z. B. wenn Heinz Rühmann fragt (dämlich aussehend im Schlafanzug): ,Ich möchte mal wissen wer hier geschossen hat' und es folgen Szenen vom Kriegsgeschehen, oder wenn Hitler redet: ,Diese Jugend ist keine Illusion, sondern sie steht vor uns', und es folgen Bilder mit Toten."

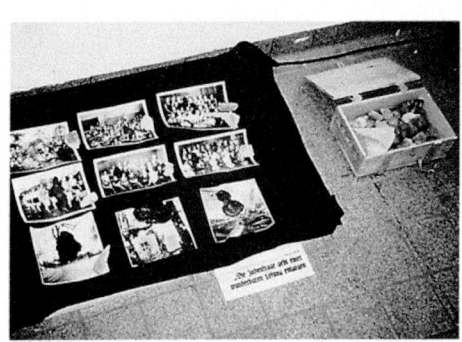

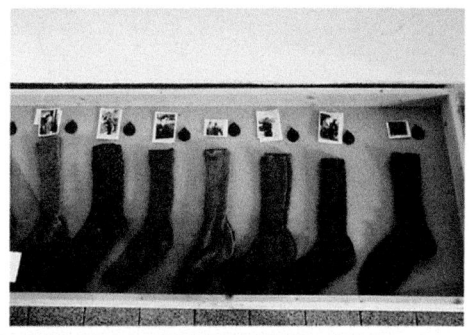

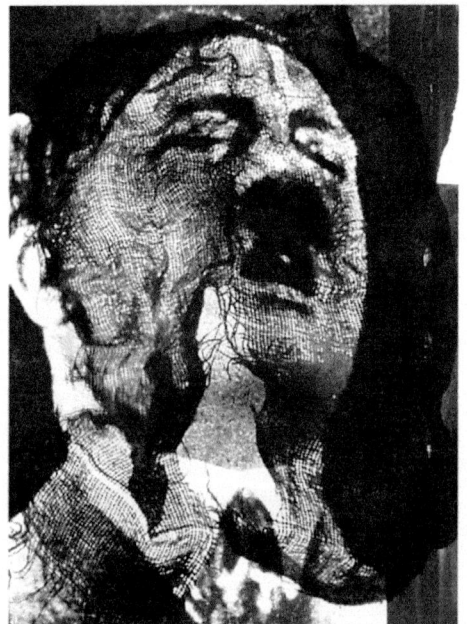

Zum Transformationsakt ‚Holocaust'

Wie in jedem Prozess künstlerischer Arbeit verändern sich die geplanten Konzepte. Einiges wird ergänzt, anderes fortgelassen und die geplanten Eingriffe und Bearbeitungen fallen anders aus. Für manches gibt es lange Zeit keine Idee, keinen Anknüpfungspunkt, wie z.B. für die Einbeziehung des Holocaust – nach all den Diskussionen und Malen des Gedenkens der letzten Jahre ein schwieriger Akt der Bearbeitung. Doch gerade die hierfür gewählte Transformation wird dann ein überaus gelungener Moment emotionaler Herausforderung. Annette Lauers Überlegungen dazu:

„Obwohl Hanna kaum Erinnerungen an jüdische Mitschülerinnen oder Freunde hat, und offenbar auch keinerlei Kontakte hatte, kann ich diese Problematik nicht ausgrenzen. Auch wenn ich nicht alle Probleme der NS-Zeit bearbeiten kann – die Vernichtung der Juden darf ich auf gar keinen Fall auslassen. […] So will ich Folgendes versuchen: Aus einigen Gruppenfotos von Hanna werde ich – gemäß ihrer einzigen Aussage zur Judenverfolgung und Vernichtung – ‚es verschwand immer mal jemand' – immer eine Figur ausbrennen und mit rotbraun getränkter Gaze hinterlegen. In gleicher Art werde ich aus Teilansichten der Stadt Gütersloh einzelne Häuser herausbrennen und mit Gaze bearbeiten. Diese Bilder lege ich in einen Holzkasten. Daneben stelle ich einen kleinen Kasten mit Steinen – gemäß dem jüdischen Brauch, zum Gedenken an die Verstorbenen einen Stein auf das Grabmal zu legen."

Hannas Gesicht

Zwei Aspekte aus Annette Lauers Aufzeichnungen möchte ich hier noch aufgreifen: Der eine betrifft ihre Überlegungen zu Hannas Gesicht: „Ein wichtiger Aspekt meiner Arbeit ist der, dass Hannas Gesicht ständig präsent ist. Ich habe fünf verschiedene Porträtfotos von Hanna ausgewählt, drei davon benutze ich sehr oft. Das jüngste, mit dem Gesicht der 15/16 Jährigen, neutral blickend und sehr wach ausschauend; dann ein außergewöhnlich ernst blickendes Porträt, auf dem Hanna 17–18 Jahre alt ist und ein schwärmerisch lächelndes Tanzstundenporträt. Diese drei Fotos zeigen das Gesicht meiner Mutter, in das ich zwanzig Jahre lang täglich geschaut habe […]."

A. Lauer greift diese Fotos in sehr verschiedenen materialen Bearbeitungen auf: in Kopien, auf ihren Radierungen, hinter Plexiglas und Klarsichtfolien und immer wieder verschnürt mit Dingen, anderen Bildern, usw.

Der Kopf des „Führers"

Er stellt Annette Lauer vor sehr große Schwierigkeiten. Als ‚ordentliches Foto' hätte sie es z.B. in die Arbeitsnische hängen müssen, denn nach Hannas Aussagen hing ein Bild des „Führers" über jedem Schreibtisch. Sie bringt dies, wie sie sagt, weder psychisch noch physisch fertig. Obwohl sie sich dazu zu zwingen versucht, kann sie immer nur Fetzen, überformte Stücke aus ihren vielen Abbildungen herausarbeiten. Also entstehen für die Arbeitsnische auf Brettern und Stoffen aufgedruckte ‚fetzenartige', ‚fratzenmäßige' Portraitreste. (4)

Fazit

Hier gehe ich dem Prozess ästhetischer Forschung noch einmal in Bezug auf Fragen künstlerischer Arbeit und wissenschaftlicher Forschung sowie der begleitenden Reflexionen nach:

Die künstlerische Arbeit

Der Prozess ist von vielen Faktoren bestimmt. In der Auseinandersetzung mit der Mutter wachsen A. Lauer ständig neue Dinge, Dokumente und Bilder zu, die ihr Freunde und Bekannte oft auch unaufgefordert bringen, weil sie von ihrer Arbeit gehört haben.

Sie ‚fälscht' Dinge und Dokumente auf vielerlei Weisen: Fotokopien werden mit Kaffee, Tee, Maggi und Brandspuren so lange bearbeitet, bis sie täuschend echt aussehen. Von Orden werden Repliken aus dem Material ‚Fimo' hergestellt und bemalt, welche in der Ausstellung selbst von Kennern als ‚authentisch' wahrgenommen werden.

Sie arbeitet auch mit Remakes. So strickt die Mutter noch einmal mehrere Paare Socken, wie sie sie damals den Soldaten an die Front geschickt hat. Vor allem der rote Rock, damals aus einer NS-Fahne genäht und zeittypisch mit Zackenlitze versehen (oft ein Hilfsmittel, um jede Spur des ehemaligen Hakenkreuzes auf dem Stoff zu verdecken), wird eine wichtige symbolische Handlung für das Ende der NS-Zeit, das Ende der Arbeit, als auch für das Ende der Ausstellung.

Die ästhetische Transformation der Dinge

Jeder Akt im Prozess der Bearbeitung hängt davon ab, inwieweit es gelingt, aus vorgegebenen Dingen und Materialien der alltäglichen Erfahrung über Veränderungen, durch Eingriffe, in neuen Zuordnungen u. a. eine dahinter stehende Idee, eine Befindlichkeit, eine Atmosphäre, einen besonderen Ausdruck, eine neue Vorstellung sichtbar zu machen. Dabei geht es wesentlich um zwei Transformationsakte – dem, der die Sammlung der historischen Dokumente in besondere Konstellationen bringt, und dem, der über gezielte Eingriffe und Bearbeitungen der Dinge zu neuen Ausdrucksformen findet. Mit beiden hat Annette Lauer auf intensive Weise gearbeitet. Die Formen künstlerischer Verdichtungen sind es auch, die ästhetische Forschung hier von historischer Dokumentation unterscheidet. Geschichte wird nicht ausgestellt, sondern subjektiv neu erfahren. Ihre mit Wischgaze vorgenommenen braunen Verwischungen der ‚Außenwelt' Hannas – der politischen Welt – mit einer Gaze, die man zum Säubern für Druckplatten verwendet, oder der kleine Kasten mit Fotografien, auf denen immer ein Mensch ‚ausgebrannt' und die Stelle mit rot getränkter Gaze hinterlegt ist, haben – um hier nur zwei Beispiele nochmals aufzugreifen – genau den Grad an ästhetischer Übersetzung einer vorzufindenden Realität, der nötig ist für einen Akt der Kunst. Zudem ist ihre Arbeit von einem wesentlichen anderen Moment getragen: Gleich einer individuellen Handschrift ziehen sich verschiedene ästhetische Bearbeitungsformen durch alles: z. B. das Prinzip der Verschnürungen; das Prinzip der Ausbrennungen, Ausschneidungen und des mit braun-rot getränkter Wisch-Gaze Hinterlegtem; wie das Prinzip der Radierung.

Reflexionen und theoretische Fundierungen

Die Fülle des dokumentarischen Materials und der recherchierten historischen Texte sind – für sich genommen – hinreichend, um eine Arbeit im Rahmen historischer Studien zu verfassen (die allerdings anderer Fragen, anderer Strukturen und Ordnungen bedarf). Annette Lauer musste sozusagen erst durch das gesamte Material hindurchgehen, um die Sicherheit für ihr Konzept und ihre Arbeit zu gewinnen. Es sind empirische Studien im sozialen Umfeld (im Sinne der ‚Oral History'), verknüpft mit Textanalysen und dem Recherchieren von Originaldokumenten der Zeitgeschichte.

Daneben gibt es eine längere theoretische Auseinandersetzung mit künstlerischen Arbeiten der Gegenwart, die mit ähnlichen Fragestellungen arbeiten – vor allem mit den Arbeiten von Sigrid Sigurdsson. (Später wird sie sogar die Arbeit über Hanna in eines der Reisebücher aus dem Karl-Ernst-Osthaus-Museum in das „Archiv der Stille" übertragen und der Installation S. Sigurdssons – mit Erfolg – zur Verfügung stellen).

Die Annäherungsweisen an ‚Hanna' vollzogen sich von Anfang an auf beiden Ebenen: der ästhetisch-praktischen und der verbal-diskursiven. Dabei geht der historische Stoff, aufgrund ‚hautnaher' wie distanziert wissenschaftlich-analytischer Arbeit, sozusagen ‚durch das bearbeitende Subjekt hindurch' und entsteht neu. Aus subjektiven Erfahrungen und den unzähligen Impulsen von außen entstehen so die verschiedenen Prozess-Ebenen der ästhetischen Forschung, ein individueller Text von hoher allgemeiner Gültigkeit.

Wesentlich sind die vielfältigsten Entscheidungen, die hier ständig neu getroffen werden müssen. Es gibt keine von außen gesetzten Instanzen, die zu sagen vermögen, wie etwas auszusehen hat, wie es gedacht werden muss, usw.

Aber es gibt den dialogischen Prozess zwischen vielen im ‚Außen' gegebenen Dingen, kollektiven Erfahrungen und geschichtlicher Wahrheit wie einem um Ernsthaftigkeit, ‚Wahrheit' bzw. ‚Wahrscheinlichkeit' bemühten ‚Innersubjektiven'; einem emotional bestimmten wie kritisch-analytisch denkenden Ich, das versucht, beide Ebenen für andere überzeugend in Einklang zu bringen – eine Erfahrungsebene, die an dieser Stelle die in Kapitel ‚Vom Täuschen, Wahrem und Wirklichem' verfassten Gedanken nochmals deutlich zu machen vermag.

Wer war Ursel P.?
Ästhetische Forschung von Vesna Stalljohann

Im Januar 1998 notiert Vesna Stalljohann in ihrem Kunsttagebuch: „Ich habe heute in einem Trödelladen vierundfünfzig Postkarten erworben, die alle an die gleiche Adresse gerichtet sind: an eine Ursel P. in Paderborn."

Diesen Fund macht sie zum Ausgangsmaterial einer ästhetische Forschung. Auf vielerlei Weisen versucht sie sich dem Leben der Ursel P. zu nähern. Auf ihrer Spurensuche und Spurensicherung hat sie am Ende ein Netz bunter Fäden ausgelegt, die Antwort geben sollen auf die Frage „Wer war Ursel P.?", und die dennoch gleicherweise geeignet sind, für genau diese Frage keine Antworten zu finden.

Die Suchbewegungen, die sich von den konkret gegebenen Dingen auf ein vages Ziel hin entwerfen, liegen zwischen präziser, fast kriminalistischer Recherche und Dokumentation einerseits, sowie Entwürfen, Fiktionen und Probehandlungen andrerseits. Die Prozesse sind begleitet von Identifikationen und Projektionen, liegen im Erfassen weiblicher Individualität sowie in den kollektiven Erfahrungsmustern einer bestimmten Zeit. Sie sind flüchtig. Kaum entworfen, werden sie oft wieder verworfen. Eine gerade fixierte Spur löscht eine mögliche andere aus.

Vesna Stalljohann recherchiert. Sie findet die Häuser mit den Wohnungen, in denen Ursel P. gelebt hat, findet Nachbarn, sucht das Grab und ist darüber immer auf der Suche nach dem einen Bild, dem einen Gegenstand, von dem sie hofft, dass darin alles aufscheint, was sie zu finden wünscht, ohne letztlich genau sagen zu können, was dies eigentlich sei. Sie entwirft und antizipiert langsam und nicht ohne Mühe eine konkrete Person, so wie Gantenbein seine Lila in einem Roman von Max Frisch. Diese Entwürfe sind immer verbunden mit dem Satz: „Ich stelle mir vor …"

Sie inszeniert so eine Vielzahl von Probehandlungen, entwirft Möglichkeiten ein konkretes Bild zu erhalten, findet dafür ästhetische Situationen, Objekte, Filmsequenzen und fotografische Bilder. Sie vergewissert sich, greift voraus, führt vor Augen, versucht zu erkennen, zu verstehen und über die Mittel der Kunst zu deuten.

Sie fertigt mehrere Montagen auf Tableaus sowie Objektkästen mit kleinen Dingen an, die vielleicht einmal der Ursel P. gehört haben könnten, da sie ihrer Zeit entstammen. Sie beschriftet und kommentiert sie, um darüber einen Zugang zu den potenziellen Dingen, den Erlebnissen und Gedanken der Ursel P. zu erhalten. Kleine Hinweise entnimmt sie den Texten der Postkarten.

Ihre Arbeit verdichtet sich zunehmend zu Prozessen der Identifikation und Projektion. Durch Zufall erhält sie ein Bild der Ursel P., fotografiert sich selbst, und blendet ihr Gesicht und das der Ursel P. in phasenhafter Abfolge ineinander. Auf der symbolischen Ebene macht sie so den durchlebten Verschmelzungsprozess sichtbar.

Die letzte Station hat sie lange vorbereitet. Von der Friedhofsverwaltung erhält sie die Information über den Platz des Grabes der Ursel P. Sie fotografiert, nimmt Erde vom Grab und Pflanzen. Das letzte Ritual ihrer Arbeit ist das Arrangieren eines Grabes – eine Rauminstallation – mit allem, was zu einem Abschied gehört, mit Kerzen, Bildern und einem Kranz mit Aufschrift und Schleifen. Das Ritual versteht sie im zweifachen Sinne: Es ist das Ende des Lebens der Ursel P. und es ist das Abschlussritual ihrer Arbeit über Ursel P. – ein wichtiger, fast therapeutischer Akt.

Am Ende aber bleibt fast alles fiktiv: Über das Leben Ursel P.s weiß V. Stalljohann nicht sehr viel mehr, als ihr die Informationen auf den Postkarten bereits zu Anfang gegeben haben. Und auch das vermeintlich authentische Foto ist Täuschung: Sie hat sich selbst eines gesucht und – für alle Außenstehende authentisch – als Ursel P. ausgegeben. Zwischendurch gab es – wie bei vielen ähnlichen Arbeiten dieser Art – eine Konfliktphase, in der es zu entscheiden galt, wie viel authentisches Material man zu erhalten wünscht, bzw. zu ertragen vermag. Vesna Stalljohann war so mehrmals versucht, bei den Kindern, deren Wohnorte sie herausgefunden hatte, anzurufen, um mehr von Ursel P., ihrer Mutter, zu erfahren. Doch dann hat sie für sich entschieden, diesen Weg nicht zu gehen.

Zur Transformationen alltäglicher Dinge und was es bedeutet, sich im Rahmen ästhetischer Forschung dem Leben einer Unbekannten zu nähern

Vesna S. und Ursula P. verbindet so gut wie nichts miteinander. Es gibt auch keine Interaktionen zwischen ihnen, sondern nur einseitige Probehandlungen und gedankliche Zuwendungen der einen zur anderen. Diese sind von einer großen Empathie getragen, schließen an eine Vielzahl symbolischer Handlungen an und Dingen mit ein, und sind von hoher Intensität begleitet. Am Anfang stehen erste Annäherungen. Es folgen immer enger werdende Identifikationsprozesse, die sich zu einem abschließenden Ritual steigern, um dann – gleichsam wie in einem therapeutischen Akt – einen angemessenen, wenn auch heftigen Abschluss zu erfahren.

Vesna Stalljohann versucht, ein ihr unbekanntes Leben, wie auch eine ihr fremde Welt zu erforschen, stückweise zusammenzusetzen, beides sozusagen ‚ding-fest' zu machen über konkrete Gegenstände, die in ihrem Leben, wie dem der anderen Frau eine Rolle

gespielt haben könnten. Die Dinge sind hier die Brücke von einem Leben zum anderen. Der entscheidende Weg ist der der künstlerischen Spurensuche.

Fragment und Zeit

V. Stalljohann benutzt alltägliche Dinge vor allem als Gegenstände der Erinnerung, in denen die Geschichte von Menschen als Spur hinterlassen ist. Über die alltäglichen Dinge lässt sich gelebtes Leben jedoch nur fragmentarisch abbilden. Unsere Wahrnehmung erachtet das Fragmentarische aber längst als unserer Lebensform und unseren Erfahrungsweisen inhärentes Denken und Be-greifen. An den Bruchstellen, bzw. Rändern enthält das Fragmentarische tausend Möglichkeiten und Versprechen, es zu ergänzen oder zu komplettieren. In diesem Sinne sind die Ding-Arrangements kleine Inseln, von denen sich Gedanken in alle Richtungen hin entwerfen können.

Eine Linearität oder scheinbar gegebene logische Kontinuität der Geschichte eines Lebens ist aufgehoben. Die wahrnehmbaren Dinge erscheinen simultan, anders geordnet und strukturiert als es die gelebte Wirklichkeit vorgegeben hat. Die Chronologie der Ereignisse, die sich z. B. in den geschriebenen Postkarten noch annähernd abbildet und die in den Objekt-Arrangements punktuell aufgegriffen wurde, ergibt einen diffusen Zeitteppich. Zeit verschwimmt, Zeiträume werden undefinierbar und individuell gelebte Zeit löst sich gleichsam auf in kollektive Zeit- und Erfahrungsmuster. Zeit ist nicht mehr nachvollziehbare individuelle Lebenszeit in großen Zeitbögen, sondern wahrnehmbar als Ablauf alltäglicher Akte mit den alltäglichen Dingen: die Zeit am Fenster, die mit dem Nahen des Todes immer länger wird; die Zeit mit den Freundinnen am Kaffeetisch; die Zeit des umständlichen An- und Auskleidens der monströsen Unter- und Oberbekleidungsstücke; der kurze Griff zur verbotenen Praline. Zeit gerinnt so zu kurzen und langen Augenblicken alltäglichen Lebens mit den Dingen. (5)

Igor de Cadence – die ästhetische Biografie eines Dichters
Zu einer Arbeit von Daniel Marré

Daniel Marré hat sich mit seiner Arbeit in ein kompliziertes biografisches Geflecht begeben: Er forscht über ein Dichter-Pseudonym. Tobias Ritsch hat Igor de Cadence erfunden, um den kleinen Texten, die er gelegentlich verfasst, einen ‚angemessenen' Autor zu geben. Also forscht Daniel Marré eigentlich über zwei.

Eine komplizierte Struktur: Igor de Cadence ist in Wahrheit Tobias Ritsch und ist es doch nicht; er ist projektiver Entwurf Daniel Marrés und wiederum auch nicht, weil er doch eigentlich Erfindung und Projektion des Tobias Ritsch ist, der aber wiederum dem Igor de Cadence keine andere Biografie geben kann als seine eigene, doch der Verfasser hätte so gerne eine andere, weitgehend fiktive, weil ihn Name und Texte begeistern, usw., usw.

Diese ständig fluktuierende Dreiecks-Situation der Männer ist es, die diese ästhetische Forschung charakterisiert. Das Besondere ist – wie bei vielen ästhetischen Forschungen – dass diese Kompliziertheiten keineswegs von Anfang an zu erkennen waren. Sie tauchen irgendwann auf und man hat nun die Wahl, sich ihnen zu stellen oder abzubrechen. Und genau hier, in Situationen scheinbarer Unwegsamkeiten und Kompliziertheiten, beginnt oft die eigentliche Arbeit.

Es entsteht so eine aufwendige ästhetische Praxis – fotografische Arbeiten, Montagen, Videofilme – wie auch eine größere Textarbeit mit mehreren eigenständigen Broschüren, mit Dokumenten, Protokollen, literarischen Texten, Dialogen, u. a.

Die herausragendste Arbeit ist die Konstruktion eines Dichterzimmers – solide mit Brettern gebaut, begehbar, und mit Stuhl und Bett ausgestattet. In der Bretterwand ist ein kleines Loch, durch das man auf einen Kleinst-Monitor sieht, in dem – in einer Video-Endlosschleife – ein Zug vorbeifährt. Diese Arbeit nimmt Bezug auf die Grundlage der gesamten Arbeit: ein kleiner Textband mit Gedichten von Igor de Cadence, die ausschließlich im fahrenden Zug geschrieben wurden … ‚in eynem Zuge'.

Für einen – wenn auch sehr knappen – Eindruck der Textarbeit von Daniel Marré stehen hier ein paar kurze Passagen:

„Als ersten Schritt meiner Forschung mußte ich ein Gespräch mit Tobias Ritsch führen. Wenn ich irgendwelche direkten Informationen über de Cadence bekommen konnte, dann nur über ihn. Dieses Vorhaben gestaltete sich aber schwieriger als erwartet. Genauso wenig wie ich am Beginn meiner Arbeit meine Rolle als Biograf überdacht hatte, hatte Ritsch seine Beziehung zu de Cadence geklärt. Er war sich der Eigenständigkeit seines Dichter-Ichs noch nicht bewusst und konnte somit noch keine Details aus dem ‚Leben' de Cadences nennen.

Mir selber wurde nach diesem Gespräch erst klar, dass mein größtes Problem Ritsch und de Cadence sein würde. Erschwert wurde diese Aufgabe dadurch, dass mir Ritsch klar machte, dass ich in Bezug auf de Cadence nichts frei entscheiden könne, es sei denn in Zusammenarbeit mit ihm. Unter Respektierung seiner Privatsphäre, zu der de Cadence

gehört, und nach der Einsicht, dass eine konsequente Zusammenarbeit mit ihm kaum gegeben war, habe ich auf die Möglichkeit einer geplanten fiktiven Biografie verzichtet. Ich nahm mir zu diesem Zeitpunkt vor, nur von realen Dingen auszugehen und alles Fiktive fern zu halten. Dies war auch ein Grund, weshalb es zu der Trennung von Dokumenten und Kunstwerken gekommen ist. Die Kunstwerke als Zeichen meiner künstlerisch-praktischen Bearbeitung, mit allen Freiräumen, die ich als Künstler in diesem Moment habe; daneben die Dokumente, verstanden als reale, nicht fiktive Quellen meiner ästhetischen Arbeit. […]

Wenn man zu einem Menschen eine persönliche Beziehung aufbaut, werden äußere Attribute nebensächlich, denn man erfährt von ihm ganz anderes. Dazu gehört z. B. die Alltagssprache mit ihren Schimpfwörtern, Flüchen, Floskeln und Momenten der Sprachlosigkeit. Ebenso die Körperpflege, die manchmal in deutlichem Unterschied zu den sauberen und ordentlichen äußeren Attributen steht. Aber auch die Interessen, Gedanken, Wünsche und Träume der vorher fremden Person werden erfahrbar. Man sieht die Bücher im Regal, hört seine Musik und erfährt in Gesprächen die Einstellungen und Sichtweisen. […]

Ich besaß einmal ein Steckbriefbuch mit wunderbaren Eintragungen. Leider hat es mir jemand nie wieder zurückgegeben. So kam ich auf die Idee, ein neues anzulegen. Ich hatte hier die Chance, mich der Person Igor de Cadence zu nähern. Ich bat Tobias Ritsch, sowohl selber einen Steckbrief zu schreiben, als auch Igor de Cadence einen schreiben zu lassen. Dadurch erreichte ich, dass sich Ritsch mit der Person seines Dichter-Ichs stärker auseinandersetzen musste, und ich somit nähere Informationen erhielt. Auch, dass sich Igor de Cadence darüber stärker als eigenständige Persönlichkeit entwickeln konnte, war wichtig.

Er war bisher nur wenigen Leuten bekannt. Je länger ich mich mit seiner Biografie auseinandersetzte, desto bewusster wurde mir, dass ich über die getroffenen Vereinbarungen hinaus Freiräume für ihn schaffen musste, in denen er sich weiter entwickeln konnte. Ich musste andere Leute zu einer Auseinandersetzung mit ihm provozieren. So wie ich durch das Steckbriefbuch Ritsch dazu brachte, sich intensiver mit de Cadence zu beschäftigen und ihn in seinen Gedanken als eigenständige Person aufzunehmen und deutlicher zu charakterisieren, so wollte ich versuchen, dass eine größere Gruppe von Menschen etwas von ihm erfuhr. […] Also startete ich den Versuch, mich exakt an dieser Stelle in den Vermittlungsbetrieb ‚Schule' einzuklinken und Igor de Cadence in das ‚kulturelle Gedächtnis' zumindest einiger Schülerinnen und Schüler einzuschleusen. Ich wollte, dass die Schülerinnen und Schüler Gedichte von ihm interpretieren. Durch diese Auseinandersetzung würde der Dichter Eingang in die Gedanken fremder Menschen bekommen und ich könnte schriftliche Arbeiten über seine Werke einsammeln, durch die ich hoffentlich neu in meiner eigenen Arbeit inspiriert würde. So einfach, wie sich dieser Plan anhört, ließ er sich zu meinem eigenen Erstaunen auch durchsetzen. (Ich konnte mit einer Klasse zu Texten von I. de C. arbeiten). […]

.viiij.

GLŸS

Ic bin das glÿs
Di stabile glenzende fete
Untëvègs zum ?t
Vo es sœnë ist
Als es d?t ist
Vo du bist.

.xxj.

UNTËSÎD

Untëvègs sÿn hÿst:
Untë dêm veg sÿn.
Nict åf dèm veg.

.xxij.

SPÎGEL

Jêden m?gen (kalte kaceln):
Halo Îgó!
Høte mace ic dic endlich åle!
(Und ÿn hêmises grinsen
Als antv?t).

Wenn man sich als Biograf mit einer Person auseinandersetzt, entsteht eine sehr intime Beziehung. Der Biograf verliert zunehmend das Gefühl für sich selber und will am liebsten direkt in den Körper des anderen schlüpfen, eindringen. Das lässt sich über meine Fotografien deutlich machen. Meine Fotoausschnitte bestehen aus Körperdetails von Tobias Ritsch und mir selber. Sie werden durcheinander gehängt, sodas eine direkte Zuordnung nicht mehr möglich ist, aber dennoch bestimmte Unterschiedlichkeiten des Dargestellten sichtbar werden. Sie sind ein Zeichen für die Verwirrung des Biografen. […]
Igors Zimmer ist der bisherige Schlusspunkt meiner ästhetischen Biografie. Habe ich wirklich eine Biografie erarbeitet? Wohl weniger. Ich habe Igor de Cadence zu Leben erweckt, ihm einen Ort in den Köpfen von Menschen gegeben und ihn so einer ‚dichterischen Unsterblichkeit‘ ein Stückchen näher gebracht.
Als Zeichen für den Ort in den Köpfen habe ich ein Zimmer gebaut – das Zimmer eines Dichters."(6)

Die Frau von nebenan
Zu einer Arbeit von Mirja Lang

In dieser Forschung werden kollektive Weiblichkeitsmuster aufgegriffen und zu eigenen Lebenserfahrungen in Beziehung gesetzt. Die Frau zwischen Berufsalltag, Hausfrauendasein, Mutterpflichten, Kinderliebe und als attraktive Partnerin des Mannes, steht in dieser Arbeit zur Disposition. Dass es möglich ist, auch noch nach Jahren feministischer Diskussionen und ideologiekritischer Medientheorien ganz eigene Positionen zu beziehen, zeigt diese Arbeit, die wesentlich mit neueren multimedialen ästhetischen Verfahren arbeitet. Gerade diese Medien sind im Bereich individueller künstlerischer Arbeit noch weitgehend frei von visuellen Klischees, sodass eine Arbeit mit den kollektiven Medien-Bildmustern zu überzeugenden individuellen Lösungen führt.

Auch diese Arbeit hat mehrere Rauminstallationen, in denen jeweils eine bestimmte Thematik künstlerisch bearbeitet ist. So gibt es ein Video-Environment mit drei Monitoren, in dessen Mitte sich der/die BetrachterIn zu positionieren hat, um drei sehr unterschiedliche Filme mit sehr verschiedenen ästhetischen Sprachen wahrzunehmen: einen Beziehungsfilm – Beziehungen in der Familie zwischen Mutter, Kind und Mann, mit weichen Überblendungen in warmen gold-rot-Tönen – einen hart geschnittenen schwarz-weiß-lila grundgetönten Berufsfilm – und einen ‚Hausfrauen-Arbeits-Film' mit ständigen ästhetischen Einbrüchen in gezeigte alltägliche Unordnung und Schmutz. (Alle Filme sind im Rechner bearbeitet und haben darüber verschiedene ästhetische Sprachen erhalten.)

Zum Aspekt ‚Wirklichkeit des eigenen Körpers' gibt es einen extra Raum mit großformatigen Acrymalereien als Selbstdarstellungen. Ein weiterer Raum zeigt die Interferenz von öffentlich propagierter Schönheit und individuellen alltäglichen Anstrengungen. In diese Präsentationen fällt auch ein Selbstversuch – mit großer Anstrengung absolviert M. Lang einundfünfzig Tage lang ein Fitnessprogramm. Erste Tests in Bezug auf Leistungsfähigkeit, Fettablagerungen und Muskelaufbau haben ihr den Platz fünf in einer vorgegebenen Skalierung (Stufen eins bis neun) zugewiesen. Auf Grund dieser Messwerte wird für sie ein Trainingsprogramm ausgearbeitet. In einem Heft trägt sie die täglichen Erfolgs- und Misserfolgsmeldungen ein. Daraus hat sie an einer großen Wand ein eindrucksvolles Skalen-Dokument entwickelt, mit Farbteilen, die ihre positiven und negativen Gestimmtheiten zeigen, wie auch alle Erfolgs- bzw. Misserfolgsergebnisse. Indem eine Vielzahl möglicher Daten fixiert wird, werden diese ad absurdum geführt und so zu einem ironisch-kritischen Pseudo-Dokument. Im Raum hängen auf einer großen Kaufhaus-Kleider-Rundstange über zwanzig aus durchsichtigem Plastikmaterial genähte Kleider, auf denen im Siebdruckverfahren Werbeslogans zu einer erwarteten Weiblichkeitsrolle aufgedruckt sind. Bildbearbeitungen im Rechner und über einen Plotter ausgedruckte metergroße Bilder mit Fragmentierungen des weiblichen Körpers und interferierenden Texten sind als Plakate zu lesen, die eine lustvoll erlebte kritische Distanz offerieren.

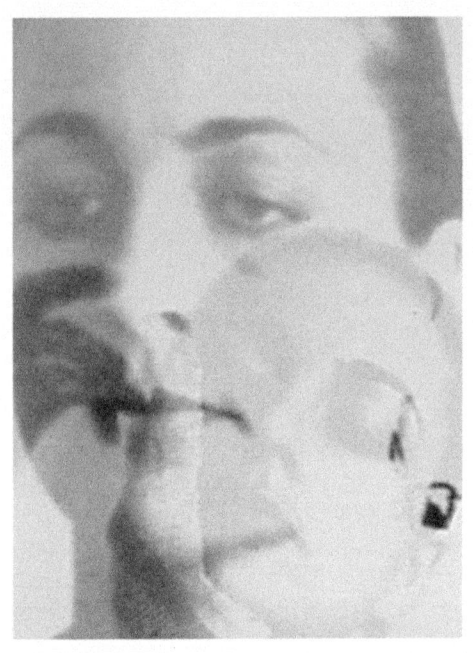
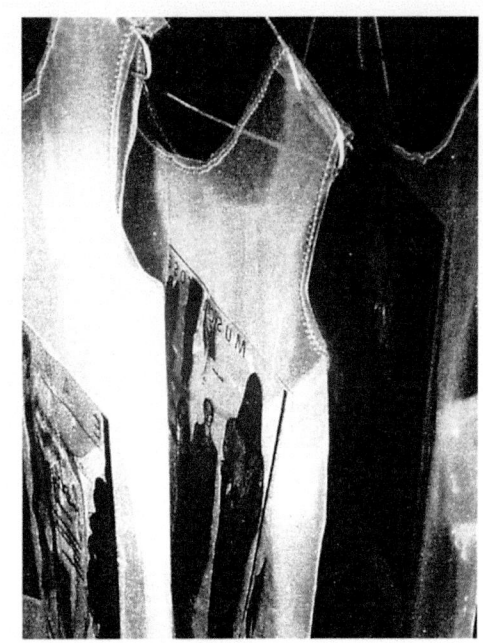

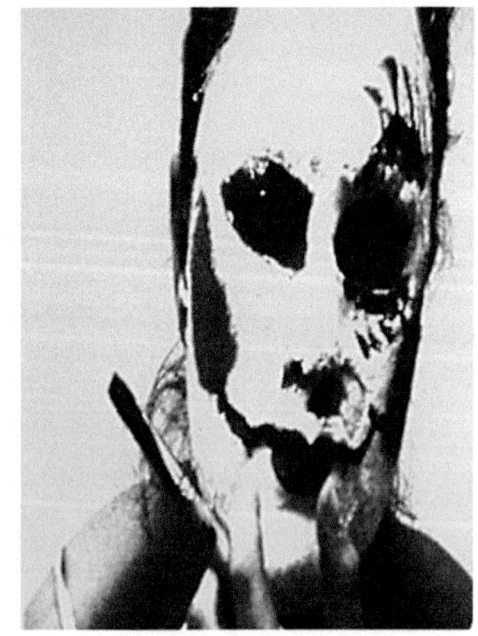

Auf Gipsabdrücken ihres Körpers, die in einem dunklen Raum in einem Zelt aus weißer Gaze zu einer nackten sitzenden Figur montiert sind, projiziert sie Weiblichkeitsbilder in Zeitlupe, die zu faszinierenden Wahrnehmungen führen und manches von dem haben, was wir von den Installationen von Bill Viola oder Gary Hill kennen.

Ein weiterer Raum ist ausgestattet mit einem Rechner und einem wandgroßen Beamer. Der Computer bietet ein interaktives Programm an, bei dem man sich selbst ein filmisches Konzept zu den Themen: ‚liebevolle Mutter' und/oder ‚erotische Partnerin' mit der Maus ‚erklicken' kann. Auch die alltäglichen Hausfrauendinge sind sinnlich präsent – eine Rauminstallation mit realen Gegenständen enthält eine weitere Fassette des ganzen Spektrums heutiger ästhetischer Zugriffsweisen. (7)

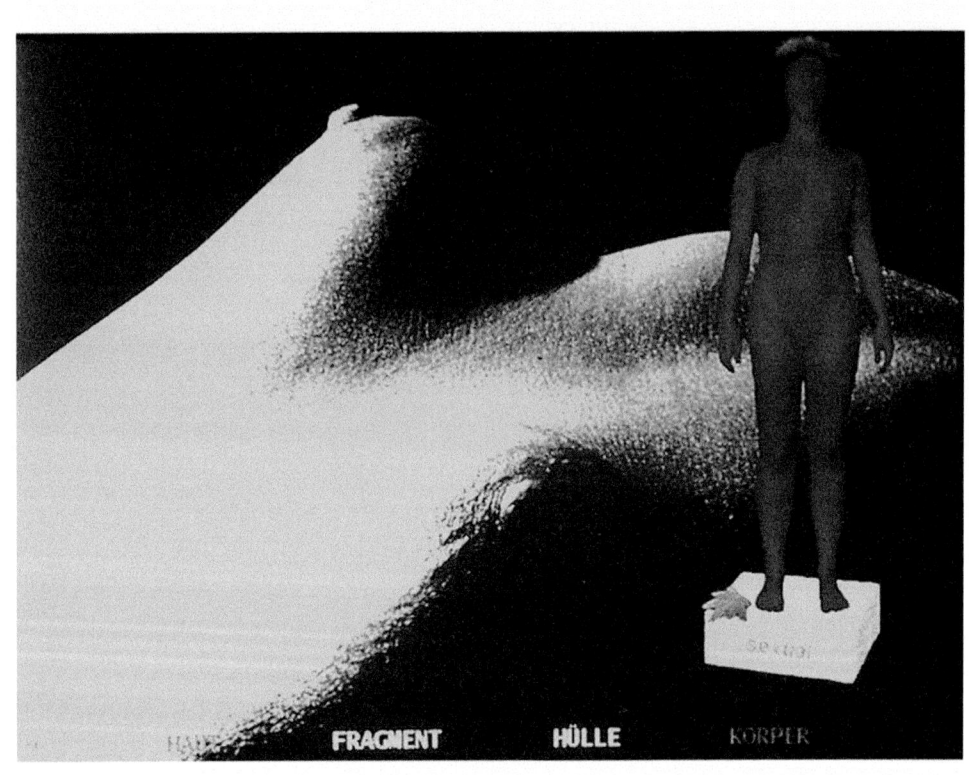

HAUT   **FRAGMENT**   **HÜLLE**   KÖRPER

http://www.koerper.fractales.de
cyber-art von Heike Schlothane

Unter dieser Kennzeichnung hat Heike Schlothane ihre Forschung zum Thema ‚Körper – Fragment – Hülle – Haut' ins Internet gestellt.
Es ging ihr um Zukunftsentwürfe des Körpers als reale wie als virtuelle Gegebenheiten. Das Internet als Ort künstlerischer Praxis – der cyber-art – stellt eine besondere Herausforderung dar, gibt es bisher doch so gut wie keine Vorerfahrungen mit ähnlichen Studienarbeiten. So ging ihrer Arbeit eine umfangreiche Auseinandersetzung mit Künstlerinnen und Künstlern, die im Bereich neuer Medien arbeiten, voraus, wie auch die Auseinandersetzung mit allen Fragen rechnergenerierter Bilder. Da sie auch Mathematik studiert und sich lange vor ihrem Arbeitsvorhaben in die Computer-Möglichkeiten eingearbeitet hat, waren für diese ästhetische Forschung alle notwendigen Voraussetzungen gegeben. Kern- und Ausgangspunkt für H. Schlothane ist die Frage nach der Zukunft menschlichen Lebens, nach Körper- und Bio-Elektronik, nach gentechnologischen Verfahren und einer Ethik, von der aus dies alles zu verantworten ist. Auf dem Weg zu dem interaktiven künstlerischen Werk mit den vier ‚visuellen Mengen': Körper, Fragment, Hülle, Haut, entstehen unzählige Entwürfe, sind viele Internet-Recherchen nötig, Experimente, Bildbearbeitungen, Animationen, Schrift- und akustische Einblendungen. Jedes der vier Themen Schlothanes hat ein eigenes Konzept. Zum Körper hat sie Bilder zu einem Film generiert, der das Wachsen eines Embryos mit lauten Herztönen wahrnehmbar macht. Häute kann man auswählen und über Mausklick verschiedenen Barbie-Figuren anlegen, Körperfragmente mutieren zu neuen Körpern, wobei die Körperteile als Bausatz fungieren, etc.
Diese Arbeit hat im Rahmen ästhetischer Forschung neue Parameter gesetzt, zeigt sie doch die Komplexität und Vernetztheit ästhetischen Denkens und ästhetischen Handelns auf eindrückliche Weise gerade im Bereich der Computer-Ästhetik. Nicht die Beherrschbarkeit der Medien aber ist es, die hier vielleicht faszinieren könnte, sondern die philosophischen, ethischen, naturwissenschaftlichen, religiösen und ästhetischen Fragen, die die gesamte Arbeit bestimmen und sie nicht als nettes elektronisches Spielfeld einer neuen ästhetischen Medien-Praxis und Machbarkeit ausweisen.

Fazit
Diese hier skizzierten Beispiele, die allesamt nur ein kleines Spektrum von Zugängen im Bereich des Biografischen abzubilden vermögen, machen hinreichend deutlich, wie groß die Bandbreite möglicher Fragen, Zugänge und künstlerisch-wissenschaftlicher Arbeitsweisen ist, welche Formen der Vernetzungen, welche Erfahrungen und Erkenntnisse sich mit ihnen im Bereich der Hochschularbeit verbinden können.
Dass ästhetische Forschung auch mit Schülerinnen und Schülern ausgesprochen produktiv ist und sie Kindern ohnehin eigen ist, sollen nachfolgende Beispiele zeigen.(8)

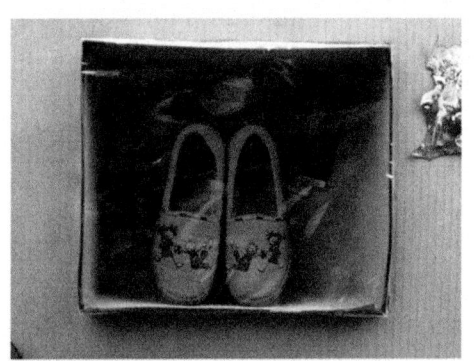

Ästhetische Biografien fünfzehnjähriger Schülerinnen

Im Folgenden ist ein umfassend dargestelltes Unterrichtsvorhaben zu ästhetischen Biografien im Kunstunterricht einer elften Klasse von Anja Neisemeier skizziert.
Dieser Unterricht zeichnet sich durch sehr verschiedene Zugänge aus. Fast alle Herangehensweisen mussten neu erarbeitet werden, da die Schülerinnen über keinerlei Voraussetzungen für diese Art ästhetischer Arbeit verfügten.
Ich greife einzelne Überlegungen und Aufzeichnungen von Anja Neisemeier zu diesem
Unterrichtsvorhaben auf:

Vorüberlegungen

„Was könnte es im Kunstunterricht bedeuten, sich ein Ding anzueignen? – einen Erinne-
rungsgegenstand vielleicht oder ein Fundstück? –
Es könnte bedeuten, ihn zunächst einmal genau wahrzunehmen, zu betrachten, zu betasten, zu schmecken, zu beschreiben, sich der Bedeutung und damit auch der Erinnerungen
gegenwärtig zu werden, die dieser Gegenstand auslöst. – Es könnte bedeuten, dieses Ding
zu skizzieren, zu malen, in Holz, Ton, Metall nachzubilden, es einzupacken, einzunähen,
zu verschnüren, zu fotografieren, einen Text zu verfassen. Es könnte bedeuten, andere
Menschen nach ihren Erfahrungen mit diesem oder einem ähnlichen Ding zu befragen,
damit gleiche oder andere Sichtweisen kennen zu lernen und diese Interviews möglicherweise in die praktische Arbeit zu integrieren. – Es könnte bedeuten, diesen Gegenstand zu
restaurieren und mit anderen hinzu gesammelten Dingen in Beziehung zu setzen, sie zu
arrangieren und auszustellen, um damit anderen Menschen eigene Erinnerung ästhetisch
zugänglich zu machen. […]
Aneignung kann zu einem freien und spielerischen Umgang mit Dingen in der ästhetisch-
praktischen Arbeit führen, die mit Möglichkeiten und Verfahren experimentiert und Unge-
wohntes zulässt. Ein solcher spielerischer Umgang kann auch bedeuten, das evokative
Element von Dingen für das Entwerfen eigener Ideen verwertbar zu machen.
Die hier aufgezeigten Möglichkeiten sollen zeigen, dass Spurensicherung ‚als Modell
ästhetischer Praxis' nicht bedeutet, Arbeitsverfahren von KünstlerInnen einfach nur
äußerlich ‚nachzumachen'. Vielmehr geht es darum, sie als Angebote für die eigene
ästhetisch-praktische Arbeit zu begreifen. Auch wenn Verfahren und Vorgehensweisen
dabei zunächst noch sehr jenen der Spurensicherer ähneln mögen, geht es doch um das
Aufspüren und Bearbeiten eigener, individueller Erfahrungsgeschichte.
Die beschriebenen Prozesse der Bewusstwerdung und des Ernstnehmens eigener Erfahrungsgeschichte sind notwendige Voraussetzungen nicht nur für die Erweiterung des
eigenen Selbst- und Weltbildes, sondern zugleich unerlässlich in der Begegnung mit
aktueller Kunst."

Der Prozess

Vorbereitet waren in einer großen Glasvitrine Ausstellungsstücke einer weiblichen Person mit dem Namen ‚Rosemarie'. Die Auseinandersetzung der Schülerinnen mit der Person ‚Rosemarie' und ‚ihren' Dingen verlief engagiert, heftig und ziemlich kontrovers. Jede versuchte ihre Annäherungen und entsprechende Interpretationen. Anja Neisemeier greift die Aussagen auf und kommentiert:

„Also ich denke mal, dass das alles Erinnerungsstücke von irgendeinem Mädchen sind." (Kerstin P.) – Anhand einer Fülle von Notizen begann Kerstin sofort mit der Rekonstruktion biografischer Daten. Die ausgestellte „Bravo" hatte sie etwas durcheinander gebracht, denn sie war ja von 1981 und das passte wiederum nicht zum Foto des Kommunionkindes von 1951. Auf ihre Vermutung hin, dass es da um mehrere Personen gehen könne, schalteten sich weitere Schülerinnen in die Versuche des Aufeinanderabstimmens von Daten und Informationen ein. Auffällig war, dass die Liste der biografischen Daten sehr schnell wuchs, während ich nach dem ausgestellten Gegenstand, an dem die Schülerinnen ihre jeweilige Vermutung festmachten, immer wieder fragen musste. Dies spiegelt eine Tendenz, die sich während des ersten Teils des Gespräches beschreiben lässt: Die Schülerinnen formulierten eine Vielzahl von Aussagen über die Biografie von Rosemarie, ohne dabei in der Regel bewusst zu reflektieren, dass ihre Auffassung aus ihrer Interpretation eines ausgestellten Gegenstandes (in Verbindung mit dem Textzusatz auf einem Kärtchen) resultierte. Ein Gesprächsausschnitt dazu:

Britta: „Also – Rosemarie hatte ziemlichen Krach mit Klaus."
L.: „Woher wissen Sie das?"
Britta: „Da waren Glasscherben in einem Einmachglas, und darauf stand ‚Geschenk von Klaus – zerschmissen 19..?, „
L.: „Jemand könnte das Geschenk doch auch aus einem anderen Grund zerschmissen haben?"
Britta: „Ja, aber irgendwie kommt einem der Gedanke automatisch, dass sie wohl Wut auf Klaus hatte. Sonst hätte sie was anderes zerschmissen."
Katja: „Und ihren ersten Urlaub, den hat sie auch mit diesem Klaus gemacht" – „Da war so ein kleiner Skischuh…!"
L.: „Haben Sie eine Vermutung, wo die beiden waren?"
Britta: „Die waren in Tirol! Das steht da auf dem Schuh … 1963!" […]

Sie sollen Vermutungen darüber äußern, ob es sich bei der „Rosemarie-Biographie" um eine fiktive Biografie handeln könnte, oder ob Rosemarie vielleicht tatsächlich existiert."

Irgendwann scheint klar: Rosemarie gab es wirklich, aber viele der mit ihr in Verbindung gebrachten Dinge sind Täuschungen bzw. Fälschungen. Vor allem die so ungemein ‚echt' aussehenden Bündel Briefe sind komplett gefälscht. Und um dies nachzuvollziehen, lernen die Schülerinnen Briefe zu fälschen. Es entsteht eine ‚echte' Fälscher-Werkstatt, in der mit Hilfe von Maggi, Kaffee, Tee, angekokelten Papieren und Fotokopien Briefe so gut zu historischen Dokumenten gefälscht werden, dass sie für ungeübte Augen als ‚echt‘ gelten – wie sich vorstellen lässt, eine ausgesprochen reizvolle und interessante Aufgabe für die Schülerinnen.

Im Folgenden entstehen zwei Stränge biografischer Arbeit: eine Spurensicherung für ein unbekanntes Leben sowie der Versuch, die eigene Person zum Gegenstand einer ästhetischen Biografie zu machen, wobei fiktive Zugänge nicht nur nicht ausgeschlossen, sondern ausdrücklich gemeint sind.

Für die Biografie eines unbekannten Menschen gehen die Schülerinnen vor die Tore ihrer Schule und sammeln alles, was sie finden und was für sie von Interesse ist. Mit kleinen Gläsern ausgerüstet und Etiketten versorgt, sammeln sie die Spuren, Gegenstände, Abfälle und Reste ein, geben ihnen Bedeutungen und beschriften sie im Sinne ihrer Vorhaben. Anja Neisemeier kommentiert:

„Britta W., Katja M. und Julia K. berichteten, sie hätten nur wenige Meter von der Schule entfernt, Scherben einer Bierflasche gefunden. Daraufhin assoziierten sie ‚Säufer‘ – ‚Suchtkarriere‘ – ‚runtergekommen zum Penner‘. Von diesem ersten Fundstück ausgehend, suchten sie dann weitere Dinge hinzu. Im Gegensatz hierzu überlegten sich Veronika P. und Stefanie S. schon vor dem Verlassen des Schulgebäudes, wer die Person sein sollte (ein Engländer, der in Deutschland lebt, ‚hat viel erlebt, interessante Biografie‘), und gingen dann gezielt in ein Reisebüro, um dort erste Materialien zu sammeln. Die anderen Gruppen konnten ihr Vorgehen entweder dem Ersteren zuordnen (Gegenstand finden, assoziieren, weiteres hinzusuchen) oder dem Zweiten (einem festen Konzept entsprechend das Vorgehen planen). Im Gespräch wurde die Unterschiedlichkeit der beiden Verfahrensweisen herausgearbeitet und damit noch einmal bewusst gemacht, dass solche Aspekte nicht belanglos sind, sondern (auch) grundsätzliche Einstellungen und Arbeitsverläufe spiegeln. […]

‚Wenn ich die Biografie einer Frau mache, kann ich mich selbst nicht so raushalten‘
Die Mehrzahl der Gruppen hatte Biografien von Männern entworfen. In Anbetracht der Tatsache, dass dieses Ergebnis an einer reinen Mädchenschule entstand, stellte sich die Frage nach Ursachen. Dazu die Beiträge der Mädchen: ‚Männerbiografien sind interessanter, Frauen laufen schon genug hier rum‘ (Claudia S.); ‚Wenn ich die Biografie einer Frau mache, kann ich mich selbst nicht so raushalten; z.B. das Auto, das sie schön findet, ist wahrscheinlich dasselbe, das ich auch mag – und wir wollten eine fiktive Biografie machen‘ (Stefanie S.); ‚Wir haben diese Bierflaschenscherben gefunden – und da war das irgendwie klar, das ist ein Mann. Hier laufen so viele Penner herum – und das sind alles Männer!, (Britta W./ Katja M.)

Diese und ähnliche Gespräche zeigen deutlich, dass den Schülerinnen klar ist, dass weibliche Biografien „Schnittstellen" haben, dass auch in der „fiktiven" Konstruktion einer Frauen- oder Mädchenbiografie die eigene Biografie enthalten ist. Gleichzeitig besteht jedoch offensichtlich die Überzeugung, dass im Gegensatz dazu eine männliche Biografie nichts mit der eigenen Person zu tun habe. Hier könnte im Verlauf von weiteren Gesprächen noch deutlicher werden, dass die von einer Frau entworfene Männerbiografie ebenso viele eigene Anteile enthält, weil sie u. a. deutliche Vorstellungen und Zuweisungen der Autorin enthält." (9)

Die Ausstellung

Am Ende der Arbeit zu den von den Schülerinnen erstellten ästhetischen Biografien entsteht eine große Ausstellung. In ihr sind die Biografien anderer, aber auch die eigenen zu sehen, wobei die eigenen allerdings mit sehr vielen fiktiven Elementen ausgestattet sind. Aber genau dies war ja als Möglichkeit von Anfang an gegeben. Wer muss sich schon in seiner ganzen alltäglichen, scheinbar unbedeutenden Existenz darstellen, wenn es doch die Möglichkeit gibt, sich zu einer ganz anderen, tollen Person zu entwerfen. Wie sagte doch bereits Rimbaud: „Ich ist etwas anderes ..." (10)

Der hier skizzierte Unterricht ist durch eine Vielzahl sehr unterschiedlicher Komponenten bestimmt. Ich nenne hier lediglich nochmals zwei: Keine der beteiligten Schülerinnen hatte je ein dermaßen selbst bestimmtes Arbeitsvorhaben im Kunstunterricht geplant, realisiert und ausgestellt. Es war für die Schülerinnen ein bedeutender Arbeitsaufwand, den sie nicht gewohnt waren. Zudem waren sehr große Parts in den außerschulischen Bereich im Sinne von Hausaufgaben verlagert.

Doch fast keine der Schülerinnen konnte sich der Faszination des Vorhabens entziehen, sodass sie in der Tat dafür mehr arbeiteten, als jemals zuvor – wenn auch z. T. mit großen Anstrengungen. Dies wirft kein Licht auf die Besonderheit ihres Tuns, sondern nur eines auf die Unzulänglichkeiten und weitgehenden Unterforderungen tradierten Kunstunterrichts. Dass man auch zu Stars und Idolen ästhetisch forschen kann, zeigt die Skizze eines Unterrichts von Alessa Nitsch.

Stars und Idole – Ästhetische Forschung in einer 10. Klasse
Alessa Nitsch

„Die Verabredung war, sich für die Arbeit an einer ästhetischen Biographie eine Person auszuwählen. Es sollte sich nur um eine besondere, möglicherweise auch fiktive Person aus den Bereichen der Kunst, der Literatur, der Musik, der Medien, der Wissenschaft oder des eigenen Umfeldes wie Familie oder Freundeskreis handeln, woraufhin sie sich für Figuren wie Beethoven, Michael Schumacher, Pippi Langstrumpf, Charlie Chaplin, Doris Schröder-Köpf, Helge Schneider, Nadia Comaneci, Prinzessin Diana, … entschieden. Die SchülerInnen begannen dann zunächst über ihre Person zu recherchieren, zu dokumentieren und archivieren, zu lesen, kommentieren und analysieren, im Internet nach Informationen zu suchen.

Profane Gegenstände, Kleidung und andere Reliquien können die Magie des Ruhms von Stars und Idolen vermitteln, sodass wir gemeinsam darüber nachdachten, wie ein Gegenstand wahrgenommen wird, wie sich seine Bedeutung im Kunstkontext verändert, und warum die Dinge sowohl persönliche als auch kollektive Erinnerung auslösen können. Auch die SchülerInnen benutzten verschiedene Dinge, über die ihre Figuren stellvertretend dargestellt wurden und bearbeiteten sie entsprechend ästhetisch-praktisch im Sinne der künstlerischen Spurensicherung. Um den SchülerInnen den ungewohnten Umgang mit Methoden der künstlerischen Spurensicherung zu erleichtern, hat anfangs jeder von mir einen Gegenstand mit der Behauptung erhalten, seiner Figur einmal gehört zu haben. Dieser Gegenstand wurde dann von den SchülerInnen in ihr Projekt integriert, indem sie zum Beispiel meine ausgeteilten Schwarzweiß-Fotos zum Familiendokument ihrer Figur erklärten.

Parallel dazu wurden im Unterricht Arbeiten der aktuellen Kunst rezipiert, in denen KünstlerInnen sich ebenfalls mit ästhetischen Biografien auseinander gesetzt haben, um unterschiedliche Konzepte, Annäherungs- und Bearbeitungsweisen kennen zu lernen. Damit wurde das Repertoire an ästhetisch-praktischen und theoretischen Zugängen der SchülerInnen erweitert. Es ging nicht darum, KünsterInnen nachzuahmen, sondern sie als Modell für die eigene Arbeit zu nutzen.

Das Thema ‚Berühmtheit' fasziniert beispielsweise die Künstlerin Karen Kilimniks schon immer, und sie versucht den Glamour dieser Welt zu entlarven, indem sie ihre Installationen mit Billig-Produkten ausstaffiert. Zum Beispiel hat die Künstlerin eine Raumsituation nachgestellt, in der die Mitglieder der letzten Zarenfamilie angeblich ermordet wurden. Die Leichen sind nicht mehr zu sehen, sondern nur die Einschlusslöcher und das Blut weisen daraufhin, was passiert ist.

Die Künstlerin mischt bei ihren Arbeiten Faktisches mit Fiktivem. So stimmt es, dass die Romanovs die letzten Herrscher des zarischen Russlands waren und von den Revolutionären ermordet wurden. Kilimnik versucht nun, den romantischen Mythos, der sich um diese Zarenfamilie rankt, in ein ästhetisches Sinnbild zu übersetzen, indem sie

Der Kunstpädagoge als künstlerischer Mitarbeiter

In seiner Rolle als ‚künstlerischer Mitarbeiter' wird der Kunstpädagoge zum ‚Künstler-Pädagogen' und tritt als solcher in dreifacher Ausführung vor seine ‚Kundschaft'.

Zum einen ist er der Organisator des Projektes. Als solcher setzt er Rahmenbedingungen und Ziele und weckt Erwartungen und Hoffnungen. Er muss die Beteiligten motivieren, mit Wissen, Tipps und Material versorgen und sie auf den Weg bringen, aber auch das Projekt als Ganzes befördern, vertreten und verantworten. Diese Verantwortung ist ‚unteilbar', aus ihr kann er sich nicht verabschieden, entsprechend autokratisch wird er auf dieser Ebene entscheiden und agieren.

Zum anderen ist er Künstler und verfügt als solcher über ein breites Spektrum ästhetischer und handwerklicher Erfahrungen. Er weiß – aus individueller Praxis und ‚ganz allgemein' – um die Möglichkeiten des Begehrens, in Körper, Hand und künstlerische Prozesse zu ‚fahren' und Gefühle, Gesten und Materialbewegungen zu diktieren. Er überblickt ein gewisses Spektrum an Psychodynamiken und Produktionsstrukturen und verfügt über künstlerische Strategien, die er als Betrachter ins pädagogische Feld einbringen wird. Als solcher agiert er aus der Distanz eines Beobachters mit künstlerischen Kompetenzen, installiert sich als reflektierender Ruhe- und Bezugspunkt außerhalb möglicher individueller Turbulenzen.

Diese Distanz ist für das Projekt als Ganzes sowie in Zeiten der Ratlosigkeit und individueller Verunsicherung auf Seiten der Teilnehmenden bedeutsam. Ebenso wichtig ist das Durchbrechen dieser Distanz, seine Beteiligung ‚in Augenhöhe', sozusagen als ‚Gleicher unter Gleichen', indem der Projektleiter sich als konkreter Künstler mit einem ästhetisch-praktischen Beitrag am gemeinsamen Prozess beteiligt und von Beobachter zu ‚Täter' mutiert. Erst jetzt tritt er in die konkreten, realen Bedingungen ästhetischer Produktion ein und nimmt an der ganz anders gearteten Kommunikation unter zeitgleich und zeitabhängig Produzierenden teil.

Er wird sich in seinen konkreten Eigenschaften und kreativen Fähigkeiten als Produzierender unter genau jenen kontextuellen Bedingungen offenbaren, in die er das Projekt und damit alle Beteiligten hineingestellt hat. Die einsehbaren, praktischen, ästhetischen Suchbewegungen decken exemplarisch Strukturelemente und Motivlinien jenseits des Begrifflichen auf, überlassen diese der gemeinsam und/ oder individuellen Reflexion und wirken so kriterienbildend auf kunstpraktische Lernprozesse ein. Er beteiligt sich praktizierend am Gemeinschaftsbild einer ‚Sozialen Plastik' und an den Umbauarbeiten eines renovierungsbedürftigen, lebenstauglichen ‚Erweiterten Kunstbegriff'.

Dieser Aspekt eines Voneinander-Lernens in und über künstlerische Praxis wurde aus dem pädagogischen Diskurs weitgehend verdrängt. Gerade ihm messe ich als Ergänzung der beiden zuvor erwähnten ‚Rollen', die jeweils andere und unterschiedliche Inhalts- und Vermittlungsebenen ausfüllen, große Bedeutung zu.[...]

Aus: Ulrich Puritz „Sushi-Syndrom: LKW als PKW oder LebensKunstWerke als ProjektKunstWerke". In: Manfred Blohm (Hrsg.) „Leerstellen". Köln 2000. S. 197.

künstliche Schneeflocken, ein Plastikschwert, eine zerfetzte Nerzstola und ein kitschiges Tablett benutzt. Diese billigen Fertigartikel provozieren ein aristokratisch anmutendes Bild. Selbst der Hintergrund besteht nur aus Farbkopien und sieht durch ein sattes Lila trotzdem entsprechend edel aus.

An vorgestellten künstlerischen Verfahren orientiert erfanden auch die SchülerInnen Spuren, die niemals vorhanden waren, um auf Bedeutungszusammenhänge hinzuweisen, die nur auf dem ersten Blick existieren.

Statt die sonst übliche Ereignisgeschichte dieser Person zu schreiben, nahmen sie einerseits deren Alltag ins Visier, andererseits beschäftigten sie sich mit den Akten der Anbetung, den Ritualen der Verehrung, der Massenhysterie auf eine kritische und ironische Weise, wie zum Beispiel folgender Eintrag im Kunsttagebuch einer Schülerin zur Biografie der Turnerin Nadia Comanenci zeigt:

,Schokolade war Nadias absolute Leidenschaft, aber ihr Trainer achtete streng darauf, was seine Mädchen aßen, wobei Süßigkeiten ganz oben auf der Verbotsliste standen. Als Nadia vor der Weltmeisterschaft in Straßburg 15 Kilo abnehmen musste, sie aber nach 8 Kilo auf diesem Niveau stehen bleibt, obwohl sie hart trainiert, durchsucht Bela ihr Zimmer und findet einen Vorrat an Schokolade, der sofort aufgehoben wird' Die Schülerin hat in ihrer Abschlusspräsentation u. a. Schokolade ausgestellt und sich mit dem Körperkult von SportlerInnen kritisch auseinandergesetzt.

Indem die SchülerInnen die Erfahrungsgeschichte anderer bewusster befragten und erkannten, dass ästhetische Biografien kollektive Muster entlarven können, wurde auch ihre eigene Erfahrungsgeschichte aktiviert. Zwar ging es nicht primär um die konkrete Thematisierung der eigenen Person, aber die Auseinandersetzung mit den Biografien anderer ist letztlich nichts anderes." (11)

Ästhetische Forschung in verschiedenen Bereichen

Aus der Vielzahl vorliegender Beispiele habe ich hier lediglich vier ausgewählt, die die sehr verschiedenen Umgehensweisen mit den Fragestellungen ihrer Forschung deutlich machen sollen. Da bei allen Forschungen der Anteil künstlerischer Arbeiten sehr hoch ist, (jede erforderte allein einen Katalog für sich), liegt bei der Darstellung der Beispiele genau hier das Problem. Aus den in der Regel viele Räume umfassenden Installationen lassen sich immer nur ganz wenige Beispiele aufgreifen, die dennoch nicht annähernd einen Gesamteindruck wieder zu geben vermögen. Ebenfalls würden die begleitenden Tagebücher – immer mehrere für ein Arbeitsvorhaben – jeden Rahmen des Darstellbaren sprengen, obwohl oft gerade sie es sind, die für Ausstellungsbesucher wie für Leserinnen der Arbeit ein hohes Interesse auslösen, da sich in ihnen alle Ebenen verdichten.

Die objektive Welt der Schweine und die subjektiven Erfahrungen der Tochter eines Schweinemästers
Zu einer Arbeit von Katrin Kobusch-Kleßmann

In dieser Arbeit geht es um Schweine. Anonyme Tiere der Massentierhaltung und emotional besetzte Einzeltiere. Vor allem aber geht es um Kunst und künstlerische Prozesse. Um die Auseinandersetzung mit dem Installationskünstler Ilja Kabakov, um die Konzepte der Spurensicherung und um eine eigene künstlerische Installation zum Thema ‚Schwein'.
Die theoretischen Kontexte – kulturgeschichtliche, alltagsästhetische, naturwissenschaftliche, kunstgeschichtliche – bilden eine zweite Ebene, die wesentliche Zugänge zur gewählten Thematik öffnen.
Als dritter Strang durchläuft die Arbeit eine biografische Spurensuche – ein ‚persönliches Forschungsfeld', wie Katrin Kobusch-Kleßmann es nennt. Es ist ein Weg zurück in die Kindheit, den sie als Tochter eines Schweinemästers hier geht.
Eine Auseinandersetzung mit schmerzvollen Erinnerungen und kurzen Momenten des Glücks – letztlich eine Auseinandersetzung mit ‚Erinnerung' generell.
Der Ort, an dem alle Fäden zusammenlaufen, ist ein großer Schweinestall mit alten Schweinebuchten auf dem Hof ihrer Eltern. Die Tiere haben neue Ställe, sodass die alten nun leer stehen. Der Ort ist künstlerischer Handlungsort, Denkort und Ort der Erinnerung.
Diese künstlerisch-wissenschaftliche wie persönliche Spurensuche, die Versuche zwischen Authentizität und Fiktion, zwischen Konstruktion und Rekonstruktion, zwischen Beschreibung, Analyse und Deutung, haben über ein halbes Jahr lang alle Energien gebunden, weil Arbeiten dieser Art in hohem Maße Grenzgänge sind.
Mit ihren emotionalen Anteilen unterliegen sie der Notwendigkeit, über die ästhetische wie sprachliche Bearbeitung immer wieder aufs Neue Distanz zu schaffen, Formen zu finden,

die über selbsttherapeutische Ansätze hinaus führen. Um die Bandbreite der Bearbeitung anzudeuten, zunächst eine kurze Zusammenstellung einzelner Aspekte der Arbeit:

„Theorien und Werke Ilja Kabakovs als Ausgangspunkt der praktischen Arbeit · zum Begriff der ‚Totalen Installation' · zur Deutung einzelner Werke, […] · Das Schwein in Trivialästhetik und Kunst · Das Schwein als Nutztier · Domestizierung · Nutzung · Züchtung · Intensivtierhaltung · Das Schwein als Ware? (mit einem Exkurs zur Tierschutzethik) · Das Schwein in der eigenen Biografie – Erinnerung und lange Verdrängtes."

Beeindruckend sind die sehr heterogenen Zugänge, die sich zunehmend verdichten und in Selbstversuchen kulminieren. Sie beziehen sich auf die Re-Konstruktion einer Erinnerung an eine starke, emotionale Beziehung zu einem – wegen einer Behinderung– ausgegrenzten kleinen Schwein, das dann geschlachtet und gegessen werden musste.
Um einzelne Gedanken dazu konkret werden zu lassen, zitiere ich im Folgenden einzelne Textpassagen:

Erstes Objekt – erster Umweg: Akte eines Opfers
Mit meinem Objekt ‚Akte eines Opfers' ging ich von der Dokumentation meiner Erinnerungen über zur erzählenden Art eines Kriminalromanautors, der für seine Leser einen verrätselten Erzählstrang entwirft, um detektivischen Spürsinn zu wecken. Die Geschichte des Verbrechens sollte sich über gewisse Lücken im Kopf des Betrachters/Lesers aufbauen; fiktive Stränge und wirklich erinnerte Ereignisse sollten für ihn und mich ein schlüssiges, lückenloses Ganzes ergeben.
Ich stelle meine Erinnerung selbst in Frage, bastelte eine erinnerte Geschichte zusammen; künstlerische Arbeit und an psychologischer Wissenschaft orientierte Selbsterforschung vermischten sich. Auch die Formen der Kriminalakte als Relikt objektiven Protokollierens, als Dokument wissenschaftlich-kriminalistischen Vorgehens, wich von der realen Normalform ab.
Für das so entstandene Objekt suchte ich einen angemessenen Platz im Schweinestall, um die Atmosphäre des Ortes in Wechselwirkung zu dem in ihm entwickelten Erzählstrang zu testen. Durch die Arbeit hatte sich etwas in meiner Wahrnehmung des Ortes geändert. In meinem Kopf wandelte sich dieser Stall nun zunehmend in einen Raum des Elends. Es war eine Art Übertragung meines Gefühls auf den Raum, angesichts der sich entwickelnden, teils erinnerten und teils fiktiven Geschichte.
Ich setzte mich in den alten leer stehenden Schweinestall und schrieb in Stichpunkten Kindheitserinnerungen an Schweine auf. Das ‚Verbrechen' an meinem Schützling selbst, so bemerkte ich, entzog sich allerdings weitgehend meinem Bewusstsein. Ich konnte keine konkreten Erinnerungsbilder an jenes Schwein in einem Maststall heraufbeschwören, nur generelle Szenen mit eher anonymen Schweinen. Woher aber dann das erinnerte Gefühl des Entsetzens, des Schuldbewusstseins und Mitleides mit jenem konkreten

 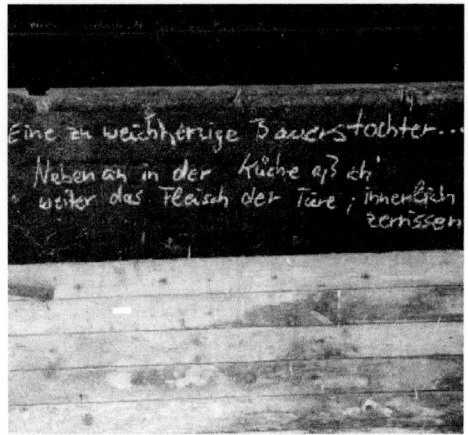

Schwein? Hatte ich Bilder vergessen; Spurenzerfall des Unangenehmen? Oder reimte ich mir als Erwachsener eventuell diese konkrete Geschichte zusammen? Ist doch bekannt, dass Erinnerungen nicht immer wirklich der Wahrheit entsprechen müssen. Erinnerungen, so Siegfried Schmidt, existieren an keinem konkreten Ort, in keiner konkreten Zeit, außer dem ‚Jetzt' im kognitiven System, ohne dass man die Möglichkeit hätte, die Richtigkeit dieser Erinnerung, dieser Wahrnehmung ohne Objekt zu überprüfen; die Differenz zwischen Erlebtem und Erinnertem ist prinzipiell. Schmidt weist auf die funktionale Plastizität des Gehirns hin, darauf, dass die jetzigen Vorstellungen die Referenzebene von Erinnerungen bilden, nicht nur die Vergangenheit. […]

Ich war sensibel geworden für die eventuellen Tücken der Erinnerung. Dies eröffnete mir die Möglichkeit des Spielens mit meiner eigenen Fiktion an der unbekannten Grenze von Authentizität und Realität der damaligen Ereignisse. Ich begann die Stichpunkte meiner Erinnerung im Sinne von Zeugenaussagen auszuformulieren. Die Idee der Kriminalakte des ‚Verbrechens' kam als plötzlicher Einfall, von dem an ich Lücken in meiner Erinnerung nachträglich mit fiktiven Elementen ausbesserte oder Erinnerungen aus anderen Nischen des Gedächtnisses anklickte. […]

Da ich in alten Kinderalben und Alben meiner Eltern keine Beweisfotos für meine fraglichen Erinnerungen an das Verbrechen fand, tappten meine Ermittlungen eher im Dunkeln. Daher verfasste ich die Punkte des bisherigen ‚Standes der Ermittlungen', die als Festhalten von Ermittlungsschwierigkeiten zu verstehen sind. Als Indizien ohne Beweischarakter kopierte ich jeweils ein Foto vom Tatort (mein elterlicher Hof), Täter (mein Vater) und mögliche Zeugen (eine Freundin und ich als Kinder), um dem Betrachter/ Krimileser wenigstens etwas an die Hand zu geben, an dem sich seine Fantasie entzünden und Authentizität besiegeln ließe. Die Zeugengesichter verdeckte ich mit Schnipseln, um sie zu decken und in einem assoziierbaren, ‚schwebenden Verfahren' vor gefährlichen Attacken zu schützen.

Hier entpuppt sich eine Spur Selbstironie, begebe ich mich doch in die Gefahr, meinen Vater eines Verbrechens anzuklagen, was mich als Verräter fühlen ließ. Ein weiteres fingiertes, beweiskraftloses Indiz, das ich als ‚Geräusche des Opfers unter anderen Geräuschen in den Zeitraum des Gesamtdeliktes fallend' bezeichnete, legte ich der Akte in Form einer kürzlich verfertigten Tonbandaufnahme in einem Walkman bei.

Zu hören sind Geräusche aus dem Schweinemaststall meines Elternhofes: Erschrockenes Grunzen beim Öffnen der Stalltür, das permanente Husten der Tiere als Folge der ammoniakhaltigen Luft und das Dauerdröhnen des Ventilators. Dieser Geräusche erinnerte ich mich von früher her.

Ich stellte einen Tisch in eine der alten Mastbuchten, einen Stuhl davor und legte die Akte samt Walkman mit Geräuschen auf den Tisch, um die Besucher aufzufordern, an der Akte wie an einem Arbeitstisch zu arbeiten."

Doch all dies, worüber sie so lange nachgedacht hat, entfällt später in ihrer Installation, weil sie einen anderen Weg für ihre Arbeit findet. Diese Wegstücke, die man geht und wieder verlässt, sind für ästhetische Forschung charakteristisch. Auch wenn man Einzelnes wieder verwirft, bleibt es Teil der Arbeit.

Der Videofilm

„Der Videofilm sollte mir zur Dokumentation dienen, wobei ich der Objektivität halber über mehrere Tage, zyklisch, aus immer gleicher Perspektive die Vorgänge in einer Mastschweinebucht zu filmen beabsichtigte. Ich verspürte einen Verhaltensforscherdrang zur objektiven Dokumentation von Verhaltensstörungen der nicht artgerecht gehaltenen Tiere. Andererseits war ich gespannt auf meine eigenen Affekte, die ich als psychisches Selbstexperiment in Stichpunkten festhalten wollte. Gespannt war ich auch darauf, inwieweit sich meine Erinnerungen von den damaligen Schreckensszenen mit meiner heutigen Wahrnehmung überschneiden würden.

Dieser Zugang sollte mir als Ideenbasis und Spurenbeschaffungsmaßnahme für eine, wie auch immer geartete, fiktive oder authentische Geschichte dienen.

Anmerkung: Ich fuhr allerdings zweigleisig mit meinen Ideen für die inhaltliche Seite der Erzählung: Mein zweites Gleis war die vorläufige Idee, möglicherweise das gewonnene Material später weiterzuverarbeiten und als kurzzeitig huschende Schweinebilder per Videobeamer an die Stallwände zu projizieren, um die Illusion der als Geister zurückkommenden Schweineseelen wachzurufen. Wie Kabakov strebte ich mit dieser Idee eine ‚Sonderbarkeit' für die Stall-Installation an. […]

Ich filmte die heruntergekommene Stallsituation, Buchtsituationen, Schweinegruppen, Einzelaufnahmen und studierte Details. Dabei bemerkte ich an mir sehr schnell einen ins Ästhetische gleitenden Blick, der sich für das Spannende, das Abstrakte, das Widerständige am Anblick der Augen, Gesichter, Borsten, Zitzen und Schwänze, für Schmutz,

Fliegen und eine Ästhetisierung von Leiden interessierte. Ich jagte Hustereien, Beißereien, kupierten Schwänzen hinterher, spürte in Nahaufnahme vermeintliche Lethargien in den Mimiken der Tiere nach, filmte Schnüffelszenen der Schweine, setzte den Kamerablick in bestimmte Perspektiven, die mir zu Steigerung der Abscheulichkeit der Tiersituation geeignet erschienen. Ich spielte mit den Möglichkeiten, den späteren Zuschauerblick in Richtung positiver und negativer Emotionen zu manipulieren. Immer wieder rang ich mit einem anderen Anliegen in mir, das Objektivität wollte. Doch war mir auch wichtig, mich gehen zu lassen, mich die Situationen ästhetisch inszenieren zu lassen, um mich später anhand der Aufnahmen als affektives Subjekt dieser Situation besser reflektieren zu können.

Ich ließ mich zu fast stümperhafter Realitätsverfremdung hinreißen, versuchte die Grenzen zum Nicht-Mehr-Erkennbaren durch Ruckeln der Kamera und Rotieren um die eigene Achse zu erzeugen. Ich suchte beim imaginären Rezipienten den Eindruck der panischen Kameraführung bzw. einer bestimmten Empfindungslage des blickenden/filmenden Protagonisten zu erwecken: Unruhe, Betroffenheit, Schwindel.

Im Grunde bemerkte ich an mir einen bereits parteiischen Blick auf die Situation, den ich ästhetisch auszuformen suchte, um dem imaginären Zuschauer meine Gefühlslage mit zu diktieren. Ohne die Kamera hätte ich sicherlich eine ganz andere Wahrnehmung gehabt.

Das behinderte kleine Schwein

Während des Filmens allerdings passierte immer wieder etwas, was schier unglaublich für mich war: Ein Schwein, welches zur Erholung wegen seines hinkenden Beines auf den Gang gelassen worden war und seit einiger Zeit scheinbar dort lebte, freute sich zusehends meiner Anwesenheit, lief mir ständig entgegen und hinterher. Ich ließ es mit der Schnauze an mir schnüffeln, streichelte es, während ich all dies aus meiner Perspektive heraus aufnahm. So viel Zuneigung überwältigte mich, brachte mich dazu, das Tier ins Herz zu schließen, es wegen seines Beines zu bemitleiden. Ich fühlte mich an meine kindliche Freundschaft mit jenem Schwein erinnert, das ich bereits erwähnte.

Meine Reaktion war sehr emotional: Einerseits Begeisterung über die sich anbahnende Beziehung, andererseits die alte Wut und das Bedürfnis, wie damals, meinen neuen ‚Schützling' sowie sämtliche anderen Schweine retten und in eine bessere Welt führen zu wollen.

Die Aktion im Schlamm – ein Selbstversuch

Der Schlamm der Suhlpfützen auf unserer damaligen Sauenwiese, in dem ich einmal als Kind wie die Schweine genüsslich gebadet hatte, kam mir in den Sinn. Schlamm galt mir einerseits als dem Schwein nahe liegendes Element, andererseits als symbolisches Bindeglied zur Erdverbundenheit. Das Ferkel und mich selbst wollte ich damit einreiben, über diese Handlung von dem Schwein lernen, mit dem Tier zu kommunizieren, ähnlich

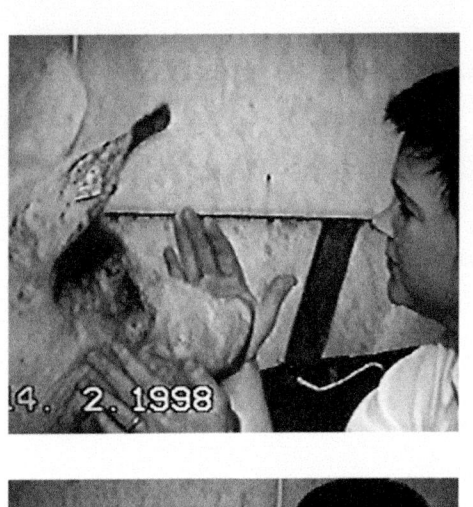
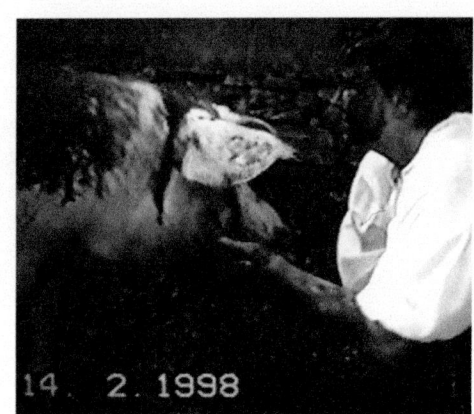
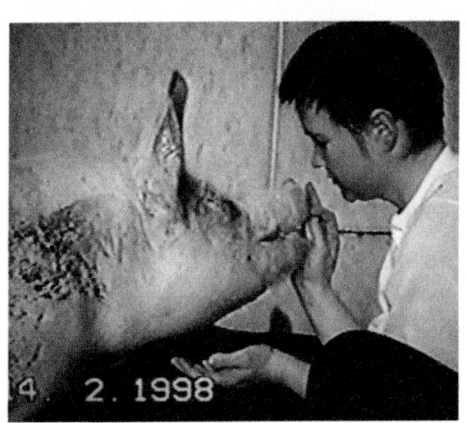
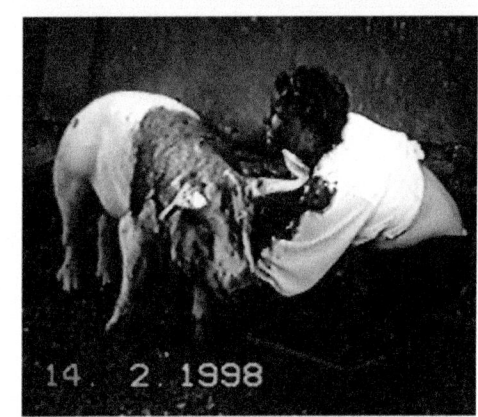
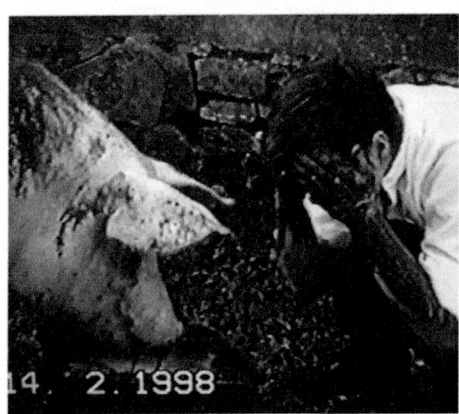

wie 1974 Joseph Beuys unter Einbeziehung von Filzdecke und Stab mit einem Coyoten. Zu seiner Aktion ‚I like America and America likes me‘, in der er eine Woche lang mit diesem Tier in einem geschlossenen Raum zusammenlebte, bemerkte er:

‚Der Coyote‘ ja. Das war die Idee am Anfang mit einem Tier so umzugehen als wäre das Tier viel intelligenter als der Mensch. Indem ich in meinen Bewegungen und Gesten die Urzeit des Tieres benutzt habe und mich vom Rhythmus des Tieres habe leiten lassen – Der Coyote war der Leitende. Das ist der Versuch, so eine Brücke zu schlagen zwischen zwei Reichen … also zwischen zwei wesenhaften unterschiedlichen Reichen es zu einer Korrespondenz und einem Verständnis zu bringen. Das hängt damit zusammen den Tieren auch demokratische Rechte anzuerkennen …‘

Mit dieser Äußerung kann ich mich rückwirkend hervorragend identifizieren. Auch ein ‚Erweiterter Kunstbegriff‘ im Sinne von ‚Sozialer Plastik‘ klingt im Zitat mit an. Der Aktions-begriff in Anlehnung an Beuys Aktionen beinhaltet vor allem die Einheit von körperlichem Einsatz und spiritueller Konzentration des agierenden Künstlers als ‚Erzeuger des Raumes‘ und ‚Erzeuger der Zeit‘.

Beuys verstand sich in seiner künstlerischen Tätigkeit als eine Art Schamane. Das Ver-ständnis, welches ich meiner Aktion zu Grunde lege, ist an den Beuysschen Aktionshabitus angelehnt, nur möchte ich nicht so weit gehen, meine Handlungen als ‚schamanisch‘ bezeichnen zu wollen. Mein Agieren sollte mehr in diese Richtung ‚weisen‘, eher eine Frage sein, wie weit ich gehen kann in meiner Beschwörung von Tier- und Naturkräften. Der rituelle Aspekt lag für mich vorerst darin, in der Aktion durch bewusste Konzentration das Tiefe der Mensch-Tier-Beziehung, soweit mir möglich, auch als Teil einer universellen Ordnung nachzuempfinden.

Nikolaus Lang spricht von seinen Aktionen als ‚Nachvollzug‘, als gewidmete Epitaphe, von Handlungen, bei denen er das Leben gewisser Personen ganz subjektiv nachvollzieht, wie z. B. bei den Geschwistern Götte. Ich schließe mich Lang an, der bezüglich des ‚sehr individuellen Rituals‘ seiner Aktionen bemerkt:

‚Auch wenn ich Dinge nachvollziehe, rückt es unterbewusst in die Nähe zum Ritual, denn es hat keine praktische Funktion, es ist eine rein symbolische Handlung.,

Solche individuellen Rituale sind, so Lang, nicht als verbindliche Übereinkunft fest in einer Gesellschaftsstruktur eingebaut, sondern rutschen ganz spontan, ganz subjektiv vielleicht nur ein einziges Mal daran vorbei.

Ich versuchte mich in mein Gegenüber einzufühlen, konzentrierte mich auf seine Art, sich zu verhalten und mit mir zu sprechen. Es schnüffelte immer wieder an mir … es suhlte mit seiner Schnauze in meinen verschlammten Haaren … wir spielten auf diese Art miteinander, was in mir innere Freude … nein Euphorie auslöste. Ich fühlte mich mit ihm verbunden, teilte die Freude des mir scheinbar vertrauenden, liebenswerten Wesens.

Es war ein zeitloses Ereignis. Ich war berauscht … merkte, dass ich an dem Tier etwas wieder verstand, was mir seit meiner Kindheit so lange verloren gegangen war: Eine vergessene, zeitlose, glückliche Ahnung für ‚Weltliebe' … für Essentielles … schwer in Worte Fassbares.

Nach einem gewissen Zeitraum des sich immer wieder aneinander Annäherns lockte ich das Ferkel wieder zurück in den Stall, seiner tragischen Bestimmung entgegen. Der psychische Widerstand, den ich dazu überwinden musste, war eine regelrechte Qual. Es war das von früher bekannte Gefühl der Machtlosigkeit gegen die Ungerechtigkeit, der wutentbrannten Melancholie. Etwas zerriss mich fast innerlich in Anbetracht des nahenden Todes und des schrecklichen Ortes, dem ich das Tier nach allem wieder zuführte. Dennoch gehorchte ich einem ungeschriebenen Gesetz, das ich als abgeklärtes Abkommen mit meinem Eltern empfand, welche die Tiere zu ihrem Lebensunterhalt nach den für sie notwendigen, womöglich gesellschaftlich ‚gewollten' Bedingungen halten."

Später wird Katrin Kobusch-Kleßmann in einem Teil des Stalles das Filmdokument der Aktion im Schlamm mit dem Schwein zeigen. In einem anderen den Videofilm mit den Dokumenten über die Tierhaltung (groß auf einen Beamer projiziert). Davor wird ein Tisch und ein Stuhl stehen, auf weißer Tischdecke ein Teller mit den abgenagten Knochen einer Schweine-Mahlzeit – ein Selbstversuch, die eigenen Grenzen auslotend … (12)

Die sieben Todsünden
Zu einer Arbeit von Julie Lambertz

Superbia – der Stolz · Invidia – der Neid · Ira – der Zorn · Acedia – die Trägheit ·
Avaritia – der Geiz · Gula – die Völlerei und die Trunksucht · Luxuria – die Wollust

Julie Lambertz hat alles ausprobiert: in Selbstversuchen gesündigt, mit Bildern verdichtet,
über Filme und Fotos dokumentiert, in Objekten und Räumen inszeniert, mit Texten begleitet. Sie hat Orte gesucht, Menschen befragt; ist zurückgegangen in die alttestamentarischen
Vorstellungswelten mit ihren Horror- und Schreckensszenarien vom sündigen Menschen.
In sieben Kellerräumen, mit sieben Tagebüchern und auf einhundertundsiebzig Druckseiten
hat sie ihre Arbeit zu den sieben Todsünden präsentiert – ein sündhaft umfangreiches
Unterfangen einer ästhetischen Forschung. Zu ihren theoretischen Recherchen und ihren
künstlerisch-praktischen Bearbeitungen gehören eine Vielzahl von Fragen und Aspekten.
Um einen Eindruck zu vermitteln, hier eine gekürzte Auflistung:

I
Das Wesen der Sünde · zum Begriff · der Sündencharakter · Erfahrung nach der Tat · geistesge-
schichtlicher Hintergrund · frühe Quellen · die Rolle der Zahl Sieben · frühe bildliche Darstellungen
· ikonografische Betrachtungen · Darstellungen im 20. Jahrhundert: Otto Dix, Bruce Naumann.

II
Meine gemalten Bilder · sündige Selbstdarstellungen · meine sieben Selbstversuche · das Kabinett
der sieben Absurditäten · die sieben Kästen für Voyeure · auf den Punkt gebracht – sieben Mal ·
die Gehirn-Schaukästen – geheime Sündenorte · das Spiegelkabinett · sündiges Paderborn – ein
alternativer Stadtführer · Überhäupter und Sündenköpfe · die andere Seite der Sünde: meine Altäre
· die sündige Socken-Kollektion · meine persönlichen Sieben · die Parallelaktionen.

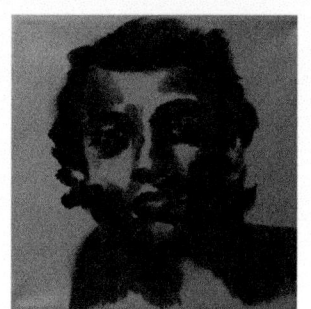

Der Prozess der Arbeit

Jede Todsünde erhält einen eigenen gedanklichen Rahmen und einen eigenen ästhetischen Raum. In ersten Zugängen recherchiert sie Quellentexte und versucht herauszufinden, wie heutige Menschen mit den sieben Todsünden umgehen, wie Künstler sie im Laufe der Jahrhunderte dargestellt haben und vor allem, wie sie selbst sich ihnen gegenüber sieht. Sie arbeitet an künstlerischen Entwürfen, indem sie aktuelle Medien, traditionelle Verfahren, Materialien, Gegenstände nutzt und zu jeder Todsünde eine Installation erarbeitet. Sie zeichnet, malt, filmt, fotografiert, arrangiert, inszeniert und entwickelt mehrere Performances. Alles, was sie tut, schreibt, denkt, wird in ihren Tagebüchern dokumentiert und reflektiert.

Ursprünge der sieben Todsünden findet sie bei ihren Recherchen in den jüdischen Apokryphen, im Testament ‚Ruben‘ (106 bis 109 v. Chr.), in den Beicht- und Bußlehren seit dem 12. Jahrhundert u. a. Im ‚Buch der Sprüche‘ findet sie bereits fünf der sieben Sünden näher benannt und mit moralischen Implikationen versehen:

Stolz: „Ein stolzes Herz ist dem Herrn ein Gräuel und wird gewiss nicht ungestraft bleiben.“
Geiz: „Bemühe dich nicht, reich zu werden; da spare deine Klugheit.“
Trägheit: „Faulheit macht schläfrig und ein Lässiger wird Hunger leiden.“
Zorn: „Geselle dich nicht zum Zornigen und halt dich nicht zu einem wütenden Mann; du
     könntest auf seinen Weg geraten und dich selbst zu Fall bringen.“
Neid: „Die Worte des Verleumders sind wie Leckerbissen, und gehen einem glatt ein.“

(Sprüche 16–22)

Die Selbstversuche

Für die gedanklichen und praktischen Annäherungen wie Erarbeitungen spielen die Selbstversuche eine große Rolle. So schreibt sie:

„‚Meine Selbstversuche sind ein Dokument der Erschließung des Themas der ‚Sieben Todsünden‘. Nach dem Zugang durch die Malerei ist es mir wichtig, neue Formen auszuprobieren, durch Spuren, Medien und Räume innovative Möglichkeiten zu erschließen, mir immer andere Entwürfe und ein großes Repertoire unterschiedlicher ästhetischer Sprachen durch unterschiedliche Medien zu verschaffen.

Zunächst möchte ich mich selbst als Person in den Prozess involvieren. Zwar existieren schon zahlreiche Fotoserien, die mich siebenfach sündig zeigen, doch ist dieser reine Abbildungsvorgang anders zu verstehen als die wahrhafte und aktive Integration in eine – in meinem Sinne – gedeutete Todsünde. Ich möchte mit meinen körperlichen und psychischen Grenzen experimentieren. Ich möchte mich im Zuge meiner Selbstversuche für einen längeren Zeitraum in Identitäts- und Rollenspiele verwickeln, die den Moment des Auslösens der Kamera überdauern. Diese Aktionen finden entweder exhibitionistisch in aller Öffentlichkeit, im kleinen Kreis einiger Freunde oder aber zurückgezogen in meiner Wohnung statt. Die Ereignisse sind flüchtig und vergänglich und setzen sich aus nicht

wiederholbaren Augenblicken zusammen, denen ich durch verschiedene Medien zu Permanenz verhelfen möchte.

[…] Die radikalste Form von Selbstversuchen wird meines Erachtens durch drei Künstlerinnen präsentiert: Lynn Hershman schafft in einer neun Jahre andauernden Performance (1972 bis 1980) eine konstruierte Identität, eine fiktive Person namens Roberta Brightmore. Durch diese Performance gelingt es Hershman, Kunst und Leben ineinander zu verweben. Roberta, die ‚alternative Persönlichkeit‘, die ein reales eigenes Leben und eine wirkliche soziale Umwelt hat (Hershman hat dieses ‚Rollenspiel‘ nämlich weder zeitlich noch räumlich definiert bzw. begrenzt), ist als ‚lebende Person gleichzeitig wirklich und künstlich.‘ Noch einen Schritt weiter geht Orlan, die ihren Körper und ihr Gesicht seit Beginn der 90er Jahre mithilfe der plastischen Chirurgie so umgestalten lässt, dass er ästhetischen Idealen, die in Werken alter Meister suggeriert werden, entspricht. Orlan zerstört ihren eigenen, ursprünglichen Körper, seine Identität und Authentizität und nimmt rein äußerlich eine neu geschaffene, künstlich konstruierte Identität an, wenn sie sich zum Beispiel die Lippen denen der Mona Lisa von da Vinci anpassen lässt. Die für diese radikale Änderung notwendigen Operationen ‚inszeniert die Künstlerin als öffentliche Performances mit Musik, Lesung und Tanz‘, die sie auf Grund nur lokaler Betäubungen immer unter Kontrolle haben kann.

Marina Abramovic sieht ihren Körper als Material. ‚Sie bezeichnet ihn als ‚Ort der Begegnung‘, den man im Laufe zahlreicher physischer und geistiger Reisen von Sprache und Symbolhaftigkeit befreien muss.‘ Durch radikale und exzessive Handlungen, auch durch Verletzungen, versucht sie sich diesem Ziel zu nähern.“

Aus Julie Lambertz, Aufzeichnungen zu ihren Selbstversuchen sollen hier drei stellvertretend stehen: der Geiz, die Völlerei und die Wollust. Sie schreibt:

Geiz – zwei Wochen an der Grenze zur Abstinenz

Zum Geizprojekt werde ich ein Begleitbuch führen, das zum Festhalten meiner Ausgaben und meiner Einsparungen dient, doch auch meine Gedanken finden hier ihren Platz. Nach der beträchtlichen Summe von 119,70 DM ergeizten Mark innerhalb der ersten sieben Tage fällt es mir schwer, noch eine weitere Knauser-Woche durchzuführen, zumal ich wichtige Menschen meines Lebensumfeldes nicht in diesen Selbstversuch eingeweiht habe und so oft in unangenehme Situationen gerate. Hinzu kommt, dass die Geizerei Ausmaße annimmt, die zwar nicht lebensbedrohlich, aber lebenseinschränkend sind, da ich mich vorwiegend billig ernähre und zum Beispiel nicht in der Lage bin, jemanden zum Kaffeetrinken einzuladen (zu kostenintensiv).

[…] Nach insgesamt zehn Tagen breche ich diesen Selbstversuch ab. Ich bin nicht länger gewillt, mich den täglich zermürbenden Gedanken auszusetzen, was ich mir heute wieder alles verbieten muss, nur um effektiv zu geizen. Schließlich habe ich bewiesen, dass ich zu geizen durchaus in der Lage bin. […] Mit einer gut sichtbaren Zeit- und Geldersparnis (zwei Wochen und fast 120 Mark) ist dieses Projekt für mich nicht fehlgeschlagen, da ich wahrhaftig an eine meiner psychischen Grenzen gelangt bin (kurz vor der Autoaggression). Zur Realisierung: Sie erfolgt in kleinen Nischen aus Pressspanplatten. Für den Geiz z.B. stehen auf einem kleinen Tisch zwei Glaskästen: einer mit dem ersparten Geld und einer mit „ersparter Zeit". Dazu ein akribisch geführtes Heftchen mit allen Eintragungen über Zeit- und Geldersparnisse.

Völlerei: 1873 Kalorien in 13.47 Minuten

Ich beschließe, mich mit möglichst vielen und unterschiedlichen Leckereien vollzustopfen. Da ich die Fotografie für diesen Vorgang als ungeeignetes Medium empfinde und nicht die Möglichkeit habe, die Reste des Mahls à la Spoerri samt Tischplatte zu konservieren, drehe ich einen Videofilm, der mein Martyrium in voller Länge zeigt.

Essend erweitere ich meine Grenzen bzw. teste sie aus. Wieviel bin ich in mich hineinzustopfen in der Lage, ohne dass mir übel wird? Der Unzulänglichkeiten des Filmes bin ich mir durchaus bewusst, doch genügt seine Vorläufigkeit, das vollkommen Unfertige, um auszudrücken, was ich beabsichtige und darlegen möchte. […] Die Kamera übernimmt die Rolle eines Beobachters. Die Beobachtungen erfolgen rein äußerlich, nicht wie bei Bill Viola, der die Videokamera zum ‚inneren' Auge seiner selbst werden lässt, um so ‚sei-ne innere Wahrnehmung der Erscheinungen von Realität' und damit seine Gedanken, Erfahrungen, Gefühle, Erinnerungen, Träume, das heißt alle Vorgänge des Bewusstseins und Unterbewusstseins, erfahrbar zu machen. Zwar legt dieser Videofilm meine Umsetzung der Todsünde Völlerei dar und ich trete auch selbst als handelndes Subjekt auf (anders als in dem Film zum Selbstversuch Zorn, der außer mir noch fremde Menschen durch von mir provozierte Handlungen zu Protagonisten macht), aber außer meiner Auffassung dieser Untugend gibt er doch wenig meiner weiteren Gedanken, Erinnerungen und Träume preis. Das ist schließlich nicht meine Absicht, ich arbeite ja nicht über mich, sondern über meine subjektive Erfahrung der sieben Todsünden. Die Untugenden stehen bewusst im Mittelpunkt. Nacheinander verschlinge ich folgende Nahrungsmittel (die Angaben in den Klammern nennen den ungefähren Energiegehalt, den ich per Ernährungs-ABC geschätzt bzw. den Nährwertangaben auf den jeweiligen Produkten entnommen habe):

„1. ein Stück Wassermelone (10 kcal) 2. einen Gurkenstick (10 kcal) 3. eine Crissini-Stange (25 kcal) 4. ein Fischröllchen (50 kcal) 5. zwei Chips (20 kcal) 6. eine Erdbeere (10 kcal) 7. einen Pilzhut (5 kcal) 8. einen Fruchtzwerg Erdbeer-Banane (70 kcal) 9. ein Ei (90 kcal) 10. ein weiteres Fischröllchen (50 kcal) 11. eine Baguettescheibe mit Knoblauchkäse (200 kcal) 12. eine Minibanane (50 kcal) 13. eine Kirschtomate (5 kcal) 14. zwei TUC (à 40 kcal) 15. ein Hühnercrossie (60 kcal) 16. drei Chips (je 10 kcal) 17. eine Erd-beere (10 kcal) 18. eine Milchschnitte (125 kcal) 19. eine Kirschtomate (5 kcal) 20. eine zweite Crissini-Stange (25 kcal) 21. eine Camembert-Ecke (65 % Fett) (70 kcal) 22. eine Scheibe Zwiebelbaguette (80 kcal) 23. ein Stück Honigmelone 24. ein Caramac (180 kcal) 25. ein Düsenjäger-Wassereis 120 kcal) 26. zwei Marshmallows (zusammen 100 kcal) 27. ein Schaumkuss 27a. (zwischendurch:) drei Gänseblümchen (pro Stück 1 kcal) 28. ein Boonekamp-Magenbitter (200 kcal) und 29. zwei Atemfrisch-Kaugummis (10 kcal)."

Entgegen anfänglicher Befürchtungen kommt es zu keinem plötzlichen Übergeben, obwohl dieser Vorgang eng mit der Völlerei verbunden ist (in den Ausführungen zur Ikonografie der Todsünden genau beschrieben).

Zur Realisierung: Vor dem Videogerät mit dem ‚großen Fressen‘ und heftigen Begleitgeräuschen (Rülpsen, Schmatzen, Schlürfen) steht der gleiche gedeckte Tisch wie im Film mit all den Dingen darauf (entweder künstlich oder konserviert, um für die Dauer der Ausstellung haltbar zu bleiben).

Wollust: Weiblich, ledig, geil sucht …

Die Auseinandersetzung mit der Todsünde der Wollust offenbart eine besondere Schwierigkeit: sie dringt am weitesten in meine Intimsphäre und ich bin nicht gewillt, mein Sexualleben im Rahmen einer offiziellen Arbeit auszubreiten. Nachdem ich auch den zunächst angestrebten Aids-Test verworfen habe, da Aids für mich nicht die erhoffte Korrelation mit Wollust darstellt, gilt es, eine Ebene zu finden, die einen genügend großen Freiraum lässt. Der Versuch muss einen Bereich der Wollust zum Gegenstand haben, von dem ich mich distanzieren kann, um mich so nicht selbst zu verletzen oder preiszugeben. Pornohefte in einer Tankstelle bringen mich schließlich auf die Idee, eine ‚versaute‘ und eindeutige Anzeige in einem derartigen Magazin zu veröffentlichen. […]“

Die Antworten, die sie postlagernd auf ihre Anzeige erhält, treffen unvollkommen und unbrauchbar ein – der Selbstversuch endet vorzeitig.

Zur Realisierung: Anzeigentexte auf einer Tafel, Briefdokumente.

Ein anderer Bearbeitungskontext greift die sieben Todsünden in ihrer Absurdität im Alltag auf, und versucht sie mit den Dingen des Alltags darzustellen.

Die Absurditäten – Der absurde Neid

Angelehnt an die Fernsehreklame eines Kreditinstitutes, in der zwei Männer sich ihre Statussymbole in Polaroidform vorlegen (‚Mein Haus, mein Auto, mein Boot‘), was zu Neid und Sprachlosigkeit des einen führt, produziere ich eine Reihe Polaroidfotos meiner ‚Statussymbole‘. Da ich aber keine solchen im klassischen Sinne besitze, bilde ich Dinge ab, die für mich durchaus ähnlichen Charakter haben, um die mich aber kaum jemand beneiden wird. Durch eine der Werbung angeglichene Betitelung ‚mein Privatgrundstück‘, ‚mein Regalsystem‘ etc. stelle ich einen Wahrnehmungszusammenhang her, der unmittelbare Assoziation zum TV-Spot hervorruft und sie karikiert.

Der absurde Zorn

Als völliger Gegensatz zum Zorn erscheint mir die Aufschrift einer Baldrian-Pillen-Packung, die unter einem abgebildeten liegenden Strichmännchen verspricht: ‚Die Ruhe selbst‘. Wie viele rasende Menschen sich solcher Mittelchen wohl bedienen? Ich werde bei passender Gelegenheit eine Selbstmedikation vornehmen und die Wirkung beobachten.

Die absurde Trägheit

Ein träger Mensch zeichnet sich durch schläfriges Verharren aus, er erstarrt nahezu in seiner Bewegungslosigkeit, die ihn häufig an Orte wie Bett, Sofa und Sessel bindet. Ich erfinde einen Bewegungsmelder der kontrolliert wenn jemand versehentlich aus seiner Trägheit aussteigt …

Der absurde Geiz

Geiz in gut sichtbarer Form eröffnet sich allmorgendlich im Bad einer Wohngemeinschaft beim Zähneputzen: Das Bild eines äußerst sparsamen Mitbewohners vervollständigt sich durch eine völlig abgeschabte Zahnbürste und eine bis aufs Letzte ausgedrückte Zahnpastatube. […]"

Die persönlichen Sieben

Ein weiterer thematischer Zugang mit sieben Realisierungen entsteht über die Frage nach den persönlichen sieben Todsünden. Sie schreibt:

„Das sich über Monate erstreckende Arbeiten und Beschäftigen mit den Todsünden brachte mich dazu, herauszufinden, welche Todsünden ich mein Eigen nennen darf. […] Ich erforsche mein ‚Ich' mit all seinen Schattenseiten, betrachte dabei meine inneren und äußeren Lebenswelten, schildere aber nur äußerlich wahrnehmbare, da besser zu veranschaulichende Untugenden. Alle sieben verkörpern – wie das für eine Todsünde typisch ist – Übermaße und Extreme meines Lebens, die in diesen Fällen die sündige Komponente erst ausmachen. Den folgenden Abschnitt ordne ich auf Grund der offenbarten Persönlichkeitsfassetten der Abteilung Outing zu.

Todsünde 1: Abwesenheit

Das beinahe tägliche Ritual des Abhörens des Anrufbeantworters macht mir deutlich, wie oft ich physisch abwesend bin. Da diese Tatsache für Menschen, die mich erreichen wollen, äußerst störend ist, stelle ich Abwesenheit als die erste meiner persönlichen Sieben Todsünden dar, zumal ich dieser sündhaften Eigenschaft zurzeit verstärkt nachgehe. Zur Verifikation dieser Behauptung habe ich 240 von anderen Personen besprochene und auf meinem Anrufbeantworter zurückgelassene Minuten (drei Audiokassetten, zwei davon mit 90 und eine mit 60 Minuten Laufzeit) aufgenommen, die viele Tage meiner körperlichen Abwesenheit beinhalten. Die so festgehaltenen Grüße, Bitten, Beschimpfungen, Ermahnungen, Aufforderungen und Einladungen der AnruferInnen (natürlich nur derer, die mir auditive Signale hinterlassen. Manche Menschen legen bei Ertönen der Ansage des Abwesenheit verkündenden Gerätes einfach auf) erstrecken sich über einen Zeitraum von Juni 1998 bis Juni 1999."

Anmerkung

Diese kurzen Auszüge repräsentieren einen kleinen Ausschnitt der Arbeit. Ausgewählt wurden vor allem die Selbstversuche, um deutlich zu machen, wie virulente künstlerische Äußerungsformen selbstverständlich auch für die künstlerische Arbeit im Rahmen ästhetischer Forschung gelten. Und zwar aus der Notwendigkeit der Sache heraus und nicht als versuchsweise Übernahme aktueller künstlerischer Strategien. Die Selbstversuche sind verbunden mit Graden höchster Intensität und sind zu Recht mit einem viel gebrauchten Begriff zu belegen: Sie sind Grenzerfahrungen. Fast alle, die sich in den Bereich ästhetischer Forschung begeben, geraten irgendwann dorthin. Dabei ist es hierbei keineswegs so, dass die positiven, hedonistischen Momente überwiegen. Verzweiflung, Angst, Wut, Depression und Aggression gehören gleicherweise dazu.

Doch um Erfahrungen zu machen und innerlich zu wachsen, gibt es keinen anderen, leichteren Weg. Wer einmal pädagogisch handeln will, muss auf vielerlei Weisen durch sich selbst hindurch gegangen sein, um auch Kindern und Jugendlichen diese Erfahrungsräume zu öffnen. (13)

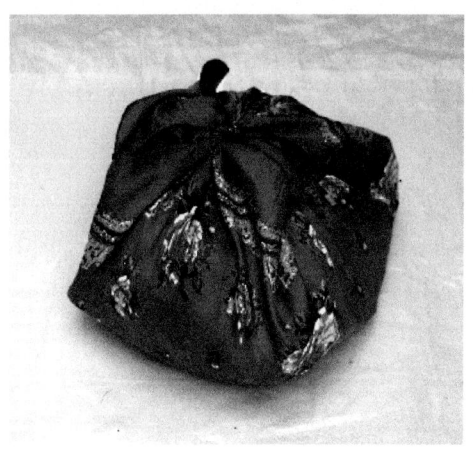

der, die, das Fremde –
Identität im Kulturvergleich
Eine Arbeit von Antoneta Berisha

Antoneta Berisha forscht in zwei Kulturen: der deutschen, in der sie aufgewachsen ist und der des Kosovo, aus dem ihre Eltern kommen, die seit ihrer Geburt in Deutschland leben. Ihre Arbeit hat viele Quellen: soziologische zu Emigration und Fremdheit, kulturästhetische Dokumentationen, psychoanalytische Fragestellungen u. a. Die Linien, die sie nachzeichnet, heißen Heimat, Fremde, Erinnerung, Alltagskultur, Konflikt der Generationen, Identitätsfindung und Identitätsverlust.

Ihre Recherchen bewegen sich schwerpunktmäßig an den Nahtstellen weiblicher Lebensläufe, die den Bruch mit der Tradition besonders deutlich zeigen: dem ihrer Mutter, die auch nach Jahren noch nur ‚lebendig‘ wird, wenn es Situationen gibt, in denen Sprache und Erinnerung sie zurück in ihr Heimatland führen und ihr selbst, die ihre Sozialisation weitgehend in deutscher Sprache und in einem deutschen Bundesland erlebt hat.

Die hier verfasste Arbeit ist – nicht vorhersehbar – genau in der Zeit des politischen Konflikts zwischen Jugoslawien und dem Kosovo entstanden. Die Nähe zu all den Menschen, die Antoneta Berisha vertraut sind – den Großeltern und Verwandten im Kosovo – und ihren Schicksalen scheint in dieser Arbeit in Brüchen, Abbrüchen und Neuanfängen auf. Sie machen auf sehr direkte Weise deutlich, was es heißt, Fremde zu sein in zwei Kulturen und geografischen Bereichen.

Im Folgenden greife ich einzelne Gedankengänge auf, die das Besondere dieser Arbeit zeigen: die Konkretheit der Dinge und die individuellen Erfahrungen, die die eine Ebene der Arbeit bilden, und die allgemeinen, die Fremdheit und den Verlust von Heimat generell analytisch reflektieren. Antoneta Berisha hat diese beiden Ebenen durch unterschiedliche Schriften kenntlich gemacht – bewusst unvermittelt gegeneinander gesetzt, um so auch die Differenz zwischen individueller Erfahrung und allgemeiner Zuschreibung deutlich heraus zu arbeiten.

Die dritte Ebene ist die ästhetische, in der – zwischen Dokumentation und Inszenierung – die Transformation individueller Erfahrung und kollektiver Geschichte stattfindet.

Die Suche beginnt in der Erinnerung an meine Kindheit und der Erforschung der Vergangenheit meiner Eltern und Großeltern. Als Vorlage dienten alte Fotos, Zeitungsberichte, Filme und Erinnerungsstücke. Ich begann mit dem Sammeln. Die Werkstatt weitete sich immer mehr aus, zuerst in meiner Küche, in meinem Schlafraum, an meinem Arbeitsplatz. Immer mehr wurden die Beobachtungen, Gedanken und Ideen auch Teil meines Alltags. Begleiteten mich bei meinen Einkäufen, in der Stadt, in meiner Freizeit, bei Freunden und sogar bis in meine Träume. ‚Werkstätten sind wie Künstlerbeispiele und Lebenserfahrung zeigen, zufällige und inszenierte Zusammenkünfte von Lebenszeit, Ort und Subjekt in produktiven Situationen und Prozessen, wobei Werkstatt ein vieldeutiger, individuell interpretierbarer Begriff zwischen Realität und Fiktion, sinnlicher Präsenz eines Raumes und imaginärer Utopie eines Gedankens sein kann.‘ (Selle 1992)

Der Körper erweist sich als Träger kultureller Alterität. Der Körper eignet sich durch die Überlieferung und Verinnerlichung von Werten eine bestimmte weitgehend unbewusste und manchmal bewusste Gestik an. Ein Einleben in verschiedene Kulturen wird als schwierig erkannt. Die Rückbesinnung auf das Eigene wird der Konfrontation mit dem Fremden vorausgesetzt. Thematisiert wird das Spannungsverhältnis zwischen einer personalen, sozialen oder kulturellen Identität zu dem von ihr Ausgegrenzten – sei es als das psychisch Verdrängte (die innere Fremdheit: ‚Fremd sind wir uns selbst‘, Kristeva), die Fremde als räumliche Fremde oder das Fremde als fremdartiger Objektbereich. –
Bei der Darstellung von Charakteristika von Fremden stellt sich die Frage, ob es sich hierbei um tradierte Stereotypen handelt. Verweise auf die Hässlichkeit des ‚Anderen‘ und Darstellung der Schönheit des Eigenen markieren eine deutliche Grenze zwischen der eigenen und der fremden Kultur. Entwicklung von Körperzeichen im Prozess der Marginalisierung einer Minderheit (Beispiel in der Darstellung der Juden in Nazi-Deutschland). Die Vorstellungen von Schönheit und Hässlichkeit implizieren eine integrierende bzw. ausgrenzende Funktion. Verstehen eines Fremden erfolgt mithilfe von Deutungskonzepten, die innerhalb der alltäglichen Lebenswelt die kognitive Orientierung gewährleisten. Ein angemessenes Verstehen fremder Kulturen setzt eine genaue Beobachtung aller relevanten Ausdrucksformen kultureller Eigenarten voraus. Aber worin liegen eigentlich die Unterschiede begründet, die das Einleben in einer neuen, fremden Kultur so schwierig machen? Die immer wieder neu auftretenden Gewalttätigkeit gegenüber Fremden machen die extreme Abgrenzung gegenüber allem, was fremd ist, deutlich. Dieser Feindlichkeit liegen Aus- und Abgrenzung zu Grunde und die Existenz von ethnischen, kulturellen, sprachlichen und auch religiösen Grenzen. –

Sprachliche und religiöse Grenzen habe ich in dem gastgebenden Land nicht erfahren, wohl aber ethnische, was besonders am Krieg in Kosovo deutlich wurde, weil ich geografisch genauso weit weg war, wie alle meine deutschen Freundinnen, aber ethnisch betroffen bin, weil ich bei aller kultureller und ausweistechnischer Vereinnahmung dennoch Albanerin blieb. Ich war durch meine Volkszugehörigkeit betroffen, oder war es nur familiär? Ich unterscheide mich kulturell von der deutschen Kultur, weil ich in der Lage bin, kulturelle Zeichen und Symbole meiner Heimatkultur zu deuten, aber auch zu verwenden. In meiner ästhetischen Arbeit sind viele bewusste Zeichen, aber auch unbewusste, zufällig entstandene. […] Auch Gegenstände, bei denen es sich für mich um banale austauschbare Gebrauchsgegenstände handelt, werden für andere Betrachter nicht nur durch die Ästhetisierung betont, sondern wegen ihrer Fremdartigkeit hervorgehoben. Ich beginne alle ‚albanischen‘ Gegenstände in meiner Wohnung und in meinem Elternhaus herauszusuchen und zu fotografieren. Banale Gegenstände in meinem Herkunftsland, die wegen des Krieges unerreichbar bleiben, kopiere ich aus Fotos heraus und vergrößere sie. Ich beginne, meine imaginären Räume gedanklich einzurichten. –

> Das zumeist nur vermeintliche und stets konstruierte Eigene wird betont, indem es gegen das (ebenso konstruierte) Fremde hervorgehoben und positiv abgegrenzt wird. Fremde sind anders, im Habitus, Verhalten, Aussehen und vor allem in ihren kulturellen Eigenheiten. Diese Andersartigkeit wird als fremd empfunden und als Bedrohung der vermeintlich eigenen kulturellen Identität angesehen. Es sind nicht die Fremden schlechthin, von denen man sich abgrenzt und auf die sich dann die Feindlichkeiten konzentrieren: AussiedlerInnen, GastarbeiterInnen und AsylbewerberInnen. Sie sind in unterschiedlichem Ausmaß Objekt negativer Typisierung und konkreten Anfeindungen. –

„Die von mir gesammelten Gegenstände stammen selbst aus der Zeit meiner Kindheit oder sind denen in Gestalt, Form und Farbe ähnlich. Die mich in meiner Kindheit umgebende Kultur hat mich nachhaltig geprägt und mich auch unbewusst an Gegenstände „gefesselt", deren Daseinsberechtigung in meinem Leben nie vorher in Frage gestellt. Jetzt beginne ich mich aber zu fragen, warum ich den Tee aus einer roten Keramiktasse trinke, und warum Leinenstoffe und bestickte Stoffe Bestandteil meiner Wohnung sind. Ich beginne mein gesamtes Umfeld nach Gegenständen kultureller Eigenart zu durchforsten und zu sammeln. Bei verloren gegangenen Gegenständen, die es nur in meiner Herkunftsheimat gibt, versuche ich „Ersatz" auf Flohmärkten zu finden. Unauffindbare Dinge versuche ich zu rekonstruieren, zu zeichnen. –

> Der Fremde ist ein „kultureller Bastard an der Grenze von zwei verschiedenen Mustern des Gruppenlebens, der nicht weiß, wohin er gehört." (Schütz 1972) Eine Aneignung von Kultur- und Zivilisationsmuster sind aber in einem kontinuierlichen Prozess möglich, was die soziale Anpassung des Fremden bewirken kann. Die Pro-

bleme des Fremden basieren darauf, dass er anders sozialisiert ist, dass er in den elementarsten Lebensvollzügen anderen Mustern folgt. Die anderen sehen Negatives in dem Fremden, weil er als ein Experimentierender provoziert und verunsichert, dadurch, dass er alles in Frage stellt. Schütz sieht ‚Gesellschaft' in den Lebenswelten begründet, d. h. im alltäglichen Leben, den Verrichtungen, den Verhaltensweisen, der Kommunikation, die das menschliche Leben tagtäglich reproduziert und ausmacht. Solche Abläufe folgen gewissen impliziten Regeln. Regeln des Tagesablaufs, wie und was man isst, wie man sich begrüßt, wie man sich anspricht, Begrüßungen austauscht, wie man ein Gespräch führt etc. Solche Regeln sind nicht bewusst, sondern man folgt ihnen intuitiv. Wichtig ist, dass es solche impliziten Grundmuster auch für Denkformen und Einstellungen gibt. Sie bestimmen die metaphorischen Redeweisen, übertragen Ausdrücke, mit denen man Gefühle und Bewertungen wie gut und böse artikuliert. Die impliziten Verhaltensregeln regeln den Alltag. –

Dieser Gedanke bringt mich dazu, mir den Tagesablauf zu vergegenwärtigen, ihn anhand der Regeln des Ablaufs zu untersuchen; ich frage meine Mutter und meine Großmutter nach deren Tagesablauf in meinem Alter. Es ergeben sich nicht nur historisch bedingte Unterschiede, sondern auch kulturelle. Besonders auffällig ist, dass beide die Autorität ihres Vaters nicht in Frage gestellt haben. Sie waren von ganz anderen Alltagsproblemen umgeben und hatten einen anderen Tagesablauf. Ich schreibe alles auf, einen typischen Alltag im Leben meiner Großmutter, meiner Mutter und in meinem Leben. Ich betrachte die Aufzeichnungen, weiß aber nicht so recht, was ich damit machen soll. Ich betrachte Bilder aus dem Familienalbum, sie unterscheiden sich besonders in der kulturellen Verschiedenheit, in der Kleidung, in der Haltung, anhand der Gegenstände. Ich greife wieder nach den Dingen. Ich gehe die Notizen durch und notiere mir die Gegenstände, die meine Großmutter und Mutter benutzt haben, von denen sie auf Fotos umgeben waren. Mir fällt auf, dass einige von diesen Gegenständen bei mir in der Wohnung stehen, aber nicht mehr benutzt werden, der Eimer, die Milchkanne und die Wollsocken … –

Fremde stören in ihrer Unwissenheit diesen reibungslosen Ablauf, indem sie ihn missdeuten und umgekehrt in seinem Verhalten nicht verstanden oder missdeutet wird. Dies ist die Situation des Fremden. Fremde bilden innerhalb der Gesellschaft eigene Lebenswelten oder entwickeln eine angepasste eigene Kultur. Das widerspricht der Annahme, die Gesellschaft sei ein homogenes kulturelles Gebilde. In einer patriarchalisch geprägten Gesellschaft werden die kulturellen Verhaltensmuster zwar von allen Mitgliedern getragen, aber von einer dominanten Gruppe bestimmt. Die Mitglieder der nicht dominanten Gruppe werden in die Rolle der Fremden gedrängt. Die Frauen erfahren den öffentlichen Raum als fremd, weil er vorher nicht für sie offen war. Sie bewegen sich hier wie Fremde unsicher, eingeschüchtert. Sie assimilieren sich diesen maskulinen Kommunikationsregeln oder werden ausgegrenzt.

Eigene, neue Akzente und Maßstäbe setzen zu wollen, stößt auf Unverständnis und wird lächerlich gemacht. Zu beobachten ist dies an der männlichen und weiblichen Körpersprache. Männer zeigen durch ihre Körperhaltung, dass sie den öffentlichen Raum selbstverständlich in Anspruch nehmen. Frauen dagegen halten die Arme eng am Körper, die Beine eng aneinander, nehmen wenig Raum in Anspruch. Diese Verhältnisse mögen im privaten Raum unerheblich sein, im öffentlichen, besonders im politischen sind sie es nicht. –

Ich versuche, bestimmte Bewegungsabläufe vor dem Spiegel zu inszenieren, in der Vorstellung begegne ich abwechselnd bestimmten Leuten, meiner Mutter, meiner Großmutter, meinem Onkel, Freunden, etc. Ich mache Fotos von mir, in denen ich die Bewegungsabläufe festhalte. Ich lege die Fotos weg, weil ich im Moment nicht weiß, wie ich sie weiter verarbeiten soll. Ich gehe zurück zu der Brautfigur und beschließe, eine neue zu schaffen, eine Figur mit einer typisch männlichen Haltung, dem Schneidersitz, für die Kultur meines Herkunftslandes eine sehr männliche Sitzart. In einem albanischen Haus ist meistens ein ‚Männerraum‘ eingegliedert. Dort ist die Anwesenheit von Frauen bei größeren Festen nicht erwünscht. In dem Raum gibt es keine Möbel, die Schränke sind in die Wänden integriert. Der Boden ist mit handgewebten, farbigen Teppichen ausgelegt. Die Männer sitzen im Schneidersitz auf dem Boden in der Runde und besprechen wichtige Angelegenheiten der Familie, der Nachbarschaft oder des Dorfes.“

Anmerkung

Diese kurzen Ausschnitte sollen zeigen, wie sich ästhetische Forschung entlang sehr unterschiedlicher Erfahrungs-, Deutungs- und Handlungsebenen bewegt, verdichtet und immer wieder neu akzentuiert wird. Die Textebenen werden z.B. für eine Weile verlassen, um sich Raum (wörtlich) und Zeit zu nehmen für die ästhetischen Handlungen. So hat Antoneta Berisha die Braut konstruiert und ein Konzept für den Raum skizziert, in dem sie sie später in der Ausstellung zeigen möchte.

An anderer Stelle hat sie sich – wie sie schreibt – lange mit den Dingen des Alltags befasst, sie fotografiert und arrangiert, um mit ihnen ein Stück weit die Alltagskultur des Landes, aus dem sie kommt, zu zeigen. Das Bedeutsame daran wird wahrnehmbar, wenn die ‚fremde‘ Tasse neben einer steht, die jeder aus hiesigen Warenhäusern kennt. (14)

Von Nixen, Undinen und Wasserfrauen – eine ästhetische Forschung
Zu einer Arbeit von Sabine Eikel

Das Erforschen der Wasserfrauen ist mit ungewöhnlichen Wegen verknüpft. Es sind Wege zurück in die Mythen, Wege in die Literatur und in die Kunst, in das Internet, in die Alltagsästhetik wie ganz konkrete Wege zu den Mythen-Orten. Vor allem aber ist mit dem Erforschen all der Melusinen, Undinen, Nixen, Nymphen, Sirenen wie der ganz alltäglichen Wasserfrauen eines verbunden: das Eintauchen in eine gänzliche andere Materie – das Wasser. So eröffnet diese Forschung in ihrer Besonderheit auch andere Blicke, weibliche Blicke sozusagen über und unter die Gewässer – die Meere, Flüsse und Seen – wie auch aus den Wassern heraus, und seien es lediglich die trivialen Badewannen-Wasser in den Badezimmern, in die jeden Tag tausende möglicher Wasser-Frauen eintauchen …

Eine angemessene Darstellung dieser umfangreichen Forschung ist mit ihren zweihundert Textseiten und den Installationen in mehreren Ausstellungsräumen nicht möglich. So sollen auch hier lediglich ein paar Aspekte aufgegriffen werden, die die Komplexität wie auch die Intensität solcher Forschungen ansatzweise zeigen können. Anders als in den vorausgehenden Beispielen möchte ich den Schwerpunkt der Argumentation auf die Bilder, die Objekte, die Filme und die Installationen richten und aus der umfangreichen Textdarstellung keine Auszüge darlegen.

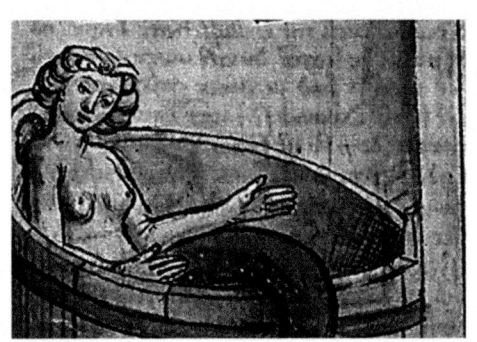

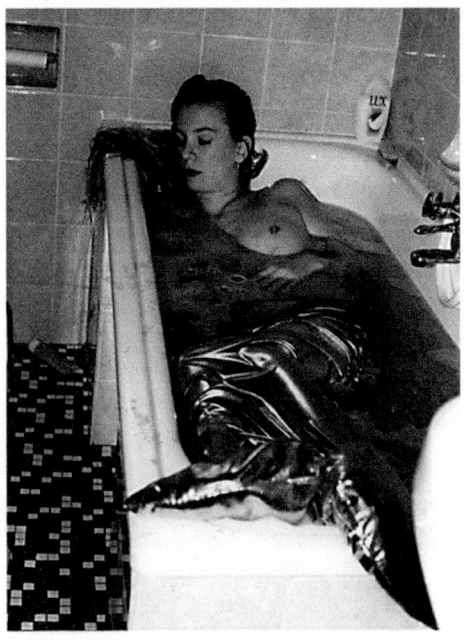

Damit die Kontexte dieser Arbeit mit ein paar wenigen Stichorten umrissen sind, hier zumindest eine Zusammenstellung einzelner Aspekte aus dem Inhaltsverzeichnis:

I
Zum Naturbegriff im animistisch antiken Weltbild · Das Wasser im mythischen Weltbild · Wasserfrauen in der Antike: Skylla · Nymphen · Sirenen · Wasserfrauen im Verlauf des Mittelalters bis zur Romantik: die gestörte Martenehe · Melusine · Undine · Die Lehren des Paracelsus · Die Undine-Figur in der Romantik (de la Motte, Fouque) · Die Wasserfrau der Romantik außerhalb des christlich-religiösen Erlösungskontextes · Lorelei · Andersen: Die kleine Meerjungfrau · Das Motiv der Wasserfrau im 19. Jahrhundert: Böcklin, Klinger · Zum Wasserfrauenbild des Jugendstils · Die Undine im 20. Jahrhundert · Jean Giraudoux: Ondine · Ingeborg Bachmann: Undine geht ·

II
Die Nixensammlung · Die Umfrage · Die Selbstversuche · Die Unterwasserfotos · Die Badezimmer-Fotos: Wasserfrauen im Bade · Meine Malerei · Die acht Objektkästen zu: Skylla, Nymphe, Sirene, Melusine, Undine, Lorelei, Meerjungfrau, moderne Nixe · Fotosequenz: Acht Wasserfrauen · Acht ausgekochte Luder · Was Melusine Samstag getan hat · Hinter der Glastür · Frauen im Bade · Lorelei: Gedenkstätte der toten Fischer und Schiffer · Der Gesang der Sirene, Videofilm · Meerjungfraus Rache, Videofilm · Die dreihundert Fotos: Auf den Spuren der Meerjungfrau in Kopenhagen · Eine ganz normale Nixe · Undine geht – Der Abgang · (15)

Haiku

Ein schwarzer Kater,

frißt so gerne Rinderfleisch,

dann fühlt er sich wohl.

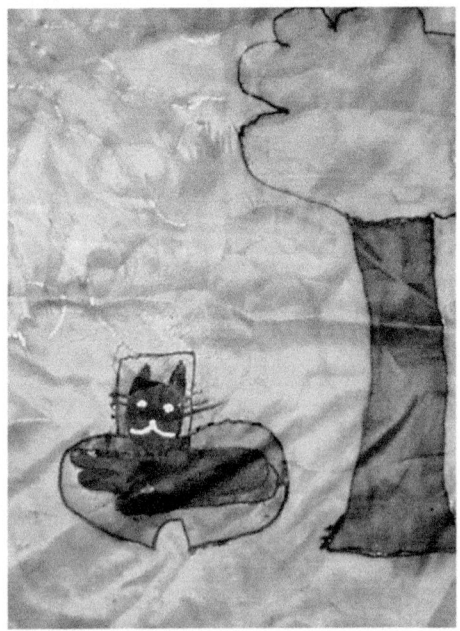

Ästhetische Forschung von Kindern und Jugendlichen

z. B. Finchen, die Katze – ästhetische Forschung einer Neunjährigen
Zu einer empirischen Studie von Iris Kollhof-Kahl

Finchen ist vier und Lara ist neun. Ihr Verhältnis ist nicht ganz einfach, denn Finchen ist eine schwarze Katze, die nicht gehorchen will wie ein Hund, und Lara hätte gerne einen hellbraunen Hund, mit dem sie all das machen könnte, was Finchen nicht will. Lara erfindet immer wieder etwas Neues, um die Katze, wenn schon nicht zu einem Hund, so doch wenigstens zu einer Schmusekatze zu erziehen. Aber die Katze hat längst gelernt sich zurückzuziehen und notfalls zu kratzen.

Zu Mutters Geburtstag beschließt Lara ihr eine Sammlung von Bildern, Objekten und Texten über Finchen zu schenken. Viele Monate ist sie damit befasst: Sie malt, zeichnet, schreibt Texte (auch Gedichte), stickt, fertigt eine Katzen-Handpuppe, ein Computerbild, ein Seidenmaltuch, fotografiert u. a. m. Mit jeder Aufgabe, die sie sich stellt, mit jedem Prozess vollziehen sich wesentliche Veränderungen in ihr und in der Beziehung zur Katze. Sie arbeitet an einer Sache, in die sie sehr involviert ist, und sie bearbeitet sie auf eine Weise, die ihr hilft, ihren Blick, ihre Einstellungen, ihre Emotionen, nicht nur in Bezug auf die Katze, sondern auch zu sich selbst zu verändern. Über die Komplexität der Aspekte und die Vielfalt der Aneignungsformen (jede hilft, eine andere Frage, ein Problem oder eine besondere Erfahrung zu klären), hat Lara ihre primären, weitgehend diffusen und von starken Affekten bestimmten Erfahrungen mit der Katze umstrukturiert in sehr viel reflektiertere Wahrnehmungsakte. In ihren Gedanken und Gefühlen kann sie am Ende des Prozesses die Katze weitgehend so nehmen, wie sie nun einmal ist, und begreift sich selbst als jemanden, die gegenüber der Katze eine andere geworden ist. Zudem hat sie sich eine Vielfalt neuer Möglichkeiten in anerkannten Formen ästhetischer Praxis eröffnet, ist darin erfolgreich und wird gelobt. Ihre neue Aufmerksamkeit hat nun zwei Gegenüber: eine (andere) Katze sowie all die Bilder, Objekte und Texte von der Katze, die sie selbst verfasst hat. Dass sich so eine Verschiebung vom Interesse am wirklichen Gegenüber ,Katze' auf die symbolischen Vergegenständlichungen vollzogen hat, möchte ich an vier Beispielen skizzieren: Finchen schleckt Öl; Finchen die Feinschmeckerin; die schöne schwarze Computer-Katze im blauen Himmel und das gestickte Finchen.

Finchen schleckt Öl

Lara zeichnet ein Bild und schreibt einen Text: ,Inge (ihre Mutter) sitzt jeden Morgen in der Badewanne. Sie lässt sich ganz heißes Wasser einlaufen und kippt etwas Badeschaum hinein. Sie nimmt sich immer ein Buch mit und liest in der Badewanne. Sie lässt sich viel Zeit und entspannt sich meistens. Sie schmiert sich manchmal Öl ins Gesicht. Das ist nämlich gut für die Haut, meint sie. Und Finchen findet das auch. Finchen kommt an

Mit allen Sinnen lernen

‚Wie auch immer die Dinge von Menschen gesehen werden, jede Sichtweise ist elementar und unmittelbar geschichtlich bestimmt' (Meyer-Abich, 1987, S. 57).

Mit den technologischen Veränderungen sowohl der gebauten wie der medialen Umwelt hat eine neue Geschichte der Sinne begonnen, deren Auswirkung auf unsere Wahrnehmung der Welt noch kaum erfasst sind. Unsere Sinne, die an der Grenze zwischen Körper und Welt zwischen dem Innen und dem Außen vermitteln, sind vor neue Aufgaben gestellt, für die sie (noch) kaum ausgerüstet sind. ‚Ein Mensch, dem die Sinne schwinden, beginnt zu fallen. Er kommt aus dem Gleichgewicht' (Kamper/Wulf 1984, S. 9). Die Aufarbeitung dieses Zusammenhangs könnte deutlich machen, warum gerade jetzt die Sehnsucht nach Unmittelbarkeit und Körperlichkeit, nach Ganzheit und Identität der Lebenszusammenhänge wächst, warum Sinneswandel notwendig erscheint, er auch den Sinnen der sinnlichen Erfahrung einen neuen Sinn gibt. ‚Sinnestätigkeit ist aktiver Austausch mit dem, was uns umgibt, was wir sind, sein wollen oder sein können. (...) immer kann gesagt werden, dass sich unser wandelbares Verhältnis zu den Dingen der Welt, zur Natur, wie zu uns selbst über unsere Sinne mit Empfinden und Verstand vermittelt' (Beck/Wellershoff, 1989, S. 27).

Für die Wahrnehmung der Wirklichkeit ist diese Besinnung auf die sinnlichen und leiblichen Grundlagen unserer Erkenntnisvermögen von elementarer Bedeutung. ‚Nichts, was uns wirklich berühren soll, lässt sich aus zweiter Hand vermitteln. (...) Der Leib ist unser primäres Wahrnehmungsorgan, die sinnliche Wahrnehmung die Basis unserer Lernfähigkeit. Wo sie sich nicht entfalten kann (verkümmert oder außer Kraft gesetzt wird), fehlen ganz entscheidende Voraussetzungen zu einer wachen, vielschichtigen und auch kritischen Auseinandersetzung mit der Realität' (Garlichs, S. 137 f). Die durch Sinnestätigkeit gewonnene Erkenntnis beruht auf sinnlicher Empfindung und ist verbunden mit eigenen Empfindungen. Zugleich verbindet sich jedoch das sinnliche Erleben auch mit Erinnerungen und Vorerfahrungen, mit Deutungs- und Ordnungssystemen, mit Wissen um Zusammenhänge und Entwicklungen. Der Philosoph Klaus Michael Meyer-Abich hat diesen erkenntnistheoretischen Zusammenhang sehr einfach formuliert :‚Gezeigt hat sich, daß wir nichts sehen, wenn wir uns nicht dabei auch etwas denken, (...) daß eben Sicht und Einsicht zusammenkommen müssen, damit Wahrnehmung entsteht' (Meyer-Abich, 1987, S. 57).

Am Beispiel der Naturbeobachtung hat Johannes Eucker mit dem Hinweis auf Goethes Nachwort zu seiner Farbenlehre auf die lange Tradition dieser Bemühungen verwiesen, Anschauung und Vernunft nicht zu trennen: ‚Denn das bloße Anblicken einer Sache kann uns nicht fördern. Jedes Ansehen geht über in ein Betrachten, jedes Betrachten in ein Sinnen, jedes Sinnen in ein Verknüpfen, und so kann man sagen, daß wir schon bei jedem aufmerksamen Blick in die Welt theoretisieren., (Goethe in Eucker, S. 142)

Aus: Adelheid Staudte „Im Spiel zwischen Sinnlichkeit und Vernunft. Die ästhetischen Dimensionen des Lernens". In: dies. (Hrsg.) „Ästhetisches Lernen auf neuen Wegen". München 1993. S. 14.

und springt auf den Badewannenrand, schleicht zu Inges Gesicht und schnuppert daran. Sie schleckt mit ihrer kleinen rauhen Zunge das Öl von Inges Gesicht ab. Inge bleibt ganz ruhig liegen und findet es ganz toll.

Abends kommt Inges Freund Jörg. Er mag Finchen ganz gerne. Inge hat ihm von der Ölgeschichte erzählt. Jörg steht sofort auf und fragt: „Wo ist das Öl?" Er schmiert sich das ganze Gesicht den Hals und die Hände voll mit Öl. Aber Finchen kommt an, leckt nur einmal und geht. […]

Finchen, die Feinschmeckerin

Finchen hat über die Zeit mit ihrem wählerischen Geschmack die Futterkosten so in die Höhe getrieben, dass Lara dies durchaus bedenklich findet. Sie bietet ihrer Katze nun einfachere Menüs an – immer zwei, damit die Katze die Wahl hat. Genau das ist dargestellt, indem die Katze – wie ein Mensch auf zwei Beinen stehend – sich entscheidet. Ihre Entscheidung steht dann in einer Gedankenblase über dem Kopf der Katze. Das Lieblingsgericht ist rot gemalt und das Billigfutter blau. Die Katze entscheidet also wie ein Mensch zwischen blau und rot. ‚Vor jedem Fressen darf Finchen sich aussuchen, welche Dose geöffnet werden soll.' […]

Computer-Fini

Noch hat Lara sich nicht mit Computer-Grafik beschäftigt. Da ihr Vater viel am Computer arbeitet, lässt sie sich Paint-Brush beibringen, übt etwa zehn Stunden, da sie unbedingt ein Computerbild von Finchen haben möchte. Es wird ein sehr eindrucksvolles Bild: Finchen, tiefschwarz vor blauem Himmel, leuchtender Sonne inmitten blühender Blumen. Lara hat danach kein Computer-Bild mehr hergestellt – sie fand es nicht so spannend.

Finchen als Kreuzstich

Lara schaut einer guten Bekannten zu, wie diese an einem Stickkissen arbeitet. So beschließt sie ebenfalls, ihr Finchen zu sticken. Sie zeichnet mehrere Entwürfe, wählt dann einen sehr formalisierten aus (‚weil er leichter geht') und fängt, trotz der Warnungen Erwachsener, dass Kreuzstickereien enorm viel Zeit und Geduld brauchen, mit dem Sticken an. Sie kommt in der Tat bald an ihre Geduldsgrenzen, findet aber dann doch mit Hilfe eben jener Erwachsener eine Lösung, wie sie das Stickbild zu Ende führen kann: sie stickt an jedem Tag einen Faden. Genau dies schafft sie gut und hat nach drei Monaten das Stickbild, das dann zu einer Kissenhülle wird, fertig. (Finchen lässt sich im ‚Kissenzustand' endlich schmusen). Ein Besucher sieht das Bild, ist begeistert und regt zu einer Postkarte an. Also wird das gestickte Finchen fotografiert und ist nun auch eine häufig verschickte Karte.

Diese vier Beispiele von weit über zwanzig mögen genügen, um die hier im Text beschriebenen Möglichkeiten und Funktionen ästhetischer Praxis deutlich zu machen. (16)

Kommentar

Dass ein Kind sich so lange und so intensiv mit einer Thematik, bzw. einem Motiv befassen kann, hat zum einen mit einer inneren Notwendigkeit zu tun, zum anderen damit, dass keine der vielen Arbeiten die Wiederholung einer anderen bzw. einer bereits gestellten Frage ist. Jede Bearbeitung hat eine andere Ausgangssituation, ein anderes Interesse und folglich auch andere Verfahren und Materialien. Immer kamen unterschiedliche Aspekte zum Tragen, standen andere Fragen im Mittelpunkt und wurden andere Problemlösungsstrategien benutzt. In der Komplexität aller Gegebenheiten hat am Ende eine Erforschung innerer und äußerer Gegebenheiten stattgefunden, wo das zu Erforschende – die Beziehung eines Kindes zu seiner Katze – in so vielen Fassetten sichtbar und erfahrbar gemacht wurde, dass mit dem Abschluss der Arbeit von einer Bewusstseinsänderung und einem anderen Stand der Erkenntnis gesprochen werden kann. I. Kolhoff-Kahl überschreibt diese Studie mit dem Begriff ‚komplexe Infekte‘ und versteht damit, dass ähnlich wie bei einer Krankheit, ein Prozess zur Disposition steht, in dem jemand von einer Sache so infiziert ist – hier der symbolischen Verarbeitung heftiger Erfahrungen mit einer Katze – dass dieser Prozess ähnlich wie ein Krankheitsverlauf mit allen Genesungserfolgen und Rückfällen versehen schließlich zu einem heilsamen Ende führt. Das Heilsame hat viele Dimensionen, doch zentral ist die Herstellung eines Gleichgewichts von ‚Ich und Umwelt‘. Indem das Kind das Gleichgewicht zwischen Ich und Umwelt herzustellen versucht, erfährt es eine stärkende Entwicklung der eigenen Persönlichkeit, ähnlich wie das Durchleben einer Krise oder Krankheit auch den erwachsenen Menschen häufig stärkt‘.

Die hier mit dem Begriff ‚komplexe Infekte‘ gefassten Untersuchungen haben mit dem Konzept ästhetische Forschung Wesentliches gemeinsam: In beiden wird davon ausgegangen, dass es innere Notwendigkeiten gibt, die Auseinandersetzungen mit der Lebenswirklichkeit symbolisch zu verarbeiten und zwar komplex, sozusagen vernetzt, um den Prozess der Bearbeitung wirksam bzw. effizient zu machen. Effizient nicht nur im Sinne einer quantitativen und sichtbaren Fülle von ästhetischen, sprachlichen und musikalischen Äußerungen, die letztlich ein durchaus bedeutsames Eigenleben bekommen und auf Grund neuer Fähigkeiten wesentlich zum Selbstbewusstsein beitragen. Effizient meint hier vor allem auch, dass auf so viele Weisen die Spuren der Bearbeitung in das Bewusstsein geraten, dass neue Dimensionen der Erfahrung und Stufen der Erkenntnis möglich sind. Dass die Wirklichkeit von Schule – wider besseren Wissens – sich noch immer solchen Möglichkeiten weitgehend verschließt, ist in hohem Maße unverständlich. Ihr Auftrag heißt, Kinder und Jugendliche an den Notwendigkeiten ästhetischen Handelns wachsen zu lassen und Persönlichkeitsstrukturen auszubilden, die kreative Handlungen ermöglichen. Die immer gleichen formal-dekorativen Katzen, Käfer und Königinnen haben mit diesem Auftrag nichts zu tun.

Beispiele ästhetischer Forschung in der Schule

Auch wenn der Schwerpunkt für die Auswahl der Beispiele in diesem Buch im Bereich der Hochschule liegt, möchte ich an dieser Stelle noch einige Anmerkungen für Möglichkeiten in der Grundschule machen (Beispiele für die Sekundarstufe vgl. A. Neisemeier und A. Nitsch).

Gute Beispiele für komplexes ästhetisches Lernen in der Grundschule sind hinreichend publiziert worden. In allen Vorschlägen sind Ansätze zur ästhetischen Forschung enthalten, auch wenn nicht immer breit entfaltet. Aus eigenen Beispielen – bereits publizierten wie noch unveröffentlichten – möchte ich nochmals die zentralen Aspekte und Fragestellungen aufgreifen:

Wesentliches Ziel ist, dass Kinder in komplexen Zusammenhängen denken und handeln lernen, dass Emotion, Kognition und Handeln als zusammengehörig verstanden werden – dies gilt auch und gerade für die ästhetische Bildung, aus der nur allzu häufig die kognitiven Anteile ausgegrenzt werden. Lernen heißt Erfahrungen machen – und dies geht nur selbstbestimmt und eigenständig. Dafür muss es angemessene Erfahrungsräume geben – auch im Bereich von Schule. Wie Kinder außerhalb von Schule ästhetisch forschen ist am Beispiel ‚Finchen‘ dargelegt. Für den schulischen Bereich geht dies in ähnlicher Weise, wenn das Konzept ‚Werkstatt‘ sich als selbstverständliche Lern- und Erfahrungsform durchgesetzt hat. Hier können die Kinder experimentieren und ihre Vorhaben angemessen umsetzen. Dass auch an schulischen Orten, wo eine Werkstatt kaum möglich scheint, wenigstens das Arbeiten an Stationen möglich ist, ist vielfach erprobt.

Wenn solche organisatorischen (auch finanziellen) Voraussetzungen geklärt sind, wählen sich die Kinder – einzeln oder in kleinen und größeren Gruppen – ihre Arbeitsvorhaben aus größeren Themenkomplexen aus. (Frei gewählte Vorhaben ohne thematische Klammer haben meist den Nachteil, dass Kinder nicht so gut von einander lernen können, weil es ein gemeinsames Interesse dann nicht gibt).

Die großen thematischen Bezüge für ästhetische Forschungsvorhaben liegen in den Alltagserfahrungen und Interessenbereichen der Kinder. Tiere sind hier ganz oben angesiedelt, Sammeln und Sammlungen ebenfalls. Forschungsvorhaben im Zusammenhang mit der Natur – Wald, Feld, Wiese, Erde, Wasser und Feuer, sind hier unerschöpflich (17) – ebenso wie Forschungen über Menschen – bekannt, verstorben, oder unbekannt als Idol und Popstar. Die Wege, die Kinder hier für ihre individuell ausgewählten Vorhaben wählen, sind pädagogisch antizipierbar und müssen gut vorbereitet sein. Im Rahmen der medialen, technischen, materialen und handwerklichen Voraussetzungen lässt sich dies im Sinne der Werkstatt oder der einzurichtenden Stationen regeln. Im Rahmen der notwendigen Bezüge zu Alltagskultur und Kunst, müssen weitere Bereiche einbezogen werden (Bibliothek, bzw. Handapparat mit vielen Zeitschriften und Büchern, Bild- und Textsammlungen. Diese Angebote sind wesentlich, weil viele Kinder zu Hause nicht die Möglichkeiten haben, hinreichend viele Materialien und Bezüge zu finden.

Grundproblem aller Forschungsvorhaben in der Schule ist der Platz, denn wo sollen die Kinder hin, mit allem, was sie sammeln, fotografieren, formen, zeichnen, schreiben und malen? Lösungen für absolut begrenzte Räumlichkeiten lassen sich leider nur in bescheidener Form finden: Jedes Kind erhält eine eigene kleine Ecke – durchaus wörtlich zu verstehen, aus Holz, Karton oder Cappaplack zusammengefügt, in der all die zusammengetragenen Dinge – ganz im Sinne z. B. der Werke von Anna Oppermann – zusammenkommen. Auch Kisten sind hierfür in gleicher Weise geeignet. Dass es eine je eigene Ecke ist, ist auch deshalb wichtig, weil darüber eine ganz andere Motivation erfolgt, sich den Sachen zu widmen.

Forschungsergebnisse sollten immer einer Öffentlichkeit vorgestellt und ins Gespräch gebracht werden. So bereiten sich die Einzelnen im Rahmen von Ausstellungen darauf vor, ihre Arbeiten zu kommentieren, notfalls gegen Angriffe und Einwände zu verteidigen (was nie vorkommt) immer aber, um Anerkennung zu erhalten – was erfahrungsgemäß in hohem Maße geschieht.

Dinge der Kindheit

Zu den Dingen der Kindheit wurden in den letzten Jahren einzelne Unterrichtsprojekte verfaßt. Es sind Beispiele für und mit Studierenden, um ihnen Möglichkeiten ihrer zukünftigen Berufspraxis vorzustellen, als auch um Vorhaben zu erproben, Fragestellungen zu klären. Eine davon ist die Frage, inwieweit Kinder und Jugendliche, die Kunstunterricht weitgehend nur fachfremd erfahren haben, in der Lage sind, den Anforderungen zu folgen, die mit dem Konzept ‚ästhetische Forschung‘ verbunden sind. Die Erfahrungen sind überaus positiv, wächst doch – so paradox das für manche auch klingen mag – mit den Anforderungen die Begeisterung. Manche brauchen eine gewisse Zeit, um nachzuvollziehen, auf was sie sich da eingelassen haben. Doch mit dem Moment des Verstehens der Arbeitsweisen und Organisationsstrukturen teilen auch sie mit den anderen die Vorfreude auf den nächsten Kunstunterricht.

Die Formulierung ‚Wege zur ästhetischen Forschung‘ beinhaltet, dass Erfahrungen mit selbstbestimmten Unterrichtsvorhaben nur vor dem Hintergrund der schulischen Lernbiografien der Kinder gegeben sind. Fächerübergreifende Aspekte, wie auch eine breiter angelegte Forschung in den Text- und Bilderwelten, die es zu den einzelnen Themen gibt, ist in der kurzen Zeit der Unterrichtsprojekte nur in Ansätzen gegeben. Alle anderen Anteile ästhetischen Lernens im Kontext komplexer, individueller Vorhaben aber sind ohne Einschränkungen positiv. Dazu gehören der Umgang mit Werken aktueller Kunst sowie die individuellen ästhetischen Entscheidungen im Zusammenhang mit der Arbeit an den einzelnen Stationen u. a. m.

Die Vorstellung, was Kinder alles könnten, wenn sie vom ersten Tag der Schule an mit komplexen ästhetischen Lernprozessen vertraut sind, könnte angesichts der bereits hier gemachten Erfahrungen – geradezu euphorisch stimmen.

Kindheits-Archive oder:
Kindheit früher – Kindheit heute

Im Unterricht einer vierten Klasse standen die Dinge der Kindheit und ihre individuellen Bedeutungen im Vordergrund. Kinder brachten Lieblingsdinge mit, stellten sie sich gegenseitig vor, diskutieren miteinander darüber, verglichen, stellten ähnliche Vorlieben oder Abneigungen fest.

Danach arrangierten sie sie in großen Kästen (aus Holzlatten, besorgt in der Gemüseabteilung eines Supermarkts). Was sie nicht hatten (aber gleichwohl gerne hätten) oder was sie nicht mitbringen konnten, wie z. B. ihren Hund oder das Pferd, brachten sie als Foto mit oder bauten sich Stellvertreter-Objekte.

Die Werkstatt oder ästhetisches Lernen in Stationen

Im Klassenraum – ein Werkraum stand nicht zur Verfügung – und im angrenzenden Flur konnten – anders als im 2. Beispiel – (siehe unten) nur zwei Stationen aufgebaut werden: eine Malstation mit pastosen Farben und verschiedenen Pinseln und eine Materialstation mit allen Dingen, die man zur Ausstattung der Kästen braucht.

Die Gruppentische waren die Arbeitsstationen, für die jeweils ein Set Handwerkszeuge zur Verfügung stand (Tucker, Nägel, Hämmer, Zangen, Klebebänder, u. a.)

Die Arbeitsprozesse

Die Ausstattung der Kindheits-Kisten geschah erwartungsgemäß mit hoher Intensität. Der Prozess des Arrangierens wurde immer wieder neu inszeniert und die anfangs mitgebrachten Dinge wurden ständig ergänzt oder ausgetauscht. Die Zahl der Stellvertreterobjekte – anfänglich nur von wenigen Kindern hergestellt – wuchs.

Verabredungsgemäß sollte auch der Raum außerhalb der Kisten genutzt werden. So entstand ein ‚Erfindungs-Wettbewerb', wie man Dinge an den Kisten arrangieren und befestigen kann – von Drahtseilvorrichtungen, Kartonaufbauten und -anbauten bis hin zu Schiebe- und Klappvorrichtungen.

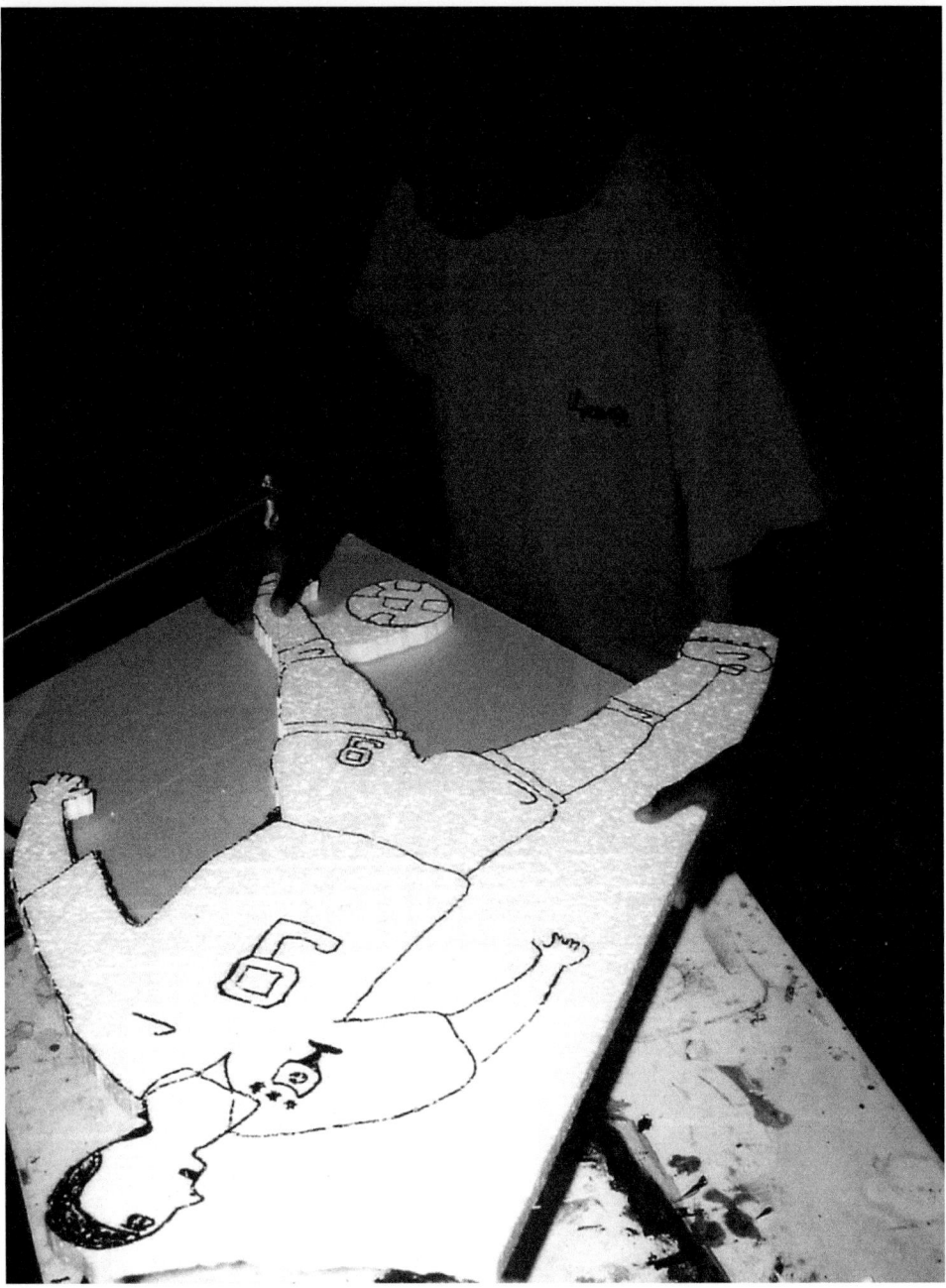

Die Gespräche

Das Sprechen über die Dinge war selbstverständlicher Teil der Arbeitsprozesse. In jeder Stunde haben die Kinder ihre Dinge vorgestellt, bis hin zum fertigen Kasten. Das Interesse an den Dingen der anderen und deren Kommentierungen blieb bis zum Ende unverändert groß. Auch wir brachten Kindheits-Kisten mit. (18) Das ‚Ritual‘ des Vorstellens wurde immer mit großer Begeisterung und z. T. ganz und gar andächtigem Schweigen begleitet.

Kindheit früher: Die Dinge der Eltern

Neben den eigenen Dingen der Kinder waren auch die der Eltern von Bedeutung. Für die Ausstellung war ein großer Kasten geplant, der sie zeigen sollte. Die Kinder, die Zeit und Interesse hatten, arrangierten die mitgebrachten Spielgegenstände der Eltern.

Die unterrichtlichen Gespräche über die Kindheits-Dinge der Eltern sollten eher beiläufig sein. Wir gingen – nachweislich zurecht – davon aus, dass die entscheidenden Gespräche ohnehin zu Hause abliefen. Mit dem geschärften Interesse an den eigenen Dingen, war das Interesse an den Dingen der Eltern ebenfalls groß.

Geschlechtsspezifische ästhetische Erfahrungen: Jungen-Kästen – Mädchen-Kästen

Die Dinge in den Kästen wiesen in hohem Maße die jeweilige Geschlechtszugehörigkeiten aus. Sport- und Technikinteressen bei den Jungen gegenüber Puppen, Pferden bei den Mädchen. Einzig die Stofftiere waren die Transmitter zwischen den Geschlechtern und tummelten sich überall. Wobei die Prozesse ihrer Akzeptanz sehr verschieden abliefen. Hatten die Mädchen von Anfang an Plüschtiere mitgebracht und die Jungen nur vereinzelt, bevölkerten die Tiere zum Schluss auch die Kästen der ‚härtesten‘ Jungen – heimlich mitgebracht und liebevoll im Inneren der Kästen gebettet, damit sie nicht sofort von allen gesehen werden konnten.

Die ‚Vorstellungs-Gespräche‘ über die fertigen oder noch in Arbeit befindlichen Kästen verliefen bei dem überaus hohem Interesse an der gesamten Arbeit von Seiten der Jungen in Bezug auf die Dinge der Mädchen ‚höflich‘ und diszipliniert: Sie ließen sie auch weitgehend ausreden, wenn sie ihren, wie sie es nannten ‚Weiberkram‘ vorstellten. Bei den Kästen der Freunde waren sie aber natürlich uneingeschränkt begeistert. Die Mädchen hatten die Probleme in der Akzeptanz der Jungen-Dinge nicht. Dass jedes Kind seinen Kasten in Ruhe vorstellen konnte und damit akzeptiert war, war eine der Stärken dieses Unterrichts. Wir konnten sogar soweit gehen, die unterschiedlichen Bewertungen der Mädchen-Dinge und der Jungen-Dinge durch die Mädchen und Jungen zum Thema zu machen. (19)

Zwei oder drei Dinge, die ich mag – oder: die Metamorphose der Dinge

Kinder einer vierten Klasse wurden aufgefordert, drei Dinge mitzubringen, die sie mögen und eines, das sie nicht mögen. Zusammen sollten sie nur so groß sein, dass sie in einer Einkaufstüte Platz finden.
(Dinge, die sie mögen, ließen sich antizipieren – doch was würden sie mitbringen, das sie nicht mögen?) Mit den mitgebrachten Dingen sollten sie sich in den nächsten fünf Wochen intensiv auseinander setzen.
Es gab ein ganzes Bündel an Zielvorstellungen, Vorstellungen von Erfahrungen, die sie mit sich selber machen (Ich-Erfahrungen), Vorstellungen von Erfahrungen, die sie mit den Dingen machen (Sacherfahrungen/ ästhetische Erfahrungen) und Vorstellungen von Erfahrungen, die sie miteinander machen (soziale Erfahrungen).

Zu den Ich-Erfahrungen

Was findet man persönlich schön und was hässlich? Was liebt man, was wehrt man ab, was missachtet man und was ist einem gleichgültig? Welche Bedeutungen haben die Dinge im persönlichen Leben, warum musste man sie unbedingt haben und warum besitzt man Dinge, die man gar nicht haben will?
In gemeinsamen Gesprächen werden ästhetische Vorlieben und Bedürfnisse deutlich, Repräsentationsbedürfnisse, Konsumorientierungen, Gruppenzwänge und das Schenkverhalten Erwachsener gegenüber Kindern. Darüber, dass die Dinge aus dem Kontext alltäglicher Wahrnehmungen herausgelöst und z. B. öffentlich einem besonderem Blick unterzogen werden, verändern sie sich. Sie erscheinen gleichsam in neuem Licht und werden indirekt auch mit den Augen der anderen gesehen (Finden sie meinen Teddy schön? Und wenn nicht: Wie gehe ich mit ihrem Urteil um?) Über die Vielzahl der Aussagen relativieren sich die individuellen Sichtweisen, Emotionen und Einstellungen. Vor allem Wertvorstellungen werden differenzierter, denn der persönlich zugemessene Wert einer Sache ist nicht immer auch der Geld- bzw. der Konsumwert.
Gerade diese Differenz-Erfahrung war wesentliches Ziel der unterrichtlichen Auseinandersetzung. Über die verschiedenen Formen ästhetischer Praxis sollten sich die individuellen und ideellen Wertschätzungen neu konstituieren. Dabei spielten verschiedene ästhetische Zugriffsweisen eine Rolle: Über das Zeichnen, Malen und plastische Arbeiten erhalten die Dinge eine besondere Aufmerksamkeit bzw. werden in einem produktiven Sinne neu angeeignet, umgeformt, noch einmal erfunden, verändert oder verfremdet. Außerdem stellt sich die Frage, was von all dem kann ich schon, was fällt mir schwer und was leicht.

Sacherfahrungen oder: vom immer Gleichen und seinen tausend Varianten

Es gab mal eine Zeit mit nur einer einzigen Sorte Teddybären – damals, als Margarete Steiff um 1910 ihren ersten Bären auf der Spielwarenmesse in Leipzig zum Verkauf anbot. Heute gibt es unzählige Varianten. Nicht nur von Bären, sondern von allen Kinder-Dingen.

Die Vielfalt wahrnehmen und die Differenzen im Rahmen der Vielfalt erkennen. Was unterscheidet die Dinge voneinander in Größe und Material, wie weich sind sie oder wie hart, wie bunt oder einfarbig, wie grob oder wie fein, wie ausdifferenziert oder wie vereinfacht, stereotyp, usw. usw. – Warum wirken viele Dinge so niedlich (Kindchenschema), seit wann gibt es die Dinge (historischer Bezug, Kulturgeschichte), was macht die Dinge zu Waren, etc.

Soziale Erfahrungen

Was lieben andere, was mögen sie nicht, welche Gründe haben sie dafür?

Wie gehen sie mit den Dingen um, welche Wertschätzungen sind ihnen eigen, was bearbeiten sie auf welche Weise, was erfinden sie, was entdecken sie, was mir nicht eingefallen wäre? Was fällt mir ein, was andere aufgreifen und toll finden? usw.

Ästhetische Zugriffsweisen oder: Kleines groß machen und Großes klein

Dreidimensionales zweidimensional umformen, Farbiges einfarbig, Unbedeutendes bedeutend machen und Bedeutendes unbedeutend; Dinge verändern, vereinfachen mit neuen Erfindungen ausstatten, verfremden; Gewohntes ungewohnt machen, Nützliches künstlich-künstlerisch umarbeiten.

Dafür musste der unterrichtliche Rahmen neu konzipiert und organisiert werden. Wie in allen wichtigen ästhetischen Lernprozessen muss vor allem der Lernraum so organisiert sein, dass er all das enthält, was für kreative Prozesse unabdingbar ist, was eine Vielzahl eigenständiger ästhetischer Entscheidungen enthält, z. B. in Bezug auf die Auswahl der Gegenstände. Auf die Auswahl der Mittel und Darstellungsweisen, auf die Zeit, usw. Die Organisation des Lernraums bedeutet vor allem, ihn im Sinne einer Werkstatt mit den verschiedensten Stationen auszustatten.

Selbstbestimmtes Lernen und Handeln

Kunstunterricht, der sich an SchülerInnen orientiert, stellt vielfältige Handlungs-, Erfahrung- und Erkenntnisstrategien zur eigenen Verfügung der Kinder und Jugendlichen. Ein solcher Unterricht, der den Versuch macht, Möglichkeiten selbstbestimmten Handelns und Lernens zu eröffnen, kann nicht in erster Linie am ‚Spaßfaktor' gemessen werden. Selbstbestimmte Lernprozesse schließen die Überwindung von Passivität, die Fähigkeit und Bereitschaft, eigenes Interesse zu entwickeln, zu formulieren, selbständige Entscheidungen im Bereich von Handlungsformen zu treffen sowie die aktive Erprobung von Vorgehensweisen und Reflexion von Erfahrungen/Erkenntnissen mit ein. Vor diesem Hintergrund sind auch oder gerade bestimmte Leistungsanforderungen notwendig, wobei der Begriff ‚Leistung' im Hinblick auf das skizzierte Unterrichtskonzept einer Neudefinition bedarf. Ein erster Schritt beginnt in diesem Bereich schon mit der notwendigen Bereitschaft eines Schülers/einer Schülerin, sich auf etwas zunächst wenig Verständliches, ‚Sperriges' handelnd, reflektierend einzulassen (Schwierigkeiten auf Seiten der LehrerInnenwahrnehmung hinsichtlich der Bewertung habe ich skizziert). Beschriebene schulische Bedingungen erschweren die dargestellten Konzepte erheblich, sodass LehrerInnen für deren Realisation einen ungleich höheren Aufwand an Organisation und Vorbereitung leisten müssen. Gleichzeitig bedarf es einer bestimmten Souveränität in dieser veränderten LehrerInnenrolle, denn wenn SchülerInnen tatsächlich erst einmal begonnen haben, selbstbestimmt zu forschen und zu lernen, gibt es immer öfter nichts Überflüssigeres als Lehrer und Lehrerinnen, die auf Tische springen und kluge Dinge wissen.

Aus: Anja Neisemeier „Über den ‚richtigen' Kunstunterricht". In: Manfred Blohm „Leerstellen". Köln 2000. S. 140.

Die Werkstatt bzw. ästhetisches Lernen in Stationen

- Die Malstation: hier arbeiteten die Kinder mit pastosen Farben auf großen Papieren an Staffeleien.
- Die Verpackungs-Station: auf vier großen Tischen lagen Folien, Packpapiere, Stoffe, Schnüre, Seile und Bänder aus. Die Kinder verpackten die mitgebrachten Dinge entweder so, dass man sie nicht erraten konnte oder so, dass man leicht erahnen konnte, was verpackt wurde.
- Die Fotostation: eine Kamera auf Stativ war – in Augenhöhe der Kinder – aufgebaut. Auf einem Tisch lagen Tücher, standen Kästen etc., um die Gegenstände darauf zu arrangieren und ins rechte Licht zu setzen.
- Die Fotokopierstation: ein Kopierer, auf dem die Kinder unter einem Tuch ihre Dinge arrangierten.
- Die Ton-Station: das Material Ton lag auf einem Gruppentisch bereit. Die Kinder konnten um den Tisch herum sitzen und arbeiten.
- Der Zeichenort: gezeichnet wurde auf großen Papieren, die auf der Erde lagen.
- Die Styropor-Station: zwei Styroporsägen standen auf zwei Tischen bereit.
- Die Material-Station: hier lagen alle Materialien und Handwerkzeug, die zum Bauen kleiner Objekte gebraucht werden konnten. Außerdem gab es Gipsbinden und Gold- und Silber-Sprühfarben bzw. Farbdosen.
- Die Verpackungsstation: dünne Baufolie lag aus sowie Papiere, Schnüre und Bänder.
- Der Stuhlkreis: hier wurde diskutiert, hier lagen Bilder und Beispiele aus, hier wurden Dias gezeigt.

Die einzelnen Stationen haben wir in zwei Schüben eingeführt und dann für den gesamten Unterricht bestehen lassen.

Zum Prozess des ästhetischen Lernens

Die Diskussion:
Es ging um ‚meine Dinge – deine Dinge‘; es ging darum, was man mag und was nicht, woher die Dinge kommen, was man über sie weiß etc. Erstaunlicherweise hatten die Kinder so gut wie gar keine konkreten Dinge, die sie nicht mochten, mitgebracht, sondern nur Stellvertreter. Dafür stand vor allem das Hausaufgabenheft, das auf die ungeliebten Aufgaben verweist, oder ein Schlüssel, weil mittags niemand da ist.

Die Aufgabenstellungen:
Für die ästhetische Arbeit sollten sich die Kinder jeweils einen Gegenstand aussuchen, den sie künstlerisch transformieren wollten – sei es als Zeichnung, Foto, als übergroßes Objekt aus Styropor oder winzig-kleines aus Ton. Sie konnten also die Art der ästhetischen Zugriffsweisen, sowie die Verfahren wählen.

Die Beispiele der Kunst
Aus der Objekt-Kunst zeigten wir den Kindern zehn ausgewählte Beispiele, die von Künstlern in analogem Sinne bearbeitet waren: vergrößert, verkleinert, verändert, verfremdet und verpackt. Da die Kinder nur in seltenen Fällen ihre mitgebrachten Lieblingsdinge unwiederbringlich zu ‚Kunst-Objekten‘ verarbeiten würden, zeigten wir vor allem Beispiele, wo die Alltags-Dinge im künstlerischen Material neu entworfen wurden. (Dennoch gefielen den Kindern gerade die Objekte mit den darin ‚verlorenen‘ Dingen am besten – siehe dazu auch die abgebildeten Beispiele).

Die ästhetische Arbeit
Die Angebote waren offensichtlich durchweg so faszinierend, dass fast alle alles machen wollten. Lediglich die Malstation war durchgehend wenig besucht, obwohl wir gerade hier große Erwartungen hatten. Wollte man eine Reihenfolge der Beliebtheit aufstellen so rangierten Fotokopieren, Foto und Styropor vor plastischem Arbeiten, Zeichnen und Malen.

Die geplante Ausstellung
Große Plakate wiesen auf die Ausstellung hin. Eltern und Verwandte wollten kommen. Doch vier Tage vor der Ausstellung wurde die Schule geschlossen – wegen Asbestverseuchung. (20)

Gänseblumen, Wiesenschaumkraut …
und die Erfahrungen aktueller Kunst

Zwei Butterblumen, drei Vergissmeinnicht, ein Wiesenschaumkraut; zwei Tulpen, drei große Flieder und mehrere Gänseblümchen – so in etwa ließe sich die Aufzählung der Blumen fortsetzen, die Kinder einer vierten Klasse am zehnten Mai mitbrachten und einander vorstellten. Jedes Kind hatte ‚seine‘ Blume mitgebracht, im Garten gepflückt, vom Balkon mitgenommen oder kurz vor Schulbeginn von der Wiese geholt. Auch die Jungen stellten ihre Blume vor – sie hatten nicht zu ‚Fleisch fressenden Topfpflanzen‘ gegriffen, waren nicht zu Disteln, Giftstauden oder Unkraut geflüchtet, um sich gegen die erwartete Lieblichkeit der ‚Mädchen-Blumen‘ männlich abzugrenzen.

Die mitgebrachten Blumen waren Ausgangspunkt für eine längere ästhetische Arbeit, in der Schülerinnen und Schüler sowohl alltagsästhetische Verfahren wie Sammeln, Ordnen, Arrangieren als auch traditionelle künstlerische Verfahren für ihre Auseinandersetzung mit den Blumen nutzten. Ihre eigenen ästhetisch-praktischen Fähigkeiten waren wie zu erwarten begrenzt. Beim Nachdenken, was mit den mitgebrachten Blumen im Kunstunterricht geschehen könnte fiel ihnen lediglich ein, sie zu malen, zu zeichnen, aus Papier zu schneiden und aus Knetmaterial zu formen.

Wir haben sie dann auch bei den Arbeitsweisen abgeholt, über die sie verfügten und sie gebeten ein Portrait ihrer mitgebrachten Blume zu malen, zu zeichnen, aus Papier auszuschneiden oder mit Worten darzustellen. Zwei Aspekte waren hier motivierend: Zum einen die Tatsache, dass Kinder durchaus gerne lernen möchten, wie man etwas gut abzeichnen oder abmalen kann und zum anderen gab es eine Anregung, die Lust machte, sie zu nutzen: Es gab wunderschöne fotokopierte Rahmen zur Auswahl, in die die Blumenporträts hineingearbeitet werden konnten.

Neben diesem ersten Zugang haben wir zugleich von Beginn an die Vielfalt möglicher ästhetischer Zugänge eröffnet. Wir gaben ihnen Kisten aus Holz (Leergut aus dem Supermarkt) mit der Anmerkung, dass ihre Blumen-Arbeit darin beginnen kann, um dann weiter zu wachsen, so weit, wie sie es bewältigen könnten.

z. B. Anna Oppermann – aktuelle Kunst als Anregungspotenzial
Um eine Richtung oder Tendenz anzubieten zeigten wir ihnen als erste Anregung Arbeiten von Anna Oppermann, die in vielen ihrer Werke von einer Blume, bzw. einer Pflanze ausgeht, um dann zu ihren riesengroßen Ensembles zu kommen.

So wie eine Feuerbohne oder eine Kapuziner-Kresse aus einem Samenkorn heraus sich üppig verzweigt, immer neue Ranken, Blätter und Blüten bildet und dadurch über das anfänglich kleine Stückchen Erde weit hinaus wächst, so kann auch im künstlerischen Prozess etwas ‚wachsen‘, indem eine Arbeit von einem Kern aus über viele Zeichnungen, Fotografien, Gemälde, Objekte und Texte wächst, sich künstlerisch vermehrt und raumgreifend wird.

Diese Art ästhetischen Vorgehens und Denkens, die für einen großen Teil künstlerischer Arbeiten heute bestimmend sind (als Installationen, Objektarrangements, Environments) galt es für die Vorgehensweisen der Kinder produktiv zu machen.

Wenn man im Rahmen von Unterricht einen solchen Weg beschreitet, bedarf es zwei grundlegender Entscheidungen: Zum einen der, sich vom traditionellen Kunstunterricht und den damit verbundenen vielfältigen Rezeptologien zu verabschieden.

Und zum andern der Entscheidung, die Sache mit der Kreativität ernst zu nehmen und ganz genau hinzuschauen, ob Unterrichtsvorhaben wirklich kreativitätsfördernd sind. (In 90% allen Unterrichts ist dies nicht der Fall). Eine Voraussetzung dafür, dies zu erreichen, bedeutet, traditionelle Orte und Arbeitsweisen zu verändern. Eine der entscheidensten, aber unabdingbaren Veränderungen, ist das Arbeiten im Sinne einer ästhetischen Werkstatt mit einzelnen Stationen. Nur so ist es möglich, Kindern die Vielfalt der ästhetischen Entscheidungen mit den damit verbundenen handwerklichen Umsetzungen als Erfahrungs-Lernen anzubieten.

Die ästhetische Werkstatt und das Arbeiten in Stationen

In diesem Sinne haben wir im Werkraum, der fast so gut wie keine Voraussetzungen für eine ästhetische Werkstatt bot, da er zu eng und mit Schränken voll gestellt war, dennoch sechs verschiedene Stationen eingerichtet:

- Eine Materialstation mit allen Dingen, Papieren, Bildern etc., die zur Thematik ‚Blumen' aufzufinden und weiter zu verarbeiten sind (dies sind erfahrungsgemäß unzählig viele).
- Eine Malstation mit pastosen Farben, verschiedenen Pinseln und Malkitteln, zum großflächigen Malen von Blumen-Bildern sowie zum Bemalen der Kisten, der Styropor-Objekte und anderer Gegenstände.
- Eine Fotostation (eine Kamera mit Stativ), um Zustände, Prozesse, Blumen-Transformationen festzuhalten. Polaroid-Fotografie ist wegen der unmittelbaren Verfügbarkeit der Bilder gut geeignet, aber zu teuer. Aber auch normale fotografische Arbeiten lassen sich nutzen, da sie in jedem Fall bis zur nächsten Stunde fertig vorliegen.
- Eine Styropor-Arbeitsstation mit Styroporplatten und zwei Heißdrahtsägen.
- Eine Werkzeugstation mit Tuckern, Zangen, Hämmern, Draht, Heißklebepistole und anderen Werkzeugen.
- Eine Bücherstation mit Blumenlexika, Blumenzeitschriften, Blumen-Prospekten, Blumen-Büchern, Blumen-Bildern, Postkarten u. a.

Diese Stationen allein wären bereits ausreichend gewesen, um über längere Zeit experimentell und inhaltlich zu arbeiten.

Da erfahrungsgemäß den Kindern in Grundschulklassen wesentliche ästhetische Erfahrungen fehlen, Verfahrensweisen nicht gedacht werden können, weil sie sie nie gesehen und für sich erarbeitet haben, wurden die vier Doppelstunden (die fünfte galt einer Ausstellung) so strukturiert, dass jedes Mal eine besondere Anregung im Mittelpunkt stand, die von den Kindern aufgegriffen werden konnte, aber nicht aufgegriffen werden musste.

Die Arbeiten aktuell arbeitender Künstlerinnen und Künstler

Nach der ersten Stunde mit Beispielen von Anna Oppermann folgten als Anregungen für die einzelnen Doppelstunden:

- Möglichkeiten der Fotografie, der Fotokopie, der Collage und Montage gezeigt und diskutiert an ausgewählten Beispielen von Dieter Huber und Karl Blossfeld und erarbeitet an Beispielen eigener Versuche mit dem Fotokopierer
- Duftwasser, Essenzen, Heilkräuter, gezeigt an ausgewählten Beispielen mit Arbeiten von Lilly Fischer, sowie an eigenen Beispielen. Dazu gehörten gebündelte und aufgehängte Kräuter, Gläser mit ‚Duftwasser' und z. T. humorvoll etikettierten Anwendungsmöglichkeiten (‚Heilwasser gegen dumme Kinder' hatte z. B. ein Mädchen darauf geschrieben). Das Wasser wurden mit Blüten gemixt, das später keineswegs duftete, sondern faulig stank, wenn man die Deckel öffnete.
- Naturblumen als Ausgangsmaterial für Kunst, gezeigt an ausgewählten Beispielen mit Arbeiten von Andy Goldsworthy. Auf der Wiese vor der Schule haben die Kinder dann eigene Arbeiten (in kleinen Gruppen) entwickelt und mit der Polaroidkamera fotografiert. Sie haben einander ihre Arbeiten vorgestellt und kommentiert.

Der Umgang der Kinder mit den Werken der Künstlerinnen und Künstler erfolgte fast beiläufig, ohne langwierige Gespräche, Instruktionen und Analysen. Die Kunst-Beispiele waren gedacht als ‚Futter für die Augen' und als Anregungen. – Sie waren somit ständiger und selbstverständlicher Teil jeder Stunde. (Wann sehen Grundschülerinnen und Schüler eigentlich Werke der aktuellen Kunst?)

In Kreis-Gesprächen (jeweils zu Beginn der Doppelstunden) haben wir, neben den Beispielen aus der Kunst, die Beiträge der Kinder diskutiert (z. B. was sie neu mitgebracht hatten, was ihnen zwischenzeitlich eingefallen war, was sie weiterhin vorhatten). In einem dritten Part haben wir jedes Mal kleine anschauliche Vorgaben gemacht für bestimmte handwerkliche Arbeiten. Wir zeigten an Beispielen die Möglichkeiten im Umgang mit Draht, Gipsbinden, Styroporsägen, etc. Auch Einfälle, wie die vorgegebene Kiste zu verändern sei, z. B. über Hinzufügungen, über Durchbrüche, Wegnahmen einzelner Teile und über verschiedenste Objektergänzungen. Wichtig waren Anregungen für die verschiedensten Befestigungsmöglichkeiten.

Wie bei allen größeren ästhetischen Projekten gab es am Ende eine Ausstellung für die Kinder der Schule, für LehrerInnen und interessierte Eltern. (21)

Ästhetisches Lernen – 10 Thesen zur Diskussion

1. Die Komplexität ästhetischen Lernens

Ästhetisches Lernen heute ist komplex und Lernprozesse müssen in diesem Sinne angelegt sein. Nur so kann individuelle Kreativität entstehen und gefördert werden. Es muss eine Vielfalt ästhetischer Entscheidungsmöglichkeiten geben. Sie sind auf ganz unterschiedlichen Ebenen angelegt und bestimmen bis zum Schluss den ästhetischen Prozess. Dazu gehören z. B.:

- die individuelle Themenwahl im Rahmen breit angelegter inhaltlicher Angebote, die Entscheidungen im Bezug auf ästhetische Zugriffsweisen
- die Wahl der Verfahren, Materialien, Medien, Techniken, u. a.
- die Art und Weise der Präsentation der Arbeiten zum Abschluss der Arbeitsprozesse.

2. Die Perspektiven ästhetischen Lernens

Es gilt – zum Leben und Überleben heute – vielfältige individuelle Fähigkeiten auszubilden: z.B. vielfältige Formen der Wahrnehmung und Wahrnehmungsdifferenzierung: der von Kunst, den Phänomenen der Alltagsästhetik und den Bildern der Medien.
Es geht um die Ausbildung von Kreativität, es geht um ästhetische Urteilskompetenz und um ästhetische Produktivität.

3. Die Orte

Ästhetisches Lernen bedarf geeigneter Orte. Räume müssen zu Werkstätten werden können mit allen denkbaren Materialien, Werkzeugen, Maschinen und Medien. Auch Bilder- und Objekt-Sammlungen sowie Bücher zur Information gehören dazu. Werkstätte haben einzelne Stationen, an denen die ästhetischen Vorhaben erarbeitet werden können.

4. Die Zeiten

Ästhetisches Lernen bedarf angemessener Zeiten. Wenn es – wie poetische Alltagsweisheiten – für alles eine Zeit gibt, dann gibt es auch eine individuell bemessene Zeit für kreative Arbeit. Die verordnete 45-Minuten-Zeit gehört nicht dazu.

5. Intensität, Ernst und Lust

Intensität ist ein wesentliches Merkmal ästhetischer Arbeit. ‚Intensität' heißt: situativ ganz und gar von einer Sache bestimmt und ausgefüllt sein. Ästhetisches Lernen ist Arbeit. Mit allen Sinnen, dem ganzen Körper und einem klugen Kopf. Ästhetische Arbeit beinhaltet mögliches Scheitern, vielerlei Neuanfänge, wie auch viele kleine Momente des Glücks. Sie ist ernsthaft und lustvoll zugleich.

6. Arten und Weisen ästhetischen Lernens bzw. ästhetischen Forschens

Ästhetisches Lernen geschieht auf die unterschiedlichsten Weisen – z. B. situativ-zufällig wie ab-sichtsvoll geplant. Kunstunterricht muss den Rahmen für beides schaffen. In einem so gesetzten Rahmen müssen all die Dinge Platz haben, wie sie z. B. auch für künstlerische Prozesse heute be-stimmend sind: Neben den fertigen Arbeiten muss es immer auch die Spuren unfertiger oder halb fertiger Arbeiten geben. Das fertige ‚schöne' Bild ist nur eine Möglichkeit neben unzähligen anderen. Zur ästhetischen Produktivität und Kreativität gehören gleichermaßen das Experimentelle, die ästhetische Notiz, die Skizze, das Foto. Außerdem ist das Morbide, das Hässliche, das Gewöhn-liche, das alltägliche Ding, das Kitschige gleichberechtigtes Material in ästhetischen Prozessen.

7. Ästhetisches Lernen ist individuell und sozial

Ästhetisches Lernen erfolgt individuell wie auch sozial und interaktiv. Es bedarf eines breit abgesteck-ten Rahmens als Handlungs- und Erfahrungsraum, in dem Kinder ihre individuellen Entscheidungen, ihre Vorgehensweisen, ihre Versuche und Ergebnisse miteinander wahrnehmen, vergleichen und diskutieren. So können sie gemeinsam Neues entdecken und voneinander lernen.

8. Die Kunstwahrnehmung

Da ästhetisches Lernen heute alle denkbaren Analogien zu künstlerischem Tun aufweist, müssen Lernprozesse auch vom ersten Tag an auf Begegnungen und Erfahrungen mit Kunst angelegt sein. Kunst heute ist vielfältig medial verflochten, hat längst alle Gattungs-Grenzen überschritten. Kin-der haben die besten Voraussetzungen, dieser Kunst zu begegnen. Solange sie noch nicht rigiden formalästhetischen Zwängen unterworfen sind, arbeiten sie nämlich im traditionellen Verständnis völlig ‚unorthodox' und haben keine Probleme, sich den Werken der Kunst des 20. Jahrhunderts anzunähern.

9. Öffentlichkeit und Ausstellungen

Die Spuren und Ergebnisse ästhetischer Prozesse, die Bilder, Notizen, Skulpturen und Installationen sollten öffentlich werden. Sie bedürfen der Diskussion und der Auseinandersetzung mit anderen. In Schulen sollte es Ausstellungsorte geben, Schulgalerien u. a., wo die Werke einer interessierten Öffentlichkeit, wie Mitschülern, Eltern, Interessierten aus dem Stadtteil gezeigt werden können.

10. Die Verantwortlichkeit der Lehrenden

Die Verantwortlichkeit für ästhetische Lernprozesse liegt bei den Lehrenden. Ausgestattet mit kunstpädagogischen Kompetenzen, legen sie in Erfahrungsräumen die Materialien und Aufgaben aus, an und mit denen jedes einzelne Kind wachsen kann. In gutem Sinne sind sie auch ‚Thera-peuten' (therapeuo = ich begleite) und ‚Mentoren', die ihr Wissen und ihre Erfahrungen an jüngere Menschen weitergeben. Zudem sind sie manchmal durchaus auch Lernende, die parallel zu den Lernprozessen der Kinder, eigene Prozesse durchlaufen, an ähnlichen Fragen und Problemstellungen arbeiten und ihre eigenen Erfahrungen so mit den Erfahrungen von Kindern vergleichen und für deren Arbeit produktiv machen können. (22)

Zur Verknüpfung vorwissenschaftlicher Verfahren, künstlerischer Strategien und wissenschaftlicher Diskurse – ein Fazit

Alle Arbeiten ästhetischer Forschung sind über einen hohen Anteil vorwissenschaftlicher, an Alltagserfahrungen orientierten Vorgehensweisen gekennzeichnet.

Alltag ist hier unter zwei Prämissen zu sehen: Als Lebens- und Erfahrungsbereich, in dem sich alle wesentlichen Handlungs- und Denkweisen herausbilden, die wir zur Bewältigung der Lebensvollzüge brauchen, und als Bereich der Wissenschaftsdiskurse über den Alltag. Im Rahmen ästhetischer Forschung verbinden sie sich, sodass die Übergänge fließend werden.

In Analogie zum Wissenschaftsdiskurs über Alltag verhalten sich Alltagserfahrung und Kunst. Kunst bezieht sowohl alltägliche Dinge als auch Alltagshandlungen in die Strategien und Transformationen ein. Ähnlich wie die Wissenschaft, schafft sie damit die notwendige Distanz zum Alltäglichen, evoziert den anderen Blick und verrückt Dinge und Gewissheiten des Alltags in unserem Bewusstsein. Kunst und Wissenschaft ist also der distanzschaffende Akt gemeinsam. Wissenschaft geht hier den Weg der Abstraktion, Kunst den der Transformation. Traditionell wird damit das ‚Fremd-Werden‘ oder ‚Fremd-Machen‘ vertrauter Gegebenheiten, verbunden mit einem Emotionsverlust, benannt; dass dies nicht zwingend mit wissenschaftlicher Erfahrung einhergeht, ist mehrfach benannt worden. Die Behauptung, dass künstlerischen Transformationsakten vor allem Emotionen zugehörig sind und Kunst immer mit Empfindungen und Emotionen arbeitet, ist – polarisierend zu Wissenschaft gedacht – auch nicht richtig. Drei Metallboxen an der Wand (D. Judd) oder ein Leuchtschriftband (Don Flavin) lösen wohl kaum größere Emotionen aus. In der Kunst haben nicht nur die Minimalisten mit ihren Arbeiten der sachlichen Kühle einer wissenschaftlichen Formel nahe zu kommen versucht.

Die Differenz zur Alltagserfahrung ist letztlich vor allem im Akt der Bewusstseinsbildung und den unterschiedlichen Formen von Distanz, Fremdheit, Nähe oder Emotionalität gegeben. Und dennoch gibt es in einem Punkt durchaus eine Differenz: Wissenschaft muss versuchen zu erklären, Kunst erklärt nichts, aber klärt etwas, und das Alltägliche erklärt sich durch sich selber.

Um zu verdeutlichen auf welch unterschiedliche Weisen bzw. in welchen Organisationsformen sich wissenschaftliche und künstlerische Arbeit miteinander verknüpfen, möchte ich im Folgenden zwei von vielen sehr unterschiedliche Arbeiten und Vorgehensweisen der Erarbeitung skizzieren.

Vorgehensweisen ästhetischer Forschung –
Anmerkungen von Alessa Nitsch und Bianca Lindner

‚Mädchenkindheit – individuelle Erfahrungen und kollektive Muster'
Das abgebildete Dokument aus der Arbeit von Alessandra Nitsch zeigt den Versuch, verschiedene Zugänge zu visualisieren. Sie hat die zwei Hauptstränge der wissenschaftlichen sowie künstlerisch-reflexiven Herangehensweisen als parallele Textstränge aufgeführt, sodass die Verflechtungen sichtbar werden können. Im linken Textblock sind Aspekte und Bilder zur weiblichen Sozialisation – der individuellen wie der kollektiven – aufgeführt. Der mittlere Text- und Bilderblock bezieht sich auf die künstlerisch-praktische Arbeit – die eigene wie die von aktuell arbeitenden Künstlerinnen und Künstlern – und der rechte Textblock umfasst die kunst- und kulturtheoretischen Kontexte.
Die Verbindung künstlerischer und wissenschaftlicher Arbeit als Vorgehensweise und Organisationsform besteht bei ihr in einer zeitlichen Trennung:
„Von Anfang an habe ich konsequent an einem Zeitplan festgehalten: Vormittags künstlerisch-praktische Arbeit in der mir zur Verfügung gestellten Bahnhofshalle und nachmittags und abends wissenschaftliche Arbeit. Der strenge Rhythmus ermöglichte mir das Eintauchen in die Arbeit, eine Identifizierung mit ihr, verbunden mit einer hohen Intensität. Gleichzeitig half mir dieser Zeitplan über die Tiefs hinweg, indem ein Ausweichen nicht möglich war. An diese Form der Aufteilung gewöhnte ich mich schnell, sodass ich sie nicht als Zwang, sondern als vorübergehende Lebensform empfand. Meistens hatte ich für die künstlerische Arbeit so viele Konzepte im Kopf, von denen ich dann an jedem Tag einige ausprobierte, umsetzte und im Raum installierte. Wenn ich an einer Stelle nicht weiterwusste, verschob ich es auf den nächsten Tag. Als für mich wesentlich komplexer und komplizierter stellte sich der theoretische Teil dar, da hier verschiedene Stränge zusammenliefen und parallel bearbeitet werden mussten."

Das Herz – eine ästhetische Forschung
Bianca Lindner

I

Symbole der Liebe · erste Formenforschung ‚Herz' · das Herz im Märchen · Mind-mapping: Herzen überall · Spiele mit Herz · Herzblätter · Postkarten · erste Sammlung von Beispielen aus der Kunst: Louise Bourgeois; Niki de Saint Phalle; Paloma Navares; René d'Anjou · Herzen in Kindheit und Jugend · geflügelte Worte · der Waldklee – ein Herzblatt · Amor und seine Pfeile · das Herz in der Werbung · das Herz unter den Früchten · Herzen auf der Kirmes · Liebe geht durch den Magen · Herzen in der Fleischabteilung · das menschliche Herz · auf der Suche im Internet · der Kunstherzpatient · unbekannte Herzblätter · Herzkarten · Herzmuster auf Stoff · Herz in der Bibel · in Rinden der Bäume geritzte Herzen · Herzgraffiti · das Herzopfer der Azteken · das Herz ist rot · Physiologie, Biologie, Medizin · aus dem Sacher Kochbuch · ‚das Herz hat keine Gefühle' · die Farbe Rot · Blüte, Blatt und Frucht · Herz-Lieder · Zeichnungen · Malerei · Objekte · gebackene Herzen · farbige Herzen · das tierische Herz.

II

Das kalte und das warme Herz · die Brüder Grimm; L. A. v. Arnim; Clemens Brentano; Kleist; E.T.A Hofmann; v. Eichendorf; W. Müller; C. D. Friedrich; C.M. Weber; · Der Mann ohne Herz, ein Märchen von Ludwig Bechstein · Das kalte Herz, ein Märchen von W. Hauff – der Film und die Tafel der hundert Bilder · eingeweckte Herzen · Herzen aus Eis · leuchtende Herzen · das Herz der Maria · Herztöne, eine Installation · ein gedanklicher Rundgang durch die Ausstellung · die zweihundert Tafeln der kategorisierten Herzfunde aus der Alltagsästhetik.

Die auf Seite 256 aufgeführten Aspekte zeigen einen Ausschnitt aus der Vielfalt der Bezüge, die Bianca Lindner in ihrer Herz-Forschung hergestellt hat. Ihre Vorgehensweisen und Erfahrungen sind von denen, die A. Nitsch beschrieben hat, sehr verschieden. Sie reflektiert ihre Arbeit vom Begriff der ‚Methode' her.

„Methode – nach Meyers großem Handlexikon ‚eine Unterrichts-, Forschungs-, Untersuchungs-, Herstellungsweise; (planmäßig) Vorgehen, Verfahren.' Diese Beschreibung ist für mich insofern zufriedenstellend, als dass ‚planmäßig' bereits in Klammern steht. Ich plane eigentlich nur gelegentlich meine nächsten Arbeitsschritte. Im Wesentlichen ist meine Arbeit von ‚Zu-Fällen' bestimmt, bei denen oft auch Personen aus meinem Umfeld beteiligt sind. Das Thema ‚Herz' ist so weit, so populär, so beliebt, so kitschig-schön, dass jeder Mensch, dem ich etwas darüber erzähle, gleich persönlich involviert ist. Jeder kennt eine Geschichte dazu oder hat eine Idee.

Alles, was man macht, dreht sich nur um dieses Thema, das sehr begrenzt erscheint – einen aber in eine riesige Welt entführt. Alles, was ich sehe, höre, rieche, hat potenziell etwas mit dem Herzen zu tun. Der Gegenstand meines Interesses ist somit in jedem Ding, jeder Situation vorhanden, die sich in dem Moment des Wahrnehmens zufällig am Knotenpunkt meines Schaffens und Denkens befindet.

Ich nehme die Umwelt anders wahr. Alles Aufgenommene wird sofort auf eventuelle Schnittpunkte untersucht, dabei ist für Außenstehende nicht mal auf den zweiten Blick erkennbar, wo der Bezug hergestellt wurde. Wenn ich ein Modell von den Wegen, die in meinem Kopf entstehen, darstellen sollte, so würde ich mir ein Netz vorstellen, Seile, die aneinander geknotet sind und Ringe bilden. Man kann an den Außenenden weiterarbeiten wie auch an den Innenteilen. Ebenso gut kann man an alten Seitensträngen und Knotenpunkten anknüpfen. Dieses ‚Gedankengebilde' wölbt sich so in immer andere Dimensionen. [...]

Alles beginnt in meinem Zimmer. In zehn Kisten versuche ich grob, Werkzeuge und Farben von Gegenständen meiner Forschung getrennt zu halten. Schon dies gelingt kaum. (Ich habe mir vorgenommen, hin und wieder aufzuräumen, um nicht aus Platzmangel zu ersticken...) Gipssack, Ton, Wachs, Akkuschrauber, Farben und Pinsel, Heißklebepistole, Werkzeugkisten. [...] Daneben die gesammelten Gegenstände meines Interesses – kistenweise und an den Wänden. Die Wände des Zimmers sind ständigen Verwandlungen unterworfen. (Es wäre eine eigene Studie, dies alles fest zu halten). An den verschiedensten

Stellen entstehen ständig kleine Haufen gesammelter Dinge, Texte, Bilder, die ich ordne, verwerfe oder behalte, auslagere oder vernichte. Die Ideen, die sich mit ihnen verbinden, bedürfen der ständigen Überprüfung, ob man sie weiter verfolgen sollte.

Im nächsten Schritt gibt es immer mehrere parallele Möglichkeiten: ich skizziere meine Überlegungen in einem Arbeitstagebuch, ich schreibe am wissenschaftlichen Teil der Arbeit, ich schaffe visuelle Bezüge mit Hilfe eines Programms für die Herstellung einer Homepage, versuche ein Computer-Archiv für Herz-Fund-Stücke zu erstellen, ich male an meinen Herz-Bilder-Serien, forme weiter an den Objekten, gehe wieder an die Filmanalyse vom ‚kalten Herz‘, nehme die Kamera und gehe in den ‚Alltag‘ zum Fotografieren o. Ä. […] Ein Konflikt ist die immer wieder auftauchende Frage, wo Wissenschaft aufhört und Kunst anfängt. Für mich fallen sie bei meiner Arbeit kaum auseinander. Was genau unterscheidet A. v. Humboldts wissenschaftliche Reisen von einer künstlerischen Auseinandersetzung? Vielleicht ist es nur die Zeit, die seine Arbeiten der Wissenschaft zuordnet. […]"

Kommentar

Vieles ist also in den Arbeitsprozessen ästhetischer Forschung miteinander verbunden. Begonnen werden sie meist nahe an den Alltagserfahrungen mit den Formen alltäglicher Handlungen wie dem Sammeln, Ordnen, Suchen, dem Fragen, dem Notizen machen etc. Akte künstlerischer Handlungen und wissenschaftlicher Recherche klinken sich in die ersten Annäherungen ein. Dass die künstlerische, bzw. ästhetische Arbeit zunächst der Teil ist, der mit hoher Intensität, großen Erwartungen, und vielen Emotionen bereits im Vorhinein besetzt wurde, während der Zugang zur wissenschaftlich-theoretischen Arbeit mit weniger Enthusiasmus erfolgte, hat mit den Lerngeschichten der Einzelnen zu tun. Komplexe Textarbeit ist auch in vielen Phasen des Studiums mit der Erfahrung verbunden, dass es schwierig ist, sich in die aufgeschriebenen Gedanken hineinzufinden und dass es mühsam ist, sie zu vermitteln.

Lust an wissenschaftlich-theoretischer Arbeit
in Verbindung mit künstlerischer Arbeit

Die Zugänge zur wissenschaftlichen Arbeit sind nicht per se schwierig, sondern nur durch die Bedingungen, die sie dazu machen. Im Rahmen ästhetischer Forschung kommt es zu fast immer den gleichen Erfahrungen: Texte, die z.B. wegen ihrer Komplexität und begrifflicher Kompliziertheit beiseite gelegt wurden, werden nun mit Interesse und Intensität erarbeitet und verstanden. Damit entsteht etwas zumeist Unerwartetes: Mit der Lust an der ästhetischen Arbeit wächst auch die Lust an den wissenschaftlichen Texten. In der Situation des Forschens will man in den bezugswissenschaftlichen Bereichen unbedingt etwas herausfinden und verstehen, für das es zuvor keine Notwendigkeit gab, dies zu tun. Indem man sich nun auf den Weg macht, werden auch sehr abstrakte Diskurse persönlich bedeutsam, erweitern sie doch den kontextuellen Rahmen, in dem man gerade arbeitet. Theoretische Arbeit bekommt so oft einen neuen, bedeutsamen Platz, wird sogar partiell zum Motor, der alle Arbeitsprozesse anschiebt. Das klingt etwas ungewöhnlich, wird doch immer wieder konstatiert, dass im Bereich der Kunstpädagogik die künstlerische Praxis zwar lustvoll, die wissenschaftstheoretische Arbeit aber eher mühsam vonstatten geht.

Doch die sich vernetzenden Prozesse entwickeln offensichtlich eine so große Eigendynamik, dass die, die sich darin bewegen, oftmals selbst erstaunt und irritiert sind.

Da gibt es die gewählte Thematik – Undine z. B. – und man geht hin und beginnt alles zu sammeln, was mit den Mythen, mit dem Weiblichen und dem Wasser zu tun hat. Und man beginnt auch künstlerisch zu arbeiten – Fotoserien, Videoclips, Objekt-Arrangements. Ebenso beginnt man zu lesen, arbeitet sich von Textquelle zu Textquelle, von Interpretationen zu Analysen und literarischen Texten, die wiederum neue Aspekte liefern für die weitere Textarbeit. Der Textberg wächst und wird im persönlichen Erleben riesengroß und undurchdringlich. Es folgen Lethargie, Verzweiflung, Panik und der Wunsch aufzugeben. Um über diesen Zustand hinweg zu kommen, wendet man sich verstärkt der künstlerischen Arbeit zu – sie hat an dieser Stelle durchaus auch therapeutische Funktion und wird zudem meist kontinuierlich betrieben (auch wenn es hier ebenfalls viele Einbrüche, Gefühle der Leere und der Unfähigkeit gibt).

Die Textberge aber bleiben und werden nicht kleiner. Es folgt zwangsweise eine große Kraftanstrengung, um alles, was ausgebreitet und unabgeschlossen um einen herum liegt, irgendwie zu bewältigen. Wenn es gelingt, erleben fast alle eine exzessive Produktivität als Dauerzustand: In dieser Phase werden Teile der künstlerischen wie der theoretischen Arbeit umstrukturiert, manche verworfen, andere neu begonnen. Die meisten beschreiben ihre Arbeit als eine Art Spirale mit ständiger Änderung des Niveaus, etwa in dem Sinne, dass man jeweils von einer höheren Warte aus auf das bereits Erarbeitete zurückblickt und erstaunt die Veränderungen wahrnimmt. Vor allem auch, weil wohl erstmals deutlich wird, wie viel mehr an Möglichkeiten einem in allen Bereichen zugewachsen ist. So kommt am Ende aller Prozesse eine eigenartige, neue Erfahrung zu Stande: Vorwissenschaftliche Herangehensweisen, künstlerische Akte und wissenschaftliche Arbeit vermischen sich in völlig verschiedenen Weisen miteinander – und sind für die Einzelnen in bestimmten Phasen kaum unterscheidbar. Die Auseinandersetzungen mit den theoretischen Kontexten bringen neue Ideen für einen künstlerischen Akt, die künstlerischen Prozesse wiederum führen zu Fragen und Ideen für weitere Recherchen, auf die man ohne sie nie gekommen wäre, und die Alltagshandlungen und Alltagsblicke verändern und erweitern sich.

Ich-Erfahrung und Bewusstseinsprozesse

„Ich bin eine andere geworden", sagt Vesna Stalljohann am Ende einer monatelangen ästhetischen Forschung. Nicht der Zustand, dass es so ist, mag hier bedeutsam sein, (philosophisch betrachtet sind wir ohnehin zu keinem Zeitpunkt die gleichen, die wir einmal waren) sondern bedeutsam ist die Tatsache, dass sie dies ganz genau weiß, dass sie es reflektiert und in Sprache fasst. Bewusstseinsveränderungen gehen tiefgreifende Erlebnisse, Erfahrungen, Emotionen voraus. Es ist der komplexe Prozess des Denkens, Handelns und Fühlens, aus dem man nicht aussteigen kann, wenn man ihn zu einem für sich persönlich befriedigenden Abschluss führen will. In diesem Auf und Ab von weitgehend selbst bestimmten Handlungen und Entscheidungen, entstehen Momente der Ich-Wahrnehmung, die in ihrer Intensität verbunden sind mit Staunen und Verwunderung, mit Fremdheit und Irritation, mit Phasen des ‚Sich-Verlierens' und ‚Sich-Findens'.

Dieses Ich, das da wahrnehmbar wird, zeigt so viele Gesichter, muss sich auf so vielfältige Weisen ‚outen', ist sich bekannt wie auch fremd. Um sich in diesen Phasen nicht zu verlieren, zu dissoziieren, muss man sich über produktive Handlungsmomente und die damit verbundenen Erlebnisse, Emotionen und neu gewonnenen Handlungsfelder ‚neu zusammensetzen'. Schon ganz unprätentiöse Alltagshandlungen führen zu sehr verschiedenen Erfahrungen und letztlich auch zum Erleben verschiedener Identitäten: Die Frau, die morgens sorgsam gekleidet in der Bibliothek sitzt und recherchiert und die Frau, die nachts in farbverschmierten Kitteln zwischen halb fertigen Bildern und Objekten in kühlen Keller-, Boden- oder Atelierräumen hantiert, scheinen nicht nur äußerlich verschieden. Sie denken und empfinden anders, haben sehr verschiedene Fragen und verfolgen unterschiedliche Ziele. Und doch werden ihre Energien auf einen ganz bestimmten Zusammenhang hin entworfen, ist ihr Tun und Denken auf eine große komplexe Arbeit hin ausgerichtet.

Auch Arbeit und Leben bzw. Freizeit – oft als unterschiedliche Segmente des Alltags empfunden – lösen sich auf, verlieren ihre Grenzen, werden zu einer großen Zeitmenge, in der völlig Verschiedenes geschieht – nichts jedoch, was sich unter die tradierten Begriffe subsumieren ließe. Gerade die ‚Selbstversuche' im Rahmen fast aller ästhetischen Forschungen zeigen, wie deutlich z. B. Kunst und Leben sich verknüpfen.

Die gesamte Bandbreite der Gefühle und Emotionen wird ausgelotet. Zweifel, Minderwertigkeitsgefühle wechseln mit Euphorie und den Vorstellungen von Machbarkeit.

Die umgangssprachliche Formel vom ‚Wechselbad der Gefühle' trifft genau für solche Prozesse zu. Auch die kognitiven Ebenen von empfundener Unwissenheit und Unfähigkeit, bestimmte Sachverhalte zu verstehen und angemessen darzustellen, wechseln ab.

Etwas Entscheidendes liegt in zwei vorab gegebenen Gewissheiten: Es sind zum einen die Rahmenbedingungen einer selbstbestimmten Arbeit, mit ihren individuellen Entscheidungen und Organisationen und zum anderen die Tatsache, dass es keine von außen geleiteten Normen gibt, die bestimmen, was wie zu sein hat, wann verfasst werden muss, auf welche Weise enden sollte, etc. Außengeleitete Normen fallen also weitgehend weg zu Gunsten innengeleiteter, selbst verantworteter und gesteuerter Arbeitsprozesse, die in jedem Fall auch hoch motiviert angegangen werden.

Ästhetische und soziale Prozesse

Die künstlerisch-praktischen wie die verbal-diskursiven Anteile, die Art der Strukturierungen, wie die Wahl der Orte der Präsentationen, liegen also in den Ermessensspielräumen der Einzelnen.

Dass solche Arbeitsprozesse vielfältigste soziale Komponenten haben, wird mit jedem Handlungsstrang deutlich. Alle machen die Erfahrung, dass fast der gesamte Freundes- und Bekanntenkreis teilhat, involviert ist, dass auch Unbekannte mit Interesse, Fragen und Anregungen auf Einzelne zukommen.

Ein anderes soziales Moment sind die bewusst vorgenommenen Interaktionen: Menschen werden befragt, einbezogen, erhalten Briefe, etc. Auf diese Weisen ist immer ein Feld kommunikativer Akte gegeben, sozialer Strukturen, kleinen Netzwerken gleich, die den Prozess mitbestimmen, in die Erfahrungen eingehen und persönlichen Halt geben.

Die therapeutische Funktion ästhetischer Praxis

In besonderer Weise bedeutsam im Arbeitsprozess ist die künstlerische bzw. ästhetische Praxis. Sie hat viele Funktionen. Oft ist sie der Motor, der die Prozesse antreibt, die Richtungen festlegt, die Wege wie die Umwege bestimmt. Im künstlerischen Arbeitsprozess wachsen den Einzelnen so viele neue Möglichkeiten zu, dass ihnen damit bereits ein ungeahnter Fundus an positiv besetzten Produktivitäten gegeben ist. Dies ist auch ein weiterer Grund, warum es das Scheitern so wenig geben kann: Mit den Möglichkeiten ästhetischer Praxis sind immer auch Möglichkeiten selbst-therapeutischer Arbeit verbunden. Diese kunsttherapeutischen Formen ästhetischer Praxis (ein in Richtlinien immer wieder formulierter Aspekt für die Notwendigkeit kunstpädagogischer Arbeit) lassen sich in allen Arbeitszusammenhängen in unterschiedlich starker Ausprägung wieder finden. Sie sind vor allem bedeutsam, wenn Sachen stagnieren und Ängste wachsen.

Bei den ästhetischen Biografien sind z. B. die Momente von Identifikation und Projektion in hohem Maße bestimmend. Also müssen hier Möglichkeiten der Ablösung, des Loslassens gefunden werden. Dies leisten dann u. a. ästhetische Rituale wie eine Grablegung (Beispiel von V. Stalljohann), Selbstversuche mit ihren Vergegenständlichungen als Video-Dokument, Ding-Konstellation, Bild (Beispiele von J. Lambertz, Katrin Kobusch-Kleßmann) u.a.

Die Tagebücher –
wenn Umwege und Abbrüche wesentliche Bestandteile der Prozesse sind

Pädagogische Arbeit beinhaltet begleitende reflexive Praxis – die Meta-Ebenen sind ein wichtiger Teil davon. Am Ende muss man sagen können, was eigentlich geschehen ist – mit den Dingen, mit einem selbst und den Menschen um einen herum.

Erst wenn alles Gelebte und Erfahrene psychisch wie auch leiblich-körperlich spürbar durch einen hindurch gegangen ist, lässt sich von einer pädagogischen Kompetenz sprechen. Dann ist es möglich, auf Grund eigener Erfahrungen anderen ähnliche Erfahrungsräume zu öffnen, damit auch sie für sich die Vielfalt der Dinge und Sachverhalte wie die vielfältigen Weisen des Erlebens und Handelns begreifen.

Dass solche Überlegungen nicht als abstrakte, gut gedachte Zielvorstellungen, Sinngebungen, Interpretationen oder Wunschvorstellungen weit über den konkreten Handlungen lagern, sondern zu jedem Zeitpunkt nachvollziehbar sind, machen vor allem auch die begleitenden Tagebücher deutlich. Oft sind sie sogar wesentlicher Kern aller Arbeitsprozesse. In ihnen ist – bildhaft wie verbal – alles aufgeführt, was geplant und wieder verworfen wurde, was Schwierigkeiten machte und was Begeisterung brachte. Dadurch, dass alle ‚Nebenschauplätze', wie alle Dinge, die nichts wurden, ernst genommen werden und die Aufzeichnungen all der Wege, die man wieder umkehren musste, weil sie sich als Irrtum, als verboten, verbaut oder in anderer Weise unzugänglich herausstellten, dazugehören, hat man eine der wichtigsten Erfahrungen im Bereich künstlerisch-wissenschaftlichen Denkens und Handelns gemacht: Die Möglichkeiten des Scheiterns, Verwerfens, Abbrechens wie des Neuanfangs sind wesentlicher Teil des Erfahrungsprozesses. Indem sie fixiert werden und so gleichsam als Vergegenständlichungen in Bildern und Texten sichtbar vorliegen, werden sie produktiv. Wenn die, die diese Erfahrungen gemacht haben eines Tages in ähnlicher Weise mit Kindern und Jugendlichen arbeiten werden, dann wird endlich ein bisher unsinnig ausgegrenzter Teil ästhetischer Erfahrung – das Unfertige, halb Begonnene und Weggeworfene – eine wichtige und durchaus wertgeschätzte Spur persönlicher Arbeit sein. Vor dem Hintergrund dieser Möglichkeiten entsteht eine zusätzliche Freiheit im Denken und Handeln. Dass so auch ein neuer, ungewohnter Reichtum entsteht, der die vielfältigsten Fassetten individueller Handlungsmöglichkeiten in das Bewusstsein des Einzelnen rückt, macht ästhetische Forschung zu einem bedeutenden Konzept künstlerisch-wissenschaftlicher Auseinandersetzung.

Sechs bekannte Einwände gegen ein Konzept ‚ästhetische Forschung'

Die bekannten Einwände gegen komplexe Konzepte ästhetischer Bildung treffen auch für die ‚ästhetische Forschung' zu.

Erster Einwand: Oberflächlichkeit – Man kann nur immer ‚eines' richtig machen – entweder Theorie oder Praxis – beides zusammen wird oberflächlich.

> Das Gegenteil ist der Fall: Die angestrebten Arbeitsprozesse entfalten eine solche Dynamik, führen zu so weitreichenden, vorher nicht absehbaren Prozessen und Ergebnissen, die Verschränkungen und Vernetzungen öffnen immer neue Wege, setzen Arbeitsenergien frei, dass ein Begriff wie ‚Oberflächlichkeit' nicht nur nicht angemessen, sondern falsch ist. Die linearen Denkformen von vorher – nachher – bzw. erst das eine – dann das andere – sind längst obsolet. Die Prozesse und Vorgehensweisen werden von den beteiligten Individuen selbst gewählt und selbst bestimmt und je mehr sie über solche Arbeitserfahrungen verfügen, umso vernetzter und letztlich effektiver arbeiten sie in allen Bereichen.

Zweiter Einwand: Kinder, Jugendliche und Studierende sind diese komplexen, selbst bestimmten und selbst zu steuernden Arbeitsprozesse nicht gewohnt.

> Dass sie es weitgehend nicht gewohnt sind, ist an sich schon traurig genug. Dass sie deshalb von solchen Erfahrungen ausgeschlossen werden sollen, ist geradezu zynisch. In den Schulen könnten in manchen Schulstufen bereits jetzt schon – trotz traditioneller Lernbiografien – erfahrungsgemäß siebzig Prozent der Kinder und Jugendlichen nach solchen Konzepten arbeiten (im Hochschulbereich darf sich diese Frage gar nicht stellen).
> Die Kinder und Jugendlichen, denen es auf Grund ihrer schulischen wie häuslichen Sozialisation nicht gegeben ist, eigenständige Arbeitsformen und individuelle Lösungen anzugehen, brauchen anfangs einen hilfreichen Rahmen, in dem sie wenigstens kleine selbständige Schritte versuchen können. Dass viele solche Arbeitsformen zunächst keineswegs begrüßen, ist klar – sind sie doch mit Anstrengungen verbunden. Dass immer ein kleiner Rest – zwei bis fünf SchülerInnen – solche Arbeitsformen generell verweigert, hat nichts mit einem Konzept ‚komplexe ästhetische Bildung' bzw. ‚ästhetische Forschung' zu tun, sondern mit den Gegebenheiten von Schule, Familie und Gesellschaft.

Von der Vielfalt des Ästhetischen im Pädagogischen

Weiterhin setzte ich voraus, dass wir nichts mehr mit einer überalterten didaktischen Rezeptkultur zu tun haben wollen, sondern das Feld von Kunst und ästhetischer Bildung als ‚netzwerkartige Gelenkstellen' betrachten, an denen alle Gebiete individueller ästhetischer und wissenschaftlicher Interessen der Studierenden und SchülerInnen andocken, um dort in Gestalt des Ästhetischen und Künstlerischen ihre differenten Bezüglichkeiten und Vielschichtigkeiten zu entfalten. Das heißt, wir müssen den ästhetischen und in ihm den künstlerischen Prozess so führen, dass die vielfältigen Dimensionen ästhetischen und ausserästhetischen Wissens, die sinnlichen und biografischen Erfahrungen, die Emotionen und Imaginationen des Lernenden sich in ästhetischen Handlungen und Produkten bündeln. Diese Prozesse müssen, wenn sie dem Künstlerischen ähnlich sein sollen, auf spielerischen und experimentellen Abläufen aufbauen oder zumindest weitgehend solche Elemente enthalten. Ihre Verläufe sind handlungsoffen, mehrschichtig und ihre Produkte oft disparat. Deshalb ist beides pädagogisch nur schwer plan- und verifizierbar. An dieser Stelle trifft sich der Inhalt eines Kunstbegriffs, der das sinnlich-kommunikative Spiel mit ästhetischen Mitteln unter Einbeziehung des Fragmentarischen, Unfertigen, Disparaten und Heterogenen als eine eigene Sphäre der Erfahrung und Auseinandersetzung des schaffenden Subjekts betrachtet, mit einem modernen Bildungsbegriff. Dieser existiert als eine Art Paradoxon, weil er das Individuum nicht auf eine ‚einzige und wahre' Identitätskonstruktion von Welt und Selbst festlegen will. Er will die Lernenden unter Einbeziehung der verdrängten Momente des Leiblichen und des nicht linear logisch Gedachten sowie unter stetiger Intervention durch das Differente und Fremde im eigenen und im Verhalten anderer, offen und diskursfähig für die Konfrontation mit den heterogenen Kultur- und Lebenssituationen sowie sensibel für die sich wandelnden eigenen Identitätskonstrukte machen. Dabei lässt das Unscharfe und Unbestimmte dieser bildungstheoretischen Position Raum für die zunehmende Selbstorganisation und Selbstbildung des Subjekts. (vgl. Ehrenspeck/Rustemeyer 1996, 380 ff.)

Aus: Marie Luise Lange „Zum Spagat zwischen Aufgabe und offener ästhetischer Selbstbildung im Prozess kunstpädagogischer Arbeit". In: Manfred Blohm (Hrsg.) „Leerstellen". Köln 2000. S. 201.

Dritter Einwand: Arbeiten im Rahmen ästhetischer Forschung lassen sich kaum beurteilen und benoten.

Auch hier trifft das Gegenteil zu: Alle, die in diesen Konzepten arbeiten, verfolgen in der Regel so viele Arbeitsprozesse, finden zu so vielen Ergebnissen, dass meistens ein ‚Überschuss' entsteht, der weit über einem zu erwartenden guten Ergebnis liegt. Vergleicht man im Bereich der Hochschule die Ergebnisse mit Arbeiten, die im traditionellen Rahmen – rein ‚theoretische' und rein ‚künstlerische' Arbeiten – entstehen, so sind sie diesen fast immer um viele Prozesse, Wege, Erkenntnisse und Erfahrungen voraus – genau genommen stecken mindestens zwei Arbeiten in einer. Für Kinder und Jugendliche sieht es kaum anders aus. Sie sind potenziell alle AnwärterInnen auf gute Noten, weil sie hoch motiviert sind und in der Regel weit über den Unterricht hinaus forschen und arbeiten. Um einen Rahmen abzustecken, lassen sich z. B. Verabredungen in Bezug auf die 'Basics' treffen, die sozusagen das Grundrepertoire aller Arbeiten bilden. Alle darüber hinaus reichenden Arbeiten fallen bereits in eine andere Beurteilungszone. Dass zur potenziellen Vielfalt im Rahmen eines Forschungszusammenhangs (Zeichnungen, Fotografien, Objekte, Berichte, Befragungen, Texte, Malereien, Tonbandaufzeichnungen, Videoclips), natürlich nicht die mathematische Summe zählt, sondern die Arten der Herangehensweisen, der Umsetzungen, des Engagements generell, die Sammlungen, Beteiligungen etc. ist auch hier, wie in traditionellem Unterricht, gegeben. Ich halte es für ausgesprochen schwierig für dreiunddreizig Marienkäfer mit roten Punkten jeweils eine persönlich angemessene Note zu erteilen, aber für relativ unproblematisch für dreiunddreißig einzelne ästhetische Forschungen, z. B. in der Welt der Tiere, ein Urteil zu finden.

Vierter Einwand: Viele Kinder wollen gar nicht komplex arbeiten – sie sind glücklich, wenn sie vier Wochen lang Linien in Din-A-5 große Kupferplatten drücken können.

Stimmt. – Nur hat dies nichts mit ästhetischem Lernen zu tun. Lernen heißt Verändern und Verändern ist oft mit Unbequemlichkeiten verbunden. Aber die Form eines 'Glücklich-Seins' nach vollzogenen Anstrengungen ist mit Sicherheit eine ganz andere, tiefgreifendere als die bei gleichmäßiger Dauerbeschäftigung.
In diesem Argumentationszusammenhang liegt zumeist noch ein Missverständnis verborgen: Es gibt viele, die in der Tat Freude daran haben, ausdauernd Löcher in Metall zu punzen – im Rahmen ästhetischer Forschung sind die Freiräume groß, auch dies – neben anderem – zu tun.

Fünfter Einwand: Lehrgangsmäßiges Lernen – Grundkurse, Grundtechniken usw. fehlen.

Das Missverständnis, das z. B. die in einem Halbjahreskurs ‚Holzbearbeitung' entstandene Schale einer Fünfzehnjährigen, Grunderfahrungen im Material ‚Holz' darstellt, scheint nicht ausrottbar zu sein. Alle Grundkurse, Grundtechniken, Farblehren mit ihren Farbkreisen plustern sich – schon rein zeitmäßig (was alles könnten SchülerInnen in dieser Zeit tun!) zu etwas Bedeutsamen auf – nach dem dann aber wieder nur die nächste Grundtechnik folgt. Unterricht ist hier absolut irrational, denn nicht einmal der implizite Gedanke, dass es ja einmal ‚Hauptstücke' geben müsste, wird vollzogen. Genau genommen ist siebzig Prozent des derzeit praktizierten Kunstunterrichts in der Schule ein einziger falsch verstandener Grundkurs, der sich selbst zum Eigentlichen erklärt hat.

Mit dem Konzept des ‚Werkstatt-Lernens', bzw. des ‚Stationen-Lernens' (siehe oben) sind alle wichtigen Voraussetzungen gegeben, experimentell zu arbeiten, neue Techniken und Medien auszuprobieren, in gemeinsamen Absprachen im Rahmen der übergreifenden Thematiken neue Wege zu erproben.

Sechster Einwand: Strukturelle Gegebenheiten, herrschendes Lernklima, kollegiale und andere Zwänge machen es an vielen Schulen schwer, innovative Konzepte zu verwirklichen. Engagierte Kollegen und Kolleginnen sind dann häufig Einzelkämpfer/Einzelkämpferin in einem erstarrten System

Diese Gegebenheiten zu übersehen hätte mit geistiger Blindheit zu tun. Um zu überleben gibt es oft nur einen Weg der Kompromisse mit der Hoffnung, dass Schule sich perspektivisch ändern wird.

Und doch tragen die, die wissen wie sie Lernräume eigentlich gestalten würden und dies wenigstens versuchen – wenn schon nicht zu große, so doch zu kleinen, aber wichtige Veränderungen etwas bei.

Zu diesen Einwänden möchte ich hier abschließend eine Gegenthese formulieren:
Alle, die im Rahmen komplexer ästhetischer Konzeptionen lernen, forschen bzw. arbeiten, erhalten so viel mehr an individuellen, keineswegs nur ästhetischen, sondern grundsätzlich emotionalen, kognitiven wie auch sozialen Kompetenzen, die sie in ihrer Persönlichkeitsentwicklung anderen Menschen gegenüber, die dies nicht können, voraushaben.

Noch gibt es für diese These keine statistischen Erhebungen und keine allgemein gültigen Beweise – doch es gibt erste Versuche auf den Weg dorthin. Anregungen gehen von der Studie zur Musikerziehung an Berliner Grundschulen (Klassen 1 bis 6) aus, wo die Ergebnisse einer sechsjährigen Studie bundesweit für Aufsehen sorgten, weil nachweislich Kinder, die intensiv Musikunterricht in der Schule erhielten, anderen nicht nur in ihren musikalischen Kompetenzen voraus waren, sondern auch in den kognitiven und sozialen. (siehe Bastian u. a.)

Studien zur komplexen ästhetischen Bildung werden nicht zwingend zu analogen Ergebnissen und Erkenntnissen führen – doch nach allem, was man heute im Zusammenhang neurowissenschaftlicher und pädagogischer Forschungen weiß, wonach wirkliches Lernen nur in der Verbindung von emotionalen, kognitiven und handelnden Anteilen erfolgt und rein formales Lernen zu keinerlei Erfahrungen und Erkenntnissen führt, wäre ein Lernen für die Persönlichkeitsentwicklung des Menschen im Rahmen einer ästhetischen Bildung, in der Alltagserfahrungen, Kunsterfahrungen und Wissenschaftserfahrungen sich verknüpfen, mit Sicherheit eine zentrale Voraussetzung.

Kunstpädagogische Gedankenskizze am Schluß

Parallel zu der Arbeit an diesem Buch hat sich an anderen Schauplätzen der Kunstpädagogik manches ereignet, was einzelne der hier formulierten Gedanken in einen merkwürdigen Zusammenhang stellt und dazu führt, noch einmal etwas zu bestimmten Begriffen und Überlegungen auszuführen:

Manche Wörter müßte man vor Mißbrauch schützen wie vor bedenkenlosem ‚Verbrauch‘. Zu ihnen gehören ‚Offenheiten‘, ‚Grenzerfahrungen‘, ‚Widerständigkeit‘, ‚Ambivalenzen‘, ‚Widersprüche‘, ‚Brüche‘. Sie haben leider schon seit einiger Zeit ihren Platz auf der Liste rein atmosphärischer Wörter, so wie ‚Kreativität‘, ‚Fantasie‘ oder ‚das Ästhetische‘ vor ihnen. Auch ihre Bedeutungen und Kontexte sind so breit geworden, so ausgedehnt, dass außer ihrem Klang und der damit verbundenen atmosphärischen Einfärbung nicht mehr viel an Bedeutung gegeben ist. Im kommunikativen Umgang sind sie Erkennungsmarken gleich, die so etwas spiegeln wie Zeitgeist. Denn alle propagieren ihn, den Menschen, der Offenheiten aushalten, Brüche und Widersprüche ertragen, Grenzerfahrungen produktiv machen kann und zu besonderer Kreativität fähig ist. Er wird von der Wissenschaft gesucht, der Wirtschaft gefordert und einer zukünftigen Gesellschaft erwartet. In dem Maße, wie er gebraucht wird, werden Heilsversprechen abgegeben, wie man ihn sozusagen pädagogisch formen und eines Tages wohl auch gentechnologisch herstellen kann.

Dabei waren die ersten Diskurse, in denen diese nunmehr atmosphärischen Wörter gebraucht wurden, durchaus produktiv, haben sie doch deutlich gemacht, dass es nicht mehr um fest umrissene, auf Sicherheit angelegte, tradierte Lebenskonzepte, Standpunkte, Haltungen gehen kann.

Ein Versuch zu Rechtfertigung und Rettung dieser Begriffe muss nun wohl gänzlich fehlschlagen, denn, was ihnen zur Zeit im kunstpädagogischen Kontext widerfährt, ist in der Tat dazu gemacht, sie aus dem individuellen Gebrauch zu entfernen: Sie sind in die kunstpädagogische Legitimationssprache eingezogen, so wie vor ihnen die Begriffe ‚Kreativität‘ und ‚Fantasietätigkeit‘, und damit wohl endgültig verloren.

Leerstellen

Leerstellen bezeichnen das Offene, Mögliche, nicht Vorhersehbare innerhalb einer Situation. Sie sind prinzipiell in jeder Situation, jedem Satz, jeder Geste vorhanden. Dort wo sie plötzlich als Irritation der gewohnten Wahrnehmungs- und Erfahrungsweisen aufscheinen, können neue Erfahrungen möglich werden. Sie ermöglichen aber wahrscheinlich nicht zufällig Erfahrungsprozesse, sondern treten in solchen Prozessen in einer Art Fließgleichgewicht zutage, das zwischen dem Subjekt und seiner Biografie einerseits und sozialen wie sinnlich konkreten Gegenständen andererseits entsteht. In diesem fließenden Gleichgewicht sind Leerstellen als bedeutsame Momente der Einbindung des bis dahin Fremden, so bislang noch nicht der Wahrnehmung Zugänglichen im Rahmen von Erfahrungsprozessen anzusehen. Leerstellen kommen also dort produktiv ins Spiel, wo tatsächlich neue Erfahrungen entstehen und nicht nur die alten und bekannten wiederholt werden.

Leerstellen haben eine psychologische Seite, die mit dem Subjekt und seiner individuellen Biografie, auch mit seiner Befindlichkeit , verbunden ist. Und sie haben eine Objektseite, die sich auf konkrete Gegenstände ebenso bezieht wie auf soziale Situationen d.h. jeder konkrete Gegenstand und jede soziale Situation beinhaltet prinzipiell verschiedenste Ausdeutungsmöglichkeiten, die weit über das Bekannte, Vertraute und bislang erfahrenen hinausgehen können.

Leerstellen entziehen sich in der schulischen Situation den Bemühungen pädagogischer Planung und Praxis. Sie können inhaltlich nicht geplant, sondern allenfalls ermöglicht werden. Sie werden im Schulalltag in der Regel ignoriert oder gar verschüttet, weil sie sich nicht in Begründungszusammenhänge für pädagogische Praxis einpassen lassen. In der pädagogischen Situation (insbesondere im Kontext ästhetischen Erfahrungslernens) müssen Leerstellen immer wieder in den Blickpunkt gerückt werden, so dass Kinder und Jugendliche Impulse erhalten, für diese sensibel zu werden, sie zu suchen und zu entdecken. Ich vermute, dass die Leerstellen die eigentlichen Orte ästhetischer Bildung sind.

Leerstellen benötigen Kontexte und Auseinandersetzungen mit Formen und Inhalten, um zu neuen Erfahrungen führen. In diesem Sinne kann eine Leerstelle erst so zu einem Gefäß werden, das, um etwas aufzunehmen, Wände und einen Boden benötigt, sonst – um im Bild zu bleiben – zerfließt der potenzielle Inhalt und es kann sich keine (Erfassung-)Form bilden.

Aus: Manfred Blohm „Leerstellen – Unvollständige Gedanken über das was war, was ist und über das, was sein könnte". In: dies. (Hrsg.) „Leerstellen". Köln 2000. S. 20.

Als große Begriffe müssen sie auch diesmal wiederum nur das leisten, was ehemals bedeutsame Begriffe hier schon immer leisten mussten: Das Feilen von Specksteinen, das Rühren in Malfarben und das Ausmalen von Farbkreisen zu einer persönlichkeitsbildenden und gesellschaftlich bedeutsamen Tätigkeit zu erheben.

Da läuft wohl wieder einiges schief, wird etwas endgültig zur Farce, werden ehemals wichtige Begriffe für das immer Gleiche missbraucht. Angesichts der Fülle dieser Beispiele verfestigt sich erneut der Verdacht kunstpädagogischer Schizophrenie: Wie da allen Ernstes auf der Ebene kunstpädagogischer Diskurse in der Öffentlichkeit ein solcher Argumentationszusammenhang aufgebaut werden kann, um dann zweiunddreißig gezeichnete Dreiecke und dreißig gemalte Bäume im Herbst – jeweils als Klassensatz – aus der Tasche zu ziehen und zu verkünden, dass das eine mit dem anderen zusammenhängt. – Kunstpädagogisches Gespaltensein oder fachliche Schizophrenie als Dauerzustand?

Noch ein anderer gedanklicher Zusammenhang hat sich aufgebaut, ohne dass er einen größeren Rahmen in diesem Buch hat finden können: Es sind die Fragen zu Autonomie, Macht und Geld im Bereich ästhetischer Bildung.

Wenn es darum geht, Kinder und Jugendliche zu selbständigem und selbstverantwortlichem Handeln zu befähigen, wenn es also um Prozesse der Autonomie wie um Prozesse der Demokratisierung geht, dann kann dies unmöglich funktionieren, wenn derjenige, der solche Prozesse ermöglichen soll, an seiner pädagogischen Allmacht festhält. Diskussionen z. B. im Zusammenhang mit dem Werkstatt-Lernen haben gezeigt, dass viele Lehrende dazu nicht bereit sind, weil sie dann ja an Macht verlieren. Vielleicht müssten sie auch zugeben, dass sie über manche Kompetenzen, die SchülerInnen für ihre individuellen ästhetischen Entscheidungen brauchten, gar nicht verfügen, manches nicht wissen und nicht können. Sie wären dann ja nicht mehr Lehrmeister, die darüber bestimmen, was zu lernen sei, könnten sich nicht mehr mit dem hierarchischen Gestus der scheinbar Allwissenden ausstatten, sondern wären dann jemand, der begleitet (therapeuo – ich begleite). Diese Gedanken und Konzeptionen sind alt – sind letztlich längst Standard jeglicher pädagogischen Ausbildung – aber sie greifen offensichtlich kaum. Macht zu haben scheint etwas so Zentrales, dass der, der sich ihrer bedienen kann, nichts freiwillig davon abgibt und Schule ist noch immer so strukturiert, dass Machtansprüche auch weitgehend ausgelebt werden können.

Drei Möglichkeiten könnten hier zu Veränderungen führen: Erstens eine wirklich gute kunstpädagogische Ausbildung, in der Kompetenzen und Selbstsicherheiten erworben werden, die einen offenen und gelassenen Umgang mit allen in ästhetischen Lernprozessen Befindlichen zulassen. Zweitens die Veränderung der Institutionen zu ganz anderen Lernorten, in denen sich diese Formen traditioneller Macht nicht halten können, weil ganz andere Strukturen das Lernen prägen. Und drittens eine hinreichend finanzielle Ausstattung. Lernorte an denen Menschen sozusagen aus dem materiellen Nichts noch etwas machen, kann es nicht geben. Natürlich kann ein Kind auch mit einem gebrauchten Bindfaden, zwei Supermarktkisten und sieben alten Zeitungen ästhetisch 'glücklich' werden – aber warum daraus ein Dauerzustand herzustellen ist, lässt sich kaum nachvollziehen. Künstlerische – wie ästhetische Arbeit generell – bedarf der Vielfalt der Materialien und Medien, wie auch der Ausstellungs- und Präsentationsorte. Der Wasserfarbkasten aus dem zweiten Schuljahr mit zwei Pinseln mit Resthaarbestand kann eine Schülerin in der zehnten Klasse nicht mehr begeistern. Hier müssen grundlegende neue Möglichkeiten gefunden werden, wie ästhetische Bildung heute unter den Gegebenheiten und Erfordernissen der Zeit finanziell auszustatten ist, um effektiv zu sein.

Und dann wäre noch die Persönlichkeit des Kunstpädagogen/der Kunstpädagogin zu nennen: Sind sie zukünftige ‚Dienstleistende', ‚Therapeuten', ‚Begleitende' oder etwas ganz anderes? Eine schwierige Frage, weiß doch kaum jemand zu sagen, was zukünftige SchülerInnen und spätere Erwachsene an sozialer und ästhetischer Kompetenz wirklich brauchen. – Dennoch: So ganz lässt es sich aus einer solchen Frage und letztlich einer pädagogischen Verantwortung nicht hinausstehlen, denn Wesentliches ist auf absehbare Zeiträume durchaus zu antizipieren. Lehrende müssen aushalten können, dass SchülerInnen mehr machen und ausprobieren wollen, als sie vielleicht selber können und wissen. Sie müssen Kinder und Jugendliche mit Fragen des Ästhetischen so in Berührung bringen können, dass sie verstehen, dass es sie wirklich etwas angeht. Es muss deutlich werden, dass ästhetisches Lernen ein ernsthaftes Lernen ist und kein Bastelkurs. Hier liegt ohnehin einer der Hauptgründe für die fatale Situation des Faches: Die gesellschaftliche wie auch die von den Heranwachsenden geäußerte Geringschätzung, Missachtung und Marginalisierung des Faches ‚Kunst' hat auch etwas mit dem überaus geringen Anspruchsniveau zu tun – nicht dem, was in wichtigen kunstdidaktischen Konzepten, Richtlinien und Zeitschriften entworfen ist und immer wieder neu publiziert wird – sondern dem, was z. B. in vielen schulinternen Curricula betrieben und nach außen hin sichtbar wird. Es bedarf zur Zeit mit Sicherheit sehr großer Anstrengungen, um nach innen wie nach außen die Möglichkeiten einer komplexen ästhetischen Bildung begreifbar zu machen. Es müsste gelingen, die Vielfalt ästhetischen Denkens, ästhetischen Handelns und ästhetischer Erfahrung in pädagogischen Prozessen produktiv zu machen, sodass Kinder und Jugendliche selbst bestimmt, selbst verantwortlich, sozial und kreativ handelnd mit einer Vielzahl von Problemen umgehen können, mit denen sie in einer zukünftigen Gesellschaft konfrontiert sein werden.

Schlussbemerkung

Die Arbeit an diesem Buch hat weit über drei Jahre gedauert. Wichtige Publikationen, die in der Endphase des Buches erschienen, konnten nicht mehr berücksichtigt werden, sind aber als Empfehlung in die Literaturliste mit eingegangen. Auch die Tatsache, dass Fragen zu Dingen und Objekten, zur Wahrnehmung und Wirklichkeitskonstruktion, zum Erinnern und Vergessen, zum Sammeln und Archivieren, zu Authentizität und Fiktion, in den letzten Jahren eine immer breitere Diskussionsbasis fanden, bindet zwar dieses Buch nun in vielfach bekannte Diskurse ein, spiegelt aber nicht mehr die Ausgangssituation der Arbeit.

Daneben wird zunehmend so etwas wie die ‚Ungleichzeitigkeit des Gleichzeitigen' deutlich. Studierende, die heute von den Schulen kommen, sind geistig weitgehend noch im 19. Jahrhundert zu Hause. Sie haben sich z.B. lange mit Caspar David Friedrich beschäftigt, wissen aber nicht wer Duchamp ist. Dies nicht zu wissen bedeutet, die gesamten geistigen Strömungen und ästhetischen Sprachen der Kunst wie der Alltagsästhetik des 20. Jahrhunderts nicht bewusst wahrgenommen und erfahren zu haben.

Diese Studierenden aber sollen einmal jungen Menschen im 21. Jahrhundert neue Erfahrungsräume öffnen, sie auf gesellschaftliche und kulturelle Situationen ihrer Zeit vorbereiten – dies ist – wie ich meine, eine große gemeinsame Aufgabe und Verantwortung aller Lehrenden und Studierenden.

Für diese gemeinsame Arbeit vermag das nun vorliegende Buch zur ästhetischen Forschung einen Beitrag zu leisten.

Zum Schluss möchte ich an dieser Stelle Ulrike Goll, Marcus Nümann und Claudia Steinmeyer für ihre große Geduld und die unendlich vielen Stunden danken, die sie in die Bearbeitung der Druckfassung dieses Buches gelegt haben.

Nachtrag:

Zwei Tage vor Druckfassung dieses Buches gibt es eine überaus positive Meldung: Ein Gymnasium in Nordrhein-Westfalen hat einen Schulversuch zur ästhetischen Forschung begonnen. Es wurde eine Werkstatt eingerichtet, in der Schülerinnen und Schüler zu verabredeten Zeiten außerhalb ihrer normalen Schulstunden ihre ästhetischen Forschungsvorhaben bearbeiten können. Sie werden dabei von der Initiatorin dieses Versuches wie einem weiteren Kunsterzieher der Schule begleitet.

Jeden Tag nun kommen Kinder und Jugendliche mit Kisten voller Materialien, skizzierten Plänen ihrer Vorhaben, mit vielen Fragen und großer Begeisterung und wollen die Forschungsprojekte vorstellen, die sie realisieren möchten, um sie dann einer größeren Öffentlichkeit präsentieren zu können. Schon jetzt zeichnet sich ab, dass hier – für schulische Erfahrungen – völlig unbekannte Potenziale und Kompetenzen der Einzelnen in

Ein Buch unter anderen Büchern, man hat in ihm geblättert, es angefangen zu lesen, mehrfach, und ist doch immer an irgendeiner Stelle stecken geblieben. Aus Erfahrung weiß man inzwischen, dass es darum geht, den richtigen Augenblick abzupassen, auf jenen merkwürdigen Moment zu warten, in dem die Lektüre fast wie von selbst, in einer mehr oder weniger ununterbrochenen Bewegung vom ersten bis zum letzten Satz gelingen wird. Manchmal ist es der bloße Umfang, der einen zögern lässt, das Eigengewicht des zwischen zwei Deckel gehefteten Papiers, gewaltige Textmassen, die nur für sich zu existieren scheinen und so gut wie keine andere Haltung beim Lesen erlauben als die des Sitzens, selbst in einer Paperback-Ausgabe. Wie gerät man da jemals wieder hinaus, fragt man sich, und vor allem wann, würde man jetzt beginnen, zur Sekunde, und hätte sonst nichts weiter zu tun. Um gar nicht erst von möglichen Schwierigkeiten zu reden, die bereits beim Rumblättern aufgefallen sind, absatzlose Kapitel etwa, oder Dialoge ohne vom Autor gekennzeichnete Sprecher und Anführungszeichen, ein einziges Ineinander von Stimmen und Geräuschen, das sich, man schlägt vorsichtshalbernach, in der deutschen Fassung über 1039 ziemlich eng bedruckte Seiten erstreckt. Doch ist es nun schon zu spät, um das Buch zu vergessen und im Grab des Regals zu versenken, es bleibt in Sichtweite liegen und lässt einen in den nächsten Wochen nicht los, wie diese Briefe von der Berliner Volksbank, die man auch weder beantwortet noch einfach wegwirft.

Aus: Ulrich Peltzer „Die Erkundung der Welt. Über den Schriftsteller William Gaddis". In: Frankfurter Rundschau Nr. 72. 25. März 2000.

den schulischen Raum hinein getragen werden, die längerfristig zu ganz anderen Formen des Lernens führen werden.

Die ersten dreißig Vorhaben, die nun verabredet sind, enthalten so viele neue Fragen, Inhalte und Themen, wie auch ungewöhnliche Formen ihrer Bearbeitung, dass darin bereits der Anfang zu einem neuen Buch gegeben ist.

Dies wird vor allem auch ein Buch sein müssen, in dem genau aufgeschrieben ist, dass und vor allem wie Kinder und Jugendliche, die in komplexen Formen ästhetischer Arbeit (das schließt auch literarische, poetische, musikalische, u. a. Äußerungsformen ein) nicht nur (rein) ästhetische Kompetenzen erwerben, sondern in hohem Maße all die, die eng damit verbunden sind, wie die kognitiven, kreativen, emotionalen und sozialen Fähigkeiten.

Anhang

Ästhetische Forschung – Fünfzehn Thesen zur Diskussion

1. Sinnhaftes gegen unsinnig Verordnetes

Ästhetische Arbeit bedarf eines individuell erfahrenen Sinns. An Kinder, Jugendliche und Erwachsenen von außen herangetragene, für alle gleich verordnete Aufgabenstellungen machen keinen Sinn. Jeder muß sein ästhetisches Vorhaben mit einem persönlichen Sinn versehen können und sich dieser besonderen Sinngebung auch bewußt sein.

2. Sinnenreiches gegen unsinnlich Reduziertes

Diese Forderung ist so alt wie die ästhetische Erziehung. Folgen Kinder und Erwachsene ihren persönlichen Interessen, sind die ästhetischen Handlungsweisen nie armselig reduziert – es sei denn, einengende Familienverhältnisse und genormtes Beschäftigungsbasteln in Kindergarten und Schule haben bereits zu erheblichen Beschädigungen geführt.

3. Eine Frage haben

Etwas entdecken, erforschen, erfahren und für andere sichtbar machen wollen
Ästhetische Forschung bedarf – wie alle Forschungen – einer Frage, eines persönlichen Interesses, einer Idee oder eines speziellen Wunsches. Sie sind Motor und Motivation, etwas für sich zu erarbeiten, um es auch für andere sichtbar und erfahrbar zu machen.

4. Alles kann Gegenstand und Anlaß ästhetischer Forschung sein

Am Anfang kann eine Frage stehen, ein Gedanke, eine Befindlichkeit; ein Gegenstand, eine Pflanze, ein Tier; ein Phänomen, ein künstlerisches Werk, eine Person – fiktiv oder authentisch, ein literarischer Text, ein Begriff, ein Sprichwort u. a. m.

5. Die Vorgehensweisen sind nicht additiv sondern vernetzt

Die Verfahren im Konzept ‚ästhetische Forschung' sind auf vielfältigste Weisen miteinander verbunden. In Studienzusammenhängen traditionell getrennte Bereiche wie künstlerische Lehre einerseits und wissenschaftliche Lehre andrerseits haben zu additiven Strukturen, zu linearen Formen des Denkens und einfachen Weisen ästhetischen Handelns geführt, die es zugunsten komplexer Erfahrungen zu verändern und neu miteinander in Beziehung zu setzen gilt.

6. Kern ästhetischer Forschung ist die Vernetzung vorwissenschaftlicher, an Alltagserfahrungen orientierter Verfahren, künstlerischer Strategien und wissenschaftlicher Methoden

Zusammen sind sie das große Reservoir, aus dem sich die Wege für die Realisation der Forschungsvorhaben entwerfen. Jeder Bereich hat traditionell spezifische Weisen, Methoden, Verfahren, Strategien, die gerade in ihrer Vernetzung auf besondere Weise produktiv werden.

7. In Alltagserfahrungen sind bereits wesentliche Handlungs- und Erkenntnisweisen vorgegeben – man muß sich ihrer nur bewußt werden

Die mit alltäglichen Dingen und Situationen verknüpften Wahrnehmungen, ästhetischen Verhaltensweisen, Handlungen und Erkenntnisformen sind vielfältig. Da ist der neugierig fragende, forschende und entdeckende Umgang mit Dingen und Phänomenen einerseits, wie der handelnde Umgang mit ihnen, das Sammeln, Ordnen, Arrangieren und Präsentieren andrerseits. Dies alles wiederum ist verbunden mit ästhetischen Verfahren bzw. mit Kulturtechniken, die völlig selbstverständlich in Alltagshandlungen integriert sind. Alltagsverhalten und Alltagserfahrungen sind so der Stoff aus dem Kunst und Wissenschaft ihre anderen Zugänge zur Welt entwerfen.

8. Künstlerische Strategien und Konzepte aktueller Kunst bieten den Reichtum ästhetischen Handelns an

Aktuelle Kunstkonzepte und künstlerische Strategien bilden den Orientierungsrahmen für selbstbestimmte künstlerische Handlungsweisen. Von den Transformationen der Dinge zu Objekten der Kunst seit Duchamp, den Spurensicherungskonzepten der 70er Jahre bis zu den multimedialen Installationen heute. Die so gegebene Vielfalt ästhetischer Sprachen ist Grundlage eigener Arbeit und nicht als Nachvollzug und Aneignung von Kunst zu verstehen – ein immer wieder auftauchendes didaktisches Mißverständnis.

9. Kunst darf lügen – zugunsten einer anderen Wahrheit

Im Rahmen ästhetischer Forschung ist die Spannbreite zwischen Authentizität und Fiktion, zwischen Schein und Sein, zwischen Dokument und verfremdender Transformation von medialen Bildern und alltäglichen Dingen nicht auslotbar. Im Ver-dichten, Verändern, Verformen z.B. wahrnehmbarer Gegebenheiten alltäglicher Erfahrung mit den Mitteln der Kunst entsteht eine andere Form der Wahrheit, die subjektiv ist und zugleich allgemein und somit Spiegel ästhetischer und geistiger Strömungen der Zeit.

10. Wissenschaftliche Methoden beschreiben andere Wege und andere Ziele der Erkenntnis

Wissenschaft stellt Methoden des Befragens, Recherchierens und Analysierens zur Verfügung: das Kategorisieren, Dokumentieren, Archivieren, Konservieren, Präsentieren und Kommentieren. Befragtes, Analysiertes und Erkanntes bedarf der Einordnung, des Vergleichens und In-Beziehung-setzens, sowohl von Gegebenheiten und Erfahrungen der Alltagswelt als auch den Phänomenen und Erfahrungen der Kunst. Wissenschaft bietet die wesentlichen philosophischen, soziologischen, psychoanalytischen, kunsttheoretischen, kulturgeschichtlichen, kunstdidaktischen Diskurse der Zeit an, in denen sich jede Form ernst zu nehmender künstlerisch-wissenschaftlicher Arbeit begreifen muß.

11. Texte lesen und Texte schreiben ist lustvoll
Im Konzept ästhetischer Forschung hat das Lesen und das Schreiben von Texten einen neuen Stellenwert und steht selbstverständlich neben allen anderen ästhetischen Ausdrucksformen. Der hohe Grad der Motivation führt auch hier dazu, Texte entdecken, verstehen und für sich produktiv machen zu wollen.

12. Ästhetische Forschung bedarf manchmal ungewohnter und ungewöhnlicher Orte
Große künstlerisch-wissenschaftliche Vorhaben entstehen am besten in Räumlichkeiten, die man sich speziell für seine Arbeitsvorhaben aussucht. Das können leere Fabrikhallen sein, Bahnhofshallen, Kirchen, Werkstätten, Ateliers, Dachböden, Klosterräume, Keller-Labyrinthe, usw. Der speziell gewählte Ort, die andere Umgebung, die besonderen Räumlichkeiten stellen eigene Anforderungen an die Arbeitsvorhaben. Die Räume sind sowohl Arbeits- als auch späterer Ausstellungsort der Arbeiten, die – z. B. als große Installationen und Inszenierungen angelegt – immer raumgreifend sind. Schulen brauchen – perspektivisch gesehen – wenigstens Werkstätten und Kulturhallen (ähnlich den Turnhallen), um den Auftrag zu erfüllen, kreatives und innovatives ästhetisches Verhalten von Schülerinnen und Schülern zu fördern.

13. Ästhetische Forschung ist prozessorientiert und hat doch Ziele‘
Ästhetische Forschung hat nur Sinn, wenn man sich auf den Weg begibt, ohne ein bereits vorhersehbares Ergebnis erhalten zu wollen. Es ist ein Weg mit Unwegsamkeiten und ungewissem Ausgang. Man folgt bestimmten Zielvorstellungen, verläßt sie wieder, greift andere auf, folgt ihnen, verwirft sie, usw. Der Prozeß ist performativ. Ein großer Teil der erarbeiteten Dinge und Gedankenwege wird wieder verlassen oder umgeformt und das ganze Gefüge bleibt so bis zum Schluß ständigen Entscheidungsprozessen unterworfen.

14. Selbstreflexion und Bewußtseinsprozesse erhalten neue Dimensionen
Im Rahmen ästhetischer Forschung werden alle Vorgehensweisen subjektiv bedacht, emotional begleitet, auf vielfältige Weise fixiert und kommentiert. Tagebuchaufzeichnungen, Skizzen, fotografische Dokumente, poetische Texte, Fragmentarisches und Textauszüge stehen neben Befragungsergebnissen, Gesprächsaufzeichnungen u. a. Im Ausloten eigener Zugänge und Positionierungen werden persönliche Grenzen erweitert bis hin

zu tiefgreifenden Grenzerfahrungen, die immer dann gegeben sind, wenn einzelne sich z. B. einer besonderen ästhetischen Erfahrung, den ‚Selbstversuchen' u. ä. aussetzen. Die sich ausbildenden Fähigkeiten, Erkenntnis- und Verhaltensmöglichkeiten führen dazu, Offenheiten und Unsicherheiten auszuhalten, erfordern sie doch ein ständiges Verwerfen, Sich-neu-entscheiden und Annehmen von Situationen, auf die man sich unter anderen Bedingungen nie eingelassen hätte. Ästhetische Forschung knüpft an Bekanntem an und führt zu individuell Neuem, sie ist intensiv und erreicht in gelungenen Momenten Formen der Glückserfahrung (dem ‚Flow'). Wer kunstpädagogisch verantwortlich handeln will, bedarf dieser Erfahrungen.

15. Ästhetische Forschung führt zu anderen Formen der Erkenntnis

Das Verknüpfen künstlerisch-praktischer Herangehensweisen mit vorwissenschaftlichen Handlungs- und Denkakten sowie mit wissenschaftlich-orientierten Methoden führt zu individuellen Erkenntnisformen, die sowohl rational sind, als auch vorrational, sowohl sub-jektiv als auch allgemein, sowohl über Verfahren künstlerischer Transformationen geprägt als auch über den dokumentarisch-fotografischen Blick, sowohl über verbal-diskursive Akte bestimmt als auch von diffusen Formen des Denkens tangiert.

In dieser Bündelung bildet sich die aktuelle Diskussion über andere Formen der Erkennt-nis jenseits der Vernunft ab, über andere Zugänge und ein anderes Begreifen der Welt.

Anmerkungen

I Annäherungen

1. Die Diskussion des Ästhetischen ist seit längerer Zeit ein wesentlicher Bezugsbereich der Fachdidaktik. Sie bildet sozusagen die Plattform, von der aus sich in Verbindung mit kulturellen, gesellschaftlichen, politischen wie auch psychologischen Fragestellungen kunstpädagogische Konzepte entwerfen. Siehe dazu auch Seel, Welsch, Böhme/Böhme, Gardner, Goodman.

2. Gunter Otto hat in seinem Werk ‚Lehren und Lernen zwischen Didaktik und Ästhetik‘ grundlegende fachdidaktische Fragestellungen aufgenommen, mit denen wir aktuell konfrontiert sind. In seiner Offenheit macht das Werk gerade das Prozesshafte und Unabschließbare fachdidaktischer Fragestellungen deutlich. Gert Selle hat mit dem ‚ästhetischen Projekt‘ der aktuellen Didaktik wesentliche Impulse gegeben und vor allem die ästhetische Praxis reflektiert. Zahlreiche andere Autoren haben die Diskussion mitgetragen. Ich erwähne hier lediglich einzelne, zu denen es von den hier zur Diskussion stehenden Fragestellungen aus besondere Bezüge gibt: z. B. zur Besonderheit der Sprache in der Kunstpädagogik (Peters, Hartwig, Sturm), zur Komplexität des Lernens mit allen Sinnen (Staudte, Pazzini), zur aktuellen Kunst als Gegenstandsbereich der Kunstpädagogik (Kirchner), zu individuellen Lernkonzepten und dem Lernen über Arbeitsblätter und in Stationen (Eucker, Hinkel, u. a.), zu einem Konzept des Performativen (Lange, Seitz), zur Fixierung eines Bereiches ‚ästhetische Bildung‘ (Pazzini, Legler, Zacharias), Orientierungen an der Kinder- und Jugendkultur (Kämpf-Jansen, Ströter-Bender, Hartwig, Richard), Aspekte der Geschlechtsspezifik (Aisen-Crewett, Below, Hartwig, Kämpf-Jansen, Staudte, u. a.). Wesentlich sind die beiden Fachzeitschriften ‚Kunst und Unterricht‘ wie die ‚BDK-Mitteilungen‘, knüpfen sie doch die Fäden zu aktuell wichtigen Diskursen.

3. Die Aussage, ‚an verschiedenen Stellen dieses Buches mit dem Lesen anfangen zu können‘, hat auch mit meiner Entscheidung zu tun, einen weitgehend homogenen Text in vielen kleinen Passagen zu verfassen. Die vielfältigen Passagen – jeweils gedacht als Kerne für weiterführende Gedanken und Recherchen – sollten nur gelegentlich von Zitaten unterbrochen werden, um den Text nicht noch stärker zu zergliedern. Hinzu kommt, dass die Fülle der Bezüge gerade zu der hier diskutierten Breite der Aspekte so groß ist, dass letztlich nur eine Entscheidung, sie im eigenen Denken und der eigenen Sprache zu verankern, ein Schreiben dazu möglich macht.

4. Siehe dazu auch E. Sturm, a. a. O. S. 57/58, Merleau-Ponty S. 272.

5. Eine Diskussion, wie sie z. B. Helmut Hartwig, Maria Peters und Eva Sturm angestoßen haben, muss deutlich weiter geführt werden.

6. Zum ‚Schweigen der Bilder‘ siehe auch Ehmer und Wohlfahrt,

7. Siehe dazu Kämpf-Jansen: Von der Last kunstpädagogischer Wirklichkeit. a. a. O.

II Bezugsfeld: Alltag

1. Die nachfolgenden Ausführungen sind Verlängerungen früherer gedanklicher Auseinandersetzungen; siehe dazu Kämpf-Jansen, Texte zu Dingen und Trivialobjekten, a. a. O.

2. Die Frage zieht sich durch viele Kapitel des Buches. Sie verweist darauf, dass die Differenz nicht in den wahrnehmbaren Gegebenheiten liegt, sondern in den Diskursen. Siehe auch Kapitel: Alltagsdinge werden Kunstobjekte.

3. Mit diesen Gegebenheiten bzw. Wahrnehmungsverschiebungen arbeiten viele Künstlerinnen und Künstler. Siehe dazu auch Ottmar Hörl.

4. Leithäuser/Volmberg beschreiben eine Reihe alltagspraktischer Regeln, zu denen u.a. Routine und Flüchtigkeit gehören. Leithäuser/Volmberg, a. a. O. S. 46 ff.

5. Th. W. Schulz verweist auf die Differenz zwischen ‚Blick' und ‚Sehen', indem er dem Blick den Status der Bewusstheit zuordnet. Siehe auch Merleau-Ponty, S. 173 ff.

6. Das Phänomen der Verlangsamung der Zeit im Akt des Sehens ist in vielen kunst- und alltagsphilosophischen wie psychologischen Abhandlungen zentral. Vielfach ist es beschrieben als meditativer Umgang, als kontemplative Aufmerksamkeit, z. B. bei Seel.

7. Siehe hierzu auch H. Rumpf, a. a. O.

8. Wie in vielen anderen Bezügen dieses Buches spielen auch hier die konstruktivistischen Diskurse (z. B.: v. Glasersfeld, Förster, Göhlich, u. a.) mit hinein.

9. Mit Aspekten nicht funktionsgerecht benutzer Gebrauchsobjekte hat u. a. Brandes mit ihren Forschungen befasst und den Begriff NID in die Diskussion gebracht (nicht intentionales Design). Siehe auch Jeggle, a. a. O.

10. Göhlich bezeichnet diese These Maturanas und Varelas als Kernthese ihrer Arbeit und stellt ihr Försters Imperativ zur Seite.

11. Siehe dazu auch die Beiträge zur Kitschdikussion, z. B.: H. Kämpf-Jansen: Kitsch oder ist die Antithese der Kunst weiblich? Kitsch, Triviales und Alltagskultur. a. a. O.

12. ‚The Gendered Object' ist der Titel eines Buches von Pat Kirkham, auf den mit dieser Überschrift Bezug genommen wird.

13. Grundlegende Aspekte zu den Einübungsprozessen in gesellschaftliche Normen über die Dinge hat Pazzini in vielen seiner Beiträge zur Diskussion gestellt. Siehe u. a. ‚Die gegenständliche Welt als Erziehungsmoment.' a. a. O.

14. Siehe dazu auch Goleman S. 31 ff. wie auch das Kapitel über Goleman (S. 143) in diesem Buch.

15. Frigga Haug hat mit ihren Studien zur Erinnerungsarbeit gerade den Aspekt der Glättung und Harmonisierung als hinderlich für den produktiven Umgang mit Erinnerung herausgestellt. Haug, a. a. O.

16. Siehe dazu auch die Auseinandersetzung mit Boltanski auf S. 122.

17. Siehe hierzu ‚Stelarc' und seine Entwürfe zur Zukunft des Körpers, a. a. O.

18. Siehe hierzu Katalog v. Hagens ‚Körperwelten', a. a. O.

19. Birgit Richard hat mit ihren Ausführungen zur Jugendkultur, bzw. zur Mode, wesentliche Aspekte in die aktuelle Diskussion getragen. Siehe dazu Richard, a. a. O.

20. Siehe dazu Kriesche: ‚Der über-flüssige Körper' sowie Arbeiten von Inez v. Lamsweerde, Louise Bourgois, Kiki Smith, u. a.

21. Siehe dazu Förster, S. 437, a. a. O.

22. Siehe zum Begriff des Atmosphärischen: M. Peters, S. 85 f. a. a. O.

23. Aus der Vielfalt der Bezüge, die hier gegeben sind, verweise ich lediglich auf Kracauer im Zusammenhang mit generellen Theorien zur Fotografie, auf Mettner und andere im Zusammenhang mit

Reisefotografie, sowie auf Billeter im Zusammenhang mit Bildkonstruktionen, Blickkonstellationen und anderen Parallelen zwischen Malerei und Fotografie.

24. Siehe hierzu Naomi Salmon sowie Textauszug von J. Eucker (S. 46).

25. Siehe hierzu : ‚Ein nicht alltäglicher Versuch' und ‚Objekte und Dinge' von H. Kämpf-Jansen.

26. Ich verweise hier lediglich auf Duncker, Förster, Muensterberger, Otto, Segeth, Schaffner/Winzen, Theewen sowie auf Schlosser (a. a. O.).

27. Befragungen von Grundschulkindern im Zusammenhang mit Unterrichtsvorhaben wie auch Staatsarbeiten zum Thema ‚Sammeln' machen über Jahre hindurch diesen Trend deutlich.

28. Verschiedene Museen, wie z.B. Frankfurt, Darmstadt, Karlsruhe, Centre Georges Pompidou in Paris, haben sich mit Ausstellungen, museumspädagogischen Arbeiten, Katalogen und anderen Publikationen an interessierte Kinder gewandt. Siehe dazu: Kern und Larminat, a. a. O.

29. Das Prinzip der ‚offenen Sammlung' als unabschließbar, gegenüber ‚geschlossenen' Sammlungen mit fest fixierten bzw. vorgegebenen Sammeldingen, meist als Serie.

30. Wie Sammeln und Basteln ineinandergreifen, siehe auch W. Kunde, a. a. O.

III Bezugsfeld: Kunst

1.Grundlegende Fragen zur Spezifik der Musealisierung von Kunst sind vielfach diskutiert worden. Ich verweise hier auf Groys: Die Sammlung. a. a. O.

2. Die Duchamp-Forschung der letzten Jahre hat nochmals die Zeitverschiebung einer breiteren Rezeption und Diskussion seiner Arbeiten herausgestellt. Viele Arbeiten aus der Anfangszeit sind kaum wahrgenommen worden und existieren häufig nur als Repliken; siehe dazu u. a. Daniels,a. a. O.

3. Siehe dazu Danto, a. a. O. S. 58 f.

4. Siehe dazu Groys: Über das Neue. a. a. O.

5. Groys hat den Gedanken zeitlicher Pendelbewegungen besonders hervorgehoben (Über das Neue. a. a. O.).

6. Metken hat sich über Jahre mit den Besonderheiten der künstlerischen Spurensicherung befasst und die Arbeitsweisen einzelner KünstlerInnen von den Anfängen (Metken, 1970) bis heute (Metken, 1996) verfolgt und fixiert.

7. Die Fragestellungen zu einer Kunst- und Kulturgeschichte des Erinnerns haben in zahlreichen Publikationen ihren Niederschlag gefunden. Ich verweise hier lediglich auf: Assmann, Haug, Hofmann, Schmidt, Winzen.

8. Die Auseinandersetzungen mit dem Täuschen und Fälschen sind für die Fragestellungen dieses Buches u. a. auch deshalb relevant, weil in fast allen ästhetischen Forschungsvorhaben von Studierenden und SchülerInnen diese Prozesse eine wichtige Rolle spielen.

9. Siehe dazu Beat Wyss, a. a. O. S. 49 f.

10. Daniela Hammer-Tugendhat: Liebesbriefe. Plädoyer für ein neues Text-Bild-Verständnis der holländischen Malerei des 17. Jahrhunderts. In: Kunsthistorische Mitteilungen des Österreichischen Kunsthistorikerverbandes, 10. Österreichische Kunsthistoriker-Tagung, Wien, S. 130. Die Textanmerkungen beziehen sich auf Henkel-Schöne: Emblemata. Handbuch zur Sinnbildkunst

des 16. und 17. Jh. Stuttgart 1967; auf Arbeiten von Norman Bryson, der versucht, semiotische Paradigmen für die Kunstgeschichte produktiv zu machen (Vision and Painting, London 1983); auf Martin Heusser: The Ear of the Eye the Eye of the Ear: On the relation between Words and Images. In: ders.: Word & Image Interaction. Basel 1990; sowie auf Wentzel, Horst: Audiovisualität vor und nach Gutenberg. Skira 2000; und Richard Roty: The Linguistic Turn. Chicago 1967.

11. In seinen Ausführungen zur ‚Idee des Schönen' setzt Hegel die Begriffe Wahrheit und Schönheit synonym. Menschliches Denken ist in der Lage, die Idee des Schönen zu fassen und auf dieser Grundlage eine eigene geistige und künstlerische Welt zu entwerfen (siehe dazu auch Schelling); dazu ebenfalls: Hauskeller, Nida-Rümelin und Schneider, a. a. O.

12. Beat Wyss greift eine Argumentationslinie zu Heideggers Fragestellung nach Wahrheit und Lüge in der Kunst auf, die auf wesentlichen Gedanken Nietzsches beruhen. Siehe dazu auch Safranski, a. a. O. S. 51 ff.

13. Siehe dazu Gombrich: Meditationen, a. a. O. S. 39 ff und Borgeest, a. a. O. S. 21 f.

14. Die Diskussion der Wirklichkeitskonstruktion im Akt der Wahrnehmung ist verstärkt über den Konstruktivismus-Diskurs in die Auseinandersetzung geraten. Siehe dazu auch v. Glasersfeld, Foerster, Göhlich, a. a. O.

15. Irmela Schneider weist in ihren Darlegungen zur Hybrid-Kultur darauf hin, dass auch gerade die Hybridisierung sich als ein Vielfältig-Differentes zu erkennen gibt (Schneider, a. a. O. S. 45).

IV Bezugsfeld: Wissenschaft

1. Rumpf hat in seinen Texten durchgehend den Gedanken der Rückführung formal erworbenen Wissens in Akte des Fragens verfolgt. Das ‚Fragen lernen' wäre in Analogie zum ‚Lernen lernen' ein pädagogisches Grundprinzip. Siehe dazu auch Dreier, a. a. O. 1993.

2. Popper hat mit seinen Überlegungen zu den wissenschaftlichen Methoden in den siebziger Jahren die Diskussion wesentlich mitbestimmt, hat er doch auf die Fallstricke verwiesen, die dann gegeben sind, wenn man Hypothesen aufstellt, um sie verifizieren anstatt falsifizieren zu wollen.

3. Bei der Frage nach einer anderen Form der Erkenntnis, die nicht allein vom Logos bestimmt ist, hat G. Otto sich in seinen Auseinandersetzung vor allem auf Seels Begriff der ‚ästhetischen Rationalität' bezogen.

4. Barbara Sichtermann hat in einer Zeit, in der tendenziell alles gleichwertig und gleichgewichtig sein sollte, auch die ‚Schönheit' der Nicht-Schönen mit der der Schönen herausgestellt, dass Schönheit nicht demokratisierbar sei und nur wenigen vorbehalten ist. Die Erkenntnisfähigkeit wäre eine denkbare Analogie.

5. Ich folge hier zunächst den Argumentationslinien von Böhme/Böhme, die unter den Begriff ‚vom Anderen der Vernunft' die abgespalteten und ausgegrenzten Anteile all dessen, was nicht im Begriff ‚Logos' aufgeht, subsumieren.

6. Hier ist die größtmögliche Differenz zu allem Subjektiven, Gefühlsmäßigen, Emotionalen, Alltäglichen formuliert.

7. So taucht Kants Erkenntnisbegriff in mehreren Kontexten auf. Siehe dazu auch G. Vollmer, S. 139 ff, Böhme/Böhme S. 277 f. Zum Begriff ‚Vernunft' bei Kant auch: Ludwig, Ralf, a. a. O.

8. Siehe dazu W. Welsch; für die Fachdidaktik G. Otto, u. a.

9. In der Nachfolge entstehen viele Abhandlungen zur Alltags- bzw. Lebenswelt; siehe dazu z. B. Waldenfels, Schütz, Luckmann.

10. Siehe hierzu Rumpf, a. a. O.

11. Siehe generell zur Frage ,sinnlicher Erkenntnis' auch Lehnerer, S. 47; Staudte: Pendelschwingungen – zu Hugo Kükelhaus heute.; Pazzini: Sind die Sinne dumm? a. a. O.

12. Siehe hier Textauszug Pazzini (S. 140).

13. Siehe dazu Gardner, S. 15. Dies erfolgt sicherlich auch in Hinblick auf die Missverständnisse, die Guilfords Untersuchungen zur Kreativität ausgelöst haben, indem man z. T. völlig absurde Trainingsprogramme ableitete.

14. Winner z. B. hat diese Eigenschaften als Ergebnis ihrer Untersuchungen herausgestellt (Winner, a. a. O.).

15. P. A. Masets Versuch aus philosophischen Diskursen – vor allem dem Derridas zur ,difference' – ist in vielerlei Hinsicht für die kunstdidaktische Diskussion produktiv.

16. Siehe hierzu u.a. Gombrich: Die Krise der Kulturgeschichte. a. a. O.

17. Siehe hierzu auch H. v. Hentig ,Kreativität', wie auch die Diskussion aus neurowissenchaftlicher Sicht, z. B. Goleman.

18. Siehe hierzu auch P. Feyerabend, S. 109 ff.

19. Siehe hierzu Willkomm: Ästhetisch erleben. a. a. O.

V Beispiele

1. Aby Warburg hat mit seinem Bilder-Atlas ,Mnemosyne' in den zwanziger Jahren (1929) – der die alltagsästhetischen Bilderwelten unter spezifischen Kategorien exemplarisch fassen und archivieren sollte, um sie dem Vergessen zu entziehen – sowie in den achtziger Jahren im Rahmen kunstgeschichtlicher Forschungen erste größere Beachtung gefunden, um dann am Ende der neunziger Jahre im Kontext der breit angelegten Diskussion zu ,Erinnern und Vergessen' in vielerlei Zusammenhängen noch stärker wahrgenommen zu werden.

2. Siehe dazu Bourdieu: Zur Soziologie der symbolischen Formen. a. a. O. und Groys: Über das Neue. a. a. O.

3. Um an dieser Stelle wenigstens eine Publikation zu nennen, die sich explizit mit Fragen des Biografischen befasst: Mies, 1982, a. a. O.

4. Annette Lauer: Jugend zwischen 1935 und 1945. Ästhetische Forschung im Bereich weiblicher Biografien. Universität Paderborn, Fb 4 Kunst, 2000. Die hier angesprochenen Zitate beziehen sich auf:

Keim, Wolfgang: Erziehung unter der Nazi-Diktatur. Darmstadt 1995; Klaus, Martin: Mädchen im 3. Reich. Köln 1984; Klönne, Arno: Jugend im Dritten Reich. Köln 1984.

5. Vesna Stalljohann: Wer war Ursel P.? Eine ästhetische Forschung. Universität Paderborn, Fb 4 Kunst, 1999; Ein umfassenderer Beitrag von H. Kämpf-Jansen zu ,Wer war Ursel P.' ist abgedruckt in: Ecker, Gisela/Scholz, Susanne: Die Umordnung der Dinge. Eine kurze Fassung ist auch nachzulesen in: Blohm, M.: Leerstellen. a. a. O.

6. Marré, Daniel: Igor de Cadence – eine ästhetische Biografie. Universität Paderborn, Fb 4 Kunst, 1999.

7. Mirja Lang: Die Frau von Nebenan. Eine ästhetische Forschung. Universität Paderborn, Fb 4 Kunst, 1999.

8. Heike Schlothane: Körper-Fragment-Hülle-Haut. Versuche zur Körperkunst in der Auseinandersetzung mit aktuellen Medien. Universität Paderborn, Fb 4 Kunst, 1999.

9. Anja Neisemeier, unveröffentlichte Fassung der zweiten Staatsexamensarbeit. Einige Gedanken sind auch formuliert in: Blohm, M.: Leerstellen, a. a. O.

10. Das Zitat Rimbauds bildete das Motto der Ausstellung zu Körpererfahrung zu Beginn des 21. Jahrhunderts. Siehe dazu: Ich ist etwas Anderes. Katalog, Düsseldorf, 2000.

11. Alessandra Nitsch hat ihre ersten Erfahrungen mit einem Unterricht auf der Grundlage eines Konzepts ‚ästhetische Forschung' skizziert. In: Blohm, M. a. a. O.

12. Katrin Kobusch-Klessman: Eine multimediale Installation zum Thema : Schwein. Universität Paderborn, Fb 4 Kunst, 1999. Die hier zitierte Literatur bezieht sich auf:

Jappe, Elisabeth: Performance, Ritual, Prozeß. Handbuch der Aktionskunst in Europa. München 1993; Nikolaus Lang in einem Interview. In: Jappe, a. a. O.

13. Julia Lambertz: Die siebenTodsünden. Universität Paderborn, Fb 4 Kunst, 1999. Die hier zitierte Literatur bezieht sich auf:

Schaffner/Winzen: Deep Storage. a. a. O.

Lucie-Smith, Edward: Bildende Kunst im 20. Jahrhundert. Köln 1999.

Lange, Marie Luise: KörperHandlunsSpielRäume in der Performance-Art. Zu ästhetischen Grenzüberschreitungen in der kunstpädagogischen Praxis. In: Richter/Siewert, a. a. O.

Lauter, Rolf (Hg): Bill Viola. Europäische Einsichten/European Insights. München/London/New York 1999.

14. Antoneta Berisha: Der Fremde – Die Fremde. Identität zwischen den Kulturen. Universität Paderborn, Fb 4 Kunst, 1999. Die hier zitierte Literatur bezieht sich auf:

Selle: Das ästhetische Projekt. a. a. O.

Kristeva: Fremde sind wir uns selbst. Bade Baden 1989.

Schütz, N.: Identifikation und Abgrenzung. In: Kunst & Unterricht 185/1994.

15. Sabine Eikel: Nixen, Undinen und Wasserfrauen. Ein Beitrag zur ästhetischen Forschung des Weiblichen. Universität Paderborn, Fb 4 Kunst, 2000.

16. Iris Kolhoff-Kahl: Komplexe Infekte statt dekorative Effekte. In: Textil, Wissenschaft, Forschung. 3/2000.

17. Für die Grundschule hat R. Bücher ein umfassendes Projekt zu den vier Elementen mit verschiedenen Kollegen durchgeführt und aufgezeichnet. a. a. O.

18. Die Formulierung ‚wir' bezieht sich darauf, dass dieses Unterrichtsvorhaben mit Studierenden durchgeführt wurde und alle ästhetisch-praktischen Arbeiten, die sie mit den Kindern durchführen wollten selbst – auf dem Niveau ihrer eigenen ästhetischen Möglichkeiten – erarbeitet haben. Diese Art des Unterrichtens, bei der Lehrende eigene Arbeiten einbringen, hat eine große Schubkraft

und erzeugt eine hohe Produktivität. Die traditionell formulierten Ängste, Kinder würden dann nur nachahmen was man ihnen zeigt, treffen hier in keiner Weise zu.

19. Das Beispiel ‚Kindheits-Archive' ist veröffentlicht in: Die Grundschulzeitschrift, a. a. O.

20. Das Beispiel: ‚Dinge' ist veröffentlicht in: Die Grundschulzeitchift, a. a. O.

21. Das Beispiel: ‚Wiesenschaumkraut' ist veröffentlicht in: Westermann: Die Grundschule. a. a. O.

22. Die Thesen sind veröffentlicht in: Die Grundschulzeitschrift. a. a. O.

Literatur

Aissen-Crewett, Meike: Ästhetische Rationaliät. Zauberwort der Ästhetischen Erziehung. BDK-Mitteilungen 1/1999.

Aristoteles: Poetik. Stuttgart 1982.

Asendorf, Christoph: Batterien der Lebenskraft. Gießen 1984.

Assmann, Aleida: Erinnerungsräume. Formen und Wandlungen des kulturellen Gedächtnisses. München 1999.

Assmann, Aleida: Identitäten. Frankfurt/M. 1999.

Barck, Klaus, u. a. (Hg): Aisthesis. Wahrnehmung heute oder Perspektiven einer anderen Ästhetik. Leipzig 1990.

Baudrillard, Jean: Das System der Dinge. Über unser Verhältnis zu den alltäglichen Gegenständen. Frankfurt/M. 1991.

Baumgart, Silvia, u. a. (Hg): Denkräume zwischen Kunst und Wissenschaft. Berlin 1993.

Baumgarten, Gottlieb: Aesthetica. Frankfurt/O. 1751 /Hildesheim 1963.

Below, Irene: Neu besehen: „Frauen, die malen, drücken sich vor der Arbeit." In: Ziesche/Marr: a. a. O.

Bilstein, Johannes: Kunst und Erziehung. In: Hanel, Bernhard/Wagner, Robin: Spannungsfeld Kunst. Stuttgart 1997.

Blohm, Manfred (Hg): Leerstellen. Perspektiven für ästhetisches Lernen in Schule und Hochschule. Köln 2000.

Blohm, Manfred: Leerstellen. Unvollständige Gedanken über das, was war, was ist und über das, was sein könnte. In: ders: Leerstellen. a. a. O.

Blohm, Manfred: Kunstpädagogische Gedankenskizze für eine andere Schule. BDK-Mitteilungen 1/2000.

Böhme, Hartmut/Böhme, Gernot: Das Andere der Vernunft. Frankfurt/M. 1985.

Bohnsack, R.: Biografieforschung. Opladen 1998.

Borgeest, Claus. Das sogenannte Schöne. Frankfurt/M. 1977.

Bösch, Ernst: Das Magische und das Schöne. Stuttgart/Bad Cannstatt 1983.

Bourdieu, Pierre: Die feinen Unterschiede. Frankfurt/M. 1982.

Bourdieu, Pierre: Zur Soziologie der symbolischen Formen. Frankfurt/M. 1974.

Brandes, Uta/Steffen, Miriam/Stich, Sonja: Alltäglich und medial: NID – Nicht-intentionales Design. In: Ecker/Scholz: UmOrdnungen der Dinge. a. a. O.

Broch, Hermann: Der Kitsch. In: Gesammelte Werke. Band 6, Zürich 1955.

Büchner, Rainer (Hg): Kunstunterricht in der Grundschule. Elementares Lernen mit Feuer, Wasser, Erde, Luft. Donauwörth 1997.

Busse, Klaus-Peter: Atlas Mapping in der ästhetischen Praxis. In: BDK-Mitteilungen, 4/1998.

Daniels, Dieter: Duchamp und die anderen. Der Modellfall einer künstlerischen Wirkungsgeschichte in der Moderne. Köln 1992.

Danto, Arthur C.: Die Verklärung des Gewöhnlichen. Frankfurt/M. 1984.

Deschner, Karl-Heinz: Kitsch, Konvention und Kunst. München 1958.

Dewey, John: Kunst als Erfahrung. Frankfurt/M. 1988.

Dorfles, Gillo: Der Kitsch. Tübingen 1969.

Dreier, Annette: Was tut der Wind, wenn er nicht weht? Begegnung mit der Kleinkindpädagogik in Reggio Emilia. Berlin 1993.

Duderstadt, Martin: Ästhetik und Wahrnehmung. In: ders.: Kunst in der Grundschule. Frankfurt/M. 1996

Duncker, Ludwig, u. a. (Hg): Kindliche Phantasie und ästhetische Erfahrung. Wirklichkeit zwischen Ich und Welt. Langenau, 1990.

Duncker, Ludwig/Frohberg, Michaela/Zierfuss, Maren: Sammeln als ästhetische Praxis. In: Neuß, Norbert: Ästhetik der Kinder. a. a. O.

Ecker, Gisela/Scholz, Susanne (Hg): UmOrdnungen der Dinge. Königstein 2000.

Ecker, Gisela, u. a. (Hg): Sammeln, Ausstellen, Wegwerfen. Königstein 2001.

Egenter, Richard: Kitsch und Christenleben. München 1958.

Ehmer, Hermann K.: Über Mme Cezanne in Tübingen und die leidige Frage nach der Kunstwahrnehmung. In: Grünewald, Dietrich (Hg): a. a. O.

Ehmer, Hermann K.: Das Schweigen der Bilder. In: BDK-Mitteilungen, 1/1991.

Ehmer, Hermann K.: Kunstvermittlung. In: Kunst & Unterricht, 109/1987.

Ehmer, Hermann K.: Ästhetische Erziehung und Alltag. Gießen 1979.

Ehrenspeck, Yvonne: Aisthesis und Ästhetik. In: Mollenhauer/Wulf: a. a. O.

Eucker, Johannes: Die Fotografie des Obergefreiten. In: Becker, Helmut/Beckmann, Dieter u. a. (Hg): Psychosozial. Erinnern hilft Vorbeugen. Weinheim 1986.

Eucker, Johannes: Zum Beispiel Goethe, Dürer, Merian. Oder: Künstler und Naturforscher, in deren Werk Subjektivität und Objektivität noch nicht kategorisch getrennt sind. In: Staudte, Adelheid: a. a. O.

Eucker, Johannes/Kämpf-Jansen, Helga (Hg): Ästhetische Erziehung 5 – 10. München 1980.

Feyerabend, Paul: Wissenschaft als Kunst. Frankfurt/M. 1984.

Fischer, Lili: Primäre Ideen. Hand- und Fußarbeiten aus der Kunstakademie Münster. Regensburg 1996.

Fischer, Volker: Nostalgie. Geschichte und Kultur als Trödelmarkt. Frankfurt/M. 1980.

Fliedl, Gottfried (Hg): Museum als soziales Gedächtnis? Klagenfurt 1988.

Flusser, Vilém: Dinge und Undinge. Phänomenologische Skizzen. München 1993.

Förster, Heinrich (Hg): Sammler & Sammlung: Das Herz in der Schachtel. Köln 1998.

Förster, Heinz v.: Wahrnehmen wahrnehmen. In: Barck u. a.: a. a. O.

Foucault, Michel. Archäologie des Wissens. Frankfurt/M. 1973.

Gardner, Howard: Kreative Intelligenz. Frankfurt/M. 1999.

Georgen, Theresa, u. a. (Hg): Ich bin nicht ich, wenn ich sehe. Berlin 1991.

Giesz, Ludwig: Phänomenologie des Kitsches. München 1971.

Ginzburg, C.: Spurensicherungen. Über verborgene Geschichte, Kunst und soziales Gedächtnis. München 1992.Glässing, G., Kemper, A. und Wäcken, M.: … weil ich ein Mädchen bin. Biographien, weibliche Identität und Ausbildung. Bielefeld 1994.

Glasersfeld, E. v.: Einführung in den radikalen Konstruktivismus. In: Watzlawick: a. a. O.

Göhlich, Michael: Konstruktivismus und SinnesWandel in der Pädagogik. In: Mollenhauer/Wulf: a. a. O.

Goleman, Daniel: Emotionale Intelligenz. München 1998.

Gombrich, Ernst: Meditationen über ein Steckenpferd. Frankfurt/M. 1987.

Gombrich, Ernst: Die Krise der Kulturgeschichte. München 1991.

Goodman, Nelson: Sprachen der Kunst. Frankfurt/M. 1973.

Goodman, Nelson: Vom Denken und anderen Dingen. Frankfurt/M. 1987.

Grappe, Hans-Heinrich/Jürgensen, Frank: Gegenstände der Fremde. Museale Grenzgänge. Hamburg 1988.

Groys, Boris: Über das Neue. Versuch einer Kulturökonomie. Wien 1992.

Groys, Boris: Logik der Sammlung. München 1997.

Grünewald, Dietrich (Hg): Was sind wir Menschen doch … Menschen im Bild. Analysen. Weimar 1995.

Grünewald, D./Legler, W./Pazzini, K.-J.: Ästhetische Erfahrung. Velber 1997.

Grüttner, Tina: Von den Dingen. Gegenstände in der zeitgenössischen Kunst. München 1996.

Hagens, Gunter v.: Körperwelten. Katalog. Mannheim/Köln 2000.

Hard, Gerhard: Spuren und Spurenleser. Zur Theorie und Ästhetik des Spurenlesens in der Vegetation und anderswo. Osnabrück 1995.

Hard, Gerhard: Ästhetische Dimensionen in der wissenschaftlichen Erfahrung. In: Jüngst/Meder (Hg): Urbs et Regio, 62/1995.

Hartwig, Helmut: Jugendkultur. Ästhetische Praxis in der Pubertät. Hamburg 1980.

Hartwig, Helmut (Hg): Sehen lernen. Köln 1976.

Hartwig, Helmut: Sprache macht kunstlos. In: Wie zu sehen ist. Museum zum Quadrat Nr. 5, Wien 1994.

Hartwig, Helmut: Über die Kunst, ihren Begriff und was sie mit der Pädagogik zusammen kann und was nicht. In: BDK-Mitteilungen, Heft 1/1996.

Haug, Frigga: Erinnerungsarbeit. Hamburg 1990.

Hauskeller, Michael (Hg): Was das Schöne sei. München 1994.

Hentig, Hartmut v.: Kreativität. Hohe Erwartungen an einen schwachen Begriff. München 1998.

Hentig, Hartmut v.: Bildung. München 1996.

Hinkel, Hermann: Ein Grabstein für Plangon. Erfahrungsbericht über ein Unterrichtsprojekt. In: Geschichte lernen. 16/1990.

Hoffmann, Detlev: Das Gedächtnis der Dinge. KZ-Relikte und KZ-Denkmäler 1945–1995. Frankfurt/M. 1996.

Hoffmann, Otfried: Das Prinzip Wegwerf. Gießen 1990.

Holzkamp, Klaus: Sinnliche Erkenntnis – historischer Ursprung und gesellschaftliche Funktion der Wahrnehmung. Frankfurt/M. 1973.

Husserl, Edmund: Phänomenologie der Lebenswelt. Stuttgart 1986.

Jauß, Robert: Ästhetische Erfahrung und literarische Hermeneutik. Frankfurt/M. 1982.

Jeggle, Utz: Heimatmuseum. In: Wie zu sehen ist, Museum zum Quadrat Nr. 5, Wien 1994.

Kabakov, Ilya: Über die ,totale' Installation. Bonn 1995.

Kämpf-Jansen, Helga (Hg): Mädchen und Jungen. Ästhetische Erziehung zwischen Klischee, Wirklichkeit und Wunschvorstellungen. Themenheft. Grundschulzeitschrift, Heft 40/1990.

Kämpf-Jansen, Helga (Hg): Die Dinge der Kinder. Themenheft. Die Grundschulzeitschrift 6/1998.

Kämpf-Jansen, Helga: Von der Last kunstpädagogischer Wirklichkeit und der Lust einer Kunstpädagogik von morgen. In: Richter, Heidi/Sievert, Adelheid (Hg): a. a. O.

Kämpf-Jansen, Helga: Kitsch oder ist die Antithese der Kunst weiblich? In: Barta, Ilsebill u. a. (Hg): Frauen, Bilder, Männer, Mythen. Frankfurt/M. 1987.

Kämpf-Jansen, Helga: Ästhetische Forschung – wie man ernst macht mit dem Anderen der Vernunft. In: Blohm, Manfred: Leerstellen. a. a. O.

Kämpf-Jansen, Helga: Alltagsdinge werden Kunstobjekte – Zu Fragen der Alltagserfahrung und Kunstwahrnehmung. In: Bensberger Protokolle. Bensberg 1988.

Kämpf-Jansen, Helga: Kitsch/Triviales. Eine skizzenhafte Annäherung. Kunst & Unterricht 103/1986

Kämpf-Jansen, Helga: Objekte und Dinge. Kunst & Unterricht 6/1981.

Kämpf-Jansen, Helga: Kunst-Staub. In: Ecker, Gisela u. a. (Hg): Sammeln, Ausstellen, Wegwerfen. Königstein 2001.

Kant, Immanuel: Kritik der reinen Vernunft. Hg. v. Weischedel, Wilhelm. Frankfurt/M. 1976.

Kant, Immanuel: Kritik der praktischen Vernunft. Hg. v. Weischedel, Wilhelm. Frankfurt/M. 1977.

Kant, Immanuel: Kritik der Urteilskraft. Hg. v. Lehmann, Gerhard. Stuttgart 1981.

Karpfen, Fritz: Der Kitsch. Hamburg 1929.

Kern, Ursula: Gesammelte Schätze von Kindern, Künstlern und Kunstliebhabern. Begleitheft zur Ausstellung im Kindermuseum des Historischen Museums. Frankfurt 1988.

Killy, Walter: Deutscher Kitsch. Göttingen 1972.

Kirchbaum, Jörg (Hg): Deutsche Standards. Produkte und Objekte in Deutschland, die als prominenter Teil für das Ganze stehen. 100 Namen und Begriffe, von Aspirin bis Zeiss in schwarzweißen Bildern und Worten. Stuttgart/Wien 1989.

Kirchner, Constance: Kinder und Kunst der Gegenwart. Seelze 1999.

Kirchner, Constanze/Peez, Georg (Hg): Werkstatt: Kunst. Hannover 2001.

Kirkham, Pat (Hg): The gendered object. Manchester 1996.

Kirsch, Sarah: Interview mit Herlinde Koelbl. In: Koelbl, Herlinde: a. a. O.

Koelbl, Herlinde: Im Schreiben zu Haus: Wie Schriftsteller zu Werke gehen. München 1998.

Kollhoff-Kahl, Iris: Komplexe Infekte statt dekorative Affekte. In: Textil, Wissenschaft, Forschung. Heft 3/2000.

Kracauer, Siegfried: Die Fotografie. In: Kemp, Wolfgang (Hg): Theorie der Fotografie II (1912–1945). München 1979.

Kriesche, Richard: Der „über-flüssige" Körper. Kunstforum, 133/1996.

Kunde, Wolfgang: Collagieren als Erkenntnisprozeß. Didaktische Analyse eines ästhetischen Verfahrens mit einem Exkurs über Basteln. In: Hartwig, Helmut (Hg): Sehen lernen. a. a. O.

Lange, Marie-Luise: Grenzüberschreitungen. Wege zur Performance. (Diss.) Berlin/Gießen 1999.

Lange, Marie-Luise: Zum Spagat zwischen Aufgabe und offener ästhetischer Selbstbildung im Prozeß kunstpädagogischer Arbeit. In: Blohm, Manfred: Leerstellen. a. a. O.

Larminat, Max-Henri: Objets en dérive Nr 5. Centre Georges Pompidou. Paris 1984.

Legler, Wolfgang: Das Notwendige gemeinsam erreichen. Plädoyer für eine vielfältige ästhetische Erziehung. In: Zacharias, Wolfgang: Kaleidoskop, Kunst- und Kulturpädagogik. a. a. O.

Lehnerer, Thomas: Methode der Kunst. Würzburg 1994.

Leithäuser, Thomas/Volmerg, Birgit: Die Entwicklung einer empirischen Forschungsperspektive aus der Theorie des Alltagsbewußtseins. In: Leithäuser/Volmerg/Wutka: Entwurf zu einer Empirie des Alltagsbewußtseins. Frankfurt/M. 1981.

Lenzen, Dieter (Hg): Kunst und Pädagogik. Erziehungswissenschaft auf dem Weg zur Ästhetik? Darmstadt 1990.

Lévi-Strauss, Claude: Das wilde Denken. Frankfurt/M. 1962.

Lippe, Rudolf zur: Sinnenbewußtsein. Grundlegung einer anthropologischen Ästhetik. Reinbeck 1987.

Ludwig, Ralf: Kant für Anfänger. Der kategorische Imperativ. Frankfurt/M. 1995.

Marquardt, Claudia: Tagebücher. Zur Konstruktion und Rezeption eigener und fremder Tagebücher. Kunst & Unterricht 227/1998.

Maset, Piereangelo: Ästhetische Bildung der Differenz. Pädagogik im technischen Zeitalter. Stuttgart 1995.

Maturana, H./Varela, F.: Der Baum der Erkenntnis. Bern 1990.

Mayerhofer, Hans/Zacharias, Wolfgang: Ästhetische Erziehung. Lernorte für aktive Wahrnehmung und soziale Kreativität. Reinbeck 1976.

Mayröcker, Friederike: Interview mit Herlinde Koelbl. In: Koelbl, Herlinde: a. a. O.

Merleau-Ponty, Maurice: Das Sichtbare und das Unsichtbare. München 1994.

Metken, Günter: Spurensicherung. Köln 1970.

Metken, Günter: Spurensicherung – eine Revision. Texte 1977-1995. Amsterdam 1996.

Mettner, Martin: Amateurphotografie. Reise und Urlaub im Bild des Touristen. In: Pohl, Klaus (Hg): Ansichten der Ferne. Reisefotografie 1870 – Heute. Gießen 1983.

Meyer-Abich, Klaus-Michael/Brinbacher, Dieter (Hg): Was braucht der Mensch, um glücklich zu sein? Bedürfnisforschung und Konsumkritik. München 1979.

Mies, Maria: Weibliche Lebensgeschichte und Zeitgeschichte. In: Wittich, B.: Dokumentation der Tagung „Weibliche Biografien". Hg. v. Sozialwissenschaftliche Forschung und Praxis e.V. (Beiträge zur feministischen Theorie und Praxis 7). München 1982.

Molderings, Herbert: Spurensicherung in der bildenden Kunst. In: Loccumer Protokolle 55/1984.

Moles, Abraham: Psychologie des Kitsches. München 1972.

Mollenhauer, Klaus: Grundfragen der ästhetischen Bildung. Theoretische und empirischen Befunde zur ästhetischen Erfahrung von Kindern. Weinheim/München 1996.

Mollenhauer, Klaus/Wulf, Christoph: Aisthesis/Ästhetik. Zwischen Wahrnehmung und Bewußtsein. Weinheim 1996.

Muensterberger, Werner: Sammeln. Eine unbändige Leidenschaft. Berlin 1995.

Neisemeier, Anja: John Keating oder der didaktische Weichzeichner. In: Blohm, Manfred, (Hg): Leerstellen. a. a. O.

Neuß, Norbert (Hg): Ästhetik der Kinder. Beiträge zur Medienpädagogik Bd. 5. Frankfurt/M. 1999.

Nida-Rümelin, Julian/Betzler, Monika (Hg): Ästhetik und Kunstphilosophie von der Antike bis zur Gegenwart. Stuttgart 1998.

Nitsch, Alessandra: Ästhetische Forschung über Stars und Idole in der Schule. In: Blohm, Manfred (Hg): Leerstellen. a. a. O.

Ostner, Ilona: Zur Vergleichbarkeit von Aussagen in lebensgeschichtlichen Interviews. In: Wittich, B.: Dokumentation der Tagung „Weibliche Biografien". Hg. v. Sozialwissenschaftliche Forschung und Praxis e. V. (Beiträge zur feministischen Theorie und Praxis 7). München 1982. Otto, Britta. Untersuchungen zum Paradigmenwechsel in der ästhetischen Erziehung. Frankfurt/M 1984. In: Otto, Gunter: Lehren und Lernen zwischen Didaktik und Ästhetik. 3 Bde. Hannover 1998.

Otto, Gunter: Auslegen. Seelze 1984.

Otto, Gunter: Lehren und Lernen zwischen Didaktik und Ästhetik. 3 Bde. Velber 1998.

Panati, Charles: Universalgeschichte der ganz gewöhnlichen Dinge. Frankfurt/M. 1994.

Pazzini, Karl-Josef: Kulturelle Bildung im Medienzeitalter. Hg. v. d. Bund-Länder-Kommission/Reihe: Materialien zur Bildungsplanung und zur Forschungsförderung, Heft 77/1999.

Pazzini, Karl-Josef: Die gegenständliche Umwelt als Erziehungsmoment. Weinheim 1983.

Pazzini, Karl-Josef: Sind die Sinne dumm? Oder: Warum nur aßen Adam und Eva vom Baum der Erkenntnis? In: Zacharias, Wolfgang: Sinnenreich. a. a. O.

Peez, Georg: Kunst an der Grenze zur Pädagogik. In: BDK-Mitteilungen, 3/1999.

Peltzer, Ulrich: Die Erkundung der Welt. Über den Schriftsteller William Gaddis. Frankfurter Rundschau Nr. 72, 25. März 2000.

Peters, Maria: Blick – Wort – Berührung. Differenzen als ästhetisches Potential in der Rezeption plastischer Werke. München 1996.

Peters, Maria/Steinkopf, Sabine: Die Karten zwischen Theorie und Praxis neu mischen. In: Blohm, Manfred (Hg): Leerstellen. a. a. O.

Peters, Maria: Künstlerische Strategien und kunstpädagogische Perspektiven. In: Ziesche, Angela: a. a. O.

Petrosky, Henry: Messer, Gabel, Reißverschluß. Die Evolution der Gebrauchsgegenstände. Basel 1994.

Popper, Karl. Logik der Forschung. Tübingen 1935. 2. Aufl. 1966.

Proudhon, Pierre-Joseph: Von den Grundlagen und der sozialen Bestimmung der Kunst (erschienen 1865). Neuauflage Berlin 1988.

Puritz, Ulrich: Sushi-Syndrom /LKW als PKW oder Lebenskunstwerk als Projektkunstwerk. In: Blohm, Manfred (Hg): Leerstellen. a. a. O.

Puritz, Ulrich: Der Kunstprojektor. In: Selle/Zacharias/Burmeister: Anstöße. a. a. O.

Rech, Peter: Kunstpädagogik zwischen Aufklärung und Sehnsucht. Köln 1994.

Richard, Birgit: Todesbilder, Kunst, Subkultur, Medien. München 1995.

Richard, Birgit: Die oberflächlichen Hüllen des Selbst. In: Kunstforum 141/1998.

Richter, Heidi/Siewert, Adelheid (Hg): Eine Tulpe ist eine Tulpe ist eine Tulpe. Frauen, Kunst und neue Medien. Königstein 1998.

Rumpf, Horst. Die übergangene Sinnlichkeit. Drei Kapitel über Schule. München 1981.

Rumpf, Horst: Mit fremden Blick. Weinheim 1986.

Rumpf, Horst: Die künstliche Schule und das wirkliche Lernen. München 1986.

Rumpf, Horst: Die unbekannte Nähe – Über Entautomatisierungen. In: Zacharias, Wolfgang: Sinnenreich. a. a. O.

Salom, Tereza: Asservate – Exhibits. Jüdisches Museum Hohenems 1996.

Schaffener, Ingrid/Winzen, Matthias (Hg): Deep Storage – Arsenale der Erinnerung. Sammeln, speichern, archivieren in der Kunst. München, New York 1997.

Schlosser, Julius: Kunst- und Wunderkammern der Spätrenaissance. Braunschweig 1978.

Schmidt, Sigfried: Gedächtnis, Erinnern, Vergessen. In: Kunstforum 127/1994.

Schneider, Irmela/Thomsen, Christian (Hg): Hybridkultur. Medien, Netze, Künste. Köln 1997.

Schneider, Norbert: Geschichte der Ästhetik von der Aufklärung bis zur Postmoderne – eine pragmatische Einführung. Stuttgart 1996.

Schönich, Gerhard/Yasushi, Kato: Kant in der Diskussion der Moderne. Frankfurt/M. 1996.

Schütz, Alfred/Luckmann, Thomas: Strukturen der Lebenswelt. Frankfurt/M. 1979.

Schulz, Theodor: Der gemalte Blick des Malers. Ein Beitrag zu einer Geschichte des Sehens. In: Mollenhauer/Wulf: a. a. O.

Schulze, Gerhard: Die Erlebnis-Gesellschaft. Kultursoziologie der Gegenwart. Frankfurt/M. 1992.

Schumacher-Chilla: Ästhetisches Verhalten und Selbstbild. In: Mollenhauer/Wulf: a. a. O.

Schütz, Alfred/Luckmann, Thomas: Strukturen der Lebenswelt. Frankfurt/M. 1979.

Seel, Martin: Die Kunst der Entzweiung. Zum Begriff der ästhetischen Rationalität. Frankfurt/M. 1985.

Seel, Martin: Eine Ästhetik der Natur. Frankfurt/M. 1991.

Segeth, Uwe-Volker: Das hat mir gerade noch gefehlt – Lust und Frust des Sammelns. Freiburg 1993.

Seitz, Hanne (Hg): Schreiben auf Wasser. Bonn 1999.

Seitz, Hanne: Here be dragons. Zum performativen Verfahren. In: dies.: a. a. O. S. 225.

Selle, Gert: Das ästhetische Projekt. Unna 1994.

Selle, Gert/Boehe, Jutta: Leben mit den schönen Dingen. Hamburg 1990.

Selle, Gert: Kunstpädagogik und ihr Subjekt. Oldenburg 1998.

Selle, Gert: Ästhetische Arbeit. In: BDK-Mitteilungen 1/1997.

Selle, Gert: Kultur der Sinne und ästhetische Erziehung. Köln 1981.

Selle, Gert: Soll man von ästhetischer Intelligenz reden? In: Zacharias, Wolfgang (Hg): Sinnenreich. a. a. O.

Selle, Gert. Siebensachen. Ein Buch über die Dinge. Frankfurt/M. 1997.

Selle, Gert/Zacharias, Wolfgang/Burmeister, Hans-Peter (Hg): Anstöße zum ästhetischen Projekt. Hagen 1994.

Sichtermann, Barbara: Weiblichkeit. Zur Politik des Privaten. Berlin 1983.

Staudte, Adelheid: Im Spiel zwischen Sinnlichkeit und Vernunft. Die ästhetische Dimension des Lernens. In: dies.: Ästhetisches Lernen. a. a. O.

Staudte, Adelheid: Mit allen Sinnen lernen. In: dies.: Ästhetisches Lernen. a. a. O.

Staudte, Adelheid (Hg): Ästhetische Erziehung 1–4, München 1980.

Staudte, Adelheid/Vogt, Barbara (Hg): Frauen, Kunst, Pädagogik. Frankfurt/M. 199.1

Staudte, Adelheid (Hg): Ästhetisches Lernen auf neuen Wegen. Weinheim 1993.

Staudte, Adelheid: Pendelschwingungen zu Hugo Kükelhaus heute. In: Zacharias, Wolfgang: a.a.O.

Steffen, Dagmar (Hg): Welche Dinge braucht der Mensch? Gießen 1995.

Stelarc: Von Psycho- zu Cyberstrategien: Prothetik, Robotik und Tele-Existenz. In: Kunstforum 132/1996.

Stielow, Reimar: Zur Aktualität des Sinnesmotivs. In: Zacharias, Wolfgang: a. a. O.

Stöhr, Jürgen (Hg): Ästhetische Erfahrung heute. Köln 1996.

Ströter-Bender, Jutta: Mondstein, flieg und sieg! Zur ästhetischen Sozialisation durch die Kultserie ‚Sailor Moon'. In: Neuß, Norbert: a. a. O.

Sturm-S., Eva: Im Engpaß der Worte. Sprechen über moderne und zeitgenössische Kunst. Berlin 1996.

Theewen, Gerd (Hg): Obsession – Collection. Die Leidenschaft des Sammelns. Köln 1998.

Theewen, G. (Hg). Confusion – Selection. Bibliotheken und Archive. Salon Verlag, Köln 1998.

Ueding, Gert: Glanzvolles Elend. Versuch über Kitsch und Kolportage. Frankfurt/M. 1973.

Uexküll, Jakob v./Kriszat, Georg: Streifzüge durch die Umwelten von Tieren und Menschen. Frankfurt/M. 1970.

Velblen, Thorsten: Theorie der feinen Leute. In: Bovenschen, Silvia (Hg): Die Listen der Mode. Frankfurt/M. 1986.

Vollmer, Gerhard: Die Bedingungen der Möglichkeit von Erfahrung. Apriorismus, hypothetischer Realismus und projektive Erkenntnistheorie. In: Schönrich/Kato: a. a. O.

Waldenfels, Bernhard: In den Netzen der Lebenswelt. Frankfurt/M. 1985.

Warburg, Aby: Memnosyne. Gesammelte Schriften 1-2, Hamburg 1933.

Watzlawik, Paul: Wie wirklich ist die Wirklichkeit. München 1976.

Watzlawik, Paul (Hg): Die erfundene Wirklichkeit. München 1988.

Welsch, Wolfgang: Ästhetisches Denken. Stuttgart 1991.

Welsch, Wolfgang: Grenzgänge der Ästhetik. Stuttgart 1996.

Willkomm, Liebgunde: Ästhetisch erleben. Hildesheim 1981.

Winner, Ellen: Hochbegabt: Mythen und Realitäten von außergewöhnlichen Kindern. Stuttgart 1998.

Wohlfahrt, Günter: Das Schweigen des Bildes. In: Boehm, Gottfried: Was ist ein Bild. München 1994.

Wördehoff, Bernd. Das gab's doch mal. Vielerlei Dinge, die aus unserem Alltag entschwunden sind. Wien 1994.

Wyss, Beat: Der Wille zur Kunst. Köln 1996.

Zacharias, Wolfgang: Gelebter Raum. Die ästhetische Dynamik zwischen Sinn und Sinnlichkeit. In: ders. (Hg): Gelebter Raum. Beiträge zu einer Ökologie der Erfahrung. München 1989.

Zacharias, Wolfgang: Das Didaktische lauert immer und überall – eine kulturpädagogische Skizze. In: Grünewald, u. a.: Ästhetische Erfahrung. a. a. O.

Zacharias, Wolfgang (Hg): Sinnenreich. Vom Sinn einer Bildung der Sinne als kulturell-ästhetisches Projekt. Hagen 1994.

Ziesche, Angela/Marr, Stefanie (Hg): Rahmen aufs Spiel setzen. FrauenKunstPädagogik. Königstein/Taunus 2000.

Zeitschriften

Kunst & Unterricht. Friedrich Verlag, Velber. Besonders seit 1997:

Walch, Josef, u. a. (Hg): Kunst im Kasten. Heft 123/1988.

Otto, Gunter, u. a. (Hg): Sammeln. Heft 128/1988.

Maset, Pierangeleo, u. a. (Hg): Jugendästhetik. Heft 211/1997.

Kirchner, Constance, u. a. (Hg): Spuren suchen – Spuren sichern. Heft 237/1999.

Schmitt, Heinz, u. a. (Hg): Kunst und Erinnerung. Heft 227/1998.

Stehr, Wermer, u. a. (Hg): Der schöne Schein der Dinge. Heft 221/1998.

Meinel, Roland, u. a. (Hg): Design – Leben mit den Dingen. Heft 216/1997.

Uhlig, Bettina/Kirschenmann, Johannes, u.a. (Hg): Kunstkammer. Heft 244/2000.

Walch, Josef (Hg): Mode. Heft 235/1999.

art-Heft 7/1994: Künstler als Forscher

art-Heft 7/1996: Künstler als Sammler

Kunstforum

68/1984: Ort Erinnerung Architektur.

85/1986: Kunst und Wissenschaft.

123/1993: Kunst Geschichte Kunst.

127/1994: Zwischen Erinnern und Vergessen I.

128/1994: Zwischen Erinnern und Vergessen II.

137/1997: Atlas der Künstlerreisen.

142 und 143/1999: Lebenskunstwerke.

Literaturauswahl zu den KünstlerInnen

Arman

Arman. Katalog des Wilhelm-Hack-Museums. Ludwigshafen 1998.

Arman. 1960 – Les Nouveaux Realistes. Katalog Musée d'Art Moderne de la Ville de Paris, Kunsthalle Mannheim und Kunstmuseum Winterthur. London/Paris 1986.

Arman. Sammlung Hahn. Katalog Museum moderner Kunst. Wien 1979.

Arman – Parade der Objekte. Retrospektive 1955 bis 1982. Hg. v. Kunstmuseum Hannover. Hannover 1982.

Kunst & Unterricht, Sonderheft 1970; 70/1981.

Kunstforum 43/1981; 71/1984; 72/1984; 79/1985.

siehe auch: „Deep Storage" (a. a. O.); „Sechziger Jahre." (a. a. O.)

Michael Badura

Deutsche Kunst im 20. Jahrhundert. Katalog. Wolfsburg 1974.

Die eingeweckte Welt und andere Arbeiten aus den Jahren 1966–1977. Katalog. Krefeld 1977.

Fehr, Michael (Hg): Michael Badura. Nürnberg 1992.

Künstlergespräche. Hg. v. Galerie Apex. Göttingen 1980.

Kunstforum International 123/1993.

Naylor, C.: Contemporary artists. London/New York 1977.

Joseph Beuys

art 3/1980; 2/1983; 6/1987; 7/1990; 11/1991; 1/1996.

Bastian, Heiner (Hg): Joseph Beuys. Skulpturen und Objekte. Katalog Martin-Gropius-Bau. Berlin 1988.

Beuys zu Ehren. Katalog. Städtische Galerie im Lenbachhaus. München 1986.

Kunst & Unterricht 27/1974; 39/1976; 66/1981; 67/1981; 70/1981.

Lange, Barbara: Joseph Beuys – Richtkräfte einer neuen Gesellschaft. Berlin 1999.

Schulz, Heribert: Die Plazentavorstellung von Joseph Beuys. Eine synthetische Anatomie. Köln 1997.

Christian Boltanski

Christian Boltanski – Sachlich. Katalog der Kunsthalle Wien. München 1995.

Fleck, R./Schwerfel, H.P.: Wie Leben zum Material für die Kunst wird. In: art 9/1996.

Inventar der Duisburger Kinder. Publikation zur Dauerausstellung im Wilhelm Lehmbruck Museum Duisburg. Bonn 1994.

Kunst & Unterricht 70/1981; 133/1989; 167/1992.

Metken, Günter: (Re)Konstruktion der Erinnerung. In: ders.: Spurensicherung – eine Revision. Texte 1977–1995. Amsterdam 1996.

Noel, Martin: New York between orange and yellow. Köln o. J.

Ost. West. Zur Ausstellungsreihe ‚en passant‘ im ehem. ‚Haus der Jungen Talente Berlin‘. Berlin 1998.

Schneede, Uwe: Christian Boltanski. Inventar. Oldenburg 1991.

siehe auch: „Ich ist etwas Anderes" (a. a. O.); „Deep Storage" (a. a. O.); Assmann, Aleida: Erinnerungsräume. (a. a. O.)

Karsten Bott

Kunstforum 129/1995; 139/1997; 140/1998.

siehe auch: „Deep Storage" (a. a. O.)

Louise Bourgeois

art 6/1993; 11/1999.

Bernadac, M. L. (Hg): Louise Bourgeois: Destruction of the father – Reconstruction of the father. Writings and Interviews. London 1998.

Jahn, Andrea: Louise Bourgeois – Subversionen des Körpers. Die Kunst der 40er bis 70er Jahre. (Diss.) Berlin 1999.

Kellein, T. (Hg): Louise Bourgeois: Katalog zur Ausstellung „Spinnen, Einzelgänger, Paare" in der Kunsthalle Bielefeld 1999. Köln 1999.

Meyer-Thoss, Christiane: Louise Bourgeois – Konstruktionen für den freien Fall. Zürich 1992.

Sophie Calle

Käufer, Birgit: Das wahre Leben der Sophie Calle oder die erfundene Realität. In: Kunst und Material. Witten 2/1999.

Luz, Kathrin: Big brother's little sister. Sophie Calles dreifach erlogene Fotogeschichten. In: Die Zeit, 4/19.5.2000.

Schwarze, Dirk: Die wahren Geschichten der Sophie Calle. In: Kunstforum 151/2000.

Sophie Calle: Die wahren Geschichten der Sophie Calle. Katalog Museum Friedericianum. Kassel 2000.

Sophie Calle: Double Game. London 1999.

Sophie Calle – Absence. Katalog Museum Boijmans van Beuningen. Rotterdam 1994.

Scheit, Stefanie: Sophie Calle, Szenen einer Ehe. In: „Ich ist etwas Anderes" (a. a. O.)

siehe auch: „Double Take. Kollektives Gedächtnis und heutige Kunst." (a. a. O.)

Judy Chicago

Jones, A. (Hg): Sexual politics. Judy Chicago's Dinner Party in Feminist Art History. Berkeley 1996.

Judy Chicago. The Dinner Party. Kulturgesellschaft Frankfurt mbH. Frankfurt/M. 1985.

Kubitza, Annette: Die Kunst, das Loch, die Frau: feministische Kontroversen um Judy Chicagos „Dinner Party". Pfaffenweiler 1994.

Kunst & Unterricht 115/1987.

Lucie-Smith, Edward: Der andere Blick. Die Frau als Modell und Malerin. München 2000.

Tony Cragg

art 4/1981; 12/1989.

Friedl, Helmut (Hg): Anthony Cragg. Material – Object – Form. München 1998.

Kunstforum 43/1981; 62/1983; 83/1986; 102/1989; 106/1990.

Lauber, M.: In Search for a place where snow never melts. Die Auseinandersetzung mit natürlichen Materialien in der zeitgenössischen Kunst. (Diss.) Freiburg 1995.

Puvogel, R.: Tony Cragg. In: Romain, Lothar: Künstler – kritisches Lexikon der Gegenwartskunst. München 1989.

Reinhardt, Brigitte: Tony Cragg – Spiel nach draußen. Skulpturen im öffentlichen Raum. Ostfildern-Ruit 1998.

Tony Cragg – Spyroga. Katalog Galerie Stadt Stuttgart. Stuttgart 1999.

Tony Cragg. Atelier Wuppertal. Katalog Von-der-Heydt-Museum. Stuttgart 1999.

Walter Dahn

art 1/1986.

Dickhoff, V. W. (Hg): Walter Dahn – Irrationalismus & moderne Medizin. Köln 1988.

Faust, W. M./Vries, G. de: Hunger nach Bildern. Köln 1982.

Kunstforum 24/1977; 32;1979; 68/1983; 81/1985; 84/1986; 106/1990; 135/1996-97; 131/1995.

Naylor, C. (Hg): Contemporary Artists. Chicago 1990.

Walter Dahn im Gespräch mit Wilfried Dickhoff, Bettina Pauly und Johannes Stüttgen. In: Kunst heute: Gespräche mit zeitgenössischen Künstlern. Köln 1993.

Hans-Peter Feldmann

Lippert, Werner: Das Museum im Kopf. Köln 1989.

Lili Fischer

art 1/1992.

Fischer, Lili: Milchmädchenrechnung. Eine Leiter auf und ab. Hamburg 2000.

Fischer, Lili: Aus der Art geschlagen. In: Baumgart, Silvia, u. a. (Hg): Denkräume zwischen Kunst und Wissenschaft. Berlin 1993.

Fischer, Lili: Primäre Ideen I. Hand- und Fußarbeiten aus der Kunstakademie Münster. Regensburg 1996.

Fischer, Lili: Primäre Ideen II. Fortgeschrittene Hand- und Fußarbeiten aus der Kunstakademie Münster. Regensburg 2000.

Jappe,Georg/Fischer, Lili: Polare Gestade. Köln 1997.

Kunst & Unterricht 109/1987; 115/1987.

Kunstforum 25/1978; 27/1978; 51/1982; 93/1988; 101/1989.

Lili Fischer – Scheusalgesänge. Hg. v. Institut für Lippische Landeskunde. Detmold 1994.

Peter Fischli/David Weiss

Das Geheimnis der Arbeit. Gesammelte Texte zum Werk von Fischli/Weiss. Katalog Kunstverein München. München 1990.

Fischli/Weiss. Katalog Museum für Moderne Kunst Frankfurt/M. Ostfildern 1998.

Kunstforum 84/1986; 97/1988; 102/1989; 128/1994.

Matzner, Florian (Hg): Gärten. Anläßlich der Ausstellung ‚Skulptur‘ in Münster 1997. Köln 1998.

Peter Fischli, David Weiss – Raum unter der Treppe. Katalog Museum für Moderne Kunst Frankfurt/M. 1995.

siehe auch: Grüttner, Tina: Von den Dingen. (a. a. O.); „Double Take. Kollektives Gedächtnis und heutige Kunst.“ (a. a. O.); HausSchau (a. a. O.); Kunstkommentare (a. a. O.)

Ann Hamilton

art 12/1989.

Fischer, Volker (Hg): Theorien der Gestaltung. Frankfurt/M. 1999.

Kunstforum 116/1991; 131/1995.

siehe auch: „Double Take. Kollektives Gedächtnis und heutige Kunst." (a. a. O.)

Ottmar Hörl

art 4/1998; 62/1983; 100/1989; 111/1991.

siehe auch: Grüttner, Tina: Von den Dingen. (a. a. O.)

Rebecca Horn

art 4/1981; 3/1994.

Haenlein, Carl (Hg): Rebecca Horn. The Glance of Infinity. Zürich 1997.

Horn, Rebecca: Tailleur du Coer. Zürich 1999.

Konzert für Buchenwald. Die Stämme der Bienen umwandern die Maulwurfsarbeit der Zeit. Installationen 1999 in Weimar. Zürich 1999.

Kunstforum 23/1977; 49/1982; 66/1983; 113/1991; 130/95.

Rebecca Horn. Katalog Nationalgalerie/Staatliche Museen zu Berlin, u. a. Ostfildern 1994.

Siehe auch: Evers: Deutsche Künstlerinnen des 20. Jahrhunderts (a. a. O.); „Out of Actions" (a. a. O.)

Ilya Kabakov

art 8/1993.

Groys, Boris/Kabakov, Ilya: Die Kunst der Installation. München 1996.

Ilya Kabakov. Das angeflogene Archiv. Katalog. Galerie der Stadt Backnang 1999/2000. Ostfildern
2000.

Kabakov, Ilya: Über die 'totale' Installation. Bonn 1995.

Kunstforum 82/1985/1986; 119/1992; 121/1992; 126/1994; 135/1996-97.

Treatment with Memories. Katalog. Berlin 1998.

Zdenek, Felix (Hg): Text als Grundlage des Visuellen. Köln 2000.

siehe auch: Aleida Assmann: Erinnerungsräume. (a. a. O.); Kunstkommentare (a. a. O.)

Mike Kelley

art 4/1995.

Kunstforum 113/1991; 120/1992; 123/1993; 143/1996.

Mike Kelley – Thomas Kellein: ein Gespräch. Ostfildern 1994.

siehe auch: „Double Take. Kollektives Gedächtnis und heutige Kunst." (a. a. O.); „Out of Actions" (a. a. O.)

Edward Kienholz und Nancy Reddin Kienholz

Kienholz. Katalog Museum Moderne Kunst. Wien 1989.

Kienholz – 1980's. Hg. v. Städtische Kunsthalle Düsseldorf. Düsseldorf 1989.

Kunstforum 34/1977; 91/1987.

Pincus, Robert L.: The art of Edward and Nancy Kienholz. On a scale that competes with the world. (Kat.) Berkeley 1994.

Nikolaus Lang

art 1/1981.

Kunstforum 117/92; 123/1993.

Nikolaus Lang und Rainer Wittenborn. Gemeinsame Arbeiten 1972 bis 1996. Architekt, Bildhauer, Maler. München 1991.

Ulrich Meister

Kunstforum 20/1977; 119/1992; 125/1994; 129/1995.

Ulrich Meister. Dagboek – Diary. Katalog Museum voor Hedendagse Kunst. Antwerpen 1996.

Ulrich Meister. Zeichnungen, Scherenschnitte, Objekte, Polaroids. Katalog Städtische Galerie im Lenbachhaus. München 1998.

Ulrich Meister. Katalog Galerie Monika Detterer. Frankfurt/M. 1999.

Ulrich Meister. Katalog Stiftung Museum Schloß Moyland 2000.

Siehe auch: Grüttner, Tina: Von den Dingen. (a. a. O.)

Annette Messager

Annette Messager. comedie – tragedie, 1971–1989. Musée de Grenoble, Kunstverein Bonn u.a. 1990.

Annette Messager – La Procesión va por dentro. Museo Nacional Centro Arte Reina Sofia. Madrid 1999.

Annette Messager. Dépendance-indépendance. Hg. v. Hamburger Kunsthalle. Bonn 1999.

Annette Messager. Katalog. Los Angeles County Museums of Art. New York 1995.

art 8/1999.

Kunstforum 44/1981; 45/1981; 46/1981; 116/1991; 131/1995.

Penetrations. Katalog. Gagosian Gallery, u. a. New York 1997.

siehe auch: „Deep Storage" (a. a. O.)

Claes Oldenburg

art 12/1991, 8/1994.

Claes Oldenburg – Multiples 1964-1990. Katalog. Frankfurt/M. 1990.

Dickel, Hans: Claes Oldenburgs Lipstick (Ascending) on a Caterpillar Tracks. In: Kunst im Kontext der Studentenbewegung. Rombach 1999.

Kunstforum 81/1985; 81/1985.

Oldenburg, Claes: Eine Anthologie. Ostfildern 2000.

siehe auch: „Deep Storage" (a. a. O.); „Out of Actions" (a. a. O.)

Anna Oppermann

art 3/1988.

Kraft, Perdita v.: Anna Oppermann. Hannover 1994.

Kunst & Unterricht 46/1977.

Kunstforum 33/1979; 51/1982; 128/1994; 72/1984.

Lindner, Ines: Anna Oppermann. In: Ich bin nicht ich, wenn ich sehe. Katalog. Berlin 1991.

Wedemeyer, Carmen: Anna Oppermanns Ensemble „Umarmungen, Unerklärliches und eine Ge-
dichtzeile von R.M.R." Ein hypermediales Bild – Text – Archiv zu Ensemble und Werk. (CD-ROM)

siehe auch: Evers: Deutsche Künstlerinnen des 20. Jahrhunderts. (a. a. O.)

Niki de Saint Phalle

art 67/1993; 10/1999.

Der Tarot Garten. Katalog. Bern 1999.

Hulten, Pontus: Niki de Saint Phalle. Stuttgart 1992.

Kunst & Unterricht 106/1986.

Liebe, Protest, Phantasie – Katalogbuch. Ulm/Ludwigshafen 1999/2000.

Schröder, Stefanie: Ein starkes, verwundetes Herz. Niki de Saint Phalle – Ein Künstlerleben. Freiburg 2000.

www.galerie.de/der-spiegel

siehe auch: „Sechziger Jahre." (a. a. O.); „Out of Actions" (a. a. O.)

Naomi Tereza Salmon

Black Box. Souvenir aus Israel. Katalog. Jüdisches Museum Hohenems 1999.

Naomi Tereza Salmon: Asservate. Ausschwitz, Buchenwald, Yad Vashem. Jüdisches Museum
Hohenems 1996.

Sigrid Sigurdsson

Kunstforum 127/1994.

Lepien, Helmut R.: Innenräume. Katalog Standpunkte. Hamburg 1984.

Sigrid Sigurdsson: Vor der Stille. Ein kollektives Gedächtnis. Hg. v. Fehr/Schellewald. Köln 1995.

siehe auch: Aleida Assmann: Erinnerungsräume. (a. a. O.)

Daniel Spoerri

art 11/1979; 8/1995.

Anekdoten zu einer Topographie des Zufalls. Edition Nautilus 1995.

Kunst & Unterricht: Sonderheft 1970; 55/1979; 70/1981; 198/1995.

Kunstforum 32/1979; 51/1982.

Perit pars maxima. Der größte Teil geht verloren. Hg. v. Kunstverein München. München 1986.

Spoerri – Werke aus den Serien der letzten sieben Jahre. Hg. BAWAG Foundation. Wien 1997.

Violand-Hobi, Heidi E.: Daniel Spoerri – Biographie und Werk. München/New York 1998.

siehe auch: „Sechziger Jahre." (a. a. O.)

Ursula Stalder

Gestrandet – an den Rändern Europas. Hg. v. Museum für Gestaltung Zürich. Zürich 1997.

Kunstforum 137/1997.

Rosemarie Trockel

art 2/1984; 9/1993; 5/1999.

Dziewior, Yilmaz: Rosemarie Trockel. Zum Verwechseln ähnlich. In: Ich ist etwas Anderes. A.a.O.

Häuser, Maisons. Katalog. Musée d'Art Moderne. Paris 1999.

Kunstforum 81/1985 93/1988; 97/1988.

La Biennale di Venezia 1999. Katalog Deutscher Pavillon. Köln 1999.

Noel, Martin: New York between orange and yellow. Köln o. J.

Rosemarie Trockel. Katalog Kunstbau/Städtische Galerie im Lenbachhaus. München 2000.

Rosemarie Trockel – Werkgruppen 1986-1998. Katalog Hamburger Kunsthalle 1998.

Rosemarie Trockel und Carsten Höller. Haus für Schweine und Menschen. Katalog. Köln 1997.

Stich, Sidra (Hg): Rosemarie Trockel. Katalog. Institute of Contemporary Art. Boston 1991.

Theewen, Gerhard (Hg): Rosemarie Trockel. Werkverzeichnis, Zeichnungen, Fotografien, Videos. Köln 1997.

siehe auch: „Ich ist etwas Anderes" (a. a. O.)

Timm Ulrichs

art 10/1990.

Der detektorische Blick. Katalog. Berlin 1997.

Kunstforum 1/1973; 3/4 –1973; 117/1992; 29/1978; 42/1980; 81/1985.

Retrospektive 1960–1975. Hg. v. Kunstverein Braunschweig.

Timm Ulrichs macht mobil. Möbel-Skulpturen und Möbel-Installationen 1999.

Raymond E. Waydelich

Memoria 3790 nach Christus. Archäologie der Zukunft. Museum für Sepulkralkultur. Kassel o. J.

Dorothee von Windheim

Dorothee von Windheim. A Ten Years' Afterplay. Hg. v. Institut für moderne Kunst Nürnberg/Florenz. Köln 1984.

Dorothee von Windheim. In: Baumgart, Silvia, u. a. (Hg): Denkräume zwischen Kunst und Wissenschaft. Berlin 1993.

Katalog zur Ausstellung im Museum Wiesbaden. Wiesbaden/Nürnberg 1989.

siehe auch: Evers: Deutsche Künstlerinnen des 20. Jahrhunderts. (a. a. O.)

Kataloge und Nachschlagewerke (Auswahl)

Assmann, Aleida: Erinnerungsräume. Formen und Wandlungen des kulturellen Gedächtnisses. München 1999. (Mit Bezügen zu Bacon, Kiefer, Sigurdsson, Poirer, Boltanski u. a.)

Dinge in der Kunst des XX. Jahrhunderts. Katalog Haus der Kunst, München. Göttingen 2000.

Double Take. Kollektives Gedächtnis und heutige Kunst. Hg. v. Kunsthalle Wien, u. a. Wien 1992. (Darin z.B.: Balkenhol, Calle, Fischli/Weiss, Hamilton, Kelley)

„Eremit?Forscher?Sozialarbeiter?" – Das veränderte Selbstverständnis von Künstlern. Katalog der Kunsthalle Hamburg 1979. (Darin z. B.: Boltanski, Messager, Oppermann, Fischer)

Evers, Ulrika: Deutsche Künstlerinnen des 20. Jahrhunderts. Malerei – Bildhauerei – Tapisserie. Hamburg 1983. (Darin z. B.: Fischer, Horn, v.Windheim, Oppermann)

FleshFactor – Informationsmaschine Mensch. Kunst und Neue Medien – Ars Electronica 1997. Hg. Gerfried Stocker und Christine Schöpf. Wien 1997.

Frohne, Ursula (Hg): Video Cultures. Multimediale Installationen der 90er Jahre. Köln 1999.

Groys, Boris: Kunstkommentare. Wien 1997. (Darin z. B.: Fischli/Weiss, Kabakov)

Grüttner, Tina: Von den Dingen. Gegenstände in der zeitgenössischen Kunst. München 1996. (Darin z. B.: Fischli/Weiss, Hörl, Meister)

Hamburger Kunsthalle – Galerie der Gegenwart. München, New York 1997. (Darin z.B.: Boltanski, Darboven, Goldin, Horn, Kabakov, Kelley u. a.)

Interact – Schlüsselwerke interaktiver Kunst. Katalog. Duisburg 1997. (Darin z. B.: Jeffrey Shaw, Lynn Hershman, Nam June Paik)

Kunstwelten im Dialog – Von Gauguin zur globalen Gegenwart. Hg. v. Scheps, Marc/Dziewor, Yilmaz/Thiemann, Barbara. Katalog. Köln 2000.

1960 – Les Nouveaux Realistes. Katalog Musée d'Art Moderne de la Ville Paris, u.a. London/Paris 1986.

Looking at Fashion. Biennale di Firenze. Ostfildern 1996. (Darin z.B.: Cragg, Sherman, u.a. in Zusammenarbeit mit Modedesignern)

Lucie-Smith, Edward (Hg): Kunst heute. München 1997. (internationale Gegenwartskunst, zahlreiche Abbildungen und 500 Künstlerbiografien)

„Notfalls leben wir auch ohne Herz" – Exemplarisches aus der Sammlung Speck. Katalog der Kunsthalle Wien 1997. (Darin z. B.: Beuys, Broodthaers, Dahn, Polke, Trockel)

Originale, echt falsch. Nachahmung, Kopie, Zitat, Aneignung, Fälschung in der Gegenwartskunst. Katalog. Neues Museum Weserburg, Bremen 1999.

Out of Actions – Zwischen Performance und Objekt 1949-1979. München 1998. (Darin z. B.: Abramovic, Beuys, Kelley)

Rotzler, Willy: Objekt-Kunst. Köln 1975.

Schaffener, Ingrid/Winzen, Matthias (Hg): Deep Storage: Arsenale der Erinnerung – Sammeln, speichern, archivieren in der Kunst. München/New York 1997.

Schirmer, Lothar: Von Beuys bis Cindy Sherman. München 1999.

Schneede, Uwe M.: Skulpturen, Räume – Die jungen Deutschen der achtziger Jahre. Wien 1997.

Sechziger Jahre. Die neuen Abenteuer der Objekte. Katalog des Museum Ludwig, Köln 1997.

Video Cultures. Multimediale Installationen der 90er Jahre. Hg. v. Ursula Frohne. Museum für Neue Kunst/ZKM Karlsruhe.

Zdenek, Felix. HausSchau. Das Haus in der Kunst. Katalog Deichtorhallen Hamburg 2000. (Darin z. B.: Cragg, Fischli/Weiss)

Zeiller, Martin: Das Ding im Künstlermuseum – Von Breton bis Beuys – Kontamination und Systematik. Köln o. J.

Ziesche, Angela: Das Scchwere und das Leichte – Künstlerinnen des 20. Jahrhunderts. Skulpturen, Objekte, Installationen. Köln 1995.

Zweite, Armin (Hg): Ich ist etwas Anderes. Kunst am Ende des 20. Jahrhunderts.

Abbildungsverzeichnis

S. 200 bis S. 202 Arbeiten aus der Ersten Staatsarbeit „Eine multimediale Installation zum Thema Schwein. Das Tier im Kontext subjektiver Erfahrung, künstlerischer Bearbeitung und theoretischer Reflexion" von Katrin Kobusch-Kleßmann, 1998.

S. 207 bis S. 208 Arbeiten aus der Ersten Staatsarbeit „Die sieben Todsünden. Ästhetische Forschung im Bereich subjektiver Erfahrung und religiöser Normen." Von Julie Lambertz, 1999. „Trägheit", „Neid", „Zorn", „Stolz", „Geiz", „Völlerei", „Wollust".

S. 210 Kupferstiche nach Pieter Brueghel, 1558 herausgegeben von Hieronymus Cock und gestochen von Pieter van der Heyden. „Der Zorn", „Der Geiz", „Die Wollust", „Die Völlerei"

S. 216 bis S. 218 Arbeit aus der Ersten Staatsarbeit „ Der Fremde – Die Fremde, Identität zwischen den Kulturen. Ein ästhetisches Projekt menschlicher Biografien" von Antoneta Berischa, 1999.

S. 222 bis S. 225 Arbeiten aus der Ersten Staatsarbeit „Nixen, Undinen und Wasserfrauen. Ein Beitrag zur ästhetischen Forschung des Weiblichen." Von Sabine Eikel, 2000. „Skylla", „Nymphe", „Sirene", „Melusine", „Undine", „Lorelei", „Kleine Meerjungfrau", „Meerjungfrau heute".

S. 224 „Melusine" Fotoarbeit, a. a. O. „Melusine im Bade", Illumination zu Thüringer von Ringoltingen Melusine, 15. Jh., Germanisches Museum, Nürnberg.

S. 226 „Finchen", mit freundlicher Genehmigung von I. Kollhoff- Kahl, abgedruckt in: Textil, Heft …, 2000.

S. 233 „Losbude", Foto: H. K.-J.

S. 234 „Fussballspieler", Foto: H. K.-J.

S. 247 Seite aus der Ersten Staatsarbeit „Mädchenkindheit, Ästhetische Forschung im Bereich subjektiver Erfahrungen und kollektiver Muster" von Alessandra Esther Nitsch.

S. 249 „Herzsammlung", Abb. aus: Von Herzen, Robert Delpire André Martin, Franfurt am Main 1977.

S. 309 Helga Kämpf-Jansen im Sommer 2009. Foto: Daniela Hammer-Tugendhat.

Ästhetische Forschung und Kunstgeschichte
Daniela Hammer-Tugendhat

Helga Kämpf Jansen war Künstlerin und Kunstpädagogin, ich bin Kunsthistorikerin. Was uns verbunden hat, ist eine bestimmte Auffassung von Kunst: Kunst ist ein Lebensmittel, ohne Kunst können Menschen nicht leben. Kunst hat mit den Menschen zu tun; in der Kunst werden existenzielle Fragen und Probleme des Lebens verhandelt, menschliche Erfahrungen, die wir in unserem Leben machen. Ein sinnvoller Umgang mit Kunst und Kunstgeschichte setzt genau da an, wo auch Helga Kämpf-Jansen mit ihren Überlegungen anknüpft. Auch in einer kulturwissenschaftlich orientierten Kunstgeschichte geht es bei der Analyse nicht nur darum zu zeigen in welcher ikonografischen Tradition ein Kunstwerk steht, auf welcher Textquelle es basiert, welche Narration ihm ursprünglich zu Grunde liegt und um eine formale Beschreibung und stilistische Einordnung, sondern um die Erkenntnis des eigentlichen Themas, das verhandelt wird. Ich möchte diesen spezifischen kunsthistorischen Zugang an einem Beispiel anschaulich machen, das ich auch mit Helga ausführlich diskutiert habe. Es ist die Repräsentation der Lucretia, seit der Renaissance eine weibliche Idealfigur. (Der römische Geschichtsschreiber Titus Livius hat die Erzählung überliefert, die angeblich zum Sturz des römischen Königtums geführt hatte: Lucretia, die sich vor Zeugen und mit dem Aufruf zur Rache erdolchte, weil sie vom Königssohn Tarquinius vergewaltigt worden war.) Allein Lucas Cranach, ein deutscher Maler des 16. Jahrhunderts, hat mehr als dreißig Lucretiafiguren gemalt, meist nackt sich erdolchend. Die Brisanz dieser Repräsentation begreift man nur, wenn man wahrnimmt, dass hier ein grundsätzlicher Diskurs verhandelt wird, der als adäquate Reaktion einer anständigen Ehefrau auf eine Vergewaltigung den Selbstmord setzt. Erst wenn uns dieses dem erzählerischen Rahmen zu Grunde liegende Problem bewusst ist, macht es Sinn, die spezifischen und sehr unterschiedlichen ästhetischen Inszenierungen zu analysieren, um damit die jeweilige Deutung des Themas klären zu können. Die historische Tiefendimension, welche die kunsthistorische Untersuchung leisten kann, ist hilfreich zum Verständnis für den aktuellen immer noch genderspezifischen Umgang mit sexueller Gewalt. Umgekehrt verändert das Wissen um die einschlägige aktuelle Diskussion und die entsprechenden Theorien den Blick auf die Kunst der Vergangenheit: ihre Rolle bei der Produktion beziehungsweise Dekonstruktion von Vorstellungen über Geschlechterdifferenz, Sexualität und Gewalt.

Grundlegend für die *Ästhetische Forschung* ist die Verbindung von Emotion und Ratio. Helga Kämpf-Jansen legte großen Wert darauf, die lang gepflegte Trennung von Emotion und Vernunft zu überwinden und damit die Verbindung von einem ästhetisch-künstlerischen und einem wissenschaftlichen Zugang zu ermöglichen. Mit dieser Forderung war sie Avantgarde; mittlerweile ist dies *state of the art*, aber in der Praxis weder in der Kunstgeschichte noch in der Kunstpädagogik an den Schulen durchgesetzt. In den Kulturwissenschaften spricht man bereits von einem *affective turn,* allerorten werden

Tagungen und Sonderforschungsprojekte zu den Emotionen abgehalten, allerdings leider oft im Schlepptau der Neurowissenschaften geschichts- und sprachvergessen. Im Unterschied dazu hat Helga Kämpf-Jansen die (sprachliche) Reflexion von Emotionen in ihre Überlegungen immer einbezogen. Helga Kämpf-Jansen ging davon aus, dass sowohl in der Produktion und Rezeption von Kunst wie auch im Prozess ästhetisch geleiteter Handlungen Emotionen auftauchen, sich mitteilen und durch diese Prozesse auch reflektier- und verarbeitbar werden. Kunst wendet sich immer an Subjekte und deren Emotionen – eine Kunstgeschichte, die das negiert, geht am Objekt ihrer Untersuchung vorbei. Hier können viele KunsthistorikerInnen von den Ausführungen Helga Kämpf-Jansens lernen.

Die von Helga K.J. praktizierte Verbindung von künstlerischen und wissenschaftlichen Strategien in der Auseinandersetzung mit sich und der Welt findet gegenwärtig eine Parallele im Diskurs über *artistic research*. Ich würde meinen, was *Ästhetische Forschung* in der Kunstpädagogik leistet, entspricht *artistic research* im Bereich der Kunst: Es ist die Vernetzung von künstlerischen und wissenschaftlichen Zugängen in der Aneignung von Welt, dem Entwerfen von (neuen) Bedeutungen und Identitätsfindungen bei gleichzeitigem Wissen um die jeweiligen Differenzen. Es ist die Überzeugung, dass in künstlerischen oder ästhetischen Prozessen sinnhafte Erfahrungen und Erkenntnisse gemacht werden können, anders, aber ähnlich wie in der Wissenschaft.

Auch wenn Helga Kämpf-Jansen in ihren Konzepten sehr stark von der gegenstandsbezogenen Kunst insbesondere des dritten Viertels des 20. Jahrhunderts geprägt war, ist ihre strukturelle Herangehensweise hochaktuell. Für Studierende der Kunstpädagogik und für LehrerInnen an Schulen ist die *Ästhetische Forschung* eines der wirklich unverzichtbaren Bücher.

Krimskrams, Knopfschachtel und Staub. Helga Kämpf-Jansen und die Dinge

Gisela Ecker

Helga Kämpf-Jansen als Kunstpädagogin und ich als Literaturwissenschaftlerin sind uns über unsere Beschäftigung mit Dingen begegnet, über ein mehrjähriges Projekt an der Universität Paderborn, das Kulturwissenschaftlerinnen unterschiedlichster Disziplinen zusammenführen sollte. Der emotionale Reichtum von Kramschubladen, die Signifikanz eines ausgebeulten Kinderspielzeugs, die Faszination von Knopfschachteln, die Umwidmung von Alltagsdingen zu Kunst und die literarischen, in überquellenden Listen präsentierten Dinge – das sind Themen, mit denen wir uns in spannende Diskussionen verstrickten.

Helga Kämpf-Jansens Blick auf Dinge und Materialitäten, ihre Wahrnehmung der Welt der Gegenstände und ihr Experimentieren mit immer neuen Sichtweisen auf die Dinge waren tief verankert in einer wachen Aufmerksamkeit und Neugier und im Respekt gegenüber auch den kleinsten, unbedeutendsten Gegenständen. Dies trug sie mit Überzeugung hinein in ihre kunstpädagogische Arbeit, in die Unterrichtsmodelle und ihre theoretische Auseinandersetzung mit verfestigten Strukturen im Fach. Dort schließlich geht ihre Beschäftigung mit Dingen weit darüber hinaus, was jeweils angesagt ist, wenn ein behandeltes Werk Dinge thematisiert oder einsetzt. Durch Kämpf-Jansens pädagogisches Tun wie durch ihre Schriften zieht sich ein roter Faden von Grundannahmen zu den Dingen, der kulturanthropologisch fundiert ist und sie deutlich erkennbar an grundlegende kulturwissenschaftliche Positionen anschließt, immer dort, wo jene sich im Sinne von *material culture studies* betätigen:

- Dinge haben eine Geschichte, eine eigene Biographie.
- Über Dinge, die ein Subjekt akkumuliert, kann ein Portrait der Person erstellt werden.
- Dinge können von einer Kategorie in eine andere wechseln: vom Gebrauchsding zum Kunstding, vom Memorialobjekt zum Abfall, vom Ramsch zur Antiquität, vom Strandgut zum Souvenir, vom Stofflappen zum Übergangsobjekt, vom Müll zum Fundstück, vom Gebrauchsgegenstand zum Sammelobjekt.
- Über Dinge werden Räume nicht nur gefüllt sondern auch konstituiert.
- Über Dinge wird in den Künsten eine Vielzahl von Emotionen und existenziellen Fragen verhandelbar und verhandelt.
- Dinge existieren in Nachbarschaften, in Ensembles, in Sammlungen oder Ansammlungen/Sammelsurien, die ihre eigenen Ordnungen erkennen lassen.
- Das Skandalon bestimmter Dinge liegt darin, dass sie den Menschen überleben.

Das erprobende Vorgehen, zu dem Kämpf-Jansen ihre Studierenden angeleitet hat, ist eine Art *bricolage* im kulturanthropologischen Sinn, die Aufforderung zur Verknüpfung von allem für eine Frage zur Verfügung Stehenden, auch wenn es sich als disparat darstellt. Es wird Material gesammelt, nach Spuren gesucht, schichtweise ausgegraben, mit Empathie nachvollzogen, ausprobiert, verworfen oder einbezogen, immer weiter ausdifferenziert. Kunst als besondere Kulturtätigkeit erscheint dabei aus vielen Quellen gespeist, nicht zuletzt aus denjenigen alltagspraktischer Wahrnehmungsmodi und Umgangsweisen. Helga Kämpf-Jansens Modell der ästhetischen Forschung ist, wenn man auf ihren Umgang mit den Dingen blickt, an der Schnittstelle von Kulturwissenschaft und Kunstdidaktik entwickelt worden und gewinnt daraus eine über die Kunstwissenschaft hinausweisende Ausrichtung.

Der „Missing Link" und nun?

Iris Kolhoff-Kahl

Am Anfang einer ästhetischen Forschung steht eine Frage, eine Idee, ein Ding, ein Problem, ein Widerstand oder ein Etwas, was den Forscher infiziert, auf eine Reise zu gehen, die sich zwischen Alltag, Kunst und Wissenschaft bewegt. Ein Suchen und Sammeln, Forschen und Stöbern, mal zielgerichtet, mal assoziativ, mal verwerfend. Kleine Bricolagen, Zeichnungen und Skizzen, poetisches und wissenschaftliches Schreiben, Malen mit Nadel und Faden, Installieren und Performieren, Schwingen zwischen Fakten und Fiktionen, Authentizität und Lügen.

Mit diesen vielschichtigen Zugängen haben sich Lehramtsstudierende in den Seminaren von Helga Kämpf-Jansen in Themenkreise eingearbeitet, die existenziell mit ihrem Leben verbunden waren: Tiere, Gehäuse, Inseln, Wald, Große Gefühle, Puppen, Kitsch, Biografie… Bei ihr bekam niemand einfache Unterrichtsrezepte mit auf den Weg, die im späteren Schulalltag jahrelang aus der Schublade gezogen werden konnten. Helga Kämpf-Jansen fragte beharrlich nach dem Bildungssinn von mit Wasserfarben gemalten Tieren à la Franz Marc oder Sonnenblumen à la Vincent van Gogh auf DINA3 Blättern, wie sie die schulischen Flurwände in dreißigfacher Ausführung dekorieren. Diese Form von Kunstunterricht bekämpfte sie vehement und entwickelte über Jahre in ihrer Lehre und Forschung das Konzept der *Ästhetischen Forschung* als neues kunstpädagogisches Handlungskonzept. Die Studierenden, die in den Genuss kamen, bei ihr ästhetisch forschen zu können, sind bis heute infiziert und tragen diese Arbeitsweise in die Schulen. Die kunstpädagogischen Wissenschaftszirkel haben Helga Kämpf-Jansens Ansatz längst in den Kanon der einschlägigen Klassiker aufgenommen. In vielen Fachlehrerseminaren ist ihr Buch ein Standardwerk und wird mit dieser Ausgabe glücklicherweise neu aufgelegt.

Aber es gibt dennoch einen „Missing Link" zwischen Theorie und Praxis, den Helga Kämpf-Jansen bis zum Lebensende vermisst und für den sie gestritten hat. Oftmals gerieten ihre Studierenden nach den inspirierenden ästhetischen Forschungen an der Hochschule in den aufreibenden Schulalltag, der ihnen plötzlich die Kraft nahm, selbst und mit den Kindern und Jugendlichen ästhetisch weiter zu forschen.

Es fehlen Schulstrukturen, die das ästhetische Forschen als grundlegende Methode von Lernen ermöglichen. In Laborschulen und alternativen Schulformen ist die *Ästhetische Forschung* relativ leicht zu implementieren, aber im Takt von 45 Minuten, ohne Werkstatträume und mit Kindern und Jugendlichen, die selten noch wagen, eigene Fragen zu stellen, geschweige den Mut aufbringen, selbstständig zu forschen, beklagte Helga Kämpf-Jansen häufig den von ihr benannten „Missing Link".

Zwanzig Jahre dauere es, bis sich ein neues didaktisches Konzept in der Schule langsam durchsetze, waren Helga Kämpf-Jansens Worte. Ihr Buch ist im Jahr 2000 zum ersten Mal erschienen. Seitdem haben viele Lehrer und Lehrerinnen versucht, das ästhetische Forschen im Kunstunterricht durchzuführen. Zahlreiche Unterrichtspublikationen sind in Fachzeitschriften wie Kunst & Unterricht oder BDK-Mitteilungen erschienen. In Büchern über die ästhetische Forschung sowie in Lehrermaterialien zu ästhetischen Werkstätten wird versucht, das Konzept in seiner Breite im Kunstunterricht zu verankern. Hoffen wir weiter, dass sich bis 2020 und darüber hinaus im Kunstunterricht vor Ort der „Missing Link" füllen wird und sich Helga Kämpf-Jansens ästhetisches Forschen bis hin zu den Kindern und Jugendlichen weiter durchsetzt. Wenn für Schüler und Schülerinnen Alltag, Kunst und Wissenschaft keine Gegensätze mehr sind, sondern wortwörtlich gemeint Lebensmittel darstellen, die den Wissensdurst und Forschungshunger stillen, wenn Franz Marcs weißes Pferd, die Spielzeug-Schleichtiere und das Pony, auf dem das Kind nachmittags reitet, sich zu einer ästhetischen Pferdeforschung vereinen dürfen, in der gezeichnet, gemalt, gesammelt und geschrieben, installiert oder performiert, gedacht und erfunden wird, dann wird künstlerisch-ästhetisches Handeln zu einer Alltags- und Bildungskompetenz. Begriffe, die zwar in den aktuellen pädagogischen Sprachduktus passen, aber Helga Kämpf-Jansen hätte dieses Tun eher als sinnvolles, komplexes und transversales Denken und Handeln beschrieben.

Mit der Neuauflage ihres einschlägigen Werkes können nun weitere Generationen von Kunstlehrern und -lehrerinnen den von ihr beklagten „Missing Link" im Schulalltag neu gestalten und sich inspirieren lassen von ästhetischen Forschungen. Und dann? – werden im Sinne von Helga Kämpf-Jansen hoffentlich alle Schüler und Schülerinnen einer Klasse ästhetisch infiziert sein und fühlen den innewohnenden Wert künstlerischen Forschens im eigenen Leben.

Erinnerungen an Helga Kämpf-Jansen aus der Sicht einer ehemaligen Studentin.
Johanna Tewes

Fragt man ehemalige Studierende danach, wie sie Helga Kämpf-Jansen als Lehrende erlebt und in Erinnerung behalten haben, wird sie stets als außergewöhnliche Persönlichkeit beschrieben, deren einmaliger Charakter sich durch zahlreiche gegensätzliche Facetten auszeichnete. Dennoch blieb sie in jeder Situation authentisch und verstand es, bewusst zu irritieren. So konnte sie mit unermüdlicher Begeisterung und viel Herzblut flammende Reden über ihre Lieblingskünstlerduos Fischli/Weiss oder Pierre et Gilles halten, um im nächsten Moment inne zu halten und sich mit nahezu kindlicher Neugierde an den simpelsten Seminararbeiten und banalsten Fundstücken zu erfreuen. Gut in Erinnerung geblieben sind mir auch Helga Kämpf-Jansens Berichte über ihre Gartenzwerg- und Blumenvasensammlung oder ihre abenteuerlichen Erlebnisse in Paderborner Schrebergartenkolonien, die sie stets mit einem neckisch-verklärten Gesichtsausdruck zum Besten gab. Außerdem konnte sie sich prächtig über ihre Fachkollegen, die Last kunstpädagogischer Wirklichkeit oder die Zustände in der kunstgeschichtlichen Darstellung von Frauen ereifern. Dabei gab es in ihren Seminaren keinen Wertunterschied zwischen High and Low oder Kunst und Kitsch und so konnten Fragestellungen nach der Geschmacksästhetik sowie den dazugehörigen kollektiven wie individuellen Erlebnis- und Wahrnehmungsmustern selbst zum Gegenstand der Auseinandersetzung werden. Dabei ließ sie auch gern ein mahnendes: „Ihr wisst so Vieles nicht," verlauten, um die SeminarteilnehmerInnen im nächsten Augenblick wieder an die Hand zu nehmen und eine weitere Reise durch das Feld von Alltag, Kunst und Wissenschaft anzutreten.

Auf diese Weise hat sie es mit ihrer unverwechselbaren Art geschafft, Generationen von Studierenden für ihre Kunstpädagogik und die *Ästhetische Forschung* zu begeistern und sie durch ihre Liebe zur Kunst und zum Leben zu prägen. Dabei machte sie ihre SeminarteilnehmerInnen zu BiografInnen, die Lebensgeschichten und Leerstellen zwischen Fremdem und Eigenem recherchierten oder den Dingen der Kindheit auf den Grund gingen. Andere begaben sich als SammlerInnen und FeldforscherInnen auf Spurensuche oder wurden kurzerhand zu KunstexpertInnen erklärt, die spontan für eine künstlerische Strategie einen Werbespot inszenieren oder beim legendären „Ding der 100 Möglichkeiten" in sieben Minuten Büroklammern, Streichholzschachteln oder weitere alltägliche Materialien und Mitbringsel in alles Mögliche transformieren sollten.

Darüber hinaus lehrte Helga Kämpf-Jansen uns die Sprache der Dinge, seien sie nun schön, hässlich, banal, kitschig oder künstlich und animierte stets dazu, Fragen an die Welt zu formulieren und dabei das Staunen über die ganz großen und extrem kleinen Dinge in der Kunst wie auch in der eigenen Lebenswelt bewusst wahrzunehmen und die Grenzen zwischen Täuschen und Fälschen, Wahrem und Wirklichem immer flüssig zu halten. Somit kann abschließend mit Sicherheit gesagt werden, dass sich der ästhetisch forschende Blick für eine Vielzahl ihrer Studierenden von einem kunstpädagogischen Konzept zu einer Lebensphilosophie entwickelt hat. – Ganz so, wie sie es sich immer gewünscht hat.

Helga Kämpf-Jansen als Hochschuldidaktikerin
Jutta Ströter-Bender, Herausgeberin

Helga Kämpf-Jansen gilt im Fachdiskurs als eine der großen Kunstpädagoginnen des ausgehenden 20. Jahrhunderts. Als Professorin für Kunst und ihre Didaktik war sie von 1992 bis 2005 an der Universität Paderborn tätig. Zum Zeitpunkt ihrer Berufung als Professorin wirkten an deutschen Universitäten im Bereich der Kunstpädagogik nur drei Frauen überhaupt in einer vergleichbaren Position. Helga Kämpf-Jansen begann ihre Hochschullaufbahn somit in einer inhaltlich wie methodisch von Männern geprägten Fachkultur – deren Zielgruppen in Lehre und Forschung jedoch vorwiegend Lehramtsstudentinnen waren. Mit ihren Forschungsthemen öffnete sie bisher vernachlässigte, übersehene oder verdrängte Themen für den Bereich der Kunstpädagogik und ermöglichte diesen eine breitere Aufmerksamkeit. Durch ihre Untersuchungen zu Gender Thematiken im Kunstunterricht hatte Kämpf-Jansen bereits als eine der ersten wegweisende Fachbeiträge vorgelegt. Große Bedeutung wies sie in ihrer hochschuldidaktische Arbeit neben den Gender Themen auch der Vermittlung von aktuellen Kunstkonzepten und künstlerischen Strategien zu. Hier sah sie ebenso die Verortung ihrer eigenen installativen Kunstpraxis.

Helga Kämpf-Jansen verband den Auftrag einer zeitgemäßen Lehre für die Studierenden mit dem Anspruch, erweiterte Räume für ein vielschichtiges Denken und Handeln zu eröffnen. In der Gestaltung ihrer Hochschullehre verließ sie die Vorgaben einer traditionellen Seminarpraxis mit ihrer strikten Trennung von Kunstpraxis, Wissenschaft und Didaktik. Sie führte diese Lehrbereiche in Verbindung mit künstlerischen Methoden zusammen. Vorwissenschaftliche, an Alltagserfahrungen und an individuell biografischen Erlebnissen orientierte Verfahren verbanden sich in ihrer Lehre mit wissenschaftlichen Forschungsfragen und künstlerischen Arbeitsweisen. 2000/2001 veröffentlichte sie ihr innovatives Konzept in dem Band *Ästhetische Forschung*, der in den folgenden Jahren die Fachdiskurse bereicherte, zahlreiche produktive Kontroversen entfachte und bis heute auf den Ebenen der Hochschulausbildung, des Referendariats und der Schule nachwirkt.

Ursprünglich an der Hochschule mit Blick auf die spätere Umsetzung im Bereich des schulischen Kunstunterrichts konzipiert, erwies sich die *Ästhetische Forschung* jedoch rasch als überaus erfolgreiches und übertragbares Modell innerhalb der Hochschuldidaktik. Helga Kämpf-Jansen wurde zu einer einflussreichen Hochschullehrerin, die Generationen von Studierenden eine nachhaltige Begeisterung für ihr zukünftiges Berufsfeld vermittelte, weiterführende Forschungen initiierte und künstlerische Arbeiten in vielfältiger Weise anregte. Das Fach Kunst an der Universität Paderborn wurde durch ihr Wirken bundesweit bekannt und führt die inzwischen zur Tradition gewordene Seminarpraxis der *Ästhetischen Forschung* fort.

Die Komplexität der inzwischen legendären Seminare von Helga Kämpf-Jansen wurde durch eine Mischung aus Impulsvorträgen, kreativen Arbeitsphasen und der Vorstellung von Konzepten bedeutender Künstlerinnen erzeugt. Übergeordnete Themenvorgaben begleiteten die Semesterprojekte. Für die Studierenden gaben diese einen Rahmen in der Entwicklung eigener Fragestellungen und individuell ausgewählter Ästhetischer Forschungen vor, so beispielsweise zu den Themen: Grosse Gefühle, die Dinge des Alltags, Häuser, Reisen. Zentrales Medium für die Zusammenstellung der Forschungsergebnisse wurden Arbeitsbücher, in denen sich Texte, künstlerische Arbeiten, Materialsammlungen und wissenschaftliche Kommentare miteinander zu einer Ästhetischen Forschung verbanden. Mit einer jährlichen Präsentation im Rahmen der Paderborner Silo-Ausstellung wurden diese künstlerischen Arbeitsbücher gewürdigt. Kämpf-Jansen kuratierte die Ausstellungen und begleitete die Diskussionen. Helga Kämpf-Jansen verband ihre hochschuldidaktische Arbeit mit einem hohen persönlichen Engagement für ihre Studierenden. Zugleich war ihr die Netzwerkbildung in der Fachkommunität und die Förderung von NachwuchswissenschaftlerInnen ein wichtiges Anliegen. Auch wurde ihre Arbeit in Forschung und Lehre begleitet von einer intensiven Vortragstätigkeit und Ausstellungspraxis in der Region Ostwestfalen-Lippe. In der regionalen Kulturarbeit erkannte sie eines der zentralen Schlüsselthemen für das Fach Kunst. Mit dieser Intention setzte sie daher auch gezielt ihr Kunstschaffen ein. Ihre Rauminstallation zum Wald in der Burg Dringenburg im Jahre 2004 wurde zu einem Anziehungspunkt im regionalen Umfeld, – für breite Schichten der Bevölkerung. Die hochschuldidaktische Arbeit von Helga Kämpf-Jansen steht historisch für die letzte Phase vor der Modularisierung und der breiten Durchsetzung der Bologna-Vereinbarung, die das Gesicht der Hochschulen nachhaltig verändert hat. Sie wehrte sich in ihren Werkstatt-Seminaren gegen eine Standardisierung und eine Normierung von Inhalten in der Studienpraxis und vertrat die Auffassung, dass sich die Realisierung einer tiefer gehenden forschenden Arbeit und Kunstpraxis für die Studierenden nicht auf einen festgelegten Worklaod begrenzen lassen könne. Somit ist das Konzept der Ästhetischen Forschung einerseits historisch, da es den aktuellen Bestrebungen nach Normierung und eng messbarer Leistungsspektren in der Hochschullandschaft und Schule durchaus subversiv entgegensteht – zum anderen aber hat Helga Kämpf-Jansen damit ein Modell vorgelegt, das utopische Impulse, pädagogische Traditionen und idealistische Ebenen enthält, die auch vom heutigen Standpunkt aus in die Zukunft hineinwirken können: Die Orientierung an den Interessen, Fragestellungen und ästhetischen Vorlieben der AdressatInnen, die Entwicklung von forschenden Lebenshaltungen und die Begeisterung für eine aktuelle und zeitgemäße Kunstpraxis.

Helga Kämpf-Jansen – ein Nachruf
Adelheid Sievert

Erschienen in: Kunst+Unterricht H. 351/2011, S.50
Foto: Daniela Hammer-Tugendhat 2009

Viel zu früh ist Prof. Dr. Helga Kämpf-Jansen am 19. Februar 2011 nach langer schwerer Krankheit in ihrer Heimatstadt Kassel in ihrem Haus gestorben. Erst 2008 war sie in dieses von ihr liebevoll ausgestaltete Refugium, umgeben von einem dicht bewachsenen, fast waldartigen Garten gezogen, ihrem Paradies, wie sie sagte.

In Kassel wurde sie am 4. Oktober 1939 geboren. In dieser im Krieg fast völlig zerstörten Stadt ist sie in einer Arbeitersiedlung aufgewachsen. Der Weg ins Realgymnasium für Mädchen war weit und wurde von ihr meist mit dem Fahrrad zurückgelegt. Sie eroberte sich damit aktiv den in ihrer Ausgangssituation und zu dieser Zeit für Mädchen durchaus nicht selbstverständlichen Zugang zur „höheren" Bildung. In einem der ersten Kunstleistungskurse in Hessen hatte sie Glück mit ihrem Kunstunterricht. Zugleich entdeckte sie für sich die Kunst in Kassel und ging über Monate täglich nach der Schule ins Museum. Von da an war Kunsterfahrung als besonderer Zugang zur Welt für sie immer präsent. In einem biografischen Interview mit Fritz Seydel begründete sie später ihre Entscheidung gegen das Studium an der Kunstakademie und für die Ausbildung als Volksschullehrerin mit dem Wunsch, in der Grundschule Kinder in allen ihren Lernbereichen und nicht ein gymnasiales Fach unterrichten zu wollen.

Zum Studium ging sie daher an das Pädagogische Institut in Weilburg. Wie damals üblich, wurde sie direkt nach dem 1. Staatsexamen als Junglehrerin in Frankfurt am Main eingestellt – und hatte sich damit schon mit Anfang Zwanzig die Möglichkeit zu finanzieller Unabhängigkeit gesichert. Fünf Jahre arbeitete sie als Lehrerin in der Großstadt Frankfurt in verschiedenen Schulen. Hier im linken intellektuellen Umfeld der kritischen Theorie hat sie 1966 mit ihrem damaligen Ehemann Günter Kämpf den Anabas-Verlag gegründet.

Nach der Eingliederung der Pädagogischen Hochschulen in die Universitäten in Hessen wurde sie 1968 mit 29 Jahren als pädagogische Mitarbeiterin an das neue Institut für Kunsterziehung der Justus Liebig-Universität in Gießen geholt, wo sie bald die Position der Visuellen Kommunikation tatkräftig mitgestaltete. Sechs Jahre war sie Mitglied der Arbeitsgruppe zur Entwicklung der Hessischen Rahmenrichtlinien „Kunst". Aus dieser Gruppe heraus wurde sie 1976 zusammen mit Johannes Eucker und Hermann Hinkel auf Einladung von Gunter Otto Mitherausgeberin der Zeitschrift Kunst+Unterricht und blieb dies über 14 Jahre bis 1990 als einzige Frau in der Runde. In dieser Zeit verantwortete sie viele besondere Hefte, die es ohne sie wohl kaum gegeben hätte: über Objekte und Dinge, Kitsch und Triviales, Werbung, Körper, Metamorphosen, Geschlechterrollen und ästhetische Leitbilder, Kolleginnen, Mädchenbilder, Bilder der Nacht, Gewaltdarstellungen… Diese Themen wurden von ihr im kritischen Diskurs, aber auch in Unterrichtsversuchen und konkreten Unterrichtsmaterialen erarbeitet und vorgestellt – als Aufforderung zum eigenen Nachdenken und Handeln. Dabei suchte sie hinter den banalen alltäglichen Dingen ebenso wie in der Kunst nach den „großen Gefühlen", schon früh hat sie die „großen Themen" aufgegriffen, Liebe und Tod, Thanatos und Eros begleiteten sie, seitdem sie erwachsen wurde.

Als leidenschaftliche Hochschullehrerin, Künstlerin und Wissenschaftlerin, entwarf sie immer neue Projekte und Anstöße zur Veränderung der von ihr engagiert und kritisch zugleich erlebten gesellschaftlichen Realität des Faches Kunst. Die größte persönliche Herausforderung stellte hier das Projekt „Kunst im Strafvollzug" dar, dessen Leitung sie nach dem Weggang von Hermann K. Ehmer von Gießen 1983 übernahm und weiterführte bis zu ihrer eigenen Berufung 1992 als Professorin für Kunst und ihre Didaktik an die Universität Paderborn. Parallel zu diesen verschiedenen Aufgaben hatte sie 1987 bei Gunter Otto ihre Promotion abgeschlossen.

Helga Kämpf-Jansen hat erst spät – im Jahr 2000/2001 – in Paderborn ihr kunst-pädagogisches Lebenswerk mit dem Begriff „Ästhetische Forschung" zu einer eigen-ständigen Fachkonzeption profiliert und publiziert und prägt damit bis heute durchaus kontrovers aber nachhaltig die kunstpädagogische Diskussion. Als sie ein Jahr nach der Veröffentlichung zum ersten Mal am Krebs erkrankte, nahm sie auch diese Herausfor-derung auf und erkämpfte sich weitere Jahre der leidenschaftlichen Vermittlung ihrer Ideen sowie vor allem der künstlerischen Arbeit. Denn für Helga Kämpf-Jansen war Äs-thetische Forschung ein Lebenselixir, eine lebenslange persönliche Grundhaltung, die sie immer wieder aufs Neue in wissenschaftlichen, künstlerischen und alltäglichen Feldern verfolgte und niemals wirklich beendete. Auch mit ihren letzten Besuchern sprach sie noch über neue Pläne und Ausstellungsprojekte.

Alle, die sie persönlich kannten, werden diese starke Frau, Kollegin, Lehrerin, Hoch-schullehrerin, Freundin so in Erinnerung behalten wie sie uns dieses Foto kurz vor ihrer erneuten Erkrankung im Sommer 2009 noch einmal zeigt: Selbstbewusst und heraus-fordernd lächelnd schaut sie uns von oben sehr zugewandt direkt an – „dann macht mal weiter…"

Helga Kämpf-Jansen im Sommer 2009